الكتاب
في تعلّم العربية

الجزء الأول

Al-Kitaab
fii Ta^callum al-^cArabiyya:

A Textbook for Beginning Arabic

Part One

The production of this textbook and all accompanying audio and video tapes was supported by a grant from the National Endowment for the Humanities, an independent federal agency.

Many of the video materials that comprise the listening comprehension component of this book were provided by the Egyptian Union for Television and Radio in support of Arabic teaching in the United States.

الكتاب
في تعلّم العربية

الجزء الأول

Al-Kitaab
fii Ta^{c}allum al-^{c}Arabiyya:
A Textbook for Beginning Arabic

Part One

كرستن بروستاد   محمود البطل   عباس التونسي

Kristen Brustad   Mahmoud Al-Batal   Abbas Al-Tonsi

Georgetown University Press, Washington, D.C.

Printed in the United States of America
10 9 8 7 6 5 4 3 1995
THIS VOLUME IS PRINTED ON ACID-FREE OFFSET BOOK PAPER

Library of Congress Cataloging-in-Publication Data

Brustad, Kristen.
al-Kitaab fii ta[c]allum al-[c]Arabiyya : a textbook for beginning Arabic / Kristen Brustad, Mahmoud Al-Batal, Abbas Al-Tonsi .
v. cm.
ISBN 0-87840-291-8 (paper)
1. Arabic language--Textbooks for foreign speakers--English. 2. Arabic language--Alphabet .
I. Al-Batal, Mahmoud. II. Tūnisī, [c]Abbās. III. Title.
PJ6307.B78 1995
492' .782421--dc20

95-6981

TABLE OF CONTENTS

PREFACE

To the Student

أهلاً وسهلاً إلى الكتاب في تعلّم العربية !

Now that you have completed learning the alphabet and have begun to use Arabic to communicate orally, you are ready to "jump in" and start reading, writing, listening, and speaking. Before you begin, we would like to tell you about the design of these materials, the goals that we have set for you, and the strategies we suggest for maximum acquisition.

About the Materials

Nobody ever became fluent in a language simply by attending class. You will reach proficiency in Arabic largely through what you teach yourself; hence, these materials are designed to teach you **how to learn on your own.** Your teacher's role is to guide your learning; only you can do the work.

The approach on which these materials are based places great emphasis on learning aurally (through listening). We have found this to be by far the most effective method in helping students assimilate structure and vocabulary. It will force you to focus on the meaning of **sentences** rather than words, which means that you will be able to read and speak more quickly, in greater quantity, and with better comprehension than you would with any other approach.

These materials will expose you to a large quantity of aural and written texts. Distinguish between things that you will learn for active control, such as the vocabulary of a new lesson, and those that you are only expected to recognize passively, such as certain grammatical structures.

We view reading as the most important skill to develop, because it is the skill students are most in need of, and because it forms the basis on which other skills are built. Do not expect to understand all of everything you read—most of the reading texts in this book were written for adult native speakers. Do expect to understand and learn something from every text you work with: this exposure to "real-life" Arabic can be the most challenging and rewarding exercise you undertake.

You will notice that many of the reading and listening exercises in this book ask you to read or listen not once but several times. The goal of these exercises is comprehension, and you will see that you will understand more each time you repeat the activity. The first reading, which is usually a quick skim or scan through the text, helps you to pinpoint the context, so that in the second and subsequent readings you will be able to guess and fill in from your own knowledge. The time and effort you put into reading and listening in this manner will pay off many times over in increased skills, vocabulary and confidence.

Because Arabic has a long history and is spoken across a large geographical area, it has a lot of vocabulary. However, you do not need to know every single word to read and communicate effectively. The materials we will be using are designed to help you develop strategies for guessing from context and from your own general knowledge. **Learn to trust your instincts and guess.** You know how to do this because this is how you learned your own native language; these materials are designed to help you reactivate those same skills and apply them to learning Arabic.

The presentation of the grammar has been designed so as to expose you to structures before explaining them. In this way you will be well prepared for the explanation and will understand it easily. The presentations themselves thus often serve as review for material you have already begun to learn.

Knowing about the grammar is not the same as knowing the grammar. You will notice that most of the book is devoted to drills and exercises rather than explanations. We do not believe that grammar explanations form the basis for understanding and expressing oneself in Arabic because they let the learner remain passive in his or her approach to learning. You will not "know" the grammar until you have internalized it—until you can form and use correct structures easily.

Goals   إن شاء الله

By the time you have completed this book إن شاء الله you should:

1. Be able to read texts on familiar topics and understand the main ideas without using the dictionary,

2. Have confidence in your ability to guess the meaning of new words from context,

3. Be able to speak about yourself and your environment, carry out transactions, and initiate and sustain conversations on a number of topics,

4. Be able to paraphrase if necessary to make yourself understood,

5. Understand native speakers accustomed to dealing with students,

6. Be able to carry out written transactions connected to daily life and simple correspondence,

7. Be able to form and understand almost all basic sentence structures of Arabic,

8. Be familiar with some of the differences between formal and spoken Arabic, and

9. Have learned some aspects of Arab culture.

Learning Strategies

We believe the following strategies will help you learn the most from these materials:

In class

Prepare for **active** participation in class. After the first few days, you will be able to predict what kinds of questions will be asked and what kinds of activities will be performed. Be ready for them by guessing what they will be and **practicing** beforehand.

Class time is limited. To make the most of it, be an **active learner** in class by listening to what is being said, how it is being said, and by drilling yourself. Speaking is not the same as being an active learner, and listening does not have to be a passive activity. Think about what you want to say before you say it. While your classmates are talking, take the opportunity to concentrate on the vocabulary or structures they are using. Listen to the constructions and vocabulary they use to express ideas and either imitate or try to improve upon their efforts. If the speaker is making mistakes, correct them to yourself. There is no better drill or practice than to be constantly repeating to yourself correctly formed sentences, and this kind of drill you have to do yourself. If you are not tired by the end of class, you are not learning as much as you can, and you are not taking full advantage of the opportunities it presents.

When you have questions, try to answer them yourself before asking someone else. Not only are you more likely to remember the answer, but you will also develop confidence in your language abilities.

Outside of class

Once is not enough. Whether you are pronouncing new vocabulary or reading a text, you should repeat the activity several times.

Study in pairs or groups. This is a great way to prepare for class and review. Ask each other questions, brainstorm about assignments, go over material covered together.

Study out loud. The only way to train your brain and your mouth to speak this language is by doing—thinking about it is not enough!

Read and listen as many times as you need to. Repetition not only improves comprehension, but also lets you concentrate on form as well as content. You will become fluent in Arabic by paying attention to and imitating the way ideas are expressed, and you will be rewarded later on with the ability to express your own ideas more clearly and accurately.

Resist the temptation to write the meaning of words in English on or near the texts and exercises so that you remember the Arabic, not the English. Trust your ability to recall meaning with the help of a familiar context. Keep in mind that you will probably forget and relearn a word several times before you retain it, so go ahead and forget, and look it up again if you need to. Forgetting is part of the learning process.

Memorization is central to learning any language. The more you memorize, the more quickly you will learn. If you don't know how to memorize well, ask others how they do it, or ask your teachers for help. Experiment with different techniques—usually a combination of oral and written, active and passive exercises works best. We suggest that you try the following techniques until you find the ones that work best for you: listening to the audio tapes and repeating out loud, flashcards, writing out vocabulary by hand over and over, repeating vocabulary out loud, making up your own sentences with new vocabulary, quizzing each other in groups, and word association techniques such as remembering a particular sound or context. It is also important to memorize in chunks. Phrases are better than words, and sentences are better than phrases. The best language learners memorize phrases, sentences, and short, culturally important texts, such as song lyrics, poems, Quranic verses. You will be surprised how often such cultural references arise, both in readings and in conversation. The definition of culture as the collective **memory** of a people speaks to the importance of this habit.

Finally, we hope that these materials will help make your experience with Arabic enjoyable and rewarding, and we wish you success!

وبالتوفيق إن شاء الله !

تقديم

حضرات الزميلات والزملاء :

يسرّنا أن نضع بين ايديكم الجزء الأول من ***الكتاب في تعلّم العربية*** الذي يمثل الحلقة الثانية في سلسلة كتب لتعليم اللغة العربية لغير الناطقين بها تشمل كتاب ***ألف باء : مدخل الى حروف العربية وأصواتها*** والجزء الثاني من ***الكتاب في تعلّم العربية*** الذي نأمل في وضعه بين أيديكم في القريب باذن الله . ونود في هذه الصفحات ان نشركركم معنا في مناقشة الفلسفة التي انطلقنا منها في عملية اعداد الكتاب والمنهج الذي اهتدينا به في تنظيم اجزائه وكذلك ان نطرح أمامكم بعض التصورات لكيفية التعامل مع الأقسام المختلفة التي يشتمل عليها ، ذلك اننا نؤمن بأن التدريس الفعّال لأي كتاب لا يستلزم فقط الانطلاق من فلسفته ومنهجه وانما يستلزم ايضاً إثراءه بإبداع المدرس الذي يصب في ذات الاتجاه سواء من خلال دور المدرس "المايسترو" أو من خلال الانشطة التي يؤدّيها الطلاب في الفصل أو من خلال التدريبات والامتحانات.

أ. في الفلسفة والمنهج :

لم تكن محاولة إعداد هذا الكتاب إلا ثمرة سنوات طويلة من الخبرة في تدريس اللغة العربية لغير الناطقين بها والتعامل مع كمّ كبير من الكتب والمواد التعليمية التي أُعدّت لهذه الغاية. وكان همّ المنهج همّاً مشتركا حاول معدّو هذا الكتاب الاقتراب منه كلٌّ على حدة حينا ومعا أحيانا أخرى إلى أن تبلورت فكرة إعداد كتاب جديد يجسد تصورنا المشترك لمنهج محدد بعيد عن الفجوة المهيمنة بين التنظير والتطبيق في مجالنا ، ويمثل استجابة لاحتياجات طلابنا اللغوية والثقافية والتغيرات التي طرأت على ميدان تدريس اللغات الأجنبية في السنوات الأخيرة.

وسرعان ما اتضح لنا ان تحقيق مثل هذا الهدف يقتضي منا أولاً تحديد موقفنا من جملة من القضايا أبرزها :

١) قضية " الأصلية ":

إن تجاهل الواقع اللغوي في العالم العربي أو فهم ما يسمى بـ " الازدواجية (أو التعددية) اللغوية " فهما أُحاديا وما يترتب عليه من تطرف إلى هذا الجانب أو ذلك قد أدى ، في رأينا، إلى أن بدت اللغة العربية لغة مستحيلة التعلم لا يتأتى فك طلاسمها إلا لقلة نادرة من الموهوبين ، وهو ما يعني عمليا إلغاء دور العملية التعليمية . إننا مازلنا نخوض معارك "دون كيخوتية" حول الفصحى والعامية تحت وهم أن إحداهما ستقضي على الأخرى ، ونلقي باللوم على العامية معتبرين أنها هي السبب في ضعف مستوى الطلاب العرب في الفصحى ، متجاهلين أنها ليست ظاهرة طارئة وأن المشكلة الحقيقية تكمن في تصميمنا على التعامل مع الفصحى والعامية وكأنهما لغتان لا لغة واحدة .

إن جوهر " الأصلية " من وجهة نظرنا يتمثل في التعامل مع واقع اللغة دون وصاية . وإذا كان الهدف الأساسي لهذا الكتاب هو تعلم الطلاب للفصحى فإننا لا نستطيع من أجل هذا الهدف أن نقدم للطالب لغة مصنوعة لا تنتمي للواقع تكريسا لانفصام نَكِد بين الفصحى والعامية . من هنا كان السؤال: بأية لغة سنكتب الخيط

القصصي الذي تتبلور حوله مختلف الأنشطة في الكتاب ؟ وأية فصحى نريد أن نقدمها لطلابنا ؟ وكيف؟ ووجدنا أن موقف توجُّه الشخصيات بالحديث إلى جمهور أو متلقٍ تعرّفه بنفسها وبعالمها يحتمل نوعا من الفصحى المبسطة التي تلتزم مبدأ " سكّن تَسلَم " ، أما الحوار فمن الطبيعي أن يكون بالعامية لأن أي حوار بالفصحى بين شخصيات القصة سيكون مصطنعا . وهكذا كان الحديث (المونولوج) في الجزء الأول من *"الكتاب"* بالفصحى حيث تقدم شخصيات القصة نفسها ، أما الجزء الثاني حيث يجتمع شمل العائلة في القاهرة فيجري الحوار فيه طبيعيا بالعامية .

وقد حاولنا في إعداد الخيط القصصي في الكتاب أن تكون اللغة طبيعية قدر الإمكان دون نظر إلى مفردات ينبغي تقديمها أو تراكيب يجب الالتزام بها ، وبعد أن اكتملت كتابة هذا الخيط القصصي بدأنا في تحديد المفردات والتراكيب التي ينبغي تقديمها للطالب ، ومناقشة كيف نراكمها من خلال أنشطة الكتاب المختلفة ، ولم نتدخل في القصة إلا بمحاولة إبطاء إيقاع الحديث عند إعداد الفيديو بحيث يتمكن الطالب من متابعته . وفي مرحلة دراسة الطالب للأبجدية أضفنا بعض الحوارات العامية التي تغطي بعض الوظائف الاساسية لتستخدم في نشاط الحديث وخاصةً للتعارف وتبادل التحيات .

لقد كان موقفنا ، حتى في القسم الخاص بالابجدية ، أن اختلافات النطق بين الفصحى والعامية ليست مسألة مستحيلة الاستيعاب وليست سرا ينبغي إخفاؤه . ولابد من رفع الوصاية عن الطلاب وأن نقدم لهم صورة لما يجري في واقع اللغة حيث المونولوج في المواقف الرسمية وشبه الرسمية أقرب إلى الفصحى ، أما الديالوج فهو في معظم الأحوال يجري بالعامية . ولم يكن يتفق من وجهة نظرنا أن نجري الحوار بالفصحى ثم نأتي بنصوص مختلفة من الصحف أو الكتابات العربية لنضع ختم الأصلية على المادة المعدة في الكتاب . إن نصوص القراءة والاستماع في الكتاب امتداد طبيعي للخط القصصي الذي يربط مادة الكتاب بأجزائه كلها وهي ليست مكوّنا إضافيا أو نشاطا ثانويا يمكن التغاضي عنه ، بل إن مادة الكتاب كلٌ لايتجزأ .

وقد التزمنا باستخدام المادة كما هي دون تغيير مفردة أو تبسيط تركيب ، وإن أضطررنا في بعض النصوص التي اخترناها إلى حذف بعض الأجزاء الاستطرادية بحيث يأتي طول النص مناسبا ، وقد ارتأينا أن مثل هذا الحذف أمر طبيعي يلجأ إليه القارىء عندما يقرأ نصا طويلا أو مليئاً بالاستطرادات . وبنهاية الجزء الثاني يكون الطالب نفسه قادرا على القيام بهذا الحذف وعلى إعادة ترتيب النص بعد أن يكون قد تدرّب على هذه العملية على امتداد الكتاب .

٢) قضية العامية والفصحى والعلاقة بينهما :

ان قضية العامية والفصحى ، كما يتضح مما تقدم، وثيقة الصلة بقضية الأصلية وهي تمسّ صلب الفلسفة التي يقوم عليها هذا الكتاب بمختلف أجزائه . وقد ارتأينا ان نعرّض الطالب الى العامية بشكل تدريجي بحيث يفهم طبيعة العلاقة التي تربط بين الفصحى والعامية ويدرك انهما تمثلان امتدادين لواقع لغوي واحد وان بلوغ أي مستوى متقدم من الكفاءة في اللغة العربية لا يمكن ان يتحقق بواحد من هذين المكونين دون الآخر . فبدأنا في *"ألف باء"* بعدد من الحوارات وعبارات التحية البسيطة وأتبعنا ذلك ببعض المواقف في الدروس المصورة في هذا الجزء من "الكتاب" التي تمّ فيها استخدام العامية بشكل موجز بهدف تعريض الطالب الى بعض اصوات العامية ومفرداتها ثم ألحقنا ذلك في الجزء الثاني من الكتاب بمواقف بسيطة يعتمد الحوار فيها على العامية بشكل

أساسي . وكان لابد في تقديم هذه المواقف في الجزء الثاني من شرح بعض التراكيب الأساسية للعامية والتدريب عليها ولكن بجرعة بسيطة تتناسب مع طبيعة الكتاب الذي يركز اساساً على الفصحى . ويهمنا هنا أن نعرض لردنا على بعض الحجج التي تتردد كثيرا في وجه أي محاولة ترفض تكريس الفجوة بين الفصحى والعامية . والحجة الأولى هي أن أي تعامل مع العامية وبأي شكل كان سيتم على حساب الفصحى ، وردنا على ذلك بسيط فمهارة الاستماع واحدة سواء كان الاستماع بالفصحى أم العامية ، وإذا وافق الكثيرون على مايذكره دليل الكفاءة من ضرورة معرفة الطالب المتقدم بالعامية فهل المُتصوَّر أن تهبط عليه تلك المعرفة فجأة ودون سابق إنذار وأن نفاجئه مرة واحدة بأن نقول له أن ما تعلمته من فصحى خالصة لا يمثل إلا جزءاً من الواقع اللغوي ؟ أو نتركه هو ليكتشف ذلك بمجرد أن تطأ قدمه أرض أي بلد عربي ؟ ومن من المثقفين العرب أو المتعلمين يتحدث الفصحى في كل المواقف ؟ والحقيقة أن الجزء الثاني بكل مواده وأنشطته يقدم الرد العملي على فساد هذا الزعم .

ثمة حجة أخرى أو سؤال يطرح وهو لماذا العامية المصرية بالتحديد ؟ وما الحل إذا لم يكن المدرس مصريا؟ والإجابة ببساطة وبعيدا عن أية حساسيات قطرية أن العامية المصرية هي أكثر العاميات العربية انتشارا على امتداد العالم العربي ونظرة بسيطة على خريطة برامج الإذاعة والتليفزيون في أي قطر عربي تكشف لنا هذه الحقيقة ، أما مسألة وجود أو عدم وجود مدرس مصري فهي تبدو كما لو كان من الممكن لأي عربي أو مستعرب يقوم بتدريس اللغة العربية أن يزعم أنه لا يفهم هذا المستوى البسيط من العامية المصرية وبالتالي لم يستطع أن يستمتع بأغاني أم كلثوم و عبد الحليم حافظ على سبيل المثال أو بأداء فاتن حمامة أو عمر الشريف ، ولم يشاهد الأفلام والمسلسلات المصرية التي تحفل بها محطات الاذاعة والتلفزيون في شتى أرجاء العالم العربي . ثم اننا لا نرى أي ضير في أن يقوم المدرس الذي يتكلم لهجة من اللهجات الاخرى بتقديم بعض العبارات والمفردات من تلك اللهجة ، فنحن لسنا هنا بصدد فرض أي لهجة على طلابنا وزملائنا ولسنا نرى أي فرق بين أن نعرّض الطلاب الى هذه العامية أو تلك إنما المهم في رأينا هو تزويدهم بجرعة من العامية تسمح لهم بإدراك واقع اللغة والإطار الثقافي الذي تحيا في ظله .

٣) قضية "الكفاءة" :

لقد كان لمعدي هذا الكتاب ، مثل الكثيرين من المشتغلين في المجال، فهم معين تتلخص ملامحه في ما يلي:

أ . ليس معيار نجاحنا في التدريس هو ما يستطيع الطالب أن يفعله في نص ما داخل الفصل ، وإنما المحك هو ما الذي يستطيع أن يقوم به الطالب خارج الفصل في نصوص أخرى أو مهام واقعية . إن نجاح المدرس هو أن يكون الصف إعدادا للطالب لمواجهة واقع اللغة خارج الصف .

ب . إن مثل هذا الإعداد لا يكون بتزويد الطالب بقوائم للمفردات المناسبة في موقف معين ، أو التعبيرات الملائمة لأداء وظيفة معينة مقتطَعة من سياقها الطبيعي ومقلِّصة لدور الطالب إلى مجرد الحفظ والترديد لهذه المفردات والتعبيرات ، وإنما هو في اتاحة الفرصة أمام الطلاب لمراكمة معارفهم ومفرداتهم . إن مثل تلك القوائم قد تكون مفيدة للمراجعة ولكنها ليست بديلا عن هذا التراكم .

ج . إن دور المدرس في حقيقته أقرب إلى دور المرشد أو الموّجه أو المنظّم ، وأن مناط عملية التعلم هو الطالب ، وأنه كلما أتاح المدرس للطالب أن يكتشف و يستخدم قدراته ويمارس لغته ويوظف أدواته التي اكتسبها كانت استفادة الطالب أكبر .

د .إن تركيز المنهج التقليدي على القواعد واعتبارها المركز الذي تدور حوله اللغة لاينبغي أن يدفع إلى تطرف مقابل يعتبر القواعد عنصرا هامشيا أو ثانويا لايحظى بعناية كبيرة كيلا يؤثر على انتاج الطالب للغة . إن القواعد ، وإن لم تكن مهارة مستقلة بذاتها، إلا أنها عنصر أساسي يدخل في تكوين وتعزيز كل المهارات ونحن نرى أن محور الخلاف هو في حقيقته طريقة تقديم القواعد وهل تُقدم من خلال شروح وافية شافية وقواعد محفوظة أم انها حساسية ينبغي أن تُطوَّر من خلال تراكم خبرة الطالب الذاتية في التعامل مع اللغة ثم تأتي عملية التقعيد لتصوغ مثل هذه الخبرة في قوانين عامة . ويتصل بهذا تحديد الأولويات في عملية تقديمها وكذلك طبيعة وحجم الجرعة الضرورية لكل مرحلة . وينطلق موقفنا كذلك من تقديم القواعد الذي سنفصله بعد قليل من التوازن بين أهميتها وجرعتها ، بين الحساسية بها أو الأدراك الذاتي لها و تأطيرها ، لذا فلم نجد غضاضة في أن يشتمل الكتاب على العديد من تمارين القواعد لتعميق وعي الطالب بها .

من هنا جاء تقبلنا لحركة الكفاءة وإن تحفظنا على بعض العمليات الإجرائية التي اتخذتها أحيانا من قبيل تحديد الهدف والوظيفة في بداية كل درس فقد شعرنا أن مثل هذا التحديد ينطوي على موقف تعليمي (بمعنى التعليم وليس التعلم) على عكس ما تدعو اليه حركة الكفاءة ، فضلا عن أنه يفقد الطالب جزءا كبيرا من متعة الاكتشاف والتعلم الذاتي، فهو أشبه بالقول " ندرّسك هذا الدرس من أجل هذا الهدف والوظيفة التي عليك أن تصبح قادرا على ادائها بعد الانتهاء من هذا الدرس وهي التعبير عن ......" مما يؤدي الى التعامل مع وظائف اللغة كما لو كانت مصفوفات أو عبوات لا تتداخل وتتراكم وتدوّر .

ب . في تقسيم الكتاب وأنشطته :

يقوم هذا الكتاب ، كما سبقت الاشارة ، على خيط قصصي قُدِّم مصورا ، وقد أردنا أن يكون هذا الخيط القصصي واسطة العقد التي تنتظم حبات الكتاب المختلفة وتؤطرها. وقد تم تقسيم هذا الجزء الى عشرين درساً يتناول كل منها جانباً من جوانب حياة واحد(ة) من شخصيات القصة. وهدف الكتاب هو تنمية قدرات الطلاب في كافة المهارات بما في ذلك مهارة الثقافة ومساعدتهم على بلوغ درجة من الكفاءة في هذه المهارات تتراوح بين المستويين المتوسط والمتوسط–المتقدم وذلك بعد اكمال الجزء الاول الذي يستغرق ما يقرب من ١٥٠ ساعة صفيّة .
ويشتمل كل درس في الكتاب على الأقسام الرئيسية التالية :

١) الموقف المصوَّر:

لقد وجدنا ان الخط القصصي المصور يسمح بامكانيات متعددة يمكن استغلالها في التدريبات والانشطة المختلفة بما فيها خلق مواقف أو طرح مسائل للمناقشة وتوضيح جوانب ثقافية وحياتية يصعب الاقتصار في شرحها على الكلام فحسب ، وفوق هذا ، فهو يمثل إطارا وسياقا يسهّل عملية تذكر المفردات واستخدامها . وكان الاعتماد على مهارة الاستماع وتدريب الطالب على الفهم من السياق ومن خلفيته أو معرفته السابقة وعلى تعويده على استخلاص معاني الكلمات من السياق في رأينا تطبيقا عمليا لمنهج الكفاءة حيث تمثل مهارة الاستماع المهارة الأكثر استخداما في الواقع اللغوي والتي تستثير وتؤسس مهارة الحديث وكلتاهما تعرضتا لإهمال طويل في كتب تدريس اللغة العربية للأجانب . كما أن الاستماع ، بحكم طبيعته، يستلزم من الطالب متابعته دون توقف حيث لا يستطيع التوقف عند كلمة معينة ليلجأ إلى القاموس أو ليرى موقعها الأعرابي ..الخ . وكذلك وجدنا ان اعتماد

مهارة الاستماع كمدخل ينفذ منه الطالب الى عالم الكتاب يكسر ذلك الاعتماد على الذاكرة الخطية التي تقصر اكتساب الطالب لمفردات جديدة على تلك المفردات التي يراها مكتوبة مما كان يؤدي بطلابنا احياناً إلى الشعور بالاحباط عندما يخرجون من "حضانة" "النص الأساسي" .

ويندرج تحت هذا القسم عدد من التمارين والنشاطات هدفها مساعدة الطلاب على تعزيز مفرداتهم وعلى فهم الموقف الذي يستمعون اليه على الشريط في البيت أو المعمل أو يشاهدونه على الفيديو داخل الصف. ويبتدئ هذا القسم من كل درس بركن "تذكروا" الذي يهدف الى تذكير الطلاب بكلمات سبق لهم ان تعلموها ووردت في الموقف ويتبعه ركن "تعلموا هذه الكلمات" الذي يهدف الى تقديم الكلمات الجديدة. ونود في هذا السياق ان نلفت انتباه الزميلات والزملاء الى أهمية تعزيز المفردات وتشجيع الطلاب على استخدامها في سياقات مختلفة إضافةً الى السياق الذي وردت فيه بحيث يكون ذلك مدخلاً الى فهم الموقف ومناقشته. ويدخل في هذا الاطار التدرب على استخدام الأفعال الجديدة وتصريفها عبر أسئلة يقوم الطلاب بتوجيهها الى بعضهم البعض مسترشدين في ذلك بالأسئلة المقترحة في ركن "اسألوا زملاءكم" الذي ضمناه في معظم الدروس. وبعد العمل على المفردات يتم الانتقال الى الموقف نفسه عبر المشاهدة والاجابة عن الأسئلة. وقد انطلقنا في عملية وضع الأسئلة من مبدأ ان الفهم انما يتم في خطوات وان التعامل مع أي نص سواء كان مقروءاً أم مرئياً ينبغي ان يتدرج من العام الى الخاص مع التركيز على تنمية مهارة الطلاب على التخمين من السياق وعلى الاستماع الدقيق لبعض الحروف وادوات الربط التي تمثل مفاصل مهمة داخل النص. وهنا نود ان نقترح على الزميلات والزملاء طريقة وجدناها في غاية الفائدة في مناقشة أحداث الموقف الذي يشاهدونه في كل درس وهو ان يقوم المدرس بخفض الصوت كليّةً اثناء عرض الفيديو ويطلب من الطلاب التعليق على ما يشاهدونه امامهم على الشاشة. وهذه الطريقة تفترض بالطبع ان يكون الطلاب قد تعلموا المفردات الجديدة واستمعوا الى النص على شريط الكاسيت قبل الحضور الى الصف .

٢) القواعد :

كما سلف أن ذكرنا تحتل القواعد من حيث هي نظام اللغة وإطارها التركيبي أهمية بالغة في تعلم أي لغة ولكن هذه الأهمية لا تقتضي أن نحول فصول اللغة إلى فصول في اللغة ، فثمة فرق جوهري بين اللغة والوعي بها ، وثمة فَرقٌ أكثر جوهريةً عند الطالب بين معرفة قواعد اللغة والقدرة على التعبير عنها ناهيك عن صياغتها نظريا . إن إدراك القواعد في رأينا يجب ألا يتم على حساب حسّ الطالب باللغة ، لذا فقد حاولنا أن نتدرج في تقديم القواعد من تعريض الطالب للتركيب أولا ، ثم تعوده عليه ، ثم تقديم القاعدة الموجزة عندما يكون قد تهيأ لذلك ، فليس من الحكمة في رأينا أن ننتهز فرصة ظهور أول إضافة لنحشد له قواعد الإضافة كأنها الفرصة الأخيرة أمامه للتعريف بهذا التركيب وكأننا أبرأنا ذمتنا فقد علمناه القاعدة كاملة وأغرقناه بتمارين حولها متجاهلين أن أصعب ما في القواعد ليس شرحها وإنما أن تصبح جزءا من العادة والطبيعة. ولقد توخينا في تقديم القواعد التدرّج وإعادة التدوير وتقديم الجرعة المناسبة لكل مرحلة بحيث يمكن استيعابها وهضمها .

ومن أهم ما حاولنا تحقيقه في تقديمنا للقواعد هو دفع الطالب إلى اكتشاف منطق اللغة وتراكيبها وحده دون الاعتماد على شروحات مطولة ، منطلقين في ذلك اولا من قناعة أن الطالب سيتعلم أكثر ما يتعلم خارج الصف وليس داخله ، وثانيا من أن تنمية ثقة الطالب بقدراته اللغوية وشعوره بمتعة الاكتشاف أهم وأكثر فائدة من ضبط كل تفاصيل النحو العربي في هذه المرحلة .

ولقد أخرنا علامات الإعراب إلى الربع الأخير من الجزء الأول لعدة أسباب منها :

١- أن الأساس في معرفة القواعد ليس حركات الإعراب بل معرفة ترتيب الجملة وموقع الكلمات فيها ، ونلحظ أن ابن اللغة يدرك أولا وظيفة وموقع الكلمة في الجملة من خلال فهم المعنى قبل أن يحدد علامة الأعراب .

٢- إن علامة الإعراب لا تظهر في معظم النصوص المقروءة من دوريات أو كتب ولا يُحافظ عليها في معظم الأحاديث بالفصحى . والإتكاء عليها في البداية يعوق الاستيعاب والانتاج ويقلص دور الطالب في التعامل مع النص إلى تشكيله شكلا كاملا !

٣- لقد لاحظنا من خلال التجربة أن تدريب الطالب على القراءة كاملة التشكيل هدف جميل وله مجاله وأوانه ولكنه لا يجب أن يسبق تدريب الطالب على النطق الصحيح للحروف والكلمات أو تعوده على مراعاة المطابقة بين المذكر والمؤنث وعلى نطق الإضافة وعلى التمييز بين النكرة والمعرفة . وقد حاولنا تقديم علامات الإعراب في سياقها الطبيعي بعد أن يكون الطالب قد تعرف على وظيفة الكلمة وموقعها وترتيب الجملة العربية ومعناها ، بل وبعد أن يكون قد انتبه لوجودها ولاحظ بعض الكلمات التي نطقت فيها بحيث لا يخلط بينها وبين حروف المدّ .

وقد انطلقنا في تقديمنا للقواعد من ان هناك اولويات ينبغي مراعاتها في عملية التقديم وان هناك تراكيب نحوية يحتاج الطالب الى معرفتها واستخدامها بشكل فاعل في حين ان هناك تراكيب أخرى لا يحتاج الى أكثر من ادراكها بشكل عابر فقط في هذه المرحلة على ان تتم العودة اليها في مرحلة لاحقة لتفعيلها بعد ان تكون معرفة الطالب باللغة وفهمه لتراكيبها قد تعززت بشكل أكبر . وقد راعينا في وضعنا لتمارين القواعد في الكتاب مبدأ التنوع بين التدريب الآلي على تصريف الأفعال واستخدام القواعد بشكل تطبيقي ، وحرصنا على ربط التراكيب النحوية بالوظائف اللغوية التي تتصل بها وقدمنا للطالب والاستاذ ثبتاً بهذه التراكيب والوظائف في الدرس الأخير وكذلك استخدمنا عدداً من النصوص كمنطلق لدراسة او استخراج بعض التراكيب املاً في تعويد الطالب على النظر الى القواعد على انها ليست مجرد مجموعة من الضوابط للصحة اللغوية ولكنها أداة أساسية للفهم وادراك العلاقات بين الأجزاء المختلفة في أي نص مسموع أو مقروء.

٣) القراءة :

يركز الكتاب على مهارة القراءة كمكون أساسي من مكونات الكفاءة اللغوية ويوليها عناية خاصة تتناسب في رأينا مع الأهمية التي يعلقها الكثير من الطلاب والزملاء على هذه المهارة. وقد حرصنا في كل درس على تقديم نصوص أصلية تسمح للطلاب بتوظيف ما تعلموه من مفردات وتراكيب في اكتشاف معنى النص وحرصنا على تشجيعهم على التخمين. ونحن نؤمن بأن الطلاب يجب ان يُشجعوا بشكل دائم على الاكتشاف وعلى التركيز في عملية القراءة على ما يمكن ان يدركوه في النص ، عبر توظيفهم لما يعرفونه من مفردات وتراكيب وجذور وأوزان، وليس على ما لا يعرفونه مسبقا . وهنا نود ان نؤكد على ان هدفنا من تقديم هذه النصوص ليس ترجمتها الى الانكليزية ولا الوصول الى فهم دقيق لكل أجزائها وانما هو أزالة خوف الطالب وتردده من الإقبال على والتعامل مع أي نص كان ، بما في ذلك من تعويد عينه على الخط وتشجيعه على توظيف كل ما لديه من معرفة لغوية في محاولة الفهم ، مما يساعد على تطوير مهارات للقراءة تهيء للطالب امكانية التعامل مع نصوص "حقيقية" حتى ولو اشتملت هذه النصوص على كثير من المفردات والتراكيب غير المألوفة لديه . ونود هنا ان نقترح على الزميلات والزملاء ان يتم العمل على نصوص القراءة الأصلية داخل الفصل وان يشجع الطلاب على العمل عليها في

مجموعات صغيرة بحيث تكوّن عملية اكتشاف النص جهداً جماعياً .

كما نود التشديد أيضاً على ان هذه النصوص الأصلية ليست معدة لأغراض القراءة الجهرية وانما الغرض الأساسي منها هو تعزيز القدرة على الفهم. وقد قمنا باضافة عدد من النصوص المؤلفة التي تهدف الى تعزيز ما تعلمه الطلاب عن طريق تعريفهم بشخصيات جديدة من عالم ابطال القصة باستخدام مفردات وتراكيب تعلموها من قبل. وهذه النصوص يمكن توظيفها لأغراض القراءة الجهرية لمن يرغب في ذلك.

٤) الاستماع :

تنطبق نفس المبادئ السالفة الذكر على مهارة الاستماع ، فبالإضافة إلى الموقف المصور الذي يتعامل معه الطالب عن طريق الاستماع اساسا فقد حرصنا في كل درس ، وبعد ان تكون عملية الفهم قد تحققت ، على ان نطلب من الطالب الاستماع الى النص من جديد في نشاط من الاستماع الدقيق الذي يهدف الى تمييز بعض الكلمات والروابط وحروف الجر التي وردت في الموقف. وكذلك قدمنا في بعض الدروس مشاهد قصيرة من بعض البرامج التليفزيونية والإذاعية لتعزيز قدرة الطالب على التعامل مع اللغة بشكلها المسموع . ونود هنا ان نركز على ضرورة التمييز بين الاستماع بغرض الفهم العام وبين الاستماع الذي يهدف الى تنمية قدرة الطالب على تمييز الاصوات وادراك مفاصل الكلام والذي ينبغي ان يقتصر على مادة معظمها مألوف لدى الطالب .

إن هذه المادة المقروءة والمسموعة داخل الكتاب إذا استخدمت بفعالية ستدرب الطالب منذ البداية على مهارتي القراءة والاستماع . ونقصد بالاستخدام الفعال أن تستخدم في إطار التوقعات التي تمثلها الأسئلة فليس المطلوب أن يغرق الطلاب فيها لاستخلاص كل ما بداخلها من مفردات أو تراكيب ، فلكل مرحلة توقعاتها ، وبعد أن يألف الطالب التعامل معها وبعد أن تتراكم معرفته باللغة تزداد التوقعات تدريجيا سواء من حيث المهام المكلف بها الطالب أو من حيث مستوى النص ذاته . وخير مثال على هذا المبدأ هو إعادة تدوير نص "فقد ضابطين" الذي استخدم اولا في الدرس السابع لغرض تعريف الطلاب بالمثنى في سياق أصلي ، ثم اعيد تقديمه في الدرس الثامن عشر لغرض الفهم الدقيق .

٥) الثقافة :

يتبنى الكتاب مفهوما واسعا للثقافة يراها في كل عناصر الواقع من عادات يومية وأساليب الكلام وأشكال الإشارة وطبيعة اللغة إلى قضايا التاريخ والحضارة . من هذه الزاوية يعكس الخيط القصصي المصور لغة شخصيات واقعية يتعامل معها الطالب ويتعرف على أبعادها ويرصد عاداتها واهتماماتها ويفهم أفكارها ومشاعرها . وقد رأينا خاصة في النصف الأول من الجزء الأول أن نقدم للطالب بعض الكبسولات الثقافية باللغة الانجليزية بسبب حاجز اللغة لتوضح له الخلفية الضرورية ، ولكننا مع تطور قدرة الطالب اللغوية استبدلنا هذه الكبسولات بتقديم قسم مصور أو نص مقروء بالعربية وقد حاولنا تقديم جوانب من الثقافة العربية تعين الطالب على الدخول الى عالم اللغة .

وكما ذكرنا من قبل فان أي حديث عن كفاءة ثقافية دون اعتبار للواقع المعاش للغة العربية يؤدي بالطالب على أحسن الفروض الى ترجمة التعبيرات التي تعبر عن ثقافته هو إلى اللغة العربية وإلى حفظ بعض التعبيرات العربية الطريفة أو الغريبة من وجهة نظره . لقد كان واضحا لنا ولكثير من الزملاء أن العلاقة بين إجادة اللغة والدخول إلى ثقافة هذه اللغة علاقة طردية سلبا أو إيجابا . وهنا نرى ضرورة الإشارة إلى أن هدفنا هو تقديم هذه

الثقافة وليس الدفاع عنها ، من هنا نعتقد أن المدرس لا يجب أن يتعامل بحساسية مع رؤية الطلاب التي قد تكون نقدية أحيانا ، أو يعتقد أن دوره أو دورها هو الدفاع عن هذه الثقافة أو الاعلاء من شأنها من خلال نظرة متمركزة على الذات ولكن يجب ان يحاول دائما تقديم اكثر ما يمكنه من الجوانب الثقافية التي يرى انها ستفيد طلابه، خاصة وان دراسة اللغة هي الفرصة الوحيدة المتاحة لطلابنا لمعرفة أي شيء عن العالم العربي وتاريخه وثقافته .

٦) المحادثة :

حرصنا في نهاية كل درس ان يكون هناك نشاط او اكثر يفتح المجال امام الطلاب لاستخدام ما تعلموه في الكلام والتعبير وحاولنا ربط هذه النشاطات بالمحاور التي تدور حولها الدروس وكذلك بالوظائف اللغوية المختلفة. وقد راعينا في تصميم هذه النشاطات ان تسمح بالمشاركة والتفاعل بين الطلاب داخل الفصل وان يكون دور المدرس فيها التوجيه والارشاد وتقديم المشورة حول استخدام مفردة أو تركيب معين او التعليق على جوانب الأداء المختلفة وذلك بعد انتهاء الطلاب من اداء النشاط .

٧) الكتابة :

لقد حرصنا في كل درس على ايلاء مهارة الكتابة حقها في عملية التعلم وسعينا الى ربطها ببعض الوظائف اللغوية وتدرجنا في استخدامها من كتابة القوائم الى كتابة الفقرات القصيرة مع الاشارة ، قدر الامكان ، الى ادوات الربط ودورها في الكتابة .

وأخيراً فاننا نؤمن بأن نجاح أي صف انما يعتمد بالدرجة الأولى على عطاء المدرس وابداعه وايمانه بطلابه وقدراتهم وتفاعله معهم . وما نقدمه اليكم في هذا الكتاب ليس إلا اسهاماً متواضعاً منا في توفير اطار يساعد في اغناء هذا العطاء وتعزيز هذا التفاعل . وأخيرا نرجو أن تغفروا لنا حماسنا إذ لولا إيماننا بما ذكرناه لما كانت هذه المحاولة .

المؤلفون

ACKNOWLEDGMENTS

We would like to express our deep gratitude to all the institutions and individuals who made the production of this book possible. The National Endowment for the Humanities provided the funding for the project through a grant to the School of Arabic at Middlebury College. Middlebury College provided matching funds and staff support. The Egyptian Union for Television and Radio graciously granted permission for us to use a number of its video materials and provided us with copies of a number of its programs.

We are grateful to the many people who have helped with different phases of the project. Michael Cooperson drew all the pictures and made valuable suggestions after reading each draft. Ghada Muhanna edited the glossaries and proofread the final manuscript. Mary Nachtrieb prepared the glossaries and helped with typing and editing. Hicham Hamdar helped with typing, scanning texts, and the preparation of the appendices. David Marcus and Devin Stewart read the entire manuscript and gave valuable comments and suggestions. We also benefited from the comments and feedback provided by our colleagues who undertook the first field tests: Carol Bardenstein, Liljana Bubonjic, John Eisele, Raghda El-Essawi, Mohammed Fadel, Zeinab Ibrahim, Carolyn Killean, Margaret Larkin, David Mehall, and Barbara Romaine. At Middlebury College, David Herren and his staff provided computer support and expertise, and Ernest Longie and his staff provided facilities and support for the recording and duplication of audio and video tapes. Neil Fried of Chelsea Studios, Atlanta, produced the final audio tapes for both *Alif Baa* and the present volume. We are grateful for his technical expertise and his dedication to the project. We would also like to thank John Samples, Director of Georgetown University Press, and Patricia Rayner, Production Manager, for their support of the project and help in preparing the final manuscript.

A special acknowledgment is due al-Ustaaz Abd el-Hakim El-Tonsi, director of the video scenes accompanying this book, and his staff for their dedicated and highly professional work in producing the video tape. Thanks are also due to all the actors and actresses who made our characters come to life on the screen. The extra time and effort everyone put into filming and editing enabled us to complete the project on schedule.

Finally, we would like to express our thanks to the students of Arabic at The College of William and Mary, Emory University, and Middlebury College, who put up with the difficulties of working with very rough drafts of this book in 1992 and 1993 and gave us crucial feedback, and to our colleagues who took on the challenge of working with new materials while under development. Their patience, encouragement, and enthusiasm have been inspirational.

ألف شكر لكم جميعًا من أعماق قلوبنا !

١. أنا مها

في هذا الدرس :

- مها محمد أبو العلا
- المؤنّث والمذكر
- الـ The Definite article
- النّسبة Nationalities and affiliations
- السؤال Asking questions
- الاسم العربي Arabic names

تَذَكَّروا : Remember

أنا	اسمي	طالبة	مدينة
فلسطين	مصر	جامعة	

تَعَلَّموا : Learn

مِصريّ / ة	Egyptian
أسكُن	I live, reside
في	in
مِنطَقة	area, region
والِدي	my father
يَعمَل	he works
الأُمَم المُتَّحِدة	United Nations
والِدَتي	my mother
تَعمَل	she works
نَفس الـ ...	the same ...
أدرُس	I study
الأدَب	literature

Drill 1 **تمرين ١**

Practice using the vocabulary by filling in relevant information about yourself. Be prepared to give the information orally in class:

١ـ والدي يعمل في جمعه تورنتو .

٢ـ والدتي تعمل ________________ .

٣ـ أدرس في الاك الاردن .

٤ـ الامم المتحدة في ________________ .

٥ـ أسكن في ________________ .

٦ـ أنا وأنت في نفس الـ ________________ .

اِستَمِعوا / شاهِدوا : *Listen/Watch*

Listen to the tape or watch the video as your teacher directs, then answer:

1. Who is talking?
2. What is the person talking about?

اِستَمِعوا / شاهِدوا مَرّة ثانية: *Listen/Watch again*

Listen/watch a second time, then fill in the information requested about the speaker:

٣- الاسم ______________________

٤- تسكن في ______________________

٥- الوالد ______________________

٦- الوالدة ______________________

استمعوا وخَمِّنوا : *Listen and guess*

This time, try to guess the meaning of the following words, using context and your own general knowledge:

٧- فِلَسطينيّة ______________

٨- سِكرتيرة ______________

٩- الأدَب الإنجليزيّ (الإنكليزيّ) ______________

10. Compare the prefixes of the verbs you have learned and complete the following:

I	أدرس	أسكن	________
he	________	________	يَعمل
she	________	________	تَعمل

تمرين ٢ *Drill 2*

Based on what مها says, match each word in (أ) with an appropriate word in (ب) :

أ	ب
مـهـا	المتـحـدة
مدينـة	مصـري
الـوالـد	بـروكـلـين
منطقـة	الجـامـعـة
الأدب	فلسطيـنـيـة
الـوالـدة	الإنـجـلـيـزي
الأمـم	نـيـويـورك
نفس	مصـريـة

تمرين ٣

Listen to مـهـا Maha on tape and fill in the blanks below. Write what you hear, but also pay attention to the context:

أنا ________ مها محمد أبو العلا . أنا ________ ، أسكن في ________

نيـويـورك في ________ بـروكـلـين . والدي مـصـري ________ في الأمـم

المتـحـدة و________ فلسطينية تعمل سكرتيرة في ________ نيـويـورك .

أنا ________ في نفس الجامعة ، و________ فيها ________ الإنجليزي .

القواعد *Grammar*

المؤنث والمذكر

feminine	مُؤَنَّث
masculine	مُذَكَّر

Nouns and adjectives in Arabic always carry gender, either مُذَكَّر or مُؤَنَّث. Arabic distinguishes between two categories of nouns: those that refer to human beings, and those that refer to non-humans. Human nouns, such as أستاذ or سكرتيرة, and proper names, such as مها and محمد, take gender according to the gender of the person. Within the category of inanimate objects, each noun has its own gender, which does not change. There is no word for *it* in Arabic without gender; you must use *he* or *she* depending on what you are talking about. The gender of each word must be learned, but the form of the word itself almost always indicates whether it is مُذَكَّر or مُؤَنَّث.

In Unit Five of *Alif Baa*, you saw that the letter ة (تاء مَربوطة) usually indicates feminine gender.[1] ة is related to the letter ت, and is sometimes pronounced ت: for example, you heard مها pronounce ة as ت in: مدينة نيويورك. In other cases ة is not pronounced, but the فتحة that always precedes it is, as in: أنا مصريَّة. You will learn the rule for pronouncing ة as ت soon; meanwhile, pay attention to its pronunciation in the phrases and sentences you learn.

It is important to know the gender of nouns because when they are used in phrases or sentences other words must agree with them. For example, you have seen that adjectives must agree with the nouns they modify, whether in phrases, such as الأدب الإنجليزيّ (in which both the noun and the adjective are مذكر), or in sentences, such as والدتي فلسطينيّة (in which both are مؤنث).

Remember: ة on a word almost always indicates that the word is مؤنث.

---

[1]Exceptions: a few nouns (generally Classical words) take ة and remain masculine if they have a special meaning; one is خليفة *Caliph.* Also, there are a few plurals that end in ة. Finally, a handful of nouns are feminine even though they lack ة; these must be memorized as feminine. One example is شَمس *sun.*

The following table gives examples of المذكر and المؤنث using words you know:

مُذَكَّر:	هو	أستاذ	طالب	والد	سكرتير	مصري
مُؤَنَّث:	هي	أستاذة	طالبة	والدة	سكرتيرة	مصرية

Gender of Proper Place Names

Names of cities are مُؤنّث , following the gender of the word مدينة . Foreign countries are also مؤنث . The gender of names of Arab countries must be learned:

مُذَكَّر	مُؤَنَّث	
لُبْنان	تونُس	الجزائر
المغرب	ليبيا	مصر
الأُردن	سوريا	فلسطين
السودان	السعودية	الكويت
العِراق	عُمان	قَطَر
اليمن*	البحرين	الإمارات*
	اليمن*	موريتانيا

تَمْرين ٤

Identify each of these human nouns and adjectives as مؤنث or مذكر and write each in the appropriate column. Then give its counterpart in the other column:

صغير	جديدة	مِصري	طالبة	سكرتير
دُكتورة	جميل	والدة	فِلسطيني	أُستاذة
جُوعانة	إِنجليزي	قَصير	عَربية	طويل

مؤنث	مذكر	
كبيرة	كبير	ـ١
تعبانة	تعبان	ـ٢
	سكرتير	ـ٣
طالبة	طالب	ـ٤
مصرية	مصري	ـ٥
جديدة	جديد	ـ٦
صغيرة	صغير	ـ٧
أستاذة	أستاذ	ـ٨
فلسطينية	فلسطيني	ـ٩
والدة	والد	ـ١٠
جميلة	جميل	ـ١١
دكتورة	دكتور	ـ١٢
طويلة	طويل	ـ١٣
		ـ١٤
		ـ١٥
		ـ١٦
		ـ١٧

تمرين ٥

Describe these people and objects, as in the example. You may choose from the list of adjectives below or use your own.

مثال: *Example* هذه سيارة كبيرة .

١- أنا طالبة مصرية .
٢- والدتي ________ .
٣- نيويورك مدينة ________ .
٤- مها بنت ________ .
٥- هذه منطقة ________ .
٦- أسكن في بيت ________ .
٧- جامعة نيويورك ________ .
٨- والدي ________ .
٩- هذا شارع ________ .
١٠- الأدب ________ .
١١- هذه غرفة ________ .
١٢- هذا مكتب ________ .
١٣- عندي سيارة ________ .
١٤- "بوينغ ٧٤٧" طائرة ________ .
١٥- هذه بناية ________ .
١٦- هذا امتحان ________ .

كبير	صغير	طويل
قصير	مريض	تعبان
جميل	عربي	واسع
جديد	قديم	قريب
بعيد	صعب	مصري

تمرين ٦

Below is a partial list of the faculty of the Chemistry Department of جامعة الكويت .

1. Identify the male and female faculty by writing الدكتور or الدكتورة before each name:

قسم الكيمياء

	الاسم	الوظيفة
الدكتور	علي حسن قطريب	أستاذ
	جورج موسى جعنيني	أستاذ
	يحيى عبد الرحمن الطنطاوي	أستاذ مساعد
الدكتورة	فائزة محمد عبد المحسن الخرافي	أستاذ مساعد
	عثمان محمد الدسوقي	أستاذ مساعد
	نجيب عبد المنعم عيسى السالم	أستاذ مساعد
	نجاة ابراهيم الشطي	أستاذ مساعد
	نورية عبد الكريم العوضي	أستاذ مساعد
	محمد يحيى محمد صوان	أستاذ مساعد
	أحمد علي محمد علي كريمي	مدرس
	نادية محمد شعيب محمد شعيب	مدرس
	عبد الهادي عيسى بومليان	مدرس
	فاطمة عبد الله جمعة العمران	مدرس
	صالح محمد عبد الحسين الموسوي	مدرس
	حياة محمد رفيع معرفي	مدرس
	عثمان عبد الله الفليج	مدرس

من "الدليل الدراسي لعام ١٩٨٧-١٩٨٩" ، جامعة الكويت

2. Guess the meaning of the following words from context:

قِسم = Department

الوَظيفة = position

الـ ... The Definite article

In Unit Eight of *Alif Baa* you learned that the article الـ makes a noun definite, as for example: indefinite طالب *a student* corresponds to definite الطالب *the student*. You cannot assume that all words without الـ are indefinite, for some proper names (e.g., مـصـر) as well as nouns in one particular grammatical construction can be definite without it. However, you can assume that words with الـ are definite.

The use of Arabic الـ differs from that of English *the* in one important respect. In English, singular nouns may be used with **(a)** the indefinite article *a(n)*, as in *a book*, **(b)** the definite article *the*, as in *the teacher*, or **(c)** no article at all, as in *literature*. In general, Arabic uses الـ for **both categories (b)** and **(c).** The following chart summarizes corresponding English and Arabic usages:

a book	كتاب
the teacher	الأستاذ
literature	الأدب

Use this as a **rule of thumb** to determine where you need to use الـ when speaking and writing, and pay attention to the use of الـ as given in new vocabulary.

تمرين ٧

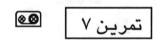

Listen to the following list on tape, and add الـ to the words in which you hear it. Remember to listen for الشـدّة that indicates the assimilation of لـ when followed by الحروف الشمسية (for review see *Alif Baa*, Unit Eight).

١- ____باب
٢- ____صباح
٣- ____جامعة
٤- ____شارع
٥- ____والد
٦- ____سوريا
٧- ____قهوة
٨- ____منطقة
٩- ____سلام
١٠- ____بنك
١١- ____أسرة
١٢- ____طالب

تمرين ٨

Read the following paragraph and circle all the nouns that you think would take الـ if you translated it into Arabic:

```
     Poetry holds a central place in Arabic culture, and this
importance is reflected in the high esteem accorded poets.  In
ancient times, the poet was among the most important members of
his tribe.  He recorded the tribe's history and defended its
honor through his descriptions of its courage and prowess.
Throughout Islamic history, rulers rewarded poets handsomely for
their "praise poems."  Today, poetry remains a powerful medium
of political expression.
```

النسبة

the nisba adjective النِّسْبة

The word نسبة in grammar refers to a class of adjectives formed from nouns by adding the suffix يّ for مذكّر or يّة for مؤنّث. These adjectives generally indicate origin or affiliation, especially in reference to a place. You have learned several of these already:

مها مصريّة .	والدي مصريّ .
والدتي فلسطينيّة .	الاستاذة عربيّة .

Many nisbas are formed from place names. To form a نسبة from such a name:

(1) remove الـ and ة or final ا / يا , if any, from the place name; then

(2) add يّ to make the adjective مذكر , or يّة to make it مؤنث .

Examples:

أمريكيّ / أمريكيّة	<--	(أمريك)	<--	أمريكا
جامعيّ / جامعيّة	<--	(جامع)	<--	جامعة
أردنيّ / أردنيّة	<--	(أردُن)	<--	الأردُن

Now practice by completing the steps for the following:

فرنسي / فرنسية	<--	فرنس	<--	فَرنسا
مكسيكي / مكسيكية	<--	مكسيك	<--	المَكسيك
صومالي / صومالية	<--	صومال	<--	الصّومال

تمرين ٩

In formal Arabic, the شـــدة on the nisba ending يّ is clearly pronounced, but in spoken Arabic it is not normally pronounced in the masculine. Learn to recognize both variants. Listen and compare:

مؤنث	مذكر spoken / formal
الاستاذة مصريّة	الاستاذ مصريّ / مصري
الاستاذة سوريّة	الاستاذ سوريّ / سوري
الاستاذة لبنانيّة	الاستاذ لبنانيّ / لبناني
الاستاذة مغربيّة	الاستاذ مَغرِبيّ / مغربي

تمرين ١٠

Identify the nationality or affiliation of the following people, places and things:

مثال: هذه طائرة أمريكية . (أمريكا)

١- أنا بريطاني . (بريطانيا)

٢- هذه أستاذة الجزائرة . (الجزائر)

٣- "نيكول" بنت فرنسية . (فرنسا)

٤- "راج" رجل الهندي . (الهِند)

٥- هذه قهوة تركيّة . (تُركيا)

٦- "ريتشارد" دكتور اوسترالي . (اوستراليا)

٧- طوكيو مدينة اليابانية . (اليابان)

٨- سَلمى طالبة باكستانية . (الباكستان)

٩- مها طالبة جامعية . (جامعة)

١٠- فاس مدينة مغربية . (المغرب)

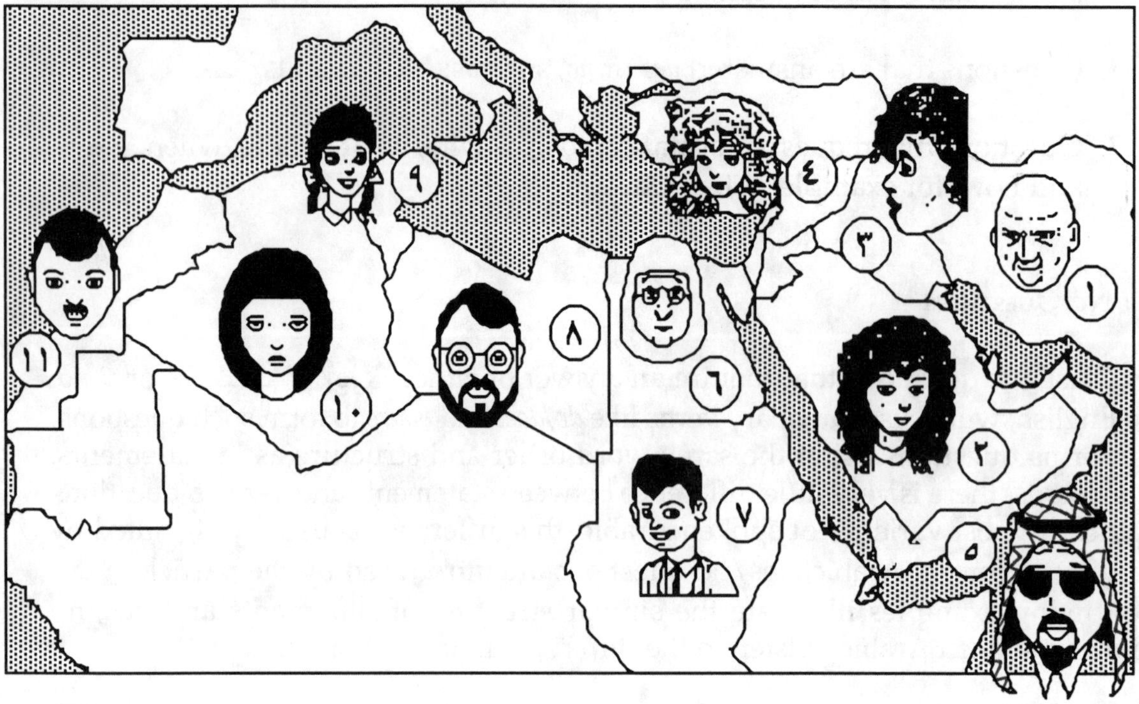

تمرين ١١

Give the nationalities of the people in the preceding map as in the example:

مثال: ١ـ أفشين إيراني

٢ـ لَيلى سعودية

٣ـ مُنى عراقية

٤ـ خالِدة سورية

٥ـ عَبد اللّه يمني

٦ـ فَتحية مصرية

٧ـ عَوَض سوداني

٨ـ عَبد الحَميد جزائري ليبي

٩ فاطِمة تونسية

١٠ـ جَميلة جزائرية

١١ـ إدريس مغربي

Asking Questions السؤال

Arabic has two main types of questions:

1. Questions that are answered *yes* or *no*, such as: حضرتك مصرية ؟ .

2. Questions that request information such as who, what, where, when, why and how, for example: أين تسكن مها ؟ .

1. Yes/ No Questions

These are questions that require an answer of either "نَعَم / "أيوَه" *yes* or لا *no*. Unlike English, which uses auxiliary verbs like *do/does* and *is/are* to form such questions, Arabic forms questions using the same word order and structure as in statements. In other words, there is very little difference between statements and yes/no questions in Arabic. In most varieties of spoken Arabic, this difference is usually signalled by intonation. In formal Arabic, yes/no questions are introduced by the particle هَل . The following examples illustrate the similar structure of statements and yes/no questions in spoken Arabic. Listen to the difference in intonation on tape:

مها مصرية . <— مها مصرية ؟

أنت طالبة . <— أنت طالبة ؟

As in many languages, falling intonation generally indicates a statement, whereas rising intonation usually signals a question. The exact intonation of an Arabic sentence or question depends on the dialect region. Listen to and imitate the speech of your teacher and native speakers you know.

هَل ...؟

In formal Arabic, yes/no questions are indicated by the interrogative word هَل (no English equivalent). Thus in formal contexts you will hear or read the following variants of the examples above:

هَل مها مصرية ؟

هل أنت طالبة ؟

2. Information Questions

These questions request specific information such as who, what, when, where, and why. Learn the following interrogative particles:

What? (in questions without verbs)	ما ؟
What? (in questions using verbs)	ماذا ؟
Who?	مَن ؟
Where?	أينَ ؟
From where?	مِـن أينَ ؟
How?	كَيفَ ؟

These words are placed at the beginning of the question, as these examples show:

ما هذا ؟ / ما هذه ؟	ماذا تعمل ؟
مَن مها ؟	أين تسكن ؟
مِن أين أنت ؟	كيف نقول ؟

تمرين ١٢

Ask the right question! Choose the appropriate interrogative to complete:

١ـ ________ أنت يا ماجدة ؟ — أنا من مدينة بغداد .

٢ـ ________ أنت سوريّة؟ — لا ، أنا فلسطينيّة .

٣ـ من فضلك ، ________ مكتب الدكتور سامي الخوري؟ — في هذه البناية .

٤ـ ________ هي؟ — هي الاستاذة الجديدة .

٥ـ ________ تسكن يا علي؟ — أسكن في شارع بور سعيد .

٦ـ ________ تدرس في الجامعة؟ — أدرس الأدب .

٧ـ ________ هذه ؟ — هذه قهوة عربية .

٨ـ ________ يعمل والد أحمد ؟ — هو دكتور .

٩ـ من فضلك يا أستاذ ، ________ نقول "bathroom" بالعربية؟ — "حَمّام".

تمرين ١٣ نشاط قراءة

1. Skim the following article, looking for familiar words and names. What is this?

2. Skim again, and circle everything you recognize.

3. Guess the meaning of the following words from the context:

جزيرة ________ نهر ________

الولايات المتحدة الامريكية ________________

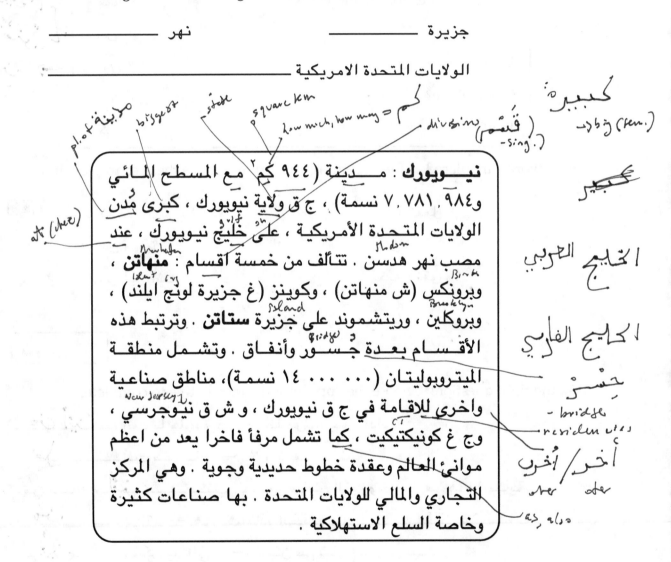

نيـــويورك : مـــدينة (٩٤٤ كم٢ مع المسطح المائي و٧.٧٨١.٩٨٤ نسمة) ، ج ق ولاية نيويورك ، كبرى مدن الولايات المتحدة الأمريكية ، على خليج نيويورك ، عند مصب نهر هدسن . تتألف من خمسة اقسام : **منهاتن** ، وبرونكس (ش منهاتن) ، وكوينز (غ جزيرة لونج ايلند) ، وبروكلين ، وريتشموند على جزيرة **ستاتن** . وترتبط هذه الأقسام بعدة جسور وأنفاق . وتشمل منطقة الميتروبوليتان (١٤ ٠٠٠ ٠٠٠ نسمة)، مناطق صناعية واخرى للاقامة في ج ق نيويورك ، و ش ق نيوجرسي ، وج غ كونيكتيكيت ، كما تشمل مرفأ فاخرا يعد من اعظم موانئ العالم وعقدة خطوط حديدية وجوية . وهي المركز التجاري والمالي للولايات المتحدة . بها صناعات كثيرة وخاصة السلع الاستهلاكية .

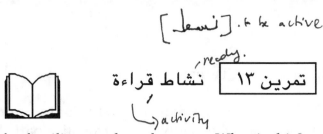

من الموسوعة الثقافية ، د. حسين سعيد
مؤسسة فرانكلين ، دار الشعب ، القاهرة ١٩٧٢

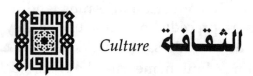

Culture الثقافة

Arabic Names

An Arab's name tells more about his or her family than an American's name. There are two common formats for Arab names:

مَـها مُحمّد أبو العِلا

مـها محمد يوسُف

In the first, Maha's full name, مـها is the given name, مـحـمد is the father's first name, and ابو العلا is the family name. The second format is used in official documents in Egypt in particular, and consists of the given name, the father's first name, and the paternal grandfather's first name.

These modern names are shorter versions of the traditional form of Arab names:

عَلي بن العَبّاس بن جُرَيج (ابن الرومي)

This is the name of a famous poet of the ninth century. As you can see, the father's and subsequent ancestral names are separated by ابـن *son (of)* (spelled without the alif in between two names). In addition to these genealogical names, people were usually identified by city of birth, by tribe, or by a nickname designating a particular attribute. This poet is known as Ibn al-Rumi, because of his Byzantine background (روميّ means *Byzantine*, nisba from روم).

Most Arab women do not legally take the name of their husbands when they marry. (In some areas, they may be addressed socially by their husbands' names.) Maha's mother, مَـلَـك, retains the name of her father and family for life:

مَـلَـك طاهِر دَرويـش

Also, note that not all female names end in ة . As you learn more names, you will learn to recognize which names are masculine and which are feminine. As in English, a few names may be either gender, such as وَفاء and صَباح .

Stereotypical portrayals of Arabs sometimes include characters named Abdul; however, in Arabic, this is only half a name. The word عَـبـد *servant of* must be followed by another word, usually an attribute of God, in order to constitute a proper name. You may have heard some of the following examples:

عبدُ الجَبّار   عبدُ الحَكيم   عبدُ اللّه   عبدُ القادِر

In conversation, Arabs tend to address and refer to each other by their first names, preceded by a title unless they are close friends. For example, Maha's father would be addressed at work as: الدكتور محمد . In introductions and formal settings, both names may be used: الدكتور محمد أبو العلا . It is unusual for anyone to be addressed by title and last name only.

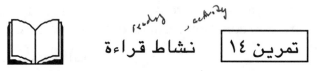

تمرين ١٤ نشاط قراءة (reading activity)

On the following page is part of a society section of an Arabic magazine. Skim it and find: مجلّة - magazine

1. the word for *groom* : العريس
2. the word for *bride* : العروس
3. the title used for men الاستاذ
4. the title used for women ~~الاستاذة~~ الآنسة الآنسة
5. choose one couple, and identify for each person: given name, father's name, and family name

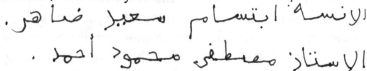

الآنسة ابتسام سعيد ضاهر.

الاستاذ مصطفى محمود أحمد.

Now read the text again, and find three examples each of:

<u>Male Names</u>	<u>Female Names</u>	<u>Family names</u>

صور - picture

ناس و ناس

العروس : الآنسة منى عبد المرضى
العريس : الأستاذ محمد الكردي

العروس : الآنسة أمل على شحاتة
العريس : الأستاذ هشام عبد القادر بكير

العروس : الآنسة ابتسام سعيد ضاهر
العريس : الأستاذ مصطفى محمود أحمد

العروس : الآنسة عزة رزيقة
العريس : الأستاذ أحمد الشناوى

العروس : الآنسة وسام حسين بيومى
العريس : الأستاذ فتحى عبد الرؤوف محمود

العروس : الآنسة كريمة هاشم
العريس : الأستاذ محمد حنفى محمود

من مجلة أكتوبر العدد ٨٤٥ – الأحد ٣ يناير (كانون الثاني) ١٩٩٣

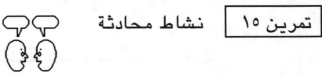

تمرين ١٥ نشاط محادثة

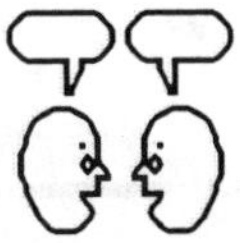

You are in Cairo, and have been invited to attend a wedding. Since you will meet many people whom you do not know, practice making polite conversation with your classmates to prepare for the event. If you meet someone from the bride's or groom's family, be sure to say

congratulations! ! مَبروك

مبروك

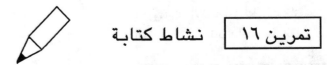

تمرين ١٦ نشاط كتابة

To go to Cairo, you will need a visa. Information you may be asked to provide includes the following. Complete:

الاسم : دانيال هلر رزن

اسم الوالد : ساول رزن

اسم الوالدة : دبورة هلر

السكن : ____________________

العمل : ____________________

رقم التليفون (الهاتف) المكتب : ____________________

البيت : ____________________

٢ . أنا فعلاً وحيدة !

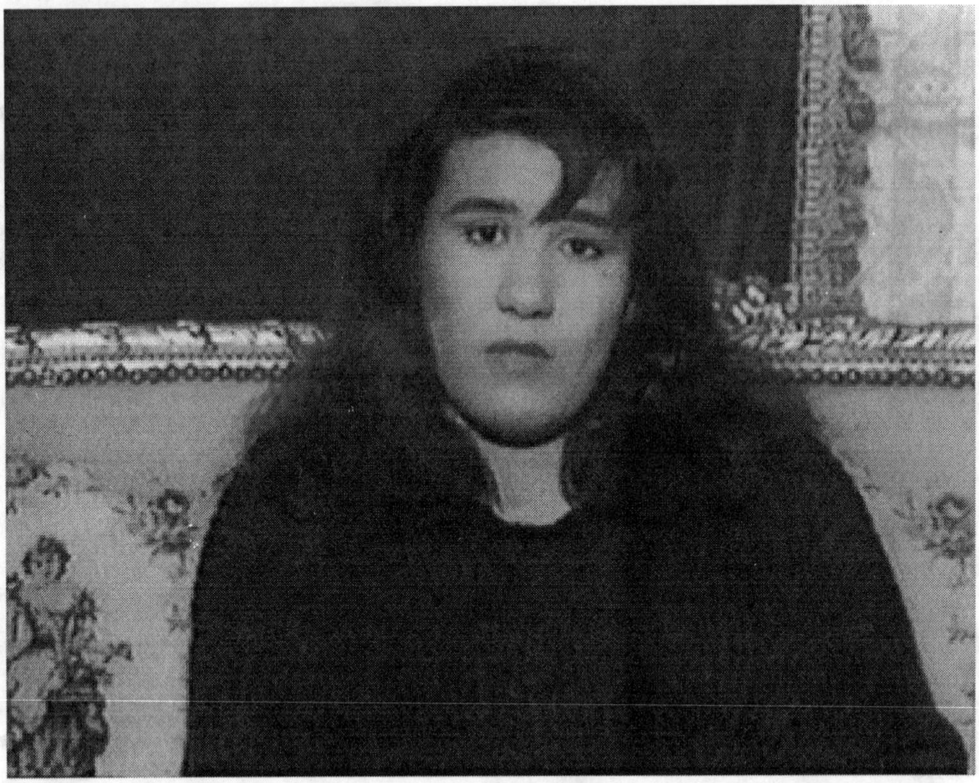

في هذا الدرس :

- أسرة مها
- الضمائر
- الجمع
- الجملة الاسمية : المبتدأ والخبر
- شغل البيت
- Introducing yourself

تَذَكَّروا :

والدي	في	مِن	عربي	إنجليزي	فرنسي
والدتي	تعمل	مكتب	بيت	اسم	تسكن

تعلّموا :

مُتَرجِم	translator
مُتَخَصِّص في ..	specializing / specialist in
التَرجَمة	translation
إلى (≠مِن)	to (direction towards)
لُغة	language
القُبول	admissions
التَّسجيل	registration
أيضًا	also
مَشغول بـ[1]	busy with
شُغل = عَمَل	work
المَساء	evening
النَهار	daytime
دائِمًا	always
لي	I have
خالة	maternal aunt
حَيثُ	where (**not** in questions)
بِنت	girl; daughter
وَحيدة	only; lonely (مؤنث)
أُسْرة	family
فِعلاً	really!, truly

[1] بـ is the preposition that is used with مشغول for the meaning given. **Prepositions are not translatable outside of a particular context!** You must **memorize** them in the phrases in which they occur.

اِستَمِعوا / شاهِدوا : *Listen / Watch*

Listen to the tape or watch the video, then answer the following questions:

1. What is مها talking about here?

her family

2. What new information have you learned about مها from the tape?

her father's a trans-, etc.

اِستَمعوا / شاهِدوا مَرّة ثانية:

Listen/watch again, then answer:

٣ـ ماذا يعمل والد مها ؟

والد مها مترجم سكرتيرة

٤ـ ماذا تعمل والدة مها ؟

والدة مها تعمل في مكتب القبول والتسجيل.

٥ـ مَن نادية ؟

نادية الخالة مها.

٦ـ أين تسكن نادية ؟ ماذا تعمل ؟

نادية تسكن في لوس انجلس. تعمل في بنك.

اِستمعوا وخَمِّنوا : *Listen and guess*

Now listen again, and guess the meaning of the following from context:

٧ـ وِلايَة كاليفورنيا State of Calif.

٨ـ شغل البيت homework.

الثقافة

شغل البيت

The workings of individual Arab families differ as much as those of American ones. Either partner may be responsible for day-to-day budgeting and financial management, and it is increasingly common for both husband and wife to work outside the home (extended families often help with day care). Marriage is seen as a partnership in both cultures; however, in Arab culture, partners' expectations of each other have not changed as drastically as those in the U.S. have in recent years. In general, the rights and responsibilities of each party remain based on a traditional division of labor (rather than on sharing tasks) in which the wife is responsible for work inside the home, while the husband is expected to be available to run errands, grocery and other, outside it.

"أنا وحيدة"

In Arab culture, spending time by oneself (except to work or study) is generally viewed as undesirable and to be avoided if possible. Close relations and frequent visits among neighbors, members of the extended family, and friends mean that one need rarely be alone for an extended period of time.

تمرين ١

What can you say about مها and her family?

١- والد مها ______ في الترجمة .

٢- نادية ______ مها وهي تسكن في ______ كاليفورنيا .

٣- والدة مها مشغولة ______ .

٤- خالة مها ______ في بنك .

٥- والدة مها تعمل في مكتب ______ في جامعة نيويورك .

٦- مها ______ .

٧- والدة مها فلسطينية وخالة مها فلسطينية ______ .

٨- والد مها يعمل في الترجمة من اللغة العربية إلى ______ و ______ .

٩- والدة مها مشغولة في ______ وفي المساء .

١٠- مها البنت الوحيدة في ______ .

تمرين ٢

Listen to مها on tape and fill in the blanks:

والدي ________ متخصص في ________ من وإلى ________ العربية
والانجليزية و________ ، ووالدتي ________ في مكتب القبول
و________ . والدي ________ دائما ، ووالدتي ________ مشغولة
بالعمل في النهار وبشغل ________ في المساء .
لي خالة ________ نادية ________ في مدينة لوس انجلوس في ولاية
كاليفورنيا ، حيث ________ في بنك . أنا البنت ________ في الأسرة وأنا
________ وحيدة !

تمرين ٣

Describe yourself. Use the following sentences as a starting point :

١ـ أسكن في ________ ، حيث ________ .

٢ـ ________ في النهار و________ في المساء .

٣ـ أنا متخصّص / متخصّصة في ________ .

٤ـ أنا دائمًا ________ .

٥ـ أنا مشغول ________ .

٦ـ أنا فعلاً ________ !

٧ـ أسرتي ________ .

القواعد

الضمائر *Pronouns*

Arabic has three sets of personal pronouns: subject, object and possessive.[1] As is the case in English, there is some overlap among these sets. However, Arabic has more pronouns than English, in part because of the distinction in gender. You will learn all of these pronouns over the course of the year; for now, learn the following most commonly used **subject** pronouns:

we	نَحْنُ	I	أنا
you (plural)	أنتُم	you (مذكر)	أنتَ
		you (مؤنث)	أنتِ
they	هُم	he	هُوَ
		she	هِيَ

الجمع

singular	مُفرَد
plural	جَمع

English has only one regular plural pattern, the addition of *s* to the singular, as in *students*. Arabic has about fifteen regular patterns that you will learn over the course of the year. The first step in acquiring these patterns is to memorize individual words as vocabulary (this will become easier as your vocabulary grows). The following chart gives the plurals of the words you have learned so far. **Memorize them:**

[1]If you are not familiar with these grammatical terms, think of the English pronouns *I*, *me*, and *my*. *I* is the subject pronoun, as in '*I* live here.' *Me* is the object pronoun, as in 'he saw *me*.' *My* is the possessive pronoun, as in '*my* father.'

المُفرَد	الجَمع
طالب	طُلاّب
رَجُل	رِجال
مدينة	مُدُن
منطقة	مَناطِق
مكتب	مَكاتِب
أُستاذ	أَساتِذة[1]
اسم	أسماء
وَلَد	أَولاد
بيت	بُيوت
شارع	شَوارِع
أُسرة	أُسَر
اِمرأة	نِساء[2]
جامعة	جامعات
وِلاية	ولايات
خالة	خالات
لُغة	لغات
طائرة	طائرات
سيّارة	سيّارات
بِنت	بَنات
مَشغول	مشغولون / مشغولين
مُترجِم	مترجمون / مترجمين
مُتخصّص	متخصّصون / متخصّصين
مصريّ	مصريّون / مصريّين

[1] Note that this plural is an exception to the مؤنث=ة rule.

[2] The word امرأة has no plural of its own; the plural نساء (which has no singular) is used for *women*.

From now on, as you learn new words, **memorize the singular and plural together as a unit.** The abbreviation for جمع is ج. , it will be used in vocabulary lists as follows:

word	كَلِمة ج. كَلِمات

The list of plurals above contains examples of many common plural patterns. Three different types of plurals emerge from this list: broken plurals, ـات plurals, and ـون / ـين plurals.

1. **Broken Plurals** (جمع التَكْسير)

As you can see from the list, most plural patterns involve a change in the syllabic structure of the word, such that the same consonants are retained but are re-formed into new syllables with different short and long vowels. For example, compare رَجُل to its plural رِجال : both contain the same consonants, ر – ج – ل , but the vowels have changed. This kind of plural is called جمع التَكسير *broken plural.* Memorize these plurals one by one. As you acquire more vocabulary, you will see that the same syllabic patterns recur, and you will be able to memorize the plurals more easily because of them.

2. ـات **Plurals** (جمع المؤنث)

In the list above, look at all the words that end in ـات, and compare the plural forms of these words to the singular. What can you infer about this pattern?

The great majority of words that end in ة form their plural by dropping the ة from the singular and adding ات . Use this rule of thumb to help you learn their plurals, **but pay attention to and memorize the exceptions!** Note, for example, that the plural of مدينة is مُدُن (**not** مدينات).

3. ـون / ـين **Plurals** (جمع المذكر)

Note that two forms of the plural are given for the final five nouns in the chart above. Both forms are used in formal Arabic; the difference is grammatical. Learn to recognize both now, and you will learn the grammatical differences later. In spoken Arabic, only the second form, with ـين , is used (e.g., مصريين). **Almost all** نسبة **adjectives can take this plural.** For example:

لُبناني ج. لبنانيّون / لبنانيّين

سوري ج. سوريّون / سوريّين

There is one important exception:

عَرَبي ج. عَرَب

تمرين ٤

Practice using pronouns to talk about people and things by completing the following conversations, as in the example:

مثال: "هل أنتِ أستاذة ؟" "لا أنا طالبة ."

١- "هل أنتَ طالبة ؟" "نعم ."

٢- "مِن أين أنتِ يا ماري ؟" "أنا من كاليفورنيا ."

٣- "هل أنتَ مصري يا أحمد ؟" "لا. أنا سوداني ."

٤- "مَن هي ؟" "هي أساتِذة في جامعة حَلَب في سوريا ."

٥- "هل هم فلسطينيون ؟" "لا. هم أردنيون ."

٦- "مَن نادية ؟" "هي خالة مها ."

٧- "أين يعمل والد مها ؟" "هو يعمل في الامم المتحدة ."

٨- "أين تدرس ؟" "أدرس في ميدلبري و ______ جامعة صغيرة في ڤيرمونت ."

٩- "أين تسكن ؟" "أسكن في شارع برودواي ، وشارع قريب من الجامعة ."

تمرين ٥

Practice talking about groups by using plurals, as in the example:

مثال: نحن أمريكيون. (أمريكي)

١- هم طلاب. (طالب)

٢- العربية والإنجليزية والفرنسية لغات . (لغة)

٣- أنتم عرب . (عربي)

٤- محمد وفاطمة وسعيد سوريون . (سوري)

٥- "هوندا" و"فورد" و"شفروليه" سيارات . (سيارة)

٦- هم مترجمون في الامم المتحدة . (مترجم)

٧- نحن دائمًا مشغولون بالعمل . (مشغول)

٨- كاليفورنيا وواشنطن وتكساس ولايات . (ولاية)

٩- منهاتن وبروكلين وبرونكس مناطق في نيويورك . (منطقة)

١٠- القاهرة وبغداد ودمشق وبيروت مُدُن عربية . (مدينة)

الجملة الاسمية

sentence	جُملة
noun	اِسم
subject (in جملة اسمية)	مُبْتَدَأ
predicate	خَبَر

Thus far, you have seen and heard a basic sentence structure that is called in Arabic الجُملة الاسمية , from the word اسم , which in grammar means *noun.* الجملة الاسمية is a sentence that begins with a noun or pronoun, such as:

١- والدي مصري .
٢- هي طالبة .
٣- أنا من كاليفورنيا .
٤- هم مشغولون بالعمل .
٥- مها تسكن في نيويورك .
٦- والدتي تعمل سكرتيرة .

Arabic does not use the verb *to be* in the present tense. When الجملة الاسمية consists only of nouns, pronouns, and/or adjectives, the meaning *is* (or *are* or *am*) is understood. How would you translate sentences (١–٤) above? Try to identify the placement of the assumed verb *to be*. What clues helped you determine the meaning of each sentence?

The parts of الجملة الاسمية are called المُبتَدَأ *subject* and الخَبَر *predicate* (literally *new information,* i.e., what is being related about the subject). In order to understand this type of sentence, you must first identify its two parts, especially in sentences in which the verb *to be* is understood. As you can see in the examples above, الخبر can be anything: noun, adjective, verb, prepositional phrase, etc. When الخبر is a noun or adjective, it tends to be indefinite, as in the examples above; this will help you to identify where the break between the two parts lies. The following diagrams show the breakdown of two جُمَل اسمية :

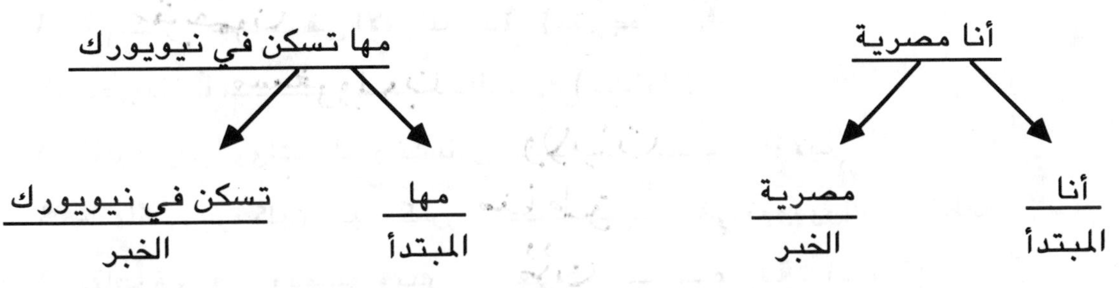

In this type of sentence, nouns and adjectives in both المبتدأ and الخبر must agree in gender (both مذكر or both مؤنث), and number (both مفرد or both جمع), as these examples show:

مها مصرية .	محمد مترجم .
هي أستاذة .	هم متخصصون في الأدب .
نحن طلاب .	أنتم مشغولون .

تمرين ٦

Identify both المبتدأ and الخبر in these sentences:

١ـ سامية ومُنى وليلى طالبات .

٢ـ والدي مشغول بالعمل .

٣ـ والدتي متخصصة في الكمبيوتر.

٤ـ هي تدرس اللغة العربية .

٥ـ نيويورك مدينة كبيرة .

٦ـ كاليفورنيا ولاية .

٧ـ أنا البنت الوحيدة .

٨ـ هم أساتذة من مصر .

تمرين ٧

Match each مبتدأ in column "أ" with an appropriate خبر in column "ب". Pay attention to agreement! Refer to the chart on page 27 if necessary.

أ	ب
الأولاد	متخصصة في الأدب الفرنسي
هو	أساتذة عرب
الدكتورة سامية	جامعات
"هارڤرد" و"براون" و"كولومبيا"	نساء عربيات
المكتب	مشغولون
ليلى وفاطمة وجميلة	الولد الوحيد في الاسرة
د. علي ود. عايدة ود. سعيد	طالبات أمريكيات
كاثرين وإليزابث وماندي	في هذه البناية

تمرين ٨ هو وهي

Below are two personal ads in which the person first describes himself or herself, then describes the qualities he or she seeks in a spouse. Skim the ads and answer:

1. Which of these ads was placed by a man seeking a wife and which by a woman seeking a husband? Underline all of the words that tell you so. (Hint: look for gender on nouns, adjectives, and verb prefixes.)

2. Do you think that these two people are suitable for each other? Why/why not?

3. Guess the meaning of أو : ______

النصف الثاني

F61 الآنسة ع .هـ من الدار البيضاء في المغرب ـ28 سنة، سكرتيرة متوسطة الجمال ، هادئة الطباع، حسنة الاخلاق ، من عائلة محافظة، ترغب بالزواج من شاب عربي مسلم ، يقدر الحياة الزوجية ، ويفضل ان يكون مغربياً او تونسياً او جزائرياً مقيماً في اوروبا او كندا ولا يتجاوز عمره 42 سنة.

F74 ع.ف مغربي مقيم في هولندا، 28 سنة، مستوى جامعي ، هادىء الطباع ، مربي اجتماعي يود الزواج من فتاة عربية مثقفة جميلة لا تفوقه في السن ويفضلها سورية ، او لبنانية او اردنية.

من مجلة الوطن العربي ١٩٩١/٩/٢٧

تمرين ٩ نشاط قراءة

تعلموا هذه الكلمات:

program	بَرنامَج
ancient, old (for things, **not** people)	قَديم

الشَّرق الأوْسَط Middle East = الشَرق الأدنى Near East

Now read the text below and answer these questions:

1. What do you think this is?
2. Find the Arabic words for *center* ________ and *department* ________
3. Underline all languages that are taught here. Why are their names all مؤنث?
4. In line 5, guess the meaning of: بَكالوريوس ________ ماجِستير ________ دُكتوراه ________
5. Under each language listing, you see the following words. Guess their meaning: اِبتِدائي ________ مُتَوَسِّط ________ مُتَقَدِّم ________

١٠٧ جامعة نيويورك – نيويورك / نيويورك

البرنامج : مركز هاقوب كيفوركيان لدراسات الشرق الأدنى ، شعبة دراسات لغات وآداب الشرق الأدنى ، شعبة الدراسات العبرية واليهودية

Hagop Kevorkian Center for Near Eastern Studies; Department of Near Eastern Languages and Literatures; Department of Hebrew and Judaic Studies.

الدرجات العلمية : بكالوريوس ، ماجستير ، دكتوراه .

لغات الشرق الأوسط : لغة عربية (إبتدائي ، متوسّط ، متقدّم ، حلقة دراسية) ، تركية ((ابتدائي، متوسط ، متقدم) ، فارسية (ابتدائي ، متوسط متقدم ، حلقة دراسية) ، عبرية (ابتدائي ، متوسط ، متقدم ، حلقة دراسية) ، أكادية ، آرامية ، سامية الشمال الغربي ، المصرية القديمة .

من "دليل برامج الدراسات العربية والاسلامية والشرق اوسطية في الجامعات الامريكية" ، سفارة المملكة العربية السعودية في واشنطن، ١٩٩١

تمرين ١٠

Practice asking and answering questions using words from the list:

الامم المتحدة	نفس	هل	أين	هو	ماذا
مريضة	جوعان	واسع	ما	مِن أين	الغرفة
حيث	منطقة	هي	مدينة	الولايات المتحدة	

١- "أين جامعة كولومبيا ؟" - "هي في ________ نيويورك ."

٢- "أين تسكن ؟" - "أسكن في ________ قريبة من الجامعة ."

٣- "________ أنت ؟" - "من مصر."

٤- "________ هذه ؟" - "هذه طاولة ."

٥- "________ تدرس في الجامعة ؟" - "أدرس الأدب الفرنسي ."

٦- "________ تسكن في مصر ؟" - "لا ، أسكن في ________ !"

٧- "أين ________ ؟" - "هي في منطقة منهاتن ."

٨- "أين الاستاذة ؟" - "هي في ________ ."

٩- "مَن أحمد ؟" - "________ طالب ، ونحن في ________ الصف ."

١٠- "هل أنتِ ________ ؟" - "نعم ، عندي برد ."

تمرين ١١ مع عائلة مها

Read the following passage, first to yourself, for comprehension, then aloud, to practice pronunciation:

اسمي نادية طاهر درويش ، وأنا خالة مها . أسكن في مدينة لوس أنجليس في بيت صغير في منطقة قريبة من جامعة كاليفورنيا "يو سي أل ايه ". أعمل في بنك كبير ، وأنا متخصّصة في الكمبيوتر.

تمرين ١٢ نشاط قراءة

تَعَلَّموا هذه الكلمات:

جِنْسِيَّة — nationality

بَلَد ج. بِلاد — country

عُنوان — address

سَنة ج. سَنَوات — year

On the next page is an advertisement for pen pals.

1. Skim the text and figure out what العُمر means: ____________

2. Use it to make your own list of possible Arab pen pals by completing the chart:

العنوان	الجنسية	العمر	الاسم
			١ـ لَيْلى جَبرَه دِبس
			٢ـ نَجم الدين مُحمَّد سَعيد
			٣ـ رَمَضان محمد أحمد
			٤ـ مُرتَضى حُسيْن اللامي
			٥ـ
			٦ـ

picture - صورة

تعارف

■ مصر

الاسم الكامل: وجدي غطاس مينا
العمر: ٣١ سنة
الهواية: التعارف - السفر - تبادل الخبرات

البلد والعنوان: ١٤٤ طريق الجيش - كليو باترا الصغرى - الاسكندرية - جمهورية مصر العربية

الاسم الكامل: فتحي محمد حسين محمد
العمر: ١٨ سنة
المهنة: طالب جامعي
الهواية: القراءة - المراسلة وتبادل الآراء

البلد والعنوان: سوهاج - طهطا - جزيرة الخزندارية جمهورية مصر العربية

الاسم الكامل: عادل امين يوسف
العمر: ٣٦ سنة
الهواية: تبادل المعلومات والآراء في الاعمال

البلد والعنوان: مكتب بريد حدائق القبة - ١١٦٤٦ - ١١٣٣١ - القاهرة - مصر

الاسم الكامل: رمضان محمد أحمد
العمر: ٢٠ سنة
الهواية: المراسلة - قراءة القصص - السباحة
البلد والعنوان: ٣٦ شارع عبد الفتاح شتا - مدينة الفتوح - المطرية - جمهورية مصر العربية

■ السودان

الاسم الكامل: نجم الدين محمد سعيد
العمر: ٢٥ سنة

الهواية: المراسلة - كرة القدم
البلد والعنوان: السودان - الشمالية - ارقو الغربية

■ ايران

الاسم الكامل: مرتضى حسين اللامي
العمر: ٣٦ سنة. (أعزب)

الهواية: المراسلة وتبادل العملات
البلد والعنوان: قم - ص.ب ٣٧١٨٥/٤٥٤

■ لبنان

الاسم الكامل: سليمان عسكر
العمر: ٢٢ سنة
المهنة: طالب - سنة ثانية علوم سياسية

الهواية: المراسلة باللغة العربية والانكليزية - السباحة والتنس
البلد والعنوان: بر الياس - الطريق العام - قرب البنك اللبناني الفرنسي - لبنان

■ الأردن

الاسم الكامل: إيناس عبد الله أحمد
العمر: ١٩ سنة (ليبية)
المهنة: طالبة
الهواية: التعارف ـ المراسلة وجمع العملات والطوابع
البلد والعنوان: عمان ـ ص.ب. ١٧١ ـ خلدا ام السماق الشمالي ـ الأردن.

الاسم الكامل: وديع حمزة الرمحي
العمر: ٢١ سنة
المهنة: طالب
الهواية: المراسلة ـ جمع الصور والطوابع ـ الرياضة.
البلد والعنوان: جامعة الاردن ـ عمان ـ ص.ب. ١٣١٧١ ـ الأردن.

■ الامارات العربية المتحدة

الاسم الكامل: خالد محمد الخطيب
العمر: ٣٠ سنة
المهنة: تاجر
الهواية: المراسلة - التعارف - الرياضة
البلد والعنوان: أبو ظبي - ص.ب ٤٤٠٩٩ - دولة الامارات العربية المتحدة

■ ليبيا

الاسم الكامل: مخزوم الفيتوري
العمر: ٣٠ سنة
الهواية: تبادل الصور والآراء
البلد والعنوان: طرابلس - ص.ب ٨٤٠٢٩ - الجماهيرية الليبية

الاسم الكامل: عبد الله عبد السلام محمد
العمر: ٢٧ سنة
الهواية: المراسلة - التعارف

■ سوريا

الاسم الكامل: ليلى جبره دبس
العمر: ٢٣ سنة
المهنة: اجازة في الأدب الفرنسي
الهواية: المطالعة ـ الرياضة ـ السفر
البلد والعنوان: اللاذقية ـ مارتقلا ـ بناء خليل زيدان ـ طابق ٣ ـ سوريا.

الاسم الكامل: عبد الحميد بريكي
العمر: ٢٥ سنة
المهنة: طالب جامعي
الهواية: المراسلة ـ المطالعة ـ كرة القدم
البلد والعنوان: سراقب ـ كفر عميم ـ سوريا.

صندوق البريد - P.O.Box

من مجلة "الفرسان" ٢٥ آذار / مارس ١٩٩١

تمرين ١٣ نشاط محادثة

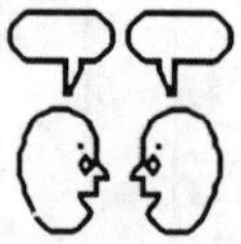

1. Introduce yourself formally to your classmates. Include as much information as you can about yourself and your family.

2. As your classmates introduce themselves, write down as much of the information as you can.

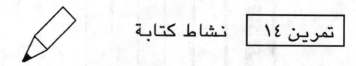

تمرين ١٤ نشاط كتابة

On the next page is an application. Determine what it is for (hint: look for proper names), then fill it out as completely as you can:

<u>تعلموا هذه الكلمات:</u>

تاريخ	date
ميلاد	birth
هاتِف	تليفون

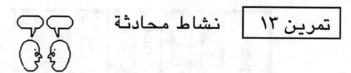

M2

استمارة طلب بطاقة اميركان اكسبرس الشخصية (بالدولار الامريكي)

يرجى الكتابة/الطباعة باللغة العربية

الاسم	تاريخ الميلاد
الجنسية	رقم جواز السفر
العنوان	
البلد	
المهنة	رقم الهاتف — رقم هاتف العمل :
عنوان العمل	اسم البنك
	عنوان البنك
عدد سنوات الخدمة	رقم الحساب

أقر بأن المعلومات المذكورة اعلاه صحيحة ودقيقة ولاميركان اكسبرس او أحد ممثليه المعتمدين الاتصال بالبنوك التي اتعامل معها أو أي مصدر آخر للحصول على اية معلومات يحتاجونها. ويحتفظ اميركان اكسبرس بالحق في طلب ضمان مقبول كشرط للموافقة على هذا الطلب، كما يمتلك الحق في رفض هذا الطلب بدون ابداء سبب لذلك او الدخول في أية مراسلات في مثل هذه الأحوال.

نرجو تهجئة اسمك باللغة الانجليزية كما ترغب ان يكتب على البطاقة بما لا يزيد عن ٢٠ حرفاً وفراغاً.

التوقيع : ______________ رقم بطاقة امريكان اكسبرس السابقة إن وُجدت . ______________

القوائم ستسجل في حسابكم بالدولار الامريكي . وسوف تشمل قائمة الحساب الاولى مبلغ ٦٠ دولاراً أمريكي رسم الاشتراك السنوي، ومبلغ ٦٠ دولار أمريكي رسم التسجيل. هناك رسم قدره ٣٠ دولار أمريكي على اية بطاقة شخصية اضافية سنوياً بدون رسم تسجيل.

بطاقة أميركان إكسبرس.. لتكن رفيقتك الدائمة أينما حللت.

٣ . عائلة والدي

في هذا الدرس :

- أقارب مها
- الإضافة
- ضمائر الملكية Possessive pronouns
- " العمّ "
- العائلة العربية
- الجامعات العربية

تذكّروا : *Remember*

كبير والد هذا ، هذه أسرة هو ، هي

أستاذ جامعة بنت ، بنات الإمارات العربية المتحدة

تعلّموا : *Learn*

(extended) family	عائِلة ج. عائِلات
I know	أعرِف
relative	قَريب ج. أقارِب
picture	صورة ج. صُوَر
letter	رِسالة ج. رَسائِل
paternal uncle	عَمّ ج. أعمام
my (paternal) uncle	عَمّي
his family	أسرتُهُ
officer	ضابِط ج. ضُبّاط
army	جَيش ج. جُيوش
actually, in reality	في الحَقيقة
son	اِبن ج. أبناء
cousin (male, paternal)	اِبن عَمّ ج. أبناء عمّ
college, school (in a university)	كُلِّيّة ج. كلّيات
political science	العُلوم السِّياسِيّة
he teaches	يُدَرِّس
husband	زَوج ج. أزواج
her husband	زوجُها
now	الآن

مُدَرِّس = استاذ = teacher

مدرِّسة = استاذة

تمرين ١

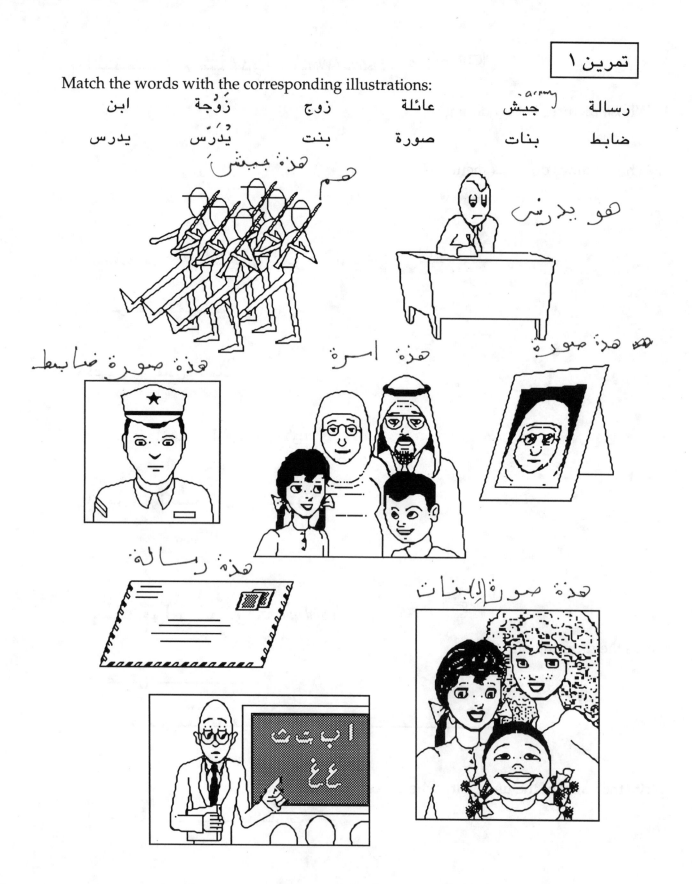

Match the words with the corresponding illustrations:

رسالة	جيش	عائلة	زوج	زَوْجة	ابن
ضابط	بنات	صورة	بنت	يُدرِّس	يدرس

army

هذه جيش

هم

هو يدرس

هذه صورة ضابط

هذه اسرة

هذه صورة

هذه رسالة

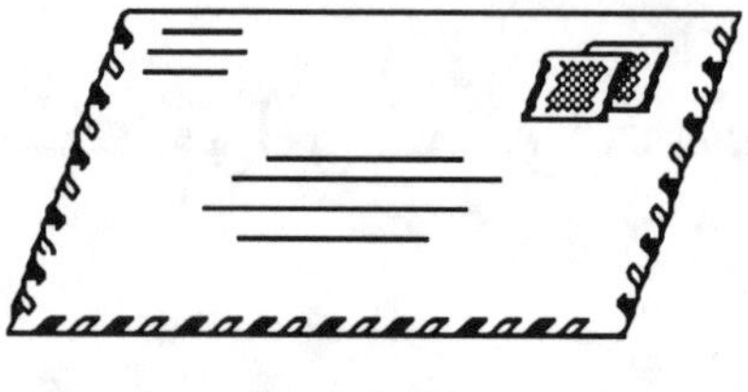

هذه صورة البنات

استمعوا / شاهِدوا : *Listen / Watch*

1. Whose pictures is مها holding?

2. Whose names does مها mention?

استمعوا / شاهِدوا مرّة ثانية :

٣- مَن هو مَحمود؟

٤- من هو عادِل؟ ماذا يعمل؟

٥- من هو أحمد؟ أين يعمل الآن؟

٦- من هي فاطمة؟ من في اسرتها؟

استمعوا وخمّنوا: *Listen and guess*

Guess the meaning of:

٧- عمّتي ____________

٨- بِـ(in بـجامعة القاهرة and بالإمارات) ________________

Write the name of the university where أحمد teaches now:

٩- جامعة ________ بالإمارات

الثقافة

"العَمّ"

You heard مـهـا refer to أحـمـد as عـمّـي أحـمـد even though he is her father's cousin. The words عم , خـالـة , and عـمّـة may be used to address distant relatives, in-laws, and as terms of respect for older people outside the family circle. For example, a man who marries into the family is addressed by younger members of the family as عـمـي , mother- and father-in-laws are addressed خـالـتي and عـمـي , and a distant female relative may be called عمـتي.

العائلة العربية

In general, the extended family plays a bigger role in Arab society than in American society. Family members visit each other often, in many cases once a week or so if they live in the same city. In addition, family relationships are more specifically identified in Arabic, which has two words for aunt, two for uncle and eight for cousin. (Husbands and wives of aunts and uncles are not themselves uncles and aunts, but زوج عـمـة , زوجـة عم , and so forth.) You have learned four of these words already: عمّ , عمـة , خالة , and ابـن عم , and from them you can extrapolate the rest. Use what you know about مـذكـر and مـؤنث to complete the following diagram of the father's and mother's sides of the family, including aunts, uncles, their husbands and wives, and cousins:

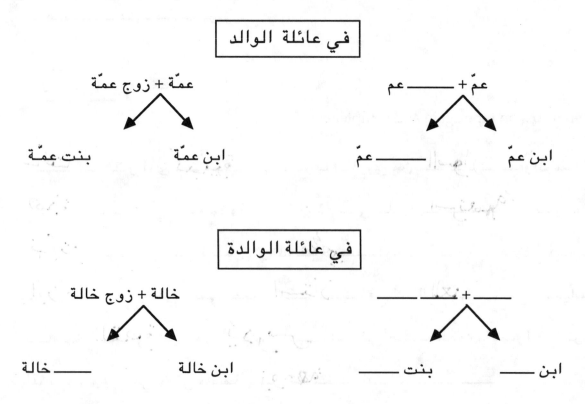

في عائلة الوالد

عمّ + ______ عم

ابن عمّ   ______ عمّ

عمّة + زوج عمّة

ابن عمّة   بنت عمّة

في عائلة الوالدة

______ + ______ ______

ابن ______   بنت ______

خالة + زوج خالة

ابن خالة   ______ خالة

تمرين ٢

Practice using new vocabulary by completing the sentences with an appropriate word:

١- هذه ________ من والدي ووالدتي .

٢- الأعمام والخالات هم ________ .

٣- هي طالبة في ________ العلوم السياسية في جامعة إنديانا .

٤- زوج خالتي ________ اللغة اللاتينية في الجامعة .

٥- فاطمة هي ________ مها .

٦- هو يعمل ________ "بوليس" .

٧- عادل عم مها ، وهو يسكن في القاهرة ، حيث يعمل في ________ .

٨- "هل أنت طالب؟" "لا . ________ ، أنا سكرتير."

٩- هذه ________ أسرتي .

تمرين ٣

Listen to مها on tape again and complete:

________ والدي ________ ، أعرف أقاربي من ________ والرّسائل . ________ عمي محمود وأسرته ، وهذا عمي عادل و________ ، عمي عادل ________ كبير في الجيش . وهذا ________ أحمد وأسرته -- هو في الحقيقة ________ عم والدي . عمي أحمد ________ في كلية ________ السياسية بجامعة ________ وهو ________ الآن في جامعة العين بالإمارات العربية المتحدة . وهذه هي عمتي فاطمة و________ وابنها و________ .

القواعد

الإضافة

The *iDaafa* is one of the fundamental structures of Arabic. Formally, الإضافة consists of two or more **nouns** strung together to form a **relationship of possession or belonging.** You have seen many examples of الاضافة , among them:

جامعة نيويورك　　　　ولاية كاليفورنيا　　　　مكتب القبول

There are three important points to remember about الإضافة :

(1) The relationship between the two (or more) nouns may be thought of as equivalent to the English construction *of.* Arabic has no alternative construction for expressing this relationship between nouns. Thus, to say *the secretary's office* in Arabic, you must first reconstruct the phrase to *the office of the secretary*: مكتب السكرتير. Note that many compound words in English are also expressed using الإضافة , for example:

housework　　　　شغل البيت

(2) **Only the final word in an إضافة can take الـ or a possessive suffix.** In the following examples, note that the first word in each إضافة is definite **by definition, without الـ** .

the family *of* my father = my father's family　　　　عائلة والدي

the office *of* the secretary = the secretary's office　　　　مكتب السكرتير

The University *of* New York =New York University　　　　جامعة نيويورك

The State *of* California　　　　ولاية كاليفورنيا

These simple إضافات all consist of two nouns. Complex إضافات , on the other hand, contain more than two, in which case **all non-final nouns** behave like the first and **never take الـ** . Examine the following إضافة , which contains four nouns:

the son *of the* uncle *of the* father *of* Maha= Maha's father's cousin أحمد ابن عم والد مها

You heard مها use a similar إضافة : "هو ابن عم والدي". Note that only the final noun takes the pronoun suffix. Use the following phrase to remember this rule:

my telephone number　　　　رقم تليفوني

(3) In الإضافة , **ة must always be pronounced as** ت on all words in which it appears except the final word in the إضافة .

Listen to the following words on tape, read first in isolation, then as the first part of an إضافة , and compare the pronunciations.

١- مدينة —> مدينة نيويورك

٢- جامعة —> جامعة العين

٣- عائلة —> عائلة والدي

٤- غرفة —> غرفة ابن عمّي

٥- صورة —> صورة والدتي

٦- كلية —> كلية العلوم السياسية

تمرين ٤

Match nouns in column أ with words in column ب to form meaningful إضافة , and write your combinations in the third column. Several different combinations are possible for some of the words.

أ	ب	الإضافة
ابن	الطلاب	١- ____________
صورة	العائلة	٢- ____________
مدينة	الجامعة	٣- ____________
ولاية	خالتي	٤- ____________
منطقة	فرجينيا	٥- ____________
عنوان	شيكاغو	٦- ____________
كليات	البنت	٧- ____________
برنامج	الشرق الأوسط	٨- ____________
ضابط	الرجل	٩- ____________
زوج	البوليس	١٠- ____________
مكتب	التسجيل	١١- ____________
بيت	المَرْأة (=الامْرَأة)	١٢- ____________
سيارة	عمّي	١٣- ____________
زوجة	الاستاذة	١٤- ____________
غرفة	التليفزيون	١٥- ____________

ضمائر الملكية *Possessive Pronouns*

Possessive pronouns in Arabic are suffixes. Those that you have already seen and heard include:

ابنها	اسرته	والدي	اسمها	اسمي
her son	his family	my father	her name	my name

Remember: ة is written and pronounced as ـتـ when a pronoun suffix is added.

The possessive pronouns corresponding to the subject pronouns you know are:

ـنا	نحن	ـي	أنا
ـكُم	أنتم	ـكَ	أنتَ
		ـكِ	أنتِ
ـهُم	هم	ـهُ	هو
		ـها	هي

Learn to recognize these as the written suffixes. The pronunciation of some the vowels in these endings varies slightly among different varieties of Arabic. The spoken endings are fixed for each dialect. In formal Arabic, the pronunciation of these endings varies slightly with different grammatical endings. For the present, you are expected to recognize the variants without worrying about the differences. The following chart gives one of the three formal endings that you will see and hear:

بيتُنا	نحن	بيتي	أنا
بيتُكُم	أنتم	بيتُكَ	أنتَ
		بيتُكِ	أنتِ
بيتُهُم	هم	بيتُهُ	هو
		بيتُها	هي

تمرين ٥

For each sentence, show **whose**, as in the example:

مثال: (اسم / أنا) ماري . ← اسمي ماري .

١- أين (كُتُب /أنتَ) ؟

٢- هل تعمل (والدة /أنتِ) دكتورة ؟

٣- هي أردنية و(أقارب /هي) في عمّان .

٤- (صورة /هو) جميلة !

٥- (بيت /نحن) في هذه المنطقة .

٦- هل (عنوان /أنتَ) جديد ؟

٧- أين تسكن (عمّة /أنتِ) ؟

٨- هل (جامعة /أنتم) قديمة ؟

٩- (سكرتير/أنا) دائمًا مريض !

١٠- (رسالة /هو) طويلة !

١١- (استاذ /هم) يدرّس في عُمان الآن .

١٢- (غرفة /نحن) فعلاً واسعة !

تمرين ٦

Complete the following about مها using appropriate pronouns, such as ـها / هي . Remember to rewrite ة as ت where necessary:

مثال: مها طالبة في جامعة نيويورك وهي تدرس الأدب الإنجليزي.

مها تسكن في مدينة نيويورك و ــــ طالبة في جامعة نيويورك . والد ــــ مصري ،

و ــــ يعمل في الامم المتحدة ، ووالدة ــــ فلسطينية و ــــ سكرتيرة في نفس الجامعة .

محمود وعادل وأحمد وفاطمة أقارب مها و ــــ في القاهرة. ونادية خالة ــــ و ــــ

تسكن في كاليفورنيا . عمّ ــــ محمود و أسرة ــــ في الإمارات الآن .

تمرين ٧ نشاط محادثة

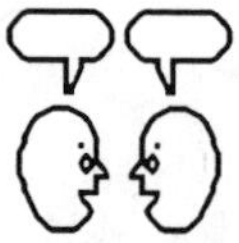

Choose a central location in the classroom and have everyone place books, pencils and other objects there. Take turns choosing an object and returning it to its owner by asking, "هذا كتابك؟" or "كتاب مَن هذا ؟".

تمرين ٨

1. Listen to the following list on tape and circle each إضافة that you hear.

الأعضاء العاملون

1 - المملكة الأردنية الهاشمية
2 - دولة الامارات العربية المتحدة
3 - دولة البحرين
4 - الجمهورية التونسية
5 - الجمهورية الجزائرية الديمقراطية الشعبية
6 - جمهورية جيبوتي
7 - المملكة العربية السعودية
8 - جمهورية السودان
9 - الجمهورية العربية السورية
10 - جمهورية الصومال الديمقراطية
11 - الجمهورية العراقية
12 - سلطنة عمان
13 - فلسطين
14 - دولة قطر
15 - دولة الكويت
16 - الجمهورية اللبنانية
17 - الجماهيرية العربية الليبية الشعبية الاشتراكية العظمى
18 - جمهورية مصر العربية
19 - المملكة المغربية
20 - الجمهورية الاسلامية الموريتانية
21 - الجمهورية العربية اليمنية
22 - جمهورية اليمن الديمقراطية الشعبية

مجلة الاذاعات العربية - العدد ٤ سنة ١٩٨٨

2. Compare the إضافة phrases to the non-إضافة. What kind of construction is the latter? What do you notice about the grammatical agreement of the words?

تمرين ٩

Read the following sentences describing مـهـا وعـائلتـهـا , first silently, for meaning, then aloud. Pay special attention to the pronunciation of ة in الإضافات .

١ـ مها بنت مصرية .

٢ـ والدة مها مشغولة دائماً .

٣ـ عائلة والد مها كبيرة .

٤ـ خالة مها تسكن في مدينة لوس أنجليس في ولاية كاليفورنيا .

٥ـ والدها من القاهرة ، وهي فعلاً مدينة كبيرة !

٦ـ في الحقيقة ، أحمد هو ابن عم والد مها .

٧ـ حَنان ابنة عمة مها ، وهي أستاذة في كلية الترجمة بجامعة الأزهَر في القاهرة .

٨ـ هذه رسالة من زوجة عمي أحمد ، وهذه صورتها هي وأسرتها .

تمرين ١٠

Identify the following groups by category:

مثال: الفرنسية والعربية والاسبانية لغات .

١ـ لوس أنجليس ونيوأورلينز وأتلانتا ______________

٢ـ "منهاتن" و"برونكس" و"كوينز" ______________

٣ـ أحمد ومحمد وعادل أبو العلا ______________

٤ـ فيرجينيا وإنديانا وماريلاند ______________

٥ـ "الآداب" و"العلوم" و"الطب" ______________

٦ـ نحن ______________

٧ـ  هذه ______________

٨ـ 

في هذا الكتاب ______________

تمرين ١١ مـع عـائـلة مـهـا

Listen to the passage on tape and identify the speaker:

١ـ اسمه : ______________________

٢ـ زوجته : ______________________

٣ـ أولاده : ______________________

٤ـ يسكن في ______________________

٥ـ يعمل في ______________________

تمرين ١٢ نشاط قراءة

On the next page you will find some information about جامعة الكويت .

1. What kind of information is given?

2. Skim to find the names of الكليّات .

3. Skim again and see how many departments you can recognize with the help of the vocabulary below.

4. For discussion: What fields seem to be emphasized? How does this university compare to yours?

تعلموا هذه الكلمات:

science(s)	العُلوم	department	قِسم ج. أقسام
psychology	عِلم النَفْس	studies	دِراسات
sociology	عِلم الاِجْتِماع	religion	الدّيـن
anthropology	عِلم الإنْسان	economics	الاقتِصاد
medicine	الطِّبّ	history	التّاريخ
law	الحُقوق	engineering	الهَندَسة

كليات الجامعة والأقسام العلمية

كلية الآداب

اللغة العربية وآدابها
اللغة الإنجليزية وآدابها
الجغرافيا
التاريخ
الفلسفة
علم النفس
الاجتماع والخدمة الاجتماعية

كلية التجارة والاقتصاد والعلوم السياسية

المحاسبة والمراجعة
إدارة الأعمال
الاقتصاد
التأمين والإحصاء
العلوم السياسية
الإدارة العامة

كلية الهندسة والبترول

هندسة مدنية
هندسة كيميائية
هندسة كهربائية وكمبيوتر
هندسة ميكانيكية

كلية الحقوق

القانون العام
القانون الخاص
القانون الدولي

كلية الشريعة والدراسات الإسلامية

الفقه وأصول الفقه
التفسير والحديث
العقيدة والدعوة
الفقه المقارن والسياسة الشرعية

كلية الطب

الكيمياء الحيوية الطبية
التشريح والباثولوجيا التجريبية
طب المجتمع والعلوم السلوكية

كلية العلوم

الرياضيات
الكيمياء
الفيزياء
علم الحيوان
النبات والميكروبيولوجيا
الجيولوجيا
الكيمياء الحيوية

كلية التربية

المناهج وطرق التدريس
أصول التربية
علم النفس التربوي
الإدارة التربوية

كلية البنات الجامعية

كلية الدراسات العليا

من الدليل الدراسي لعام ١٩٨٧-١٩٨٩ ، جامعة الكويت .

الثقافة

الجامعات العربية

The above page from the catalogue of Kuwait University reflects a different division of fields than is found in most American universities, which group most academic departments together in the *School of Arts and Sciences*. Most Arab universities, on the other hand, use smaller divisions such as the *School (or College) of Humanities* كلية الآداب , the *School of Commerce* كلية التجارة , and various science schools. Another difference between the two systems of education is that Medicine and Law are undergraduate, not graduate schools.

The system of education in most Arab countries has no equivalent to the American "liberal arts" college. By the second year of high school, students must choose to concentrate either in humanities and social sciences or in mathematics and natural sciences. Once that choice is made, the student's choice of college major is limited, so that a humanities major in high school may not enter a science department in college and vice-versa. Each school or department sets its own academic program including all of the courses the students take in each year of study; students are not allowed to choose electives. In most Arab universities, these courses are one year long, and the student's grade is determined solely on the basis of one exam at the end of the year.

تمرين ١٣ نشاط كتابة

مكتب القبول في جامعتك has asked you to help prepare a handout in Arabic that they can distribute to الطلاب العرب who are interested in applying to the school, but who are not familiar with the American higher educational system. Make an outline of the structure of your university.

تمرين ١٤

Say something about these people and places using a meaningful خبر :

مثال: أنا أسكن في بيت صغير.

١- أسرتي ______________________ .

٢- جامعتنا ______________________ .

٣- أنا دائماً ______________________ .

٤- الطلاب في صفّي ______________________ .

٥- مها ______________________ .

٦- هم ______________________ .

٧- أستاذي / أستاذتي ______________________ .

٨- نحن ______________________ .

٩- مكتب التسجيل ______________________ .

١٠- مكتبة جامعتنا ______________________ .

تمرين ١٥ نشاط كتابة ومحادثة

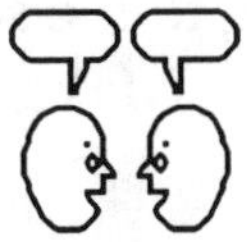

On a blank sheet of paper, write several facts about yourself and your family **without revealing your name.**

In class, your teacher will collect all the papers and redistribute them randomly among the students. Your goal is to uncover the identity of the person whose paper you hold. Read it, then ask other students questions based on the information you read, until you find the right person.

٤. كيف أحفظ كل الأسماء ؟!

في هذا الدرس :

- أقارب مها في مصر
- الفعل المضارع : Describing in the present
- الجملة الفعليّة
- السؤال : More about questions
- عائلة النبي محمد
- "عائلتي"

تذكّروا :

بنت عمة	ابن عم	صفّ	زوجة	اسم ، أسماء
في الحقيقة	أعرف	كيف	إلى	القاهرة

تعلّموا :

صديقة ج. صديقات	friend (مؤنث)
صَديق ج. أصدِقاء	friend (مذكر)
الطُّفولة	childhood
زَميل ج. زُمَلاء	classmate; colleague (مذكر)
زَميلة ج. زَميلات	classmate; colleague (مؤنث)
مَدرَسة ج. مَدارِس	school
اِبتِدائيّ	primary
كانَ	he was
الرّابِع	fourth
كُنتُ	I was
الأوّل	first
أتَذَكَّر	I remember
كُلّ	all; every
فَرد ج. أفراد	individual (person)
أحفَظ	I memorize
قَبْلَ	before
السَّفَر	traveling[1]
تُسافِر	she travels

[1]This word is a noun (gerund), not an adjective (participle). It cannot be used in sentences such as "I am travelling" because, as a noun, it cannot agree with the subject.

استمعوا / شاهدوا :

Answer بالعربية:

1. Who does مها talk about?

2. مها mentions a trip: إلى أين؟

3. What is the problem she mentions here?

استمعوا / شاهدوا مرة ثانية:

٤- من هي سامية؟

٥- من هو خالد؟

٦- ما اسم زوجة أحمد ، عمّ مها؟

٧- هل كان خالد ومها في نفس الصفّ في المدرسة؟

استمعوا وخمّنوا :

٨- الصفّ الأوّل = ____________________

٩- الصفّ الرابع = ____________________

١٠- كل أفراد العائلة = ____________________

تمرين ١

Practice using new vocabulary by completing the sentences:

كل	أفراد	صديق	كنت	زميلتي
مدرسة	الصف	قبل	أعرف	أحفظ
طفولة	أتذكر	الرابعة	سفر	زوجي

١- لي ________ اسمه روبرت .

٢- هذه صُوَر ________ عائلتي .

٣- نحن طلاب في ________ الاول في اللغة العربية .

٤- إليزابث هي ________ في الجامعة .

٥- لا ________ اسم الاستاذة الجديدة .

٦- قبل الجامعة ، ________ طالبة في هذه المدرسة .

٧- هل ________ الطلاب في صفكّم أمريكيون ؟

٨- والدتها تعمل في مكتب ________ الجامعة .

٩- الدكتورة سعاد استاذة في جامعة الكويت حيث تدرّس طلاب السنة ________ .

١٠- كيف ________ كل الكلمات قبل الامتحان !؟

١١- لا ________ أين يسكن احمد .

١٢- هم يدرّسون في ________ ابتدائية صغيرة .

تمرين ٢

Listen to مها on tape and complete:

هذه سامية بنت ________ فاطمة -- صديقة ________ ________ . وهذا خالد ________ عمي محمود ، زميلي في ________ الابتدائية ... كان في الصف ________ ، و________ في الصف الأول . هذه ________ عمي أحمد ... آه ... اسمها ... اسمها ... في الحقيقة ، لا ________ أسماء كل أفراد ________ . لا ________ كيف أحفظ كل الأسماء قبل ________ ________ القاهرة !

القواعد

الفعل المضارع

verb	فِعل ج. أفعال
present or incomplete tense	مُضارِع

By now you have seen and heard a number of verbs, among them:

أسكن   أحفظ   أعرِف   أتَذَكّر   يعمل   يُدرِّس   تعمل

These verbs are in المُضارع , which is sometimes defined as *present tense* and sometimes as *incomplete tense*. المضارع combines both features: it can refer to an incomplete action, usually one taking place in the present, such as *he teaches* or *he is teaching*, or a repeated habitual action, such as *she works at the U.N.*, or a state such as *I know*. **Remember:** (a) any action that lasts over a period of time or takes place repeatedly will involve المضارع ; and (b) المضارع can express both progressive (*I am studying*) and habitual (*I study*) actions.

In Arabic, the subject of الفعل is expressed by a prefix or a prefix and a suffix on the verb itself rather than by an independent pronoun. Thus هو يدرس is redundant unless the context calls for some kind of contrastive emphasis (such as ***he*** *studies*).

The chart below lists the full conjugations of some of the verbs you have learned so far. When studying the chart, note that:

(a) The prefixes and suffixes that indicate person remain the same for all مضارع verbs, and the stem of each verb remains constant. Once you know the stem of any verb, you can easily derive its conjugation.

(b) Two forms are given for أنتِ , أنتُم , and هُم : one with ن and one without it. Both of these forms are used in formal Arabic; the difference between them is grammatical. For now, learn to recognize both variants; you will learn about the difference later. In most spoken dialects, the form without ن is used (except in Iraq and the Arabian Peninsula, where the form with ن is more common).

(c) An old spelling convention requires that the verb forms for أنتم and هم without ن be written **with a final alif which is not pronounced.**

أتذكّر	أُدَرِّس	أسكُن	أنا
تَتذَكّر	تُدَرِّس	تَسكُن	أنتَ
تَتذَكّرينَ / تَتذَكّري	تُدَرِّسينَ / تُدَرِّسي	تَسكُنينَ / تَسكُني	أنتِ
يَتذَكّر	يُدَرِّس	يَسكُن	هو
تَتذَكّر	تُدَرِّس	تَسكُن	هي
نَتذَكّر	نُدَرِّس	نَسكُن	نحن
تَتذَكّرونَ / تَتذَكّروا	تُدَرِّسونَ / تُدَرِّسوا	تَسكُنونَ / تَسكُنوا	أنتم
يَتذَكّرونَ / يَتذَكّروا	يُدَرِّسونَ / يُدَرِّسوا	يَسكُنونَ / يَسكُنوا	هم

The following chart shows only the prefixes and suffixes for each person:

نَـ ...	نحن	أ ...	أنا
تَـ ... ونَ or تَـ ... وا	أنتم	تَـ ... تَـ ... ينَ or تَـ ... ي	أنتَ أنتِ
يَـ ... ونَ or يَـ ... وا	هم	يَـ ... تَـ ...	هو هي

Negation of المضارع

الفعل المضارع is negated with لا , which precedes the verb, as the following examples demonstrate:

she does not remember	لا تتذكّر اسمي
he is not working/ does not work	لا يعمل في المكتب
we do not study/ are not studying	لا ندرس الفرنسية

In formal Arabic, there exists an interrogative particle أ (meaning هل) that is often used in negative questions:

Don't you know..? — ألا تعرفين ..؟

Learn to recognize this particle when you see it.

تمرين ٣

Describe these people's actions following the models:

١ـ مثال: مها تسكن في نيويورك .

أحمد ______ في القاهرة .

والدة مها ______ في بروكلين .

______ في بيت الطلاب . (انا)

عم مها ______ في الإمارات .

صديقتي ______ في هذه المنطقة .

أين ______ ؟ (أنتم)

أقاربي ______ في نيويورك .

٢ـ مثال: محمود يُدرّس في الجامعة .

زوجته ______ في مدرسة ابتدائية .

هل ______ في الجامعة ؟ (أنتَ)

لا ______ في الجامعة . (أنا)

هل ______ في الجامعة ؟ (أنتِ)

٣ـ مثال: لا أتذكّر اسمه .

مها لا ______ اسم زوجة عمها .

لا ______ عنوانك . (نحن)

هل ______ أسماء زُملائكم ؟ (أنتم)

٤ـ مثال: صديقي يعمل في قسم التاريخ .

أصدقائي ______ في مكتبة الجامعة .

هل ______ في الجامعة ؟ (أنتِ)

هذه المرأة ______ في مكتب القبول والتسجيل .

أين ______ ؟ (أنتم)

تمرين ٤ ماذا يفعلون ؟

What are they doing? Identify each new verb based on what you have learned:

١ـ يُشاهِد التليفزيون في المساء .

٢ـ يَكتُب باللغة العربية .

٣ـ تَتَكَلَّم اللغة العربية .

٤ـ يَقرَأ الكتاب .

٥ـ تَستَمِع إلى الراديو ؟

تمرين ٥

Describe the actions of these people:

١ـ الدكتورة ليلى ________ العلوم السياسية . (يدرّس)

٢ـ كل أفراد عائلتي ________ في هذه المنطقة . (يسكن)

٣ـ والدي ________ هذا الكتاب الآن . (يقرأ)

٤ـ خالتي دائمًا ________ لي رسائل . (يكتب)

٥ـ هل ________ اللغة الإيطالية يا رندة ؟ (يتكلم)

٦ـ أنتم لا ________ من هي ؟ (يعرف)

٧ـ من فضلك ، مَن ________ في هذا البيت ؟ (يسكن)

٨ـ أنا وأصدقائي دائمًا ________ التليفزيون في المساء . (يشاهد)

٩ـ كيف ________ كل الكلمات الجديدة ؟! (يحفظ + أنتم)

١٠ـ يا سامي ، هل ________ في النهار أو في المساء ؟ (يعمل)

الجملة الفعلية

In Chapter 2, you learned about الجملة الاسمية , the sentence that begins with a noun. Arabic has one other sentence pattern, الجملة الفعلية (named for the word فعل *verb*), which is a sentence that begins with a verb. The subject of this verb is either contained in the conjugated verb itself or is expressed as a noun following the verb. Examples of جمل فعلية include:

١- لا أتذكر أسماء أفراد العائلة.　　　٣- تستمع زوجتي إلى الراديو في الصباح.

٢- ندرس اللغة العربية.　　　٤- يعمل والد مها في الامم المتحدة.

In sentences (١-٢) above, the subject of the verb is contained in the verb itself. In sentences (٣-٤), the subject follows the verb.

Most sentences can be expressed either as a جملة اسمية or as a جملة فعلية. The main difference between the two is word order, which does not affect the basic meaning of the sentence. Thus the examples of جمل فعلية given above can also be expressed as جمل اسمية . Compare sentences (٥-٨) below to (١-٤) above:

٥- أنا لا أتذكر أسماء أفراد العائلة.　　　٧- زوجتي تستمع إلى الراديو في الصباح.

٦- نحن ندرس اللغة العربية.　　　٨- والد مها يعمل في الامم المتحدة.

Both of these sentence patterns are common in Arabic. The reasons for distinguishing between them will become clear later on. For now, you should be able to identify both الجملة الاسمية والمبتدأ والخبر and الجملة الفعلية and its subject, and to understand both kinds of sentences.

تمرين ٦

How can the meaning of each جملة اسمية be expressed using جملة فعلية ?

مثال: مها تسكن في نيويورك . <— تسكن مها في نيويورك .

١- أستاذنا يُدرِّس الأدب العربي .　　　٥- زميلتي سَناء تدرس الحقوق .

٢- والدي لا يعرف كل أصدقائي .　　　٦- أختي تكتب رسائل إلى أقاربنا .

٣- خالة مها تعمل في بنك كبير.　　　٧- والدة مها تتكلم ثلاث لغات .

٤- أخي لا يسكن في بيت الطلاب .　　　٨- خالتي لا تتذكر تاريخ ميلادي .

السؤال *More about questions*

In this lesson you heard مها say, لا أعرف كيف أحفظ كل الأسماء . This sentence shows that Arabic uses the same format for both direct and indirect questions. Thus, in Arabic, the question *How **can I** memorize all the names?* uses the same word order as the sentence *I don't know how **I can** memorize all the names.* Other indirect questions in English use the infinitive, such as *I don't know what **to study**,* لا أعرف ماذا أدرس , whereas the Arabic retains exactly the same structure and order as the question *what should I study?* ماذا أدرس ؟ . Note that, in Arabic, intonation and context can often convey the sense of English modals *could, would,* and *should.* How would you translate the following?

كيف أكتب اسمه ؟ <— لا أعرف كيف أكتب اسمه .

أين يسكن صديقنا ؟ <— لا أتذكر أين يسكن صديقنا .

مَن يدرّس التاريخ الإسلامي؟ <— لا أعرف مَن يدرّس التاريخ الاسلامي .

تمرين ٧

What do these people know or not know? Imitate the pattern you heard مها use:

لا أعرف كيف أحفظ كل الأسماء !

and use the interrogative particles you know: مَن ماذا أين من أين كيف هل

١- لا أعرف ____________________ .

٢- نعرف ____________________ .

٣- الاستاذ يعرف ____________________ .

٤- لا يعرفون ____________________ .

٥- والدتي لا تعرف ____________________ .

٦- صديقي يعرف ____________________ .

٧- ألا تعرفين ____________________ ؟

تمرين ٨

Skim the text and:

1. Circle all the pronouns you recognize, both subject and possessive.
2. Underline ٥ كلمات مؤنثة.
3. Find ٣ أفعال مضارع and explain how you identified them.

مدافعة عن الكاتبة

نريد النقد الهادف فقط

عزيزتي الجزيرة :

السلام عليكم ورحمة الله وبركاته:

قرأت في صفحة عزيزتي الجزيرة العدد ٦٨٦٤ بتاريخ ١٤١٢/١/٤ هـ . مقالا اكثر من رائع كتبه الاخ احمد الشيخ (حائل) مدافعا عن الكتاب وهذا المقال (نقدهم يجب ان يكون ذا هدف) سلمت يداك اخي العزيز ان هذا المقال ان دل على شيء فانما يدل على حرصك على كتاب الادب في ساحته . نعم أؤيدك اخي العزيز في هذا الكلام فلا بد ان يعرف الناقد ان ما كتبته الاستاذة الاديبة "فاطمة العتيبي" ليس كلاما فارغا اتى من روايات وقصص قديمة ، كلا بل انها تكتبه من اشياء تحس بها وتعيشها في نفس الوقت لا لسخرية !! والنقد والتعريف لكاتبتنا الفاضلة "فاطمة العتيبي" فنحن نعتبرها الآن اديبة عصرها فاذا لم تصدق ايها الناقد والساخر بكتاباتها فاقرأ كتابها "احتفال بأني امرأة" يا لها من كاتبة عظيمة ! سلمت يداك ايتها الاديبة الفاضلة فأنت تملكين قلما واعيا وفكرا نيرا يحظى باعجاب اكبر ادباء هذا العصر الحديث .. صدقت اخي العزيز حينما قلت "انا نعتبرها دون مجاملة او محاباة من طلائع الكتاب المبرزين في ساحة الادب في مملكتنا الغالية" لا فض فوك اخي العزيز .

والى الامام ايتها الاديبة الفاضلة ولا تنظري الى الذين لا يعرفون معنى للنقد ولا للادب . ونتطلع الى المزيد من كتاباتك العذبة والله يوفقك .

هند الغانم

المحمل - ثادق

من جريدة الجزيرة السعودية ١٩٩١

الثقافة

عائلة النَّبيّ مُحَمَّد

The chart you are about to read shows the family tree of the Prophet Muhammad, and contains many names central to Islamic history. Note when you are reading the names associated with the following Muslim leaders and dynasties, all of whom are related to the Prophet by blood or marriage:

Four Rightly-guided Caliphs	الخُلَفاء الرّاشِدون ٦٣٢-٦٦١
Umayyads, first Islamic dynasty	الأُمَوِيّون ٦٦١-٧٥٠
Abbasids, second Islamic dynasty	العَبّاسيّون ٧٥٠ - ١٢٥٨
revered by Shi'ite Muslims: الشّيعة	عَلي وفاطِمة والحَسَن والحُسَين
Hashimites, present-day rulers of Jordan	الهاشِميّون

تمرين ٩ نشاط قراءة

<u>تعلموا هذه الكلمات:</u>

prophet	نَبيّ
grandparent	جَدّ/ة
Caliph	خَليفة ج. خُلَفاء

In the chart below, find these relationships among members of the Prophet's family:

١- النَبي محمد هو ________ عبد الله .

٢- عبّاس وأبو طالب وأبو لهب هم ________ عبد المطّلب .

٣- علي هو ________ النبي محمد .

٤- أولاد النبي محمد هم ________ و________ و________ و________ .

٥- عائشة هي زوجة النبي محمد وهي ________ أبي بكر .

٦- فاطمة الزهراء هي ________ علي .

٧- عباس هو ________ النبي محمد .

٨- النبي محمد هو ________ الحَسَن والحُسين .

٩ـ رقية هي ______ عُثمان بن عفّان .

١٠ـ أُم كُلثوم هي ______ الحسن والحسين .

١١ـ ______ كان أوّل الخلفاء الراشدين .

١٢ـ عُمَر كان ______ الخلفاء الراشدين .

١٣ـ ______ كان ثالث الخلفاء الراشدين .

١٤ـ علي كان ______ الخلفاء الراشدين .

البيت النبوي

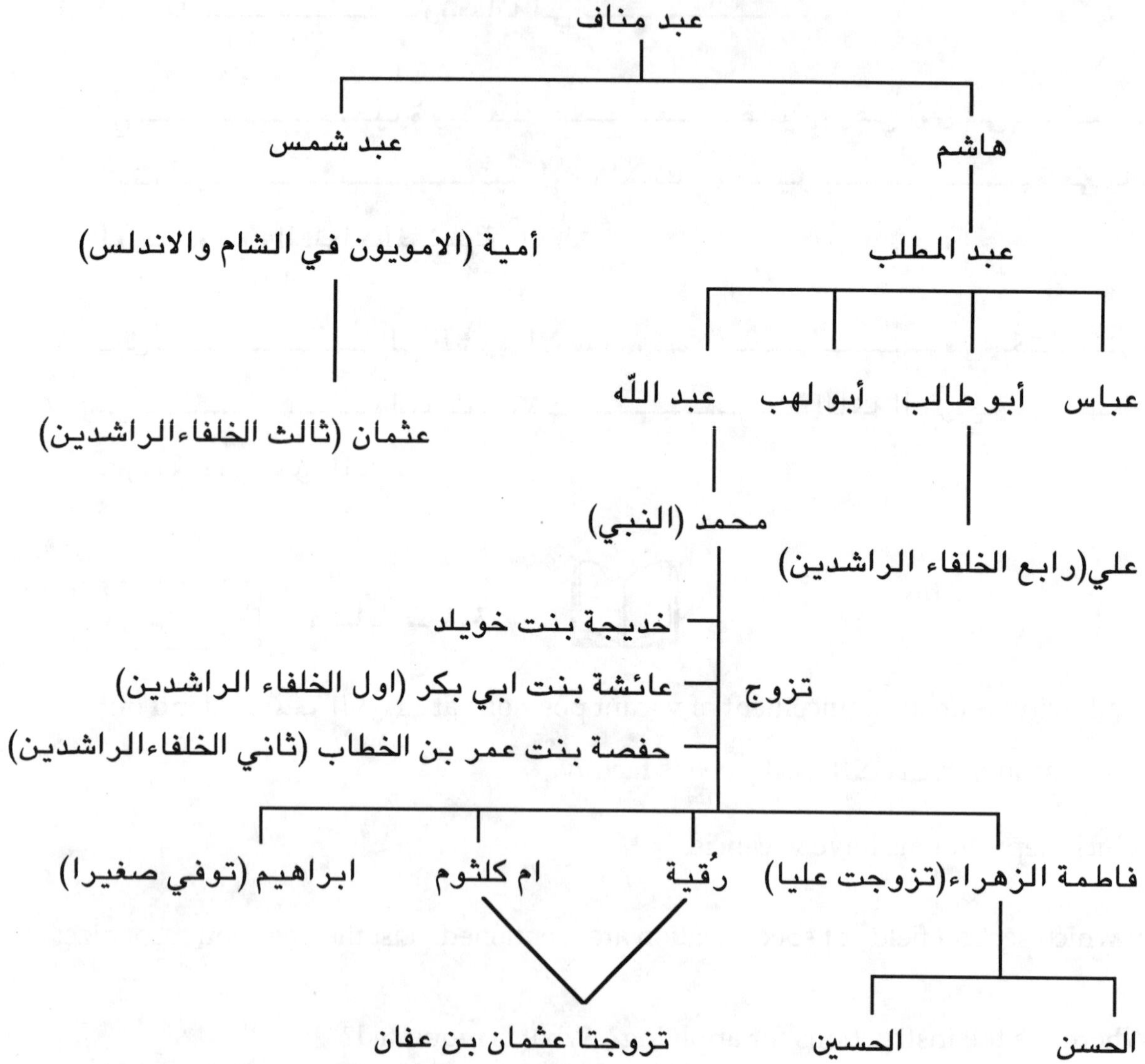

من "المنجد في اللغة والأعلام" ص. ٦٣٧ المكتبة الشرقية بيروت ١٩٨٦

تمرين ١٠   نشاط استماع

Listen to the statements on tape once to understand the general meaning, then again as necessary to fill in the blanks. Listen carefully, but also use the context to help.

١- صفّي ____________ وأنا لا ____________ أسماء كل ____________ فيه .

٢- "البنك السعودي" هو البنك ____________ في هذا ____________ .

٣- أنا الآن في ____________ أشاهد التليفزيون وأكتب ____________ إلى ابن عمي .

٤- هي فعلاً ____________ وتعبانة في ____________ .

٥- لي ____________ صغيرة وجميلة ____________ عبير، وهي الآن في ____________ الابتدائية . ____________ نيكول فرنسية ، وعبير ____________ معي باللغة العربية ومع والدتها بالفرنسية .

٦- قبل ____________ إلى الشرق الأوسط ، كنت ____________ في مكتب للترجمة في ____________ واشنطن وكنت ____________ اللغة العربية في المساء في مدرسة "بيرليتز" للغات .

تمرين ١١   نشاط قراءة

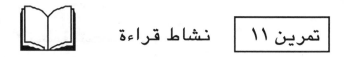

The following is an announcement of vacant positions at جامعة الكويت . Find out:

1. Which school in جامعة الكويت needs faculty.

2. Which departments have vacancies.

3. In which section fields of specialization are mentioned. List the ones you recognize:

4. Where are the instructions for applying? What is requested?

جامعة الكويت
كلية الآداب

اعلان

تعلن كلية الآداب في جامعة الكويت عن حاجاتها لشغل وظائف أعضاء هيئة التدريس (بدرجة أستاذ أو أستاذ مساعد) في التخصصات العلمية التالية ، للعام الجامعي ١٩٩٤/٩٣ .

١- قسم اللغة العربية وآدابها

اللغة العربية (أستاذ زائر للعام الدراسي ١٩٩٤/٩٣ فقط)
الأدب المقارن - النقد الادبي الحديث - النحو والصرف

٢- قسم اللغة الانجليزية وآدابها

علم اللغة (اللغويات) Linguistics - الكتابة writing الأدب Literature

٣- قسم التاريخ

الحضارة العربية الاسلامية (أستاذ زائر للعام الدراسي ١٩٩٤/٩٣ فقط)
تاريخ الكويت والخليج العربي

٤- قسم الجغرافيا

جغرافيا طبيعية - جغرافيا بشرية - خرائط

٥- قسم الفلسفة

المنطق الرياضي ومناهج البحث - الميتفزيقا - فلسفة القيم

٦- قسم علم النفس

علم النفس الفسيولوجي - علم النفس الاجتماعي - علم النفس الاكلينيكي - علم النفس الصناعي والتنظيمي - الاحصاء السيكولوجي .

٧- قسم الاجتماع والخدمة الاجتماعية

اجتماع (مناهج بحث اجتماعي) - خدمة اجتماعية (العمل مع الأفراد والأسر) - انثروبولوجيا (ثقافية وطبيعية) .

يرسل الطلب الذي يمكن الحصول عليه من مكتب المستشار الثقافي بسفارة دولة الكويت مع السيرة الذاتية مصحوبا بصورة من شهادة الليسانس والماجستير والدكتوراة والخبرة السابقة وصورة من جواز السفر بالاضافة إلى نسخة من الانتاج العلمي وفي موعد اقصاه شهر من تاريخ نشر هذا الاعلان على العنوان التالي :

الدكتور عميد كلية الآداب / ص . ب الصفاة ٢٣٥٥٨ الكويت رمز بريدي : ١٣٠٩٦

من جريدة الشرق الاوسط ١٩٩٢/٩/٢١

تمرين ١٢ الإضافة

The sentences below lack a central element. Match words from list أ with words from list ب to form إضافات that will complete the sentences:

ب			أ		
الدرس	الجامعة	والدتي	ولاية	مكتب	منطقة
أختي	الصف	العلوم	مفردات	مدينة	كل
الاستاذ	منطقة	مَنهاتن	كلية	عم	خالة
التسجيل	مها	القاهرة	أستاذ	مكتبة	اسم
الأمريكيين	ميشيغان	الطالب	صورة	زوج	زميل

١- ندرس في ________ ________ .

٢- لا أعرف ________ ________ .

٣- هل ________ ________ يتكلمون اللغة الانجليزية ؟

٤- أحمد أبو العلا ________ ________ وهو ________ ________ السياسية.

٥- أنا وزملائي في الصف نحفظ ________ ________ .

٦- هذه ________ ________ .

٧- أقاربي يسكنون في ________ ________ .

٨- ________ ________ في هذه البناية .

٩- هل تعرفين كيف تكتبين ________ ________ ؟

١٠- مدينة ديترويت في ________ ________ .

١١- أخي طالب في ________ ________ .

١٢- السكرتيرة تعمل في ________ ________ .

تمرين ١٣   مع عائلة مها

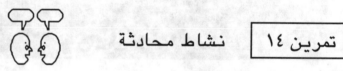

Read the following, then answer the questions below:

اسمي سامية محمد صِدقي وأنا بنت عمة مها . كانت مها صديقة طفولتي ، قبل سفرها إلى أمريكا . أسكن مع عائلتي في مدينة القاهرة بمنطقة العبّاسية . لي ثلاث أخَوات وأخ واحد وأنا الكبيرة فيهم . أنا الآن طالبة في قسم التاريخ بجامعة عَين شمس حيث أدرس التاريخ المصري القديم .

١- مَن يتكلم ؟

٢- كيف تعرف مها ؟

٣- أين تسكن ؟

٤- من في أسرتها ؟

٥- فيمَ (في ماذا) هي متخصصة ؟

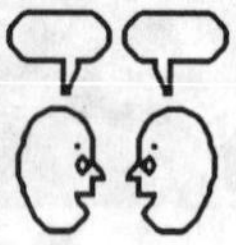

تمرين ١٤   نشاط محادثة

Bring صُوَر of your family and/or friends and present them to the class. You may need to use these new words:

<u>تعلموا هذه الكلمات:</u>

أخ ج. إخْوة	brother
أُخت ج. أخَوات	sister

تمرين ١٥   نشاط كتابة

Draw your own family tree, including all your aunts, uncles, and cousins.

٥. لا أحب مدينة نيويورك !

في هذا الدرس :

- ليلى
- تنوين الفتح Adverbs
- الاسم + الصِّفة
- هذا / هذه
- الطقس والفُصول
- فيروز

تذكّروا :

مدينة حرّان بردان كبير والدي والدتي

مشغول دائمًا لي صديقة واحد اسمها

تعلّموا :

أُحِبّ	I like, love
كَثيرًا	a lot, much
بِسَبَب + **إضافة**	on account of, because of
الاِزدِحام	crowding, overcrowdedness
الطَّقس = الجَوّ	weather
جِدّاً	very
الصَّيف	summer
دَرَجة	degree
الرُّطوبة	humidity
عالِيَة	high (مؤنث)
الشِّتاء	winter
فَصل ج. فُصول	season
أحسَن ...	the best ...
بِالنِّسبة لي	for me, as far as I am concerned
الخَريف	autumn
أشعُر بِـ	I feel, have feelings of
أحْيانًا	sometimes
الوِحدة	loneliness
فَقَط	only
مِن أصل ...	of ... descent

استمعوا / شاهدوا :

١ـ هل تُحِبّ مها نيويورك ؟ Why/why not?

٢ـ مَن هي لَيلى ؟

استمعوا / شاهدوا مَرّة ثانية:

٣ـ ما هو أحسن فصل بالنسبة لِمها ؟

٤ـ مها لا تحب الطقس ______________________ .

٥ـ كيف تشعُر مها في نيويورك ؟ Why?

استمعوا وخمّنوا :

6. This time listen to guess the meaning of these words:

الطقس في نيويورك : أ - حارّ في الصيف = ______________

ب - بارِد في الشتاء = ______________

7. Now listen for a particle that signals explanation of a previous statement. مها uses this particle twice. Write what you hear:

أ - لا أحب مدينة نيويورك كثيراً ، ______الجو ....

ب - أشعر أحياناً بالوحدة في هذه المدينة الكبيرة ________والدي ...

(Hint: remember that one-letter particles are connected to the following word.)

تمرين ١

Complete the sentences with any appropriate words you know:

١- مدينة نيويورك ___كبيرة___ جداً .

٢- بالنسبة لي ، ___الشتاء___ هو أحسن فصل .

٣- "رالف نادر" أمريكي ______ ______ عربي .

٤- ______ حارّ في الصيف .

٥- الطقس في ولاية آلاسكا ______ جدا .

٦- ______ الشوكولاتة والبيتزا كثيراً !!

٧- بِناية "إمباير ستيت" في نيويورك ______ جداً .

٨- لا أحب هذه المدينة ______ الازدحام .

٩- مها ______ بالوحدة في نيويورك .

١٠- أنا دائما ______ بالعمل في النهار وفي المساء .

١١- أشاهد التليفزيون في المساء ______ ______ .

١٢- أنا وعلي وسعيد طلاب في ______ الصف .

١٣- عمي جمال استاذ وخالي صالح أستاذ ______ .

١٤- أحب ______ الى أوروبا والشرق الاوسط .

١٥- بالنسبة لي ، جامعتي هي ______ جامعة في الولايات المتحدة .

تمرين ٢ استمعوا إلى مها واكتبوا :

Listen to مها again and complete:

لا ________ مدينة نيويورك كثيرًا بسبب ________ والطقس ،

فـ________ حارّ جدًا في الصيف و________ الرطوبة عالية ،

و________ جدًا في ________ . ________ فصل بالنسبة لي هو

________ .

أشعر أحيانًا بـ________ في هذه المدينة ________ ، ____والدي

ووالدتي مشغولان ________ ، ولي صديقة ________ فقط اسمها ليلى

وهي أمريكية ________ ________ تونسي .

تمرين ٣ ماذا يحبون / لا يحبون ؟

مثال: (أنا) لا أحب الطقس البارد!

١- (أنا) ________ .

٢- والدتي ________ .

٣- أخي ________ .

٤- أنا وأصدقائي ________ .

٥- الطلاب ________ .

Now ask الزملاء في الصف and write some of their answers:

٦- ________ .

٧- ________ .

٨- ________ .

٩- ________ .

القواعد

تنوين الفتح

شكرًا	عفوًا	دائمًا	فِعلاً
أيضًا	كثيرًا	جِدًّا	أحيانًا

These words all share the grammatical ending تنوين الفتح .[1] One of the main functions of this ending is to make a noun or adjective into an adverb. Most adverbs that end in تنوين الفتح are spelled with alif, ـًا . In regular, unvocalized texts, the symbol ـً is usually omitted, leaving just ا, as in دائما or جدا . Knowing this helps you identify adverbs in texts: look for words ending in ا . If they are **not** proper nouns, chances are they should be read ـًا .

A few words that are commonly used as adverbs end in ـةً ; remember that ة does not take an alif spelling with تنوين الفتح . In unvocalized texts, these words are identifiable as adverbs from the context.

تمرين ٤

Use adverbs to specify **when, how,** or **how much**:

١- هم يتكلمون ________ !

٢- صديقتي مُنى تعمل ________ .

٣- الطقس في الدانمارك بارد ________ .

٤- أنا طالب في هذه الجامعة وهي ________ طالبة في هذه الجامعة .

٥- أشعر بالوحدة ________ .

٦- أحبّ عائلتي ________ .

٧- ندرس ________ قبل الامتحان !

٨- أنا ________ تعبانة !

٩- هي من أصل لبناني وزَوجُها ________ .

١٠- هل أنتم مشغولون ________ ؟

١١- أكتب رسائل إلى أختي ________ .

---

[1] See Unit Nine in *Alif Baa* to review.

Noun-adjective phrases الاسم + الصفة

noun	اِسم ج. أسماء
adjective	صِفة ج. صِفات

Consider the three sets below. One of them contains جُمل اسمية and the other two contain noun-adjective phrases. Study them and note the grammatical differences:

٣	٢	١
a new car سيّارة جديدة	*the new car* السيّارة الجديدة	*The car is new* السيّارة جديدة
a big city مدينة كبيرة	*the big city* المدينة الكبيرة	*The city is big* المدينة كبيرة

Set (١) contains جمل اسمية, set (٢) contains definite noun-adjective phrases, and set (٣) contains indefinite noun-adjective phrases. Notice where الـ is placed in each set. In (١), the fact that السيارة and المدينة are **definite**, while جديدة and كبيرة are **indefinite**, makes these **complete sentences.** In (٢), the fact that **both words are definite** makes these **definite noun-adjective phrases.** In (٣), the fact that **both words are indefinite** makes these **indefinite noun-adjective phrases.**

Remember: a definite noun phrase, such as *the new car*, must be **completely definite** in Arabic, which means that both the noun and its adjective must be definite. An indefinite noun-adjective phrase, such as *a big city*, must likewise be **completely indefinite. Pay close attention to the placement of الـ .**

Note also that **possessive suffixes make nouns definite without الـ .** For example, صديقي ,أقاربُها , and مدينتُنا are all definite. Therefore, in a definite noun phrase, the adjective must also be definite, with الـ :

my Egyptian friend	صديقي المصري
her Palestinian relatives	أقاربها الفلسطينيّون
our beautiful city	مدينتنا الجميلة

تمرين ٥

Complete the sentences below with noun-adjective phrases by matching the nouns and adjectives from the lists below. You may need to use feminine or plural forms.

أسماء			صفات		
صديق	ابن	زميل	لبناني	بارد	ابتِدائي
سكرتير	جامعة	بناية	وحيد	جميل	كبير
استاذ	طالب	مدرسة	عربي	جديد	صغير
منطقة	طَقْس	رجل	متخصص	أمريكي	مصري

١- هل تسكُنين في هذه ________ ________ ؟

٢- هل تعرفون ________ ________ في الأدب العربي ؟

٣- ________ ________ تدرّس في كلِّية الحقوق .

٤- ________ ________ يشعُر بالوحدة .

٥- ________ ________ تتكلم ٣ لغات .

٦- ________ ________ لا يحبون شغل البيت .

٧- ________ ________ من عائلة كبيرة .

٨- لا نحب ________ ________ في الشتاء !

٩- أختي تدرس في ________ ________ .

تمرين ٦

Determine whether each of the following phrases is إضافة or اسم + صفة :

١- رجل طويل ________

٢- غرفة الصف ________

٣- طقس نيويورك ________

٤- (من) أصل سوري ________

٥- الرطوبة العالية ________

٦- اللغة العربية ________

٧- أوتوبيس المدرسة ________

٨- الولايات المتحدة ________

٩- بنت عمّها ________

١٠- أختي الكبيرة ________

هذا / هذه

By now you have seen هذا / هذه used in three different ways:

This is a big city.	١- هذه مدينة كبيرة .
This is the big city.	٢- هذه هي المدينة الكبيرة .
...in this big city	٣- ... في هذه المدينة الكبيرة .

Note that (١) and (٢) are sentences, whereas (٣) is a phrase. Learn these patterns and use them as models to determine meaning.

(a) Sentence (١) above represents the construction *This is a....* Other examples:

هذا اسم عربي — هذه استاذة جديدة — هذا بيت جميل — هذه صورة قديمة

(b) Sentence (٢) represents the construction *This is the....* Other examples:

هذه هي السكرتيرة الجديدة — هذه هي الامم المتحدة — هذا هو صفّ العربية

(c) هذا/هذه followed by a **definite noun** will always be a phrase, *this....* Other examples:

هذا الفصل — هذه الجامعة — هذا الصيف — هذا المكتب — هذه البنت

تمرين ٧ ترجِموا إلى اللغة العربية :

How would you express these ideas in Arabic?

1. The old (كبير) man is tired.
2. Is this test hard?
3. This is the old book.
4. This is a long class!
5. Is this your new colleague?
6. This is a hot summer!
7. New York is a very big city.
8. Is this your new room?
9. The new library is very cold.
10. The short woman is Saudi.
11. Their new car is beautiful.
12. I live on (في) a wide street.
13. The new student is French.
14. This is her new friend.
15. This weather is hot!
16. This is the new building.

تمرين ٨

In the following text, use what you have learned to:

1. Underline all noun-adjective phrases you can identify. What clues are you looking for?

2. Circle all words that look like adverbs.

3. Bracket all إضافات you can find.

"الهندية" تسير رحلات بين الشارقة وكالكتا

لندن : "الشرق الأوسط"

أعلنت الخطوط الجوية الهندية انها تعتزم تسيير رحلات مباشرة من مطار الشارقة في دولة الامارات العربية المتحدة الى مدينة كالكاتا الهندية وذلك اعتباراً من يوم ٨ فبراير (شباط) الحالي وقالت الشركة انها ستسير ٣ رحلات اسبوعياً على هذا الخط الى جانب الرحلات التي تسيرها الى بومباي ودلهي من المطار .

ومن جهة أخرى قال محمد سيف الهاجري مدير عام دائرة الطيران المدني في الشارقة ان خطوط "نويل آر" التركية ستسير ٣ رحلات اسبوعياً بين الشارقة واستانبول اعتباراً من ٢٩ مارس (آذار) المقبل .

من جريدة الشرق الاوسط ١٩٩٢/٢/٢

تعلموا هذه الكلمات: الطقس والفُصول

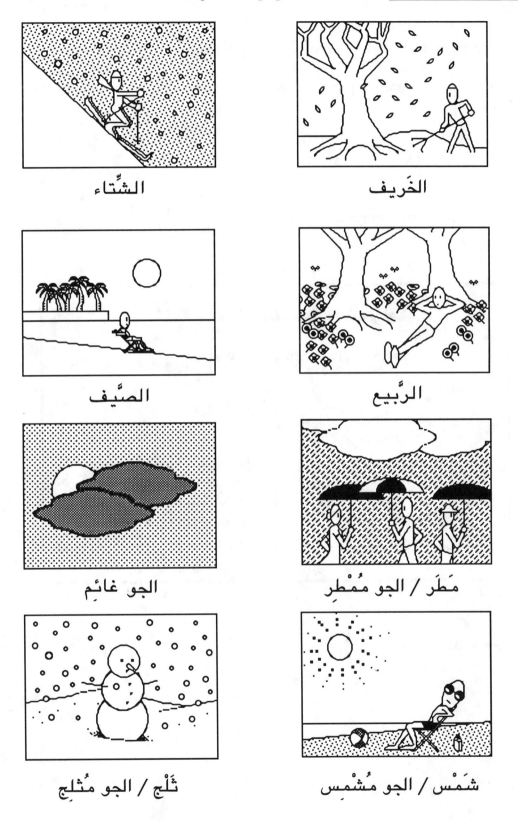

الخَريف

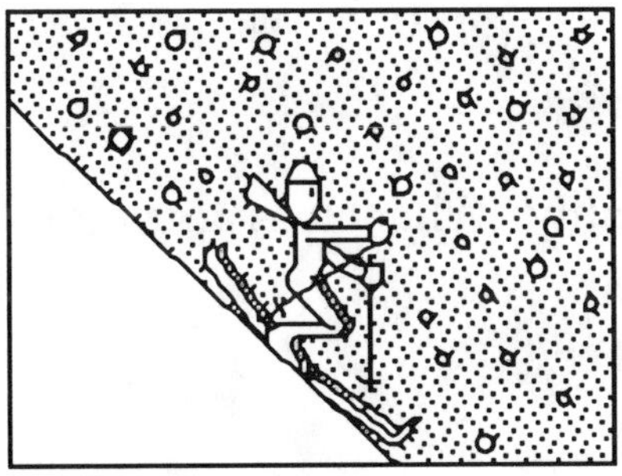

الشِّتاء

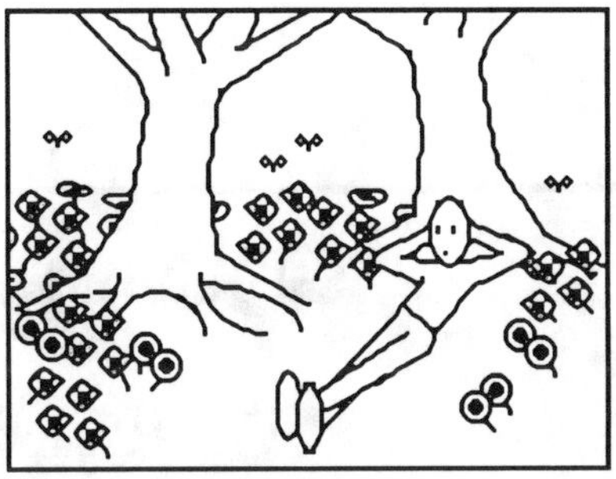

الرَّبيع

الصَّيف

مَطَر / الجو مُمْطِر

الجو غائِم

شَمْس / الجو مُشْمِس

ثَلْج / الجو مُثلِج

تمرين ٩ — نشاط استماع

شاهدوا الفيديو:

Answer orally:

1. ما هذا؟
2. What cities are mentioned?
3. What do the numbers mean? See how many new numbers you can figure out.
4. Which season is this? How can you tell?
5. Listen for this phrase and guess what it means:

درجة الحرارة = ____________

تمرين ١٠ — نشاط قراءة

تعلموا هذه الكلمة:

capital (city)	عاصِمة ج. عَواصِم

Skim through the weather forecast on the following page and answer the questions:

1. What areas does this forecast cover? What is the prevailing weather in each area?

١-

٢-

٣-

٤-

2. You are travelling to Singapore and Riyadh with a stopover in Zurich. Find out how the weather will be in each city.

3. Which مدينة عربية is coldest? Which مدينة أمريكية is warmest?

الجو اليوم

١ أوروبا:

الجو ممطر على بودابست ودبلن ولندن ووارسو، غائم على بقية العواصم .

٢ أمريكا:

في الشمال تهب عواصف مصحوبة بثلوج خفيفة على شيكاغو مونتريال وتورنتو وتسقط الأمطار على سياتل ويكون الجو غائما على نيويوك وواشنطن ، أما في الجنوب فتهب عواصف رعدية على معظم العواصم.

٣ آسيا:

الجو غائم على معظم العواصم باستثناء سنغافورة فالجو فيها صحو.

٤ البلاد العربية:

تغطي الغيوم معظم العواصم العربية وتظهر السحب المنخفضة والعالية.

المدينة	اليوم	
	الكبرى	الصغرى
أوروبا		
امستردام	٧	٤
أثينا	١٦	٩
بروكسل	٧	٢
كوبنهاجن	٤	١
جينيف	٥	صفر
لشبونة	١٥	٩
مدريد	١٢	٣
موسكو	١	٢–
لندن	٨	٣
اوسلو	١	٣–
روما	١٣	٧
باريس	٧	٣
استوكهولم	٣	١–
فيينا	٤	صفر
زيوريخ	٤	صفر
اسيا		
هونج كونج	٢٤	١٩
بانكوك	٣٢	٢٣

المدينة	اليوم	
	الكبرى	الصغرى
بكين	٩	٢–
بيرت	٢٦	١٦
سنغافورة	٣١	٢٢
سيدنى	٢٤	١٧
طوكيو	١٤	٤
أمريكا الشمالية		
شيكاغو	٦	٣–
مكسيكو	١٩	٦
لوس انجلوس	٢٧	١٣
مونتريال	١	٧–
نيويورك	٧	١
تورنتو	٩	٢
واشنطن	١١	١
عواصم عربية		
القاهرة	٢٢	١١
دبى	٢٥	١٨
دمشق	١٨	٨
تونس	١٧	٨
الدار البيضاء	١٨	٨
الرياض	٢٨	١٣

من جريدة العالم اليوم ، ١٩٩١/١١/٢٦

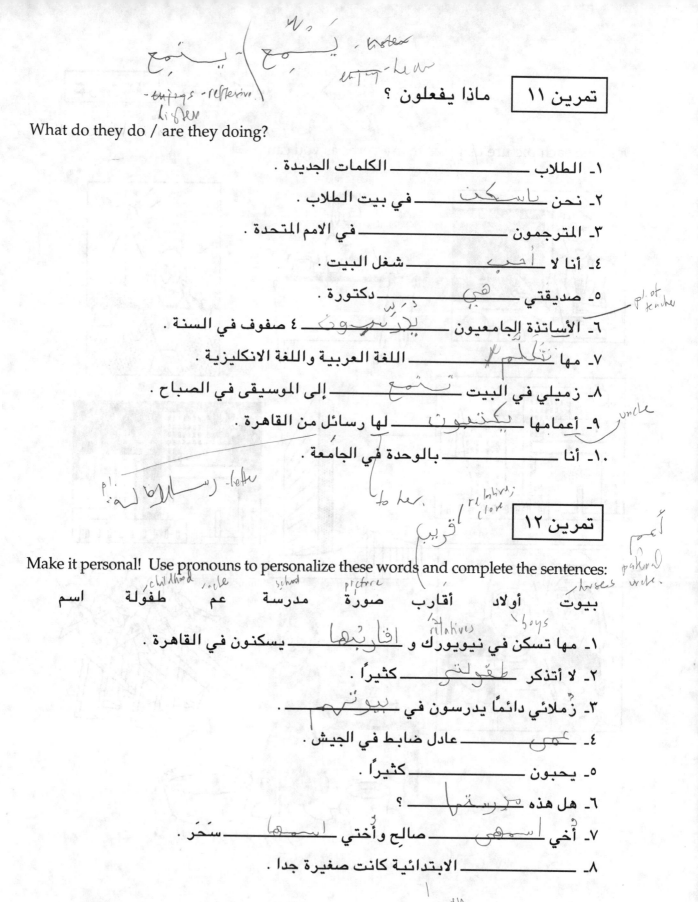

تمرين ١١ ماذا يفعلون ؟

What do they do / are they doing?

١- الطلاب ______ الكلمات الجديدة .

٢- نحن ______ في بيت الطلاب .

٣- المترجمون ______ في الامم المتحدة .

٤- أنا لا ______ شغل البيت .

٥- صديقتي ______ دكتورة .

٦- الأساتذة الجامعيون ______ ٤ صفوف في السنة .

٧- مها ______ اللغة العربية واللغة الانكليزية .

٨- زميلي في البيت ______ إلى الموسيقى في الصباح .

٩- أعمامها ______ لها رسائل من القاهرة .

١٠- أنا ______ بالوحدة في الجامعة .

تمرين ١٢

Make it personal! Use pronouns to personalize these words and complete the sentences:

بيوت أولاد أقارب صورة مدرسة عم طفولة اسم

١- مها تسكن في نيويورك و ______ يسكنون في القاهرة .

٢- لا أتذكر ______ كثيراً .

٣- زملائي دائماً يدرسون في ______ .

٤- ______ عادل ضابط في الجيش .

٥- يحبون ______ كثيراً .

٦- هل هذه ______ ؟

٧- أخي ______ صالِح وأُختي ______ سَحَر .

٨- ______ الابتدائية كانت صغيرة جدا .

تمرين ١٣ نشاط كتابة

Describe each picture using as many verbs as you can:

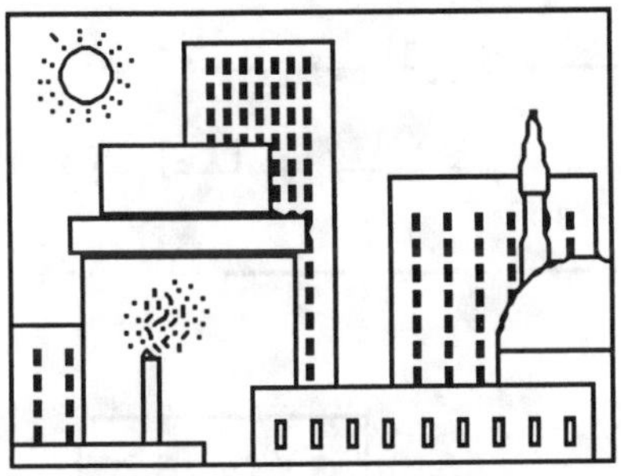

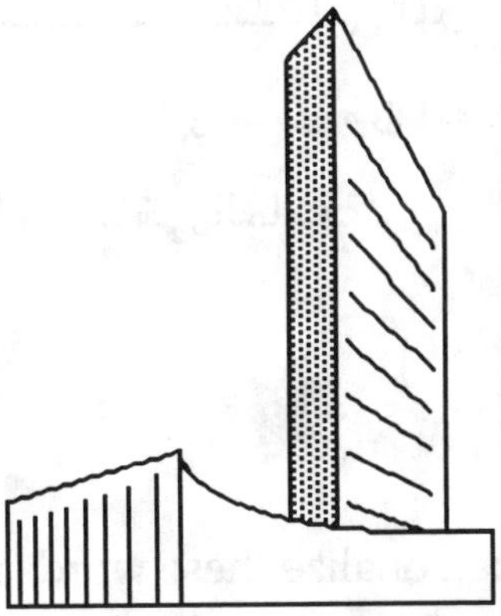

تمرين ١٤   نشاط محادثة

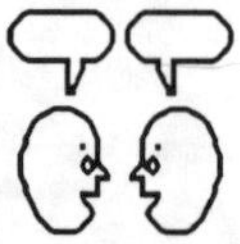

You have heard مها introduce and describe new people twice so far:

prepare mini-talk for Thursday

لي خالة اسمها نادية .

لي صديقة اسمها ليلى .

This kind of sentence can be used to introduce and describe any new person:

مثال: لي خال يعمل في مكتب القبول .

لي صديقة تسكن في واشنطن .

Introduce your friends and/or family to your classmates using this pattern. The following list will help you get started; expand as much as you can:

أسماء	أفعال	
صديق / ـة ، أصْدِقاء	يشاهد	يحب
زميل / ـة ، زملاء	يدرس	يعمل
أخ / أخت ، إخوة	يستمع إلى	يسكن
خال / ـة ، عمّ / ـة	يتكلم	يقرأ
ابن / بنت خال / عم		

فَيروز

الثقافة

فَيروز

فيروز is a Lebanese singer, one of the most famous and popular in the Arab east today among all generations because of her beautiful voice and the many different musical genres that she sings. These genres range from Classical poetry to folk songs to modern "Arabicized jazz." Her career began in the late 1950's, and was launched mainly by the musical plays that her husband, عاصي الرَّحباني , and his brother, منصور , wrote. Many of her most famous songs, including the following, come from those musicals. عاصي ومنصور الرحباني were themselves very influential in the field of modern Arabic music, and created a "school" of songwriting that combined elements from folklore, the Classical Arabic tradition, and western music. More recently, her son, زياد الرحباني , has written songs for her that show the influence of jazz and other western musical genres while retaining Arabic elements.

فيروز sings the following song—one of her most famous—in the Lebanese dialect, which differs from formal Arabic in some of its sounds and vocabulary. Notice, for example, that the word الشِتاء is pronounced الشِتي in Lebanese. Sing along:

"حَبّيتك بالصَيف"

حَبّيتك بالصَيف   حَبّيتك بالشِّتي

نَطَرتَك بالصيف   نَطَرتَك بالشتي

وعيونَك الصيف   وعيوني الشتي

وملآنا يا حبيبي   خَلف الصيف

وخلف الشتي

نَطَرتَك	*I waited for you*	مَلآنا	*our meeting*
عُيون	*eyes*	خَلف	*behind, beyond*

٦ . أنا خالد

في هذا الدرس :

- خالد محمود أبو العلا
- أيام الأُسْبوُع
- المصْدَر — verbal noun or gerund
- لماذا؟ — لأنَّ ...
- الأكْل العربي (food)

تذكّروا :

كُليـة	أدرس	الآن
لي	ثلاثـة	أخ ، إخوة
عندي	أُدرّس	فقط

تعلّموا :

مُعيد ج. ون /ين	graduate fellow; teaching assistant
التِّجارة	commerce, trade
تَخَرَّجْتُ	I graduated
سَنة ج. سَنَوات	year
مُنذُ سَنَتيْن	two years ago
لِـ [1]	in order to, for
الحُصول على	to get/getting, to obtain/obtaining
دِبلوم	a degree similar to the master's degree
إدارة الأعمال	business administration
مُحاضَرة ج. مُحاضَرات	lecture
يَوم ج. أيّام	day
اليَوم	today
أُسْبوع ج. أسابيع	week
لِأنَّ + **جملة اسمية**	because
لِذٰلِك	so, thus, for this reason
ذٰلِكَ (مؤنث : تِلكَ)	that (demonstrative, corresponds to هذا/هذه)
أذهَب إلى	I go to

---

[1] Remember the rule for writing لِـ with الـ : لِلـ (see *Alif Baa*, Unit Ten).

استـمعوا / شاهدوا :

١ـ من يَـتَـكَـلَّـم ؟

٢ـ ماذا يعمل ؟

٣ـ هل هو يدرّس ؟

استـمعوا / شاهدوا مرة ثانـيـة:

٤ـ مَتَى *when* تخـرَّجَ خالد ؟

٥ـ في أيّ *which* كليـة يدرس ؟ وفي أيّ جامعة ؟

٦ـ ماذا يدرُس ؟

٧ـ لِماذا *why* لا يدرّس خالد ؟

استـمعوا وخمّـنوا:

٨ـ في أيّ أيام يذهب خالد إلى الجامعة ؟ Check off the days:

السَبت	الجُمْعة	الخَميس	الأرْبِعاء	الثُلاثاء	الاِثنَين	الأحَد

9. Figure out the correspondence between the names of the days in Arabic and English. (Hints: one of the names is a cognate of *Sabbath,* and the *first* day of the week is Sunday.)

تمرين ١

Practice using new vocabulary:

لذلك	إدارة الأعمال	معيدة	الحصول	ذلك
منذ	محاضرات	لأنّ	مَدْرسة	تخرَّجت
أحفظ	الأسبوع	أذهب	كانت	فقط

١. بنت عمّتي نورا ________ في القسم الإنكليزي بالجامعة .

٢. يوم الأربعاء عندي ________ من الصباح الى المساء .

٣. ________ الى الكلية كل يوم .

٤. تخرّجت من الجامعة ________ ثلاث سنوات .

٥. مها هي البنت الوحيدة في أسرتها ، ________ هي تشعر بالوحدة .

٦. بعد ________ على الدّبلوم عمل زميلي أحمد في الجيش .

٧. لا أحب فصل الصيف ________ الجو فيه حار جداً ودرجة الرطوبة عالية .

٨. بالنسبة لي ، يوم الجمعة أحسن يوم في ________ .

٩. أخي يدرس الآن للحصول على الماجستير في ________ .

١٠. ________ من المدرسة الثانوية في سنة ١٩٩٠ .

١١ـ أسرتي صغيرة ، لي أخت واحدة ________ .

١٢ـ صديقتي تدرس في المساء فقط لأنّها تعمل قبل ________ .

تمرين ٢ استمعوا إلى خالد واكتبوا :

Listen to خالد and complete the text:

أنا خالد ________ أبو العلا ، ________ في كلية ________ بجامعة القاهرة ، تخرّجت ________ ________ وأدرس الآن ________ على دبلوم في إدارة الأعمال ، ________ محاضرات ثلاثة ________ فقط في الاسبوع ، ولا أدرّس ________ المعيدين في كليتنا لا ________ ، لذلك أذهب إلى الكلية ________ و________ والاربعاء فقط .

القواعد

المصدر

Review the meanings of السّفر and الحُصول على . Formally, these words are nouns that are closely related to verbs, and often function as infinitive verbs. The Arabic term for this grammatical category is مَصدَر (ج. مَصادِر) . In addition to its use as an infinitive, المصدر can also be used to express the abstract concept of the action; you have seen السفر used this way in the phrase قبل السفر إلى القاهرة.[1] Note that المصدر **will almost always be definite,** either with الـ or as the first word in an إضافة . **Remember** that the first word in an إضافة never takes الـ .

Each verb has its own مَصدَر . The مصدر forms of the verbs you have learned so far are given below. From now on, the مصدر form will be given for each new verb. For now, you must memorize each one individually; however, like the plural patterns, many مصادر share the same syllabic structure and you will soon become familiar with these patterns.

المصدر	الفعل	المصدر	الفعل
السَّكَن	يَسكُن	الذَّهاب إلى	يذهَب إلى
التَّدْريس	يُدَرِّس	الحِفظ	يحفَظ
المُشاهَدة	يُشاهِد	الدِّراسة	يدرُس
السَّفَر إلى	يُسافِر إلى	الكِتابة	يكتُب
الحُبّ	يُحِبّ	القِراءة	يقرَأ
التَّخرُّج	يتخرَّج	الشُّعور بِـ	يشعُر بِـ
التَّذَكُّر	يتَذكَّر	الحُصول على	يحصُل على
الكَلام	يَتَكلَّم	المَعرِفة	يعرِف
الاِستِماع إلى	يَستَمِع إلى	العَمَل	يَعمَل

[1]Note that the مصدر is a **noun**, and not an adjective: in English we use the suffix *-ing* for both, as in *I am traveling* and *Traveling is fun.* The مصدر can only be used for the **latter**; it corresponds to what is called in English grammar *gerund.*

The مـصـدر is usually used (a) after a main verb to give the meaning of the infinitive or (b) as an abstract noun. Here are some examples of contexts in which you can use المصدر . Note that all of the مصادر are definite, but the ones in (٣) and (٤) do not have الـ because each is the first term of an إضافة :

١ـ أدرس قبل الذهاب الى الصف .

٢ـ الازدحام في القاهرة كبير .

٣ـ أحبّ دراسة اللغات .

٤ـ لا أحب مشاهدة التليفزيون .

تمرين ٣

Read the following sentences and for each (a) underline المصدر and (b) determine how it is being used as in the example:

مثال: لا أحب كتابة الرسائل . *to write or writing*

١ـ هل تحبّين السكَن في نيويورك ؟

٢ـ أستمع إلى الشريط قبل قراءة الدرس .

٣ـ صديقتي مشغولة بالدراسة .

٤ـ أدرس العربية للكلام مع العرب .

٥ـ لا نحبّ الشعور بالوحدة .

٦ـ هل تدرس للحصول على الدكتوراه ؟

٧ـ والد مها يحب العمَل في الامم المتحدة .

٨ـ أستاذتنا لا تحبّ التدريس في الصباح .

٩ـ هل القراءة بالعربية صعبة ؟

١٠ـ هل تحبّون مشاهَدة الأفلام العربية ؟

تمرين ٤

How would you express the following in Arabic? In some cases you will use المصدر and in others فعل مضارع ; determine which is correct for each context and translate:

1. I like to travel.
2. We like studying Arabic.
3. He is working now, before obtaining a degree.
4. I sometimes study at home, but studying at the library is best.
5. My mother doesn't like to write letters.
6. When are you graduating?
7. She likes to speak Arabic.
8. Do you like to go to the movies (السينما)?
9. All of us like to watch movies.
10. Are you traveling this week?

لـماذا ؟

Why?	لِماذا ؟
in order to, for	لِـ
because	لأنّ
because of	بِسَبَب

You now know three ways to answer the question, لماذا ؟ *why?*, or to give information about reasons or purposes:

١ـ لِـ + المصدر / المضارع

لـ is used to express a reason/purpose for doing something, and corresponds to the English *in order to* or *for*.[1] In this construction لـ may be followed by a مصدر, which should be **definite**, either with الـ or in إضافة , **or** it may be followed by a فعل مضارع . Both constructions mean the same thing; المصدر tends to be a bit more formal in style than المضارع . The following pairs of examples are equivalent in meaning:

أدرس للحصول على بكالوريوس . = أدرس لأحصُل على بكالوريوس .

يذهبون إلى المكتبة للدراسة . = يذهبون إلى المكتبة ليدرسوا .

تستمع إلى الشريط لحِفظ الكلمات . = تستمع إلى الشريط لتحفظ الكلمات .

٢ـ لأنّ + جملة اسمية

لأنّ is used to give an explanation that requires a full sentence, such as *the weather is cold* or *she is sick*. This construction corresponds to English *because* and must be followed by a جملة اسمية .

أمثلة : لا أحب نيويورك لأنّ الجو فيها بارد في الشتاء .

لا تذهب إلى الكلية اليوم لأنّها مريضة .

[1]**Do not confuse** *in order to* **with infinitive** *to* in phrases such as *I like to read*. Always ask yourself: does this *to* answer the question لماذا ؟ .

Note that, if الجملة الاسمية after لأنّ begins with a pronoun, for example *they* in *...because they are busy* or *it* in *...because it is big,* **the pronoun must be attached to** لأنّ as follows:

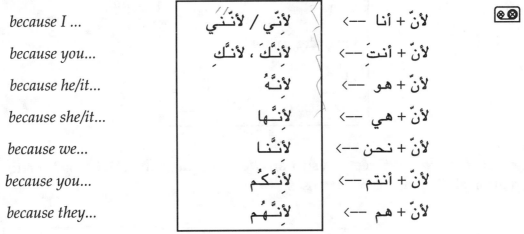

because I ...	لأنّي / لأنّني	لأنّ + أنا ‹--
because you...	لأنّكَ ، لأنّكِ	لأنّ + أنتَ ‹--
because he/it...	لأنّهُ	لأنّ + هو ‹--
because she/it...	لأنّها	لأنّ + هي ‹--
because we...	لأنّنا	لأنّ + نحن ‹--
because you...	لأنّكُم	لأنّ + أنتم ‹--
because they...	لأنّهُم	لأنّ + هم ‹--

٣- **بسبب + اسم في إضافة** *because of...*

بسبب is used to give a one-word explanation, corresponding to English *because of.*

أمثلة : لا أحب نيويورك بسبب الازدحام .

لا احب الصيف بسبب الرطوبة .

تمرين ٥

Decide which construction (لـ , لأنّ , or بسبب) to use to express the reason for or purpose of each action, and write it in the blank:

1. I'm studying Arabic to learn more about Arabs. ____________
2. I like her because she's a nice person. ____________
3. They are here to watch the video. ____________
4. We like Arabic because it's so easy. ____________
5. Maha doesn't like New York because of its weather. ____________
6. Do you drink coffee to study at night? ____________
7. He married her because of her money. ____________
8. Are you writing these words to memorize them? ____________
9. We will go by car because the restaurant is quite far. ____________
10. She is not going because she is sick. ____________

تمرين ٦

Give reasons for the following using لأنّ , لـ or بسبب :

١ـ زوجي دائماً تعبان ______ شغل البيت .

٢ـ لا يحب الصيف ______ الجو فيه دائماً حارّ .

٣ـ لا أعمل الآن ______ عندي امتحانات هذا الاسبوع .

٤ـ أختي تدرس ______ الحصول على الدكتوراه .

٥ـ نحب السفر إلى الشرق الأوسط ______ الدراسة .

٦ـ مها تشعر بالوحدة ______ والدها ووالدتها مشغولان دائماً .

٧ـ لا أتذكر أسماء كل أقاربي ______ عائلتي كبيرة .

٨ـ لا يذهبون إلى السينما ______ مشغولون بالدراسة .

٩ـ أحب هذه المنطقة ______ طقسها الجميل .

١٠ـ نذهب إلى غرفة صديقتي ______ مشاهدة برنامج «الأصدقاء» .

تمرين ٧

Give reasons for the following comments:

١ـ أشعر أحياناً بالوحدة ______________ .

٢ـ خالد لا يذهب إلى الجامعة كل يوم ______________ .

٣ـ مها تدرس في جامعة نيويورك ______________ .

٤ـ أقاربي لا يعرفون زوجتي ______________ .

٥ـ أحب الربيع ______________ .

٦ـ أدرس العربية ______________ .

٧ـ أحبّ جامعتي ______________ .

٨ـ لا أسكن في بيت عائلتي الآن ______________ .

٩ـ مها تحب السفر إلى مصر ______________ .

١٠ـ لا أتذكر الكلمات ______________ .

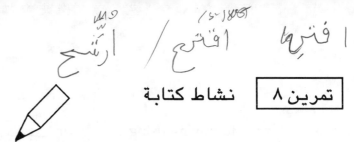

تمرين ٨ نشاط كتابة

Would you recommend your school to a prospective student from an Arab country? Draft a note giving as many reasons as you can لماذا / لماذا لا :

تمرين ٩ نشاط قراءة

تعلموا هذه الكلمات:

مَطعَم ج. مَطاعِم	restaurant
عَشاء	dinner
بَرنامَج ج. بَرامِج	program

أسئلة :

١ـ اسم المطعم وعنوانه : ______________________

2. أيام الاسبوع it is open: ______________________

3. Meals served ______________________

4. Kinds of food served ______________________

____

____

____

____

____

البرنـــامج اليومـــى

فى

مطعم البراسيرى

يومياً ... بوفيه جديد

السبت
ليالى الـ ستيك الامريكى
عشـاء فقـط

الثلاثـــاء
ليـالى الشرق الاقصى
عشـاء فقـط

الأحـــد
ليـــالى لبنانيـــة
عشـاء فقـط

الأربعـــاء
ليـــالى إيطاليـــة
عشـاء فقـط

الإثنيـن
اسماك ومأكولات بحرية
عشـاء فقـط

الخميـس
ليـــالى مصريـــة
عشـاء فقـط

الجمعـة
بوفيه البرانـش للعائلة
مع برنامج خاص للأطفال
من ١١ صباحاً إلى ٤ مساءاً

مريديان

القاهرة

كورنيش النيـل - جاردن سيتى - تليفون : ٣٦٢١٧١٧

من جريدة الأهرام ١٩٩٢/١/٢٣

تمرين ١٠

In each group, cross out the word that does not fit:

١ـ	الاحد	الاثنين	الخريف	الخميس
٢ـ	مترجم	ضابط	معيد	صديق
٣ـ	زميل	ابن	زوج	بنت
٤ـ	جو	ازدحام	رطوبة	طقس
٥ـ	كلية	جامعة	مدرسة	دبلوم
٦ـ	لأنّ	لذلك	بالنسبة لِـ	بسبب
٧ـ	فعلاً	دائماً	كل يوم	في المساء
٨ـ	أتذكر	أحفظ	أعرف	أسكن
٩ـ	كلية	منطقة	مدينة	شارع

تمرين ١١

Fill out your class schedule in the following. Write in all days and times:

	الاثنين			الخميس	
٨,٠٠ – ٩,٠٠					
٩,٠٠ – ١٠,٠٠					
١٠,٠٠ – ١١,٠٠					

تمرين ١٢ ماذا يفعلون ؟

١ـ خالي ________ في السعودية . (يعمل)

٢ـ نحن ________ اللغة العربية و هم ________ اللغة الفرنسية . (يدرس)

٣ـ هل ________ الى الصّف كل يوم ؟ (يذهب / أنتم)

٤ـ هل ________ إلى الموسيقى العربية يا سامية ؟ (يستمع)

٥ـ الامريكيون لا ________ لغات كثيرة . (يتكلم)

٦ـ الطلاب ________ كل هذه الكلمات ؟ (يعرف)

٧ـ لا أعرف كيف ________ هذه الاسماء . (يحفظ)

٨ـ أين ________ يا دكتور أحمد ؟ (يدرّس)

٩ـ لِماذا ________ بالوحدة يا مها ؟ (يشعر)

١٠ـ أين ________ عائلتك يا محمود ؟ (يسكن)

١١ـ لا أعرف أيّ كتاب ________ ؟ (يقرأ)

تمرين ١٣

Describe by putting the noun or adjective in the correct form:

١ـ والدتي لا تحب الطقس ________ . (مثلج)

٢ـ يا نَجوى! هل تذهبين لمشاهدة ________ الجديد ؟ (فيلم)

٣ـ بغداد مدينة ________ كبيرة . (عربي)

٤ـ أين الاساتذة ________ ؟ (فلسطيني)

٥ـ هل أنتِ ________ الوحيدة في أسرتكَ ؟ (بنت)

٦ـ زميلتي تسكن في هذا ________ الكبير . (بيت)

٧ـ ________ الإيرانيون في مكتب التسجيل الآن . (طالب)

٨ـ الدكتورة زينب ________ في دراسات الشرق الأوسط . (متخصص)

٩ـ تخرّجت من ________ تكساس منذ سنة . (جامعة)

١٠ـ لا يتكلمون اللغة ________ . (فرنسي)

الثقافة

الأكل العربي

Arabic food is a Mediterranean cuisine with contributions from Persian and Turkish cultures. Rice and/or bread are served with every meal, except in North Africa, where couscous and bread are staples. You have probably eaten حُـمُّص , كَبـاب and تَبّـولة in a Middle Eastern restaurant. Other popular dishes include salads, vegetable stews flavored with beef or lamb, rice and meat, and various beans and legumes. Most dishes are spiced with garlic, onion, lemon, parsley, and/or and cumin. Here are some survival items:

زَيت

أرُز

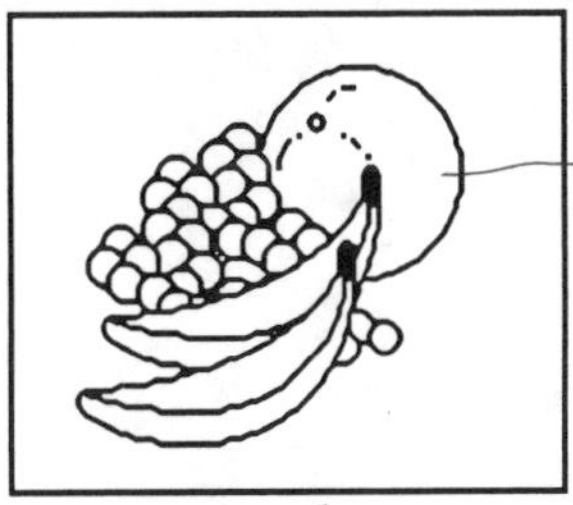

فَواكه

ثوم

بَصَل

طَماطِم

خُضار

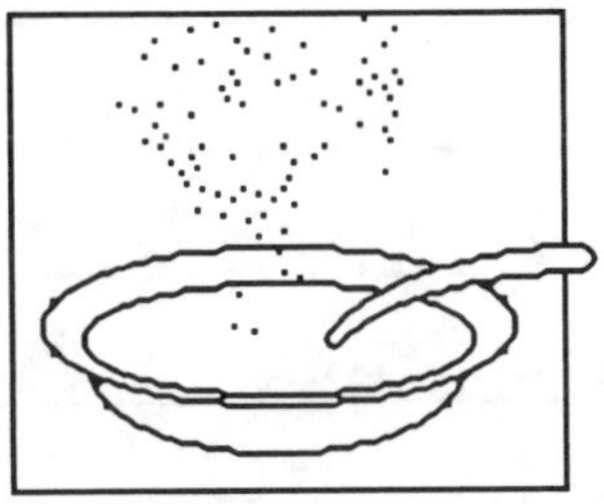

شوربة

سَلَطة

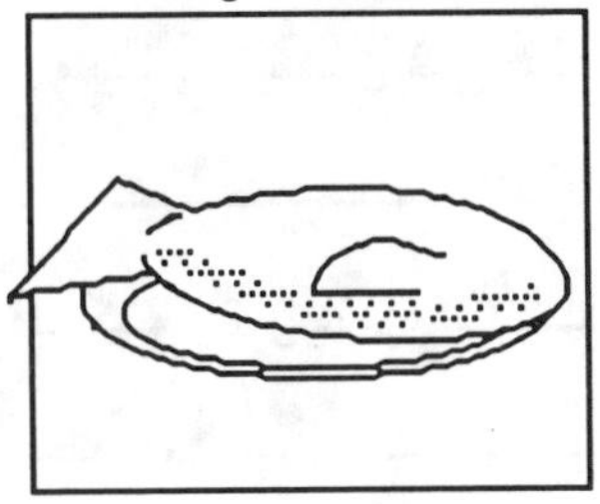

سَمَك

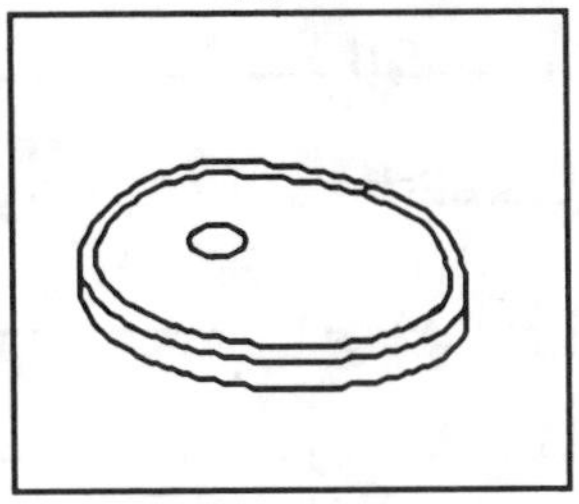

لَحم

دَجاج

تمرين ١٤ نشاط قراءة ومحادثة

Your family is visiting Cairo and you take them to eat in this restaurant. Order a complete meal for five, including drinks, appetizers, main dishes and desserts. Your teacher will be your waiter and will be able to explain some of the dishes to you if you ask.

على مدار اليوم

أطباق باردة

تبولة " طبق "

بقدونس وطماطم وبصل ونعناع وبرغل

مع زيت زيتون والليمون والبهارات

بابا غنوج " طبق "

متبل الباذنجان بالطحينة والليمون ٤,٠٠

حمص " طبق "

حمص بالطحينة والليمون ٤,٠٠

ورق عِنب محشي " ٨ حبات "

بالأرز والزيت والتوابل ٧,٥٠

فتوش "طبق "

سلاطة خُضراء وخُبْز عربي

وزيت زيتون وليمون ٤,٠٠

أطباق ساخنة

كبة " ثلاث حبات "

لحم مدقوق وبُرغُل محشوة باللحم المفروم ٨,٢٠

سمبوسك " ٣ قطع "

عجينة هشة باللحم المفروم ٨,٢٠

فلافل " ٥ قطع "

طعمية على الطريقة اللبنانية ٤,٥٠

سلاطات

سلاطة مصرية

سلاطة خضراء مشكلة بالبصل ٤,٠٠

طحينة

طحينة بالليمون والزيت ٤,٠٠

الشوربة

شوربة اللحم المفروم بالأرز ٦,٥٠

شوربة الخضراوات " فنجان " ٥,٥٠

شوربة العَدَس " فنجان "

بالطريقة التقليدية المصرية ٥,٥٠

للغداء والعشاء

سمك صيادية
سمك على الطريقة الاسكندرانية في صلصة الطماطم
يُقدَّم مع الأرز الأبيض ..٢٦

شاورما الدجاج ٢٥٠ جرام
مع الخبز العربي وسلاطة البصل والبقدونس ..٢٥

شيش طاووك ٢٥٠ جرام
كباب الدجاج المشوي بالفلفل وعش الغراب
يقدم مع الرُز الأبيض ..٢٦

ريش مشوية
يقدم مع بطاطس أو أرز بالخلطة ..٢٥

كباب أو كفتة ضاني ٢٥٠ جرام
لحم مفروم بالتوابل شيّ السيخ مع الخبز العربي
والسلطة اللبنانية ..٢٥

مخصوصات خان الخليلي
تقدم مع الأرز أو البطاطس

بامية " ياخني "
باللحم الضاني والأرز الأبيض ..١٩

فتّة كوارع " طبق كبير مخلي
فتة كوارع على الطريقة المصرية ..١٩

الحلويات

بقلاوة ١٥٠ جرام
حلوى لبنانية بالفستق والمكسرات ٥٫٧٥

بسبوسة ٢٠٠ جرام
سيمولينا بالمكسرات والشراب السكري ٥٫٥٠

مهلبية " كأس حلوى " ٢٠٠ جرام
تقدم مع جوز الهند والفستق ٥٫٥٠

أيس كريم " ٣ قطع "
شيكولاته – فراولة – ڤانيليا ٥٫٥٠

يضاف ١٢٪ خدمة + ٥٪ ضريبة مبيعات

٧ . أنا أكبرهم

في هذا الدرس :

- أسرة خالد
- لِـ وعند ومع Possession with pronouns
- الجملة الاسمية : الخبر المقدّم Fronted predicate
- كان Describing past states
- كم ؟ بكم ؟ الأعداد ١–١٠
- المثنّى
- العملات العربية

تذكّروا :

كانَ	نفس الـ...	لي	ثلاثة	أخ ، إخوة
كبير	سنة ، سنوات	أوّل	مدرسة	منذ

تعلّموا :

وِزارة ج. ـات	ministry
الاقتِصاد	economics
كانَت	she was
مُوَظَّفة ج. ـات	employee (white collar) (مؤنث)
مُوَظَّف ج. ـون/ين	(مذكر)
أكْبَرهم	the oldest of them
ثانَويّ	secondary
عامّ	general, public
الثّانَويّة العامّة	Baccalaureate (see below in الثقافة)
أُولى	first (مؤنث)
إعْداديّ	preparatory (= junior high)
جَدّة ج. ـات	grandmother
جَدّ ج. أجداد	grandfather (plural: ancestors)
تَعيش	(she) lives
مَعَ	with (accompaniment)
معنا	with us
ماتَت	(she) died
حادِث ج. حَوادِث	accident

استمعوا / شاهدوا :

١ـ من يتكلّم ؟

٢ـ عَمَّ (=عن ماذا، *about what*) يتكلم ؟

استمعوا / شاهدوا مرة ثانية :

٣ـ مَن في اسرة خالد ؟ من يعيش معهم ؟

٤ـ من ماتَ ؟ منذ كَم *how many* سنة ؟

٥ـ ماذا نعرف عن والد خالد ؟

٦ـ أين يدرس إخوة خالد ؟ اكتبوا :

الاسم	المدرسة
١ـ	
٢ـ	
٣ـ	

استمعوا وخمّنوا :

٧ـ لماذا يَقول *say* خالد "الله يَرحَمها" ؟

What do you think this means?

8. The English equivalent of مُنذُ depends on what follows it. From context, figure out its meaning in:

أ ـ والدتي ماتَت منذ ثلاث سنوات ____________________

ب ـ جدتي تعيش معنا منذ ماتت والدتي ____________________

الثقافة

الثّانويّة العامّة

In Egypt and many other Arab countries, الثانوية العامّة refers to both the last year of high school and the series of examinations taken by students at the end of that year. The exams are cumulative, covering all subjects studied throughout high school. The student's cumulative score on these exams determines whether or not she or he will graduate, and in what college she or he may enroll. Cut-off scores are very high for schools such as Medicine and Engineering and the sciences in general. There is tremendous pressure on students to perform well on these exams; this pressure can affect the life of the entire family, especially around the time the exams are given in June.

تمرين ١

Expand your vocabulary by using what you have learned to figure out the meaning of these sentences.

١- أنا أكبَر إخوتي .

٢- خالد أكبر إخوته وعبد المنعم أصغَرهم .

٣- "هارفارد" أقدَم الجامعات الإمريكية .

٤- والدي أطوَل إخوته .

٥- أكثَر الطلاب لا يعيشون مع عائلاتهم .

٦- الأحد هو أوّل يوم في الاسبوع .

تمرين ٢ استمعوا إلى خالد واكتبوا

Listen to خالد again and complete:

والدي يعمل في وزارة ________ ووالدتي ، الله يرحمها ، كانت ________ في ________ الوزارة . لي ثلاثة ________ ، أنا ________ ؛ عادِل طالب في ________ العامّة ، ووليد طالب في السنة ________ بالمدرسة ________ وعبد المنعم طالب في السنة ________ بـ ________ الإعدادية. جدّتي ________ معنا منذ ________ والدتي ، الله يرحَمْها ، في ________ منذ ثلاث ________ .

تمرين ٣

Practice using new vocabulary:

حوادث	الثانية	الأولى	الوزارة	أكبر
موظفات	العامة	أعيش	الاقتصاد	جدّ
منذ	ثانوية	كانت	ماتت	مع

١- والدتي تدرّس اللغة الفرنسية في مدرسة ________ .

٢- والد مها ________ إخوته .

٣- مات أمريكيون كثيرون في ________ سيارات هذه السنة .

٤- نسكن في البناية ________ في هذا الشارع .

٥- أكثر الطلاب العرب يعيشون ________ عائلاتهم .

٦- في مصر ، تعمل كثير من النساء ________ في الوزارات .

٧- أستاذتي كانت تعيش في الأردن ________ أربع سنوات .

٨- في أيام الطفولة ، كنت ________ مع جدي وجدتي في الصيف .

٩- لا أحب دراسة ________ لأنه صعب .

١٠- طلاب السنة ________ في الجامعة يسكنون في هذه البيوت .

١١- ________ زوجته منذ سنة ، ولذلك فهو يشعر بالوحدة الآن .

١٢- النبي محمد والد السيدة فاطمة و________ الحَسَن والحُسين .

١٣- ________ صديقتي هُدى تسكن معي في نفس البيت قبل سفرها إلى السعودية .

القواعد

لـ وعند ومع + ضمائر

Expressing possession with pronouns

The pronoun forms used with prepositions are essentially the same as the possessive forms given in Chapter 3. The following charts give the endings with some of the prepositions you have learned so far:

عِنْدَنا	عِنْدي
عِنْدَكُم	عِنْدَكَ عِنْدَكِ
عِنْدَهُم	عِنْدَهُ عِنْدَها

مَعَنا	مَعي
مَعَكُم	مَعَكَ مَعَكِ
مَعَهُم	مَعَهُ مَعَها

In formal Arabic, the preposition لِـ assumes the following forms with pronouns:

لَنا	لي
لَكُم	لَكَ لَكِ
لَهُم	لَهُ لَها

You know how to use these prepositions to express possession or belonging. عند and لـ overlap a great deal in usage, but in general, عند is used for possession of concrete objects, while لـ indicates an association with human beings and abstract entities one cannot physically possess. مع denotes accompaniment. The following examples demonstrate common uses of these prepositions:

(he) has ...	له أصدقاء كثيرون .	خالد له ثلاثة أخوة .
Do you have ... with you	معك قلم ؟	معك دولار ؟
Do you have ...	عندك سيارة ؟	عندك كمبيوتر في البيت ؟

In modern formal Arabic, this kind of sentence is negated with the verb لَيسَ , which will be presented in Chapter 9. In spoken Arabic, many dialects negate these prepositions with ما . For example:

I don't have ...	ما معي قلم .	ما معي دولار .
I don't have ...	ما عندي سيارة .	ما عندي كمبيوتر .

تمرين ٤

Use these prepositions to express relationships of possession, association, and accompaniment among humans and objects:

١- والده ________ فلوس كثيرة . (عند + هو)

٢- ________ أقارب في عمّان . (لـ + نحن)

٣- يا ريما! هل كتابك ________ ؟ (مع + انتِ)

٤- ليلى ________ أربعة أولاد . (لـ + هي)

٥- ________ واجبات كثيرة اليوم ! (عند + نحن)

٦- هل ________ سؤال ؟ (عند + انتم)

٧- كنتُ ________ في نفس المدرسة . (مع + هم)

٨- ما هو أحسن عمل بالنسبة ________ ؟ (لـ + انتَ)

٩- ________ ١٠ دولارات فقط . (مع + أنا)

١٠- سامي ________ خال يعمل في الجيش . (لـ + هو)

Now write four sentences of your own using لـ , مع , and عند with pronouns:

١١- ____ .

١٢- ____ .

١٣- ____ .

١٤- ____ .

Sentences with fronted predicate الجملة الاسمية : الخبر المقدم

You have seen both عند and لـ used to indicate possession, as in:

لي خالة اسمها نادية .　　　　عندي سيّارة .

These words are used to express a verbal concept, *to have*, but are not themselves verbs. Grammatically, they are prepositional phrases, and the sentences in which they occur are جمل اسمية.[1] In this kind of الجملة الاسمية , the order of المبتدأ and الخبر is reversed and الخبر is fronted. In the examples above, عند and لـ begin the sentences even though they belong to الخبر . This word order must be maintained because **an Arabic sentence may not begin with an indefinite noun.**

there; there is/are	هُناكَ

In Arabic, the reversed جملة اسمية is often used to express the concept *to have* and the English construction *there is/there are.* In these kinds of sentences, الخبر usually consists of a prepositional phrase or the word هُناكَ *there*, as the following examples demonstrate:

There are many students in this class.	في هذا الصف طلاب كثيرون .
There is only one daughter/girl in my family.	في أسرتي بنت واحدة فقط .
There are many Egyptians in the Emirates.	هناك مصريون كثيرون في الإمارات .

The following diagrams show the grammatical structure of reversed جملة اسمية :

في هذا الصف طلاب كثيرون . <-- في هذا الصف (الخبر) طلاب (المبتدأ) كثيرون .

في أسرتي بنت واحدة فقط . <-- في أسرتي (الخبر) بنت (المبتدأ) واحدة فقط .

هناك مصريون كثيرون في الإمارات . <-- هناك (الخبر) مصريون (المبتدأ) كثيرون في الإمارات .

[1]To understand how this kind of sentence works, think of a "grammatical translation" for the two examples given: *An aunt named Nadia is belonging-to-me* and *A car is at-me*.

تمرين ٥

Identify المبتدأ والخبر in the following sentences (ignore adjectives and adverbs):

١- له صديق واحد فقط .

٢- في اسرتي خمسة أولاد .

٣- عندهم محاضرات اليوم .

٤- هل عندك صفّ الآن ؟

٥- هناك ٢٥ جامعة وكلية في مدينة بوسطن .

٦- لنا أصدقاء لبنانيون وفلسطينيون .

٧- في هذا البيت غرفة كبيرة جدا .

٨- في مدرستنا خمس طالبات فرنسيات .

٩- في هذه الصورة كل أفراد عائلتي .

تمرين ٦

Assign the following to people as you see fit:

<u>مثال</u>: صديقة واحدة فقط —> مها لها صديقة واحدة فقط .

١- واجبات وامتحانات : ________________ .

٢- مكتب واسع : ________________ .

٣- بَرْد وصُداع : ________________ .

٤- أعمَام وأخْوال : ________________ .

٥- محاضرات كل يوم : ________________ .

٦- أقارب في لبنان : ________________ .

٧- زملاء كثيرون : ________________ .

كان

The verb كانَ is used to situate actions and states in the past, as these examples show:

I was	كُنتُ طالبة .	<—	أنا طالبة .
she was	كانَت استاذة .	<—	هي استاذة .
we used to	كُنّا ندرس اللغة الألمانية .	<—	ندرس اللغة الألمانية .
I had	كانَت عندي سيارة .	<—	عندي سيارة .

In all of these examples, the effect of كانَ is to place the action or state into the past, whether the action or state is expressed by a فعل مضارع , such as ندرس , or the implied verb *to be*. Study the use of كانت in the last example above, and note that it does not agree with the logical English subject *I*, but with the grammatical Arabic subject سيارة (*A car was at-me*). Remember that سيارة, not عندي , is المبتدأ .

When the verb كانَ is used to put possessive and *there is / are* constructions in the past, it is often used as an impersonal verb that puts the sentence as a whole into the past. In these cases it does not agree with المبتدأ but remains fixed as كان . Thus the final example above, كانت عندي سيارة , may also be expressed كان عندي سيارة . The latter variant is particularly common in spoken Arabic. Other examples:

معي ١٠ دولارات . <— كان معي ١٠ دولارات في الصباح !

في هذه المنطقة مدرسة واحدة فقط . <— كان في هذه المنطقة مدرسة واحدة فقط .

The verb كان may be negated using ما , as these examples demonstrate:

we did not have	ما كان عندنا كمبيوتر منذ سنة .
were you not	لماذا ما كُنتَ في الصف يوم الجمعة ؟

تعلّموا :

(نحن) كُنّا	(أنا) كُنتُ
(أنتم) كُنتم	(أنتَ) كُنتَ
	(أنتِ) كُنتِ
(هم) كانوا	(هو) كانَ
	(هي) كانَت

تمرين ٧

Situate these actions and states in the past by using the correct form of كان :

١ـ ________ أسكن في تلك البناية منذ سنتين .

٢ـ يا ليلى ، أين ________ صباح اليوم ؟

٣ـ والدتها ________ موظفة كبيرة في الامم المتحدة .

٤ـ أنا وزملائي ________ نستمع إلى المحاضرة ، وقبل ذلك ________ في الكافتيريا .

٥ـ ________ الازدحام في هذا الشارع كبيراً جداً اليوم .

٦ـ يوم السبت ويوم الأحد ________ عندي برد .

٧ـ ما ________ الجو بارداً قبل أسبوع .

٨ـ هل ________ تدرسون اللغة الاسبانية ؟

٩ـ ________ نذهب إلى السينما كثيراً .

١٠ـ ________ الرسالة معها في الصباح .

تمرين ٨

Find out from your classmates:

1. Where they were on Saturday.
2. Did they have a car in high school?
3. Where they used to go with their friends.
4. What they used to like.
5. Where they used to live.
6. What they used to watch on television.

كم ؟ ١–١٠

How many...? كَم ؟ + المفرَد

You have learned the numbers from one to ten. Now learn the following rules for requesting and giving quantities with these numbers:

أ- كم ؟

The interrogative particle كم؟ followed by a **singular noun** is used to ask about quantity. In formal Arabic, the noun must be marked with تنوين الفَتْح .

أمْثلة : كم يومًا في الاسبوع ؟ كم فصلاً في السنة ؟

كم طالبًا في الصف ؟ كم طالبةً في الصف ؟

ب- كم ؟ ١

The number واحد/ة **is not used as a number** in counting objects. To express the quantity (١), the noun is used alone:

one school مدرسة	one child ولد	one girl بنت

واحد / واحدة may only be used as an **adjective** to emphasize **one and only one:**

عندي صديقة واحدة فقط . معي دولار واحد فقط .

In this case, واحد / ة must **agree with and follow the noun.**

جـ- كم ؟ ٢

the dual المُثَنّى

The number اثنان / اثنَين is not used to count objects. To express the quantity *two,* you must add the ending ان / ـَيْن to the singular noun.[1] This is called the dual, or المُثَنّى (from the word اثنان).

بنت ← بنتانِ / بنتَيْنِ   فصل ← فصلان / فصلَيْن

بيت ← بيتانِ / بيتَيْنِ   صديقة ← صديقتان / صديقتَيْن

جامعة ← جامعتانِ / جامعتَيْنِ   سيّارة ← سيّارتان / سيّارتَين

---

[1]In spoken Arabic, only ـَيْن is used; learn to recognize ان as a formal variant.

Remember that ة always changes to تـ when the مثنى ending is added to it. Look at the words جامعة , صديقة , and سيارة above and note their مثنى forms, جامعتان/جامعتين , صديقتان/صديقتين , and سيارتان/سيارتين , respectively.

Note that there exists a special form of المُثَنّى for أخ :

أخ ⟵ أخَوان / أخَوَيْن

د - كم ؟ ٣-١٠

Numbers from three to ten take الجمع , as in the following:[1]

ثلاث بنات	أربعة فصول	ستّة أصدقاء
سبع جامعات	تسعة أسماء	خمس محاضرات

هـ - بِكم ؟

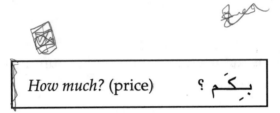

بِكَم ؟	*How much?* (price)

To ask about price, use بِكَم ؟ . In the response, the price itself is also given with the preposition بِـ :

بكم هذا الكتاب ؟ — بتسعة دولارات .

بكم كيلو الطماطم ؟ — بعشر ليرات *Syrian/Lebanese pounds* .

بكم كيلو اللحم ؟ — بثمانية جُنَيهات *Egyptian pounds* .

تمرين ٩

Be prepared to answer these questions orally in class:

١- كم يوماً في الاسبوع ؟

٢- كم صفاً عندك ؟

٣- كم أخاً / اختاً لك ؟

٤- كم لغة تتكلم/ين ؟

٥- بكم القهوة في الكافتيريا ؟

٦- بكم السّاندويتش ؟

[1]In formal Arabic, there are special rules for the form of the number, such that sometimes it is مذكر and other times مؤنث . For now, concentrate on using the plural noun with these numbers; you will learn the agreement rules later.

تمرين ١٠. كم ؟

Show how many:

مثال: أختي لها ٣ بنات . (بنت)

١- في هذا الفصل نَقْرأ ٧ ________ . (كتاب)

٢- تسكن ١٠ ________ في هذه البناية . (عائلة)

٣- في أسرة خالد ٤ ________ . (ولد)

٤- في لبنان ٤ ________ كبيرة . (مدينة)

٥- عندها ________ . (٢ ابن)

٦- في هذه الكلية ٩ ________ كِبار . (استاذ)

٧- زَوْجَة أحمد تتكلم ________ . (٢ لغة)

٨- في هذه المِنطقة ٥ ________ ابتدائية . (مدرسة)

٩- أعمل في المكتب مع ٣ ________ (زميل) و٥ ________ . (زميلة)

١٠- في السنة ٤ ________ : الربيع والصيف والخريف والشتاء . (فصل)

١١- كم ________ عندك اليوم ؟ (صف)

١٢- أعمل في المكتبة ٣ ________ في الاسبوع . (يوم)

الثقافة

العُمْلات العربية

Each Arab country has its own currency, and, although some of the names are shared, their values differ. The names of these currencies are all foreign in origin, some borrowed from Greek and Latin, dating from the eighth century, when the Umayyad Caliph عَبد المَلك بن مَروان ordered the first Islamic coins minted. Others are more recent, reflecting the European colonization of some Arab countries in the nineteenth and twentieth centuries.

On the next page you will find information on the names of some of these currencies and their value in the international market.

اسعار صرف بعض العملات العربية*

العملة	الدولار الاميركي	الجُنيه الاسترليني	المارك الالماني	الين الياباني	الفُرنك الفرنسي	الفرنك السويسري
الدينار الكويتي	,٢٩٧٧	,٤٦٠٩	٥,١٦١	٣٢٩,٩	١٧,٧٢	٤,٣٣٤
الريال السعودي	٣,٧٥	٥,٨٠٥	,٤٠٩٧	٢٦,٢	١,٤٠٧	,٣٤٤١
درهم الامارات	٣,٦٧	٥,٦٨١	,٤١٨٧	٢٦,٧٧	١,٤٣٧	,٣٥١٦
الدينار البحريني	,٣٧٧	,٥٨٣٦	٤,٠٧٦	٢٦٠,٦	١٣,٩٩	٣,٤٢٣
الريال العماني	,٣٨٤	,٥٩٤٥	٤,٠٠١	٢٥٥,٨	١٣,٧٤	٣,٣٦٠
الريال القطري	٣,٦٤	٥,٦٣٥	,٤٢٢١	٢٦,٩٩	١,٤٤٩	,٣٥٤٥
الليرة اللبنانية	١٦٧٢	٢٥٨٨,٦	١٠٨٨,٠	١٧,٠١	٣١٦,٨	١٢٩٥,٦
الجنيه المصري	٣,٣٨١	٥,٢٣٤	,٤٥٤٥	٢٩,٠٥	١,٥٦٠	,٣٨١٦
الدينار الاردني	,٦٩١	١,٠٦٩	٢,٢٢٣	١٤٢,١	٧,٦٣٦	١,٨٦٧
الدينار العراقي	,٣١١٥	,٤٨٢٢	٤,٩٣٣	٣١٥,٤	١٦,٩٣	٤,١٤٢

اسعار صرف عملات متفرقة*

الدوْلة	العملة	٨/١٩	٨/١٨
سورية	ليرة	٢٣	٢٣
اليمن	ريال	١٢	١٢
ليبيا	دينار	,٣٠٦٧	,٣٠٦٧
تونس	دينار	,٩٨٦	,٩٨٦
الجزائر	دينار	٣٧,٩٤	٣٧,٩٤
المغرب	درهم	٩,٠٠٣	٩,٠٠٣
موريتانيا	اوقية	١٢٢,٤٤	١٢٢,٤٤
السودان	دينار	٣١,١٠	٣١,١٠

من جريدة الشرق الأوسط ١٩٩٤/٨/٢١

تمرين ١١ نشاط قراءة

The following are pictures of bank notes from several Arab countries. See if you can find for each من أي بلد ؟ , كم؟ and any other interesting information.

مؤسسة النقد العربي السعودي
١٣٢/٩٧٢٨٩٩
وزير المالية
المحافظ
ريال واحد

البنك المركزي المصري
جنيه واحد
٢٤٦/ل ٦٩٧٥٠٠٣
المحافظ

البنك المركزي الأردني
نصف دينار
المحافظ
وزير المالية

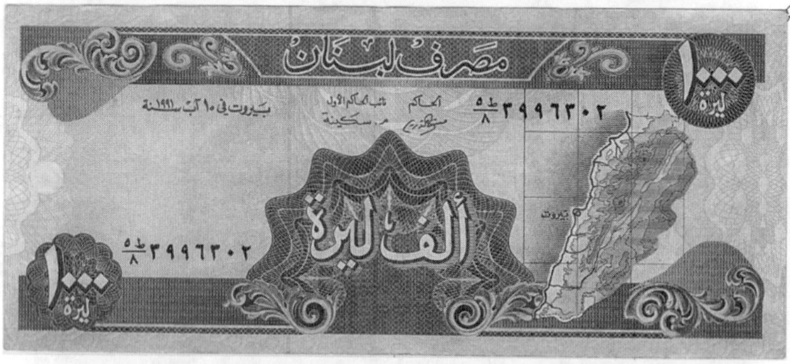
مصرف لبنان
بيروت في ١٠ آب سنة ١٩٩١
ألف ليرة
٣٩٩٦٣٠٢

مصرف سورية المركزي
عشر ليرات سورية
٤٦٢٤٦٨
١٤٠٨هـ - ١٩٨٨م

تمرين ١٢

1. Take a look at the news article below, look for words you know, and answer as many of these questions as you can:

مَن ؟

أين ؟

متى ؟

2. Skim the text and circle all instances of المثنّى (ignore the word ان).
   (Hint: check the plural of ضابط before you start.)

3. Find and underline five noun-adjective phrases.

4. Bracket three إضافات .

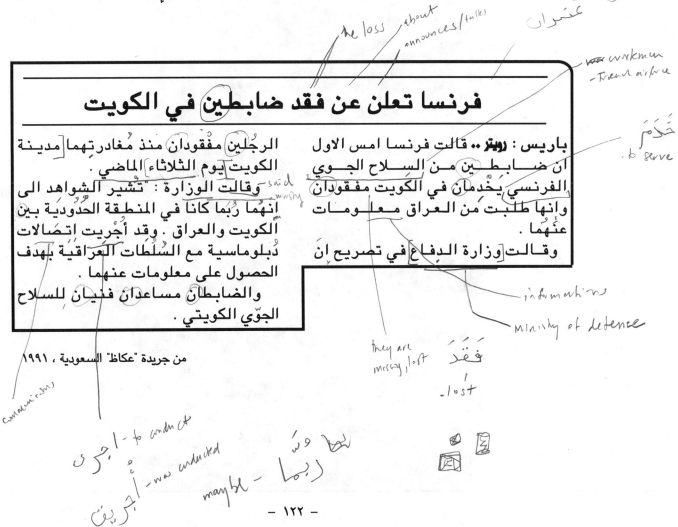

فرنسا تعلن عن فقد ضابطين في الكويت

باريس : رويتر .. قالت فرنسا امس الاول ان ضابطين من السلاح الجوي الفرنسي يخدمان في الكويت مفقودان وانها طلبت من العراق معلومات عنهما .

وقالت وزارة الدفاع في تصريح ان الرجلين مفقودان منذ مغادرتهما مدينة الكويت يوم الثلاثاء الماضي .

وقالت الوزارة : "تشير الشواهد الى انهما ربما كانا في المنطقة الحدودية بين الكويت والعراق . وقد أجريت اتصالات دبلوماسية مع السلطات العراقية بهدف الحصول على معلومات عنهما .

والضابطان مساعدان فنيان للسلاح الجوّي الكويتي .

من جريدة "عكاظ" السعودية ، ١٩٩١

تمرين ١٣   نشاط قراءة

تعلموا هذه الكلمات:

مَـرحوم /ة = فَـقيـد / ة	deceased
أمْس	yesterday
شَقيق / ة	أخ / أخت
حَـرَم	زوجة
الحاجّ / الحاجّـة	title of respect for someone who has completed the pilgrimage to Mecca, الحجّ

1. Look at the following text, taken from the obituaries, and find :

١ـ اسم المرحومة ______________

٢ـ اسم زوج المرحومة ______________

2. List two family names and three place names that recur in the text.
(Hint: what preposition indicates places here? What seem to be family names?)

أسماء عائلات : أ ـ ______________ ب ـ ______________

أسماء مدن : أ ـ ______________ ب ـ ______________ جـ ـ ______________

3. When did the funeral take place?

4. Go through the text again, and examine the two uses of و : (a) instead of a comma, to list things, and (b) instead of a period, to mark off the beginning of a new sentence. To distinguish between these uses, you must look carefully at the context. First, look for lists of names (e.g., a list of brothers and sisters), and bracket each list. Second, look for words that indicate familial relationships and use their grammatical context, جملة اسمية ، إضافة to help with the meaning.

5. Now go through the text again and find:

   a. كم ابنـاً وبنتـاً لها ؟ Underline their names and titles.

   b. Bracket the names of the grandchildren.

البقاء لله

إنتقلت الى رحمه الله تعالى أمس

الحاجة

إنصاف إبراهيم الدسوقي

حرم

الحاج محمد السمنودى

والدة

المهندس مجدى السمنودى

صاحب مؤسسة السمنودى
للقوى الكهربائية بالقاهرة
ورئيس مجلس إدارة
الشركة الدولية للقوى الكهربائية
بالعاشر من رمضان

والمهندس محسن السمنودى بالسعودية والمهندس ماهر السمنودى ببلقاس والدكتورة موعظه السمنودى بجامعة عين شمس والسيدة مرفت السمنودى المحاسب بادارة مصر للبترول حرم المقدم محمد السيد ومديحة السمنودى حرم شوقى شلبى بادارة المقاولون العرب بالأسكندرية والمهندسة مؤمنة السمنودى بتليفونات المنصورة حرم المهندس قدرى ابو السعد ومكارم السمنودى حرم المرحوم محمد عبد الفتاح ببلقاس والفقيدة شقيقة المرحوم محمد فائق الدسوقى المدير العام بوزارة الرى والمرحوم المقدم السيد الدسوقى والمرحوم الدسوقى ابراهيم بالمجمعات الاستهلاكية بالقاهرة والمرحومة حرم الحاج على السمنودى وحرم على أبو المعاطى المقاول وخالة الدكتور عادل السمنودى المدرس بطب بنها وعلاء وعاطف وعصام وعناية على السمنودى ببلقاس وجدة مدحت مجدى السمنودى بتجارة القاهرة ومحمد واحمد مجدى السمنودى بعباس العقاد للغات واشرف شوقى بهندسة الأسكندرية ومحمد وهانى شوقى بالأسكندرية ودينا ودعاء محمد السيد بالمعادى واحمد ومدحت وايمن محمد عبد الفتاح وأحمد أبو المعاطى ببلقاس والفقيدة عمة المقدم محمد السيد الدسوقى ومحمود ومختار السيد الدسوقى بالقاهرة وصفوت محمد فائق الدسوقى بوزارة العدل بالكويت وهانى محمد فائق الدسوقى بادارة مستشفى بلقاس وحرم أشرف امام الجواهرجى وابراهيم الدسوقى بمؤسسة السمنودى بالقاهرة والسيد الدسوقى المدرس بالقاهرة والفقيدة قريبة ونسيبة عائلات خيره بالمنصورة بناروه ومشرع براس الخليج ومحجوب والطناحى بسمنود وابو المعاطى وابو السعد والنبراوى وإمام ببلقاس

وقد شيعت الجنازة أمس الاثنين

تلغرافيا

بلقاس دقهلية

من جريدة الأهرام ١٧/٣/١٩٩٢

تمرين ١٤ نشاط قراءة

تعلموا هذه الكلمات :

شَرِكة ج. شَرِكات	company
بِـحاجـة إلى	in need of

Read the following advertisement to find the information requested:

1. Who placed this ad?
2. What do they need? Whom would they prefer to hire?
3. Find the section which lists educational requirements. What are they?
4. Find the section which indicates experience desired. Name two:
5. Where are the benefits described? Name one benefit given:

الأفضلية للسعوديين

شركة وطنية كبرى

بحاجــة إلــى : سكرتير أول ومدير مكتب

المؤهلات المطلوبة:

١ ـ بكالوريوس أو دبلوم في إدارة الأعمال أو السكرتارية.
٢ ـ بكالوريوس لغة إنجليزية.

الخــــبرة:

١ ـ خبرة لا تقل عن خمس سنوات كسكرتير أول لمدير تنفيذي سابقاً.
٢ ـ إستعمال الحاسوب والطباعة عليه **IBM** أو آبل ماكنتوش.
٣ ـ لديه القدرة على الطباعة والترجمة من اللغة العربية إلى الإنجليزية وبالعكس وبسرعة جيدة.
٤ ـ يفضل من لديه خبرة سابقة لدى إحدى البنوك أو دوائر الاستثمار أو إحدى مكاتب الترجمة.

المــــيزات

راتب يحدد حسب المقابلات الشخصية ـ السكن المناسب ـ علاج طبي
الأولوية للسعوديين او من لديه إقامة قابلة للتحويل

فمن يجد لديه الكفاءة الاتصال على **هاتف: ٤٧٩٣٧٠٠ ـ تحويلة ـ ٢١٢ أو ٢١٣**

من جريدة الشرق الأوسط ١٩٩٢/٦/٢٩

تمرين ١٥

Complete, using any appropriate word:

١- في الاسبوع سبعة __________ .

٢- سمير استاذ في __________ ثانوية .

٣- أنا __________ أسماء كل الطلاب في الصف .

٤- هذه الاستاذة __________ في اللغة المصرية القديمة .

٥- __________ من الجامعة منذ سنتين .

٦- صديقي رشيد أمريكي من __________ عربي .

٧- تكساس __________ كبيرة جدا .

٨- مها تذهب كل سنة إلى كاليفورنيا __________ تسكن خالتها .

٩- أحسن يوم بالنسبة لي هو __________ .

١٠- __________ خالتي — الله يرحمها — في سنة ١٩٩٢ .

١١- أنا __________ جدا اليوم بسبب الدراسة والعمل .

١٢- عم صديقي __________ كبير في __________ الحقوق بجامعة دمشق .

١٣- هذه رسالة من مكتب __________ بالجامعة .

١٤- الرطوبة في مدينة واشنطن __________ جدا في الصيف .

١٥- في اسرة خالد أربعة أبناء وخالد __________ .

تمرين ١٦ أحب / لا أحب

المصدر comes in handy when making lists. Make a list of ماذا تحب/ين :

أحب	لا أحب
١- السفر إلى الشرق الاوسط	١- كتابة الواجب
٢- __________	٢- __________
٣- __________	٣- __________
٤- __________	٤- __________
٥- __________	٥- __________

تمرين ١٧ ماذا يفعلون ؟

Use the verbs you know to describe what these people are doing. Remember to make the verb agree with its subject.

يعمل	يسكن	يدرّس	يعيش
يدرس	يحبّ	يشعر	يحفظ
يشاهد	يستمع	يقرأ	يذهب

مثال: والدة مها تعمل في جامعة نيويورك .

١- زملائي في البيت __________ التليفزيون كثيرا .

٢- كنا __________ في هذه البناية منذ سنة .

٣- عمها أحمد الآن __________ العلوم السياسية في جامعة العين .

٤- ثلاثة من أصدقائي __________ في مطعم "ماكدونالد" .

٥- هل تذهب إلى المغرب لِـ__________ اللغة العربية يا مارك ؟

٦- __________ مع والدي ووالدتي في الصيف .

٧- يا مُنى ، هل __________ إلى الجامعة بالاوتوبيس ؟

٨- هل __________ أستاذكم الجديد ؟

٩- مَن يعرف كيف __________ الكلمات ؟

١٠- سَلمى __________ بالوحدة بسبب سفر أسرتها .

١١- خالد وأسرته __________ إلى القرآن في الراديو يوم الجمعة .

١٢- في صف الأدب ، __________ كتابا جديدا كل اسبوع .

تمرين ١٨ مع زميلة مها

اسمي ريما عَلوان ، وأنا أمريكية من أصل عراقي . والدي عراقي من مدينة بغداد ووالدتي أيضا عراقية من مدينة الموصل . أسكن في مدينة نيويورك منذ طفولتي ، وأحبها كثيراً .

أنا طالبة في جامعة نيويورك حيث أدرس الكيمياء . لي أصدقاء كثيرون في الجامعة ، منهم ليلى بكوش . أعرف صديقتها مها أبو العلا من صفّ تاريخ الشرق الأوسط ، لكننا زميلتان فقط ، لأنّ مها خجولة جداً ولا تحب الكلام مع الطلاب الآخرين في الجامعة ، وتذهب إلى بيتها بعد المحاضرات كل يوم . لا أعرف كيف تعيش هكذا ... من البيت إلى الجامعة ومن الجامعة إلى البيت !!

خَجول	shy
هٰكَذا	in such a way

أسئلة:

١ـ من يتكلم؟ الاسم ________ من أين ؟ ________

ماذا تعمل ؟ ________

٢ـ كيف تعرف مها؟

٣ـ ماذا تقول *say* عن مها؟

٤ـ خمّنوا *guess* : الطلاب الآخرين = ________

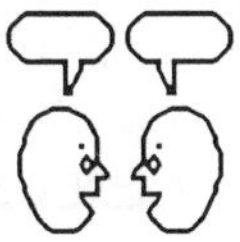

تمرين ١٩ نشاط محادثة

A tray of بَقلاوة intended for a class party disappeared from the department on Saturday, and we all want to catch the villain. Find out if all of your classmates have an alibi for يوم السبت and report your findings.

تمرين ٢٠ نشاط كتابة

If you live in an Arab country there may be opportunities for you to tutor English, or to exchange conversation in Arabic and English with an Arabic speaker. Write an advertisement giving your qualifications, availability, and how interested parties can get in touch with you.

٨. المستقبل للتجارة

في هذا الدرس :

- خالد يتكلم عن دِراستِهِ
- الفِعل الماضي Narrating in the past
- الجذر والوزن The Structure of Arabic words
- القاموس العربي The Arabic dictionary
- الأعداد ١١-١٠٠
- الهوايات
- كُرة القَدَم

تذكّروا :

الحصول على	الثانوية العامة	كنتُ	كلية الآداب	عمّ
ذلك	لأنّ	كلية التجارة	الدراسة	المرحومة
فـ	الحَمد لله	جدًا	سنة ، سنوات	

تعلّموا :

بَعدَ	≠ قبل
أُريد أنْ (أرَدتُ أنْ) + **المضارع**	I want to
أدخُل (دَخَلتُ ، المصدر: الدُّخول)	I enter
مِثلَ	like
(و)لـٰكِن	but
رَفَضَ (يَرفُض)	he refused
أرادَ أنْ (يُريد) + **المضارع**	he wanted to
أَلْتَحِق بِـ (اِلْتَحَقْتُ بِـ)	I join, enter (school or army)
رَأي ج. آراء	opinion
في رأيِـهِ	in his opinion
لَيْسَ	is not
لَيسَ لَـها	it (مؤنث) does not have
مُسْتَقبَل	future
كَما	as
أمّ	والدة
نَجَحْتُ في (أَنْجَح ، المصدر: النَّجاح)	I passed, succeeded in
طِوال	throughout
بِفَضل	thanks to
المُساعَدة (ساعَدَ ، يُساعِد)	help
المُذاكَرة (ذاكَرَ ، يُذاكِر)	الدراسة (reviewing lessons, doing homework)

استمعوا / شاهدوا :

١ـ من يتكلّم؟

٢ـ عمَّ يتكلم؟

٣ـ عمّن (عن مَن) يتكلم؟

استمعوا / شاهدوا مرة ثانية:

٤ـ ماذا أراد خالد أن يدرس؟   ماذا أراد والده؟

٥ـ ما رأي والد خالد في دراسة الادب؟ وما رأيه في دراسة التجارة ؟

٦ـ من كان يُساعِد خالد في المذاكرة؟

استمعوا وتعلّموا :

تَقْدير

evaluation: a comprehensive evaluation of a student's performance based on comprehensive exams given at the end of the school year. Scores are given for exams in each subject, then a تَـقـدير is given based on the exam scores. التـقـديـر ranges from مُـمـتـاز *excellent* to جَـيِّـد جداً *very good* to جيّد *good* to مَـقـبـول *acceptable* (i.e., passing), to ضَعيف *weak* or ضعيف جداً (the last two are failing).

٧ـ ماذا كان تقدير خالد في الدراسة؟

٨ـ كيف حَصَلَ خالد على هذا التقدير ؟

تمرين ١

Practice using new vocabulary:

محاضرات	صورة	رفض	طوال	أريد	حفظ
ألتحِق	دخلنا	ليس	مساعدة	لكنَّ	طفولة
المستقبل	مثل	أمّي	في رأيي	نجحت	يريد

١- لا ______ أن أسكن في هذه المنطقة بسبب الازدحام .

٢- أحب صديقي مروان ______ أخي .

٣- كان خالد يريد أن يدخل كلية الآداب لكن والده ______ ذلك .

٤- أنا وابن عمي سعيد ______ الجامعة في نفس السنة .

٥- هذه ______ للمرحومة أمي وهي طالبة في الجامعة .

٦- زوجته برازيلية ، ______ أمها من أصل لبناني .

٧- يوم الاربعاء عندي ______ طوال اليوم .

٨- مها بنت وحيدة ، ______ لها إخوة ولا أخوات .

٩- أحب ______ كثيراً .

١٠- أريد السّفر الى اليمن في ______ إن شاء الله !

١١- بعد تخرّجي من الجامعة أريد أنْ ______ بكلية الحقوق إن شاء الله .

١٢- الحمد لله ! ______ في امتحان الاقتصاد .

١٣- حصل خالد على تقدير جيد جداً ______ سنوات دراسته .

١٤- والدي لا يحب ______ أمّي بشغل البيت .

١٥- ______ ، الدراسة في المكتبة أحسن من الدراسة في البيت .

تمرين ٢ — استمعوا إلى خالد واكتبوا ما يقول :

Listen to خالد again and complete:

بعد ________ على الثانوية العامة ، كنت ________ أن أدخل

كليـة الآداب ________ عـمّي مـحـمـد ، ________ والدي رُفَض

________ ، وأراد أن ________ بكلية التجارة مثلَه ومثل والدتي ،

________ دراسة الأدب في ________ ليس لها ________ والمستقبل

للتجارة . فَدَخلت كلية ________ كما ________ هو والمرحومة أمي ،

و________ والحمد لله في دراستي و________ على تقدير ________

جدًا طوال سنوات الدراسة ________ الله وبفضل ________ والدي لي

في ________ .

تمرين ٣ — اسألوا زملاءكم :

Practice using some of the new verbs you have learned. Ask your classmates:

١- هل يُساعدون زملاءهم في الدراسة ؟

٢- هل يساعدون في شغل البيت ؟

٣- أين يُذاكرون في المساء ؟

٤- مع مَن يذاكرون ؟

٥- أين / ماذا يريدون أن يعملوا في المستقبل ؟

٦- هل ينجحون في امتحاناتهم دائمًا ؟ ماذا يساعدهم على ذلك ؟

٧- هل يدرسون لامتحان الدخول إلى كلية الطب MCAT أو كلية إدارة الأعمال GMAT؟

القواعد

الفعل الماضي

past	الماضي

In Chapter 4, you learned that الفعل المضارع describes incomplete and habitual actions, similar to the English present tense. To describe past completed actions and events, Arabic uses الفعل الماضي . You have seen several examples of الماضي :

كنتُ في الصف الأول   تخرّجتُ منذ سنتين   ماتَت والدتي ، الله يرحمها

Note that الماضي is conjugated with suffixes, and that most verbs have similar, but not identical stems for the two tenses. You must memorize both stems, المضارع and الماضي , for each verb. As you learn more verbs, you will see that they follow certain patterns, and you will be able to derive new verb stems based on these patterns. To work towards that goal, start paying attention to the syllabic structure of both المضارع and الماضي verbs. Beginning with this chapter, stems for both المضارع and الماضي will be given for each new verb. Make it a habit to learn both stems **together.**

The following chart shows the conjugation of الماضي using the verb فَعَلَ *to do*:

فَعَلْنا	نحن	فَعَلْتُ	أنا
فَعَلْتُم	أنتم	فَعَلْتَ فَعَلْتِ	أنتَ أنتِ
فَعَلوا	هم	فَعَلَ فَعَلَتْ	هو هي

Note that the alif on the plural ending وا for هم is a spelling convention only and **it is not pronounced** (like the alif on the مضارع suffix وا) .

Remember that you learned to conjugate the past verb كـان with two stems, كـان– and كُـن– . The verb أراد also has two stems in الماضي , as shown in the following chart. **Memorize:**

أرَدْنا	نحن	أرَدْتُ	أنا
أرَدْتُم	أنتم	أرَدْتَ أرَدْتِ	أنتَ أنتِ
أرادوا	هم	أرادَ أرادَتْ	هو هي

نفي الماضي

negation	نَفي

المضارع and الماضي are negated differently in formal Arabic. In Chapter 4, you learned to negate المضارع with لا as in "لا اعرف". There are two ways to negate the past tense in formal Arabic; the one we will use for now is مـا + الماضي . The following examples demonstrate:

I did not graduate	ما تخرجتُ من الجامعة .
did you not go	لماذا ما كُنتَ في الفصل ؟
did not enter (go to)	جدتي ما دخلَت الجامعة .

From now on, learn both المضـارع and الماضي stems together as a set. Both stems will be given in vocabulary lists, either in the form used in the text or in the "dictionary form," which is third masculine singular (هو). Learn الماضي stems of the verb you already know, and pay particular attention to the vowels of both stems:

الماضي	المضارع
سَكَنَ	يسكُن
دَرَسَ	يدرُس
كَتَبَ	يكتُب
شَعَرَ بـ	يشعُر بـ
ذَهَبَ إلى	يذهَب إلى
قَرَأَ	يقرَأ
فَعَلَ	يَفعَل
عَرَفَ	يعرِف
عَمِلَ	يعمَل
حَفِظَ	يحفَظ
كانَ (كُنت)	يكون[1]
قالَ (قُلت)	يقول
ماتَ (مُتّ)	يموت
عاشَ (عِشت)	يَعيش
دَرَّسَ	يُدرِّس
شاهَدَ	يُشاهِد
تَذَكَّرَ	يَتَذكَّر
تَكَلَّمَ	يَتَكلَّم
تَخَرَّجَ	يَتَخَرَّج
اِستَمَعَ إلى	يَستَمِع إلى

[1]The مضارع form of كان *to be* is used in subordinate clauses. You will learn more about its use soon.

تمرين ٤ ماذا فعلوا ؟

Practice narrating and describing past events using the following verbs:

١ـ الحمد لله! نجحت ــــــ أختي في امتحاناتها . (نجح)

٢ـ بعد التخرج من الجامعة ــــــــــ ابن خالي بالجيش . (التحق)

٣ـ كم سنة ــــــــــ الأدب الفرنسي يا سميرة ؟ (درس)

٤ـ هل ــــــــــ مع أصدقائكم إلى المطعم الجديد ؟ (ذهب)

٥ـ ــــــــــ المدرسة الابتدائية وعمري ٦ سنوات . (دخل)

٦ـ كيف ــــــــــ عنوان بيتنا يا سامية ؟ (عرف)

٧ـ أمس ، أنا وزملائي عملنا ــــــ طوال النهار . (عمل)

٨ـ في الحقيقة ، أنا ما ــــــــــ معها منذ أسبوعين . (تكلم)

٩ـ ــــــــــ ابن عمّتي السفر إلى تونس ولكن والدته ــــــــــ .
(أراد) (رفض)

١٠ـ الموظفون ما ــــــــــ في المكتب يوم الجمعة . (كان)

تمرين ٥ ماذا فعلت ؟

Practice talking about past events by asking your classmates these questions:

١ـ هل حَفِظت الكلمات الجديدة ؟

٢ـ مع مَن تَكَلَّمت بالتليفون ؟

٣ـ من أيّ مدرسة تخرجت ؟

٤ـ منذ كم سنة دَخَلت الجامعة ؟

٥ـ ماذا / أين عملت الصيف الماضي ؟

٦ـ هل شاهَدت فيلماً في الأسبوعَيْن الماضيين ؟

٧ـ إلى مَن كَتَبت رسالة ؟

٨ـ هل دَرَست كثيراً أمس ؟

٩ـ هل اِستَمَعت إلى الراديو هذا الصباح ؟

١٠ـ أيّ كتاب قَرَأت هذا الأسبوع ؟

تمرين ٦

This article about Casablanca contains many words you do not know, but sometimes it is possible to determine meaning with the help of grammatical clues. Does the following article contain information on the history of the city? How do you know? Follow the historical narration as best you can by finding the verbs that indicate past events:

الدار البيضاء

اشتهرت مدينة الدار البيضاء في المغرب بهذا الاسم ، لا في اللغة العربية وحسب ، وانما في اللغات المتفرعة عن اللاتينية أيضا ، وكان البرتغاليون اول من اطلق عليها هذا الاسم في القرن السادس عشر . اما قبل ذلك التاريخ فقد قامت في مكانها قرية للبربر تسمى "انفا" في القرن الثاني عشر . ثم اصبحت تلك القرية مركزا للقراصنة ، مما ازعج البرتغاليين ، ففكروا في الاستيلاء عليها . وتم غزوها عام ١٤٦٨ . ولكن الغزو البرتغالي تحول الى تدمير كامل للقرية واصبح اسم "انفا" الذي اطلق عليها يطلق اليوم على احد احياء المدينة التي قامت على انقاضها .

غير ان البرتغاليين عادوا الى منطقة القرية عام ١٥١٥ حيث استقروا هذه المرة، واقاموا المدينة التي اطلقوا عليها اسم "كازا برانكا" Casa Branca اي الدار البيضاء . وجاراهم في ذلك جيرانهم الاسبان فاطلقوا عليها بلغتهم اسم "كازا بلانكا" Casa Blanca اي الدار البيضاء ايضا . والسبب في تلك التسمية هو ان معظم بيوت المدينة كانت تطلى باللون الابيض ، فصار اللون علما عليها واسما لها . ومع ذلك ففي عام ١٧٥٥ حدث بالمدينة زلزال مدمر أتى على معالمها . وفي اعقابه هجرها البرتغاليون ، وظلت مهجورة حتى اهتم بها السلطان العلوي سيدي محمد بن عبد الله في اواخر القرن الثامن عشر . وجدد السلطان معالم المدينة ، وعهد الى الاسبان بتنظيم الميناء . وعند ذاك اطلقوا على المدينة اسمها الاسباني ، واستقروا بها ، حتى بدأ الفرنسيون في التكاثر في المغرب في اعقاب احتلالهم له . وعند ذاك ايضا اطلق عليها الفرنسيون اسم "ميزون بلانش" Maison Blanche وهو الاسم الفرنسي المعادل للدار البيضاء .

ومع الزمن تطورت مدينة الدار البيضاء واتسعت ، حتى اصبحت الميناء الرئيسية للبلاد ، واصبح سكانها يزيدون اليوم على مليون ونصف المليون نسمة . بل اصبحت الدار البيضاء مركزا تجاريا وصناعيا مرموقا في المغرب .

من مجلة الشرق الأوسط ، ١٩٩٠/٣/٢١

root	جَذر
pattern	وَزن

You may have noticed that, in Arabic, words that are related in meaning tend to be related in form as well, in that they contain the same core group of consonants. For example, think of the words you know having to do with books and writing:

كَتَبَ /يكتب ، كتابة ، مكتب ج. مكاتب ، مكتبة ج. مكتبات ، كتاب ج. كُتُب

All these words have the same core group of consonants: ك-ت-ب . Likewise, you know several words that have to do with studying:

دَرَسَ /يدرس ، دراسة ، يُدرِّس ، تدريس ، مَدْرسة ج. مدارس ، دَرْس ج. دروس

Each group of words above shares three consonants: the first group shares ك-ت-ب and the second, د-ر-س . This core group of consonants that gives the basic meaning to a family of words is called the **root**, or الجَذر (ج. جُذور).[1] الجذر is not a word, but a group of consonants, usually three in number (occasionally two or four). Sometimes one of the consonants in a root may be a و or ي as in يوم or بيت . The order of these consonants is critical to the integrity of الجذر : د-ر-س is not equivalent to س-ر-د , and ك-ت-ب is different from ك-ب-ت .

To identify الجذر, look for three consonants. The following examples are straightforward:

الكلمة:	دخول	مثل	بارد	وزارة	أكبر
الجذر:	د-خ-ل	م-ث-ل	ب-ر-د	و-ز-ر	ك-ب-ر

The جذر of other words may be less obvious. How can you identify الجذر of the following words, which have more than three consonants?

مشغول مستقبل يلتحق الاقتصاد

First, eliminate any prefixes and suffixes and الـ . Second, look for long vowels —especially alif—and the consonants ت , س , م , and ن . These letters are often not part of الجذر but rather belong to الوزن, or pattern, which we will see shortly.

---

[1] In rare cases, a جذر can have more than one basic meaning.

Eliminating these letters from the previous words, we are left with الجذر :

الاقتصاد	يلتحق	مستقبل	مشغول
ق–ص–د	ل–ح–ق	ق–ب–ل	ش–غ–ل

There are two final points to keep in mind. First, if in looking for الجذر you see only two consonants, the second one probably has a شدّة. This is called a *doubled* (or *geminate*) *root*. For example, الجذر of the word عمّ is ع–م–م , and that of صف is ص–ف–ف .[1] Second, sometimes the plural of a noun will clarify a missing letter of its جذر . For example, only two consonants appear in the word خال . However, the plural, أخوال , shows a third root letter, و .

Learning to identify الجذر is important for two reasons. First, having an idea about the basic meaning of a جذر by knowing a word will often help you guess the meanings of related words, thus increasing your vocabulary and comprehension. More importantly, the vast majority of Arabic dictionaries do not list words alphabetically, but rather by الجذر . For example, to find the word القبول , you must know to look it up under ق–ب–ل . Identifying الجذر is a skill that takes practice. In addition to doing the drills in this book, you can develop this skill by identifying الجذر of new and old vocabulary, or by looking up words you already know in an Arabic-English dictionary (not the glossary).

In Arabic word formation, the consonants of a جذر fit into slots of a **pattern**, or وَزن (ج. أوزان) . A وزن is a skeletal structure of vowels and consonants that gives the syllabic structure of a word. Every word in Arabic has both a جذر and a وزن . In Arabic grammar, أوزان are given using the consonants ف–ع–ل as a neutral جذر . For example, the وزن of the word طالب is فاعل . You can see that the consonants ط–ل–ب can be fit into this وزن in place of the consonants ف–ع–ل to form the word طالب. The following أوزان are familiar to you from your vocabulary:

يَرفُض	يَدخُل	يَحصُل	يَدرُس	وزن يَفْعُل :
وَحيد	صَغير	كَبير	جَميل	وزن فَعيل :
سِياسة	وِزارة	تِجارة	دِراسة	وزن فِعالة :

When a specific جذر intersects with a specific وزن , an individual word is formed. This is the process of word derivation in Arabic. Theoretically, all combinations are possible; in practice, however, only some are used. The chart below gives you a partial overview of this process using some examples:

---

[1]Do not confuse the شدّة here with شدّة in words like يدرّس , which already have three clear root consonants. The latter شدّة is part of الوزن (below).

الوزن / الجذر	فَعَلَ	فَعَّلَ	اِفْتَعَلَ	مَفْعول
د-ر-س	دَرَسَ he studied	دَرَّسَ he taught	-----	مَدروس was studied
ش-غ-ل	شَغَلَ he occupied	شَغَّلَ he put to work	اِشْتَغَلَ he worked	مَشغول busy, occupied
ر-ف-ض	رَفَضَ he refused	-----	-----	مَرفوض unacceptable

Arabic has many different أوزان : some commonly used for المفرد , others for الجمع , others for المصدر , and a set of verbal أوزان (we will return to these later). Some أوزان are longer because they are derived from the shorter ones and built up using certain consonants. The letters used to make up these longer أوزان include: long and short vowels, شدّة, ة, and the consonants م, س , ت , ن , and initial أ . The following are some of the أوزان that contain these letters:

وزن مَفْعول : مَشْغول

وزن مُسْتَفْعَل : مُسْتَقْبَل

وزن اِفْتَعَلَ : اِلْتَحَقَ

Most longer أوزان are related to verbs; we will return to them later. When you study vocabulary, note which words have the same وزن , and practice saying them out loud; this will help your pronunciation, spelling and vocabulary retention by making it easier to remember the exact shape and sound of a word.

تمرين ٧

Identify الجذر of the following words:

التجارة	---	مساعدة	---	تقدير	---
المرحومة	---	منطقة	---	وحيد	---
الحقيقة	---	المذاكرة	---	الاعدادية	---
متخصص	---	أقارب	---	أسرة	---

تمرين ٨

List four words you know for each of these أوزان :

مثال: مُفاعَلة: مساعدة مذاكرة محاضرة

١ـ فاعِل: ________ ________ ________ ________

٢ـ فِعالة: ________ ________ ________ ________

٣ـ فَعْل: ________ ________ ________ ________

٤ـ فَعلان: ________ ________ ________ ________

٥ـ أفْعال: ________ ________ ________ ________

٦ـ فُعول: ________ ________ ________ ________

٧ـ فَعيل: ________ ________ ________ ________

القاموس العربي *The Arabic Dictionary*

Arabic dictionaries list words according to الجذر rather than spelling. The consonants of الجذر are listed in alphabetical order, with alif representing the consonant ء (the vowel alif cannot be part of a root). Thus, in the dictionary, the root أ–ب–ر precedes ب–ر–د which in turn precedes ب–ر–ز . Doubled roots, such as ح–ق–ق of حقيقة , are usually listed according to the alphabetical order of the first two letters only, such that ح–ق–ق precedes ح–ق–ب . Review the order of the alphabet if necessary—it is difficult to find anything in the dictionary if you do not know where to look.

Each dictionary entry represents a جذر. Within this entry, the first section lists the verbs. We will return to this section later. Skip down to the next sub-entry, and you will find a noun, usually of the وزن "فَعْل", followed by other nouns and then adjectives, all listed by وزن . In some dictionaries, internal vowels are given in transliteration (English letters). Each noun entry should give a plural, and good dictionaries will give prepositions and idiomatic expressions as well. It is important to pay attention to these when looking up the meaning of a word.

تمرين ٩ مع القاموس

Practice using القاموس by looking up the following words. First, identify their جذر. Then arrange the words in alphabetical order by الجـذر and write both in the space provided. Finally, look up the words in alphabetical order and write the meaning:

شُعور	مُساعد	خَليفة	مَعْمَل
حَبيب	حَقّ	قَمَريّ	تَفْسير
سُرعة	ضَيف	مُراسِل	أديب
مَجموعة	فَرْق	قَلِق	صَداقة

	الكلمة	الجذر	Meaning
١ـ			
٢ـ			
٣ـ			
٤ـ			
٥ـ			
٦ـ			
٧ـ			
٨ـ			
٩ـ			
١٠ـ			
١١ـ			
١٢ـ			
١٣ـ			
١٤ـ			
١٥ـ			
١٦ـ			

الاعداد ١١-١٠٠

Learn the numbers from eleven to one hundred:

أَحَد عَشَر	١١	* * * * * * * * * * *
اثنا عَشَر	١٢	* * * * * * * * * * * *
ثَلاثة عشر	١٣	* * * * * * * * * * * * *
أربعة عشر	١٤	* * * * * * * * * * * * * *
خمسة عشر	١٥	* * * * * * * * * * * * * * *
ستة عشر	١٦	* * * * * * * * * * * * * * * *
سبعة عشر	١٧	* * * * * * * * * * * * * * * * *
ثمانية عشر	١٨	* * * * * * * * * * * * * * * * * *
تسعة عشر	١٩	* * * * * * * * * * * * * * * * * * *
عِشرون/عشرين	٢٠	* * * * * * * * * * * * * * * * * * * *
واحد وعشرون	٢١	* *
اثنان وعشرون	٢٢	* *
ثلاثة وعشرون	٢٣	* *

ثَلاثون/ثلاثين	٣٠	سَبعون/سبعين	٧٠
أربَعون/أربعين	٤٠	ثَمانون/ثمانين	٨٠
خَمسون/خمسين	٥٠	تِسعون/تسعين	٩٠
سِتّون/ستّين	٦٠	مِئة (مائة)[1]	١٠٠

Unlike the numbers from 3-10, which are followed by a plural noun, the numbers from 11-100 must be followed by a **singular noun.**[2] In formal Arabic, you will see nouns following numbers 3-99 written with تنوين الفتح ending. Study the following examples:

قرأت ٢٠ (عشرين) كتاباً .

في فبراير ٢٨ (ثمانية وعشرون) يوماً .

عُمري ١٩ (تسع عشرة) سنة وجدتي عمرها ٨٦ (ست وثمانون) سنة .

---

[1]The alternate (older) spelling مائة for مئة does not affect its pronunciation.

[2]Formal Arabic imposes agreement rules that affect the gender of the numeral. You will learn these rules later. Spoken Arabic uses fixed forms that vary slightly from dialect to dialect, but are easily understood once you know the basic underlying form presented here.

تمرين ١٠

Listen to the tape and circle the number you hear in each line:

١-	٦١	٧١	٢١
٢-	٩٦	٦٩	٩٧
٣-	١٥	٢٥	٥١
٤-	٣٢	٢٣	٢٢
٥-	٢٧	٧٢	١٧
٦-	١٥٥	١١٥	١٠٠
٧-	٨٨	٧٨	٨٧
٨-	١٢	١٨	٢٨
٩-	٦٥	٥٦	٥٧
١٠-	٤٤	١٤	٤٠

تمرين ١١

An American publisher needs help in ordering pages that fell out of an Arabic manuscript. Order them in sequence, and show where to insert them by giving the previous page number for each page or series of pages:

٦٢	٥١	٧٧	٨٩	٨١	٩٤	٨٤	٩٢
٧٣	٧٥	٤٥	٨٨	٩٨	٩٩	٨٦	٨٠
٧٦	٦٦	٧٢	٧٦	٤٤	٨٢	٦٣	٨٧

تمرين ١٢ اسألوا زملاءكم :

Find out:

١- منذ كم سنة يدرسون ؟

٢- كم أسبوعًا في السنة الدراسية ؟

٣- كم فيلمًا يشاهدون في السنة ؟

٤- كم صديقًا لهم في هذا الصف ؟

٥- كم عمرهم ؟

٦- في رأيهم ، كم عمر خالد ؟

ستة - ٦
سبع - ٧
ثمانية - ٨

تمرين ١٣

Definite or indefinite? Determine how each of these nouns fits into its context:

١- أنا أكبر ———— في اسرتي . (ولد)

٢- أحسن هواية بالنسبة لها هي ———— . (القراءة)

٣- هل تعرفين اسم الموظفة ———— ؟ (جديد)

٤- أريد أن أتكلم العربية مثل أصدقائي ———— . (عرب)

٥- دخلت كلية الطب بفضل ———— أقاربي . (المساعدة)

٦- من فضلك ، هل مكتب الدكتور صالح مصطفى في هذه ———— ؟ (بناية)

٧- ———— غائم دائمًا في لندن . (جو)

٨- لا أحب ———— في هذا ———— . (السكن ، بيت)

٩- أمس كانت خالتي في الوزارة طوال ———— . (يوم)

١٠- أختي فاتن متخصصة في ———— الشرق الأوسط . (التاريخ)

تمرين ١٤ لماذا ؟

Give reasons or purposes for the following actions and situations:

١- لماذا اِلتحقت بهذه الجامعة ؟

٢- لماذا (لا) تحب / تحبين السفر ؟

٣- لماذا ما كنت في الصف أمس ؟

٤- لماذا تريد / تريدين قراءة هذا الكتاب ؟

٥- لماذا نجحت في الامتحان ؟

٦- لماذا دخلت هذا الصف ؟

٧- لماذا تعيش جدة خالد مع الاسرة ؟

٨- لماذا رفضت الذهاب معهم ؟

٩- لماذا ما ساعدت زملاءك في كتابة الواجب ؟

١٠- لماذا أنت بحاجة إلى سيارة ؟

تمرين ١٥   مع عائلة خالد

تعلموا هذه الكلمات:

إذا + الماضي	if
تَـأَخـَّرتُ	I was late, fell behind

اسمي عادل محمود ابو العلا وكما تعرفون، أنا أخو خالد . عمري ١٨ سنة وأنا طالب في الثانوية العامة بمدرسة سعد زغلول . في الحقيقة، أنا لا أحب المذاكرة كثيراً ، لكن أريد أن أدخل الجامعة مثل أصدقائي ، فكلّهم يدرسون في الجامعة الآن وأنا فقط تأخّرت سنة لأنّي ما نجحت في السنة التي ماتت فيها والدتي ، الله يرحمها .

إذا نجحت في الثانوية العامة ، إن شاء الله ، أريد أن ألتحق بكلية التجارة مثل أخي خالد ، وأن أعمل في شركة أمريكية بعد التخرج . ولذلك أدرس اللغة الانجليزية ، وأحب أن أشاهد الأفلام الامريكية التي تـُعرَض في التليفزيون أيام الخميس والاحد .

أسئلة:

١- من يتكلم ؟ من هو بالنسبة لخالد ؟

٢- أين يدرس ؟ أين يدرس أصدقاؤه ؟

٣- ماذا يريد أن يدرس في الجامعة؟

٤- ماذا يريد أن يعمل بعد التخرج ؟

٥- ماذا يحب أن يشاهد في التليفزيون؟ لماذا ؟

6. Guess from the context the meaning of: تـُعرَض = _______________

(Hint: use grammar to help. Is it a noun? A verb?)

تمرين ١٦ نشاط استماع

شاهدوا الفيديو عن هذه الجامعة العربية واكتبوا :

١- اسم الجامعة الآن ______________________

2. Circle أسماء الكليات mentioned in the program:

كلية الآداب	كلية الشريعة
كلية الحقوق	كلية العلوم السياسية
كلية العلوم	كلية البنات
كلية التربية	كلية إدارة الأعمال

3. Two former names of هذه الجامعة are mentioned. Write one: ______________

تمرين ١٧ نشاط قراءة

Many Arabic magazines provide a pen pal listing service like the one on the following page.

1. Look at the title of the page: what is its جذر, and what clue does that give you to its meaning?

2. Skim the entries, and from the context, figure out the meaning of "الهِواية":

3. What are the three most popular هوايات?

4. Using context and الجذر to help you guess, what do you think the word المراسلة means?

5. What does "ص.ب." mean? ______________

تعارف

الاسم الكامل: حسام محمد الشيخ
العمر: ١٩ سنة
المهنة: طالب
الهواية: مراسلة الفتيات بالانكليزية - السفر
البلد والعنوان: ١٥ شارع ابو العينين - شارع الساقية - الوايلي الكبير - القاهرة - مصر.

الاسم الكامل: احمد محمد احمد عبد الله
العمر: ١٧ سنة
المهنة: طالب
الهواية: المطالعة - المراسلة - الكومبيوتر - الفيديو
البلد والعنوان: محافظة السويس - مدينة الصباح - عمارة ٢١ - شقة ١٢ - مصر.

الاسم الكامل: احمد عبد البديع ضلام
العمر: ٢٤ سنة
المهنة: مهندس زراعي
الهواية: السياحة - المراسلة - كرة السلة
البلد والعنوان: محافظة الشرقية - ابو كبير - هربيط - مصر.

الاسم الكامل: الشربيني محمد عبد الرحمن
العمر: ٢٥ سنة

المهنة: مدرّس
الهواية: المطالعة - المراسلة - الرياضة
البلد والعنوان: الدقهلية - مركز بلقاس - قرية العريض - مصر.

الاسم الكامل: محمد رشاد درويش
العمر: ٢٣ سنة
المهنة: موظف
الهواية: المراسلة - السفر - تبادل الآراء والصور والهدايا
البلد والعنوان: محافظة المنوفية - شبين الكوم - مساكن الجلاء البحري - مدخل ٢٠ - شقة ١٩٦ - مصر.

الاسم الكامل: محمد عبد الفتاح سلام
العمر: ٣٨ سنة
المهنة: محامي
الهواية: المراسلة والتعارف
البلد والعنوان: ميت غمر - دقهلية - ٢٦ شارع جسر النيل المعاهدة - مصر.

لبنان

لاسم الكامل: منير محمد الحجار
العمر: ٢٨ سنة
المهنة: رسام معماري
الهواية: المطالعة - الشطرنج - الرحلات - كرة الطاولة
البلد والعنوان: بيروت - مركز جفينور - سنتر جفينور - المالية - بلوك A - الطابق الثاني - ص.ب. ٣٨٦٩ - ليد سمير محمود الحجار ومنه الى منير - لبنان

الاسم الكامل: علي حسين درّه
العمر: ١٩ سنة
المهنة: طالب
الهواية: مراسلة الجنسين - المطالعة - الرياضة
البلد والعنوان: بعلبك - شارع جمال عبد الناصر - ملك المقداد - لبنان.

سوريا

الاسم الكامل: ليلى جبره دبس
العمر: ٢٣ سنة
المهنة: اجازة في الأدب الفرنسي
الهواية: المطالعة - الرياضة - السفر
البلد والعنوان: اللاذقية - مارتقلا - بناء خليل زيدان - طابق ٣ - سوريا.

الاسم الكامل: عبد الحميد بريكي
العمر: ٢٥ سنة
المهنة: طالب جامعي
الهواية: المراسلة - المطالعة - كرة القدم
البلد والعنوان: سراقب - كفر عميم - سوريا.

الاسم الكامل: جان جبره دبس
العمر: ٢٠ سنة
المهنة: طالب
الهواية: الرياضة - كرة القدم - المراسلة.

البلد والعنوان: اللاذقية - مارتقلا - بناء خليل زيدان - الطابق ٣ - سوريا.

الأردن

الاسم الكامل: إيناس عبد الله احمد
العمر: ١٩ سنة (ليبية)
المهنة: طالبة
الهواية: التعارف - المراسلة وجمع العملات والطوابع
البلد والعنوان: عمان - ص.ب. ١٧١ - خلدا ام السماق الشمالي - الأردن.

الاسم الكامل: وديع حمزة الرمحي
العمر: ٢١ سنة
المهنة: طالب
الهواية: المراسلة - جمع الصور والطوابع - الرياضة.
البلد والعنوان: جامعة الاردن - عمان - ص.ب. ١٣١٧١ - الأردن.

الهند

الاسم الكامل: وضاح تحسين الشنتير
العمر: ٢٠ سنة
المهنة: طالب
الهواية: المراسلة وكرة السلة
البلد والعنوان:
WADAH TAHSIN SHANTR
G.P.O. P.O. BOX 178
PUNE 1 - INDIA.

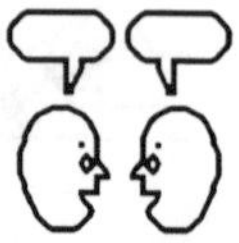

تمرين ١٨ نشاط محادثة

From the تعارف section above, match three people with appropriate pen pals and explain why you have paired them.

تعلموا هذه الكلمات: الهوايات

هِواية ج. -ات	hobby
الرِياضة	sports

القِراءة

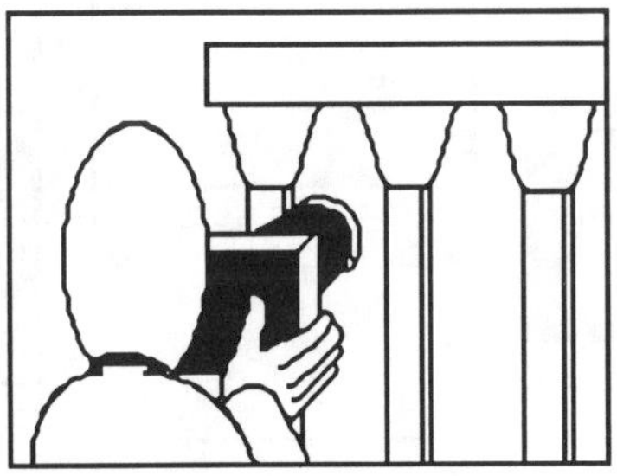
التَّصوير

كُرة القَدَم

كُرة السَّلّة

الموسيقى

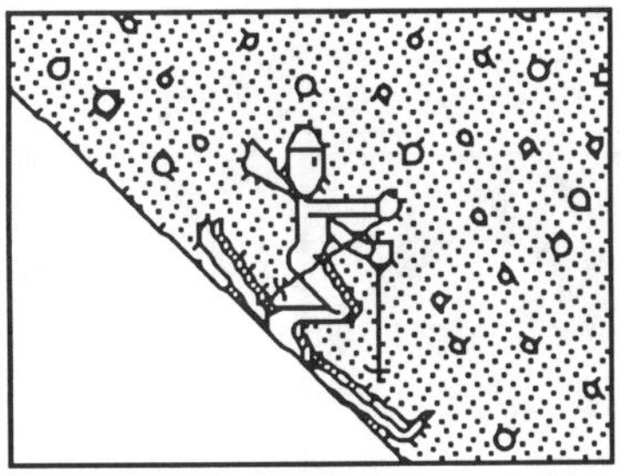
التَّزَلُّج

الجَري

السينما

الكُرة الطّائرة

السِّباحة

الرَّسم

الرَّقص

الثقافة

كُرة القَدَم

Soccer enjoys tremendous popularity throughout the Arab world. Since the sport requires little equipment, children can play it in the street or an empty lot using a ball or even a tin can. Regional, national, and international matches and playoffs are televised to national audiences. The article below, an example of the generous media coverage soccer enjoys, reports on a local Egyptian rivalry. See if you can pick out the names of the two clubs:

الأهلى يهزم الزمالك ١/ صفر
ويضـرب كل توقعـات الخبـراء

ضرب الاهلى (ثامن الدورى) كل التوقعات وفاز على الزمالك (اول الدورى) ١ / صفر فى موقعة عنيفة خشنة شهدها ستاد القاهرة امس فى ختام الدور الاول للدورى العام لكرة القدم .. احرز الهدف محمد رمضان فى الدقيقة ١١ من الشوط الثانى بضربة راس بارعة سجلها فى الشهر العقارى ..

جاءت المباراة متوسطة المستوى .. كان الزمالك هو الفريق الافضل والاخطر فى الشوط الاول واضاع كل فرص الفوز ، وتساوى الكفتان فى الشوط الثانى .

وعقب المباراة اكد انور سلامة المدير الفنى للاهلى انه سعيد جدا بالفوز مشيرا الى انه اطمان على ان جهود الجهاز التى بذلها فى الفترة الماضية لم تضع هباء .

تمرين ١٩ نشاط قراءة وكتابة

You may be interested in studying in an Arab country. The following is an application to one such program. Find out as much as you can about it, then complete:

بسم الله الرحمن الرحيم

المملكة العربية السعودية

جامعة الملك سعود

معهد اللغة العربية

ص. ب ٤٢٧٤ - الرياض ١١٤٩١

استمارة ترشيح
بوحدة اللغة والثقافة
بمعهد اللغة العربية

١ ـ اسم الطالب (مطابقًا لجواز السفر): ....

٢ ـ الجنسية .... ٣ - الديانة: ....

٤ ـ أ) تاريخ الميلاد: .... ب) العمر: ....

٥ ـ مكان الميلاد: .... ٦ - الحالة الاجتماعية: ☐ متزوج ☐ أعزب

٧ ـ الجنس: .... ٨ - المهنة: ....

٩ ـ العمل الحالي: ....

١٠ ـ إذا كنت قد درست في بلاد عربية من قبل فاذكر:

ا ـ اسم البلد: ....

ب ـ اسم المدرسة أو الجامعة: ....

جـ ـ تاريخ التخرج: ....

١١ ـ اذكر اللغات التي تعرفها ومدى معرفتك بها من ناحية فهم الكلام ، والتحدث ، والقراءة ، والكتابة ، مع ذكر المستوى إذا كان ممتازاً أو جيِّداً أو متوسطًا .

ا ـ لغتك الام : ....

ب ـ لغات اخرى:

اللغة	فهم الكلام			التحدث			القراءة			الكتابة		
	ممتاز	جيد	متوسط	ممتاز	جيد	متوسط	ممتاز	جيد	متوسط	ممتاز	جيد	متوسط

١٢ ـ اذكر مؤهلاتك العلمية :

اسم المدرسة ، المعهد ، الكلية ، أو الجامعة	تاريخ الالتحاق	تاريخ التخرج	مدة الدراسة	التخصص	المؤهل العلمي	التقدير العام

٩ . جدتي توقظني في السادسة والنصف

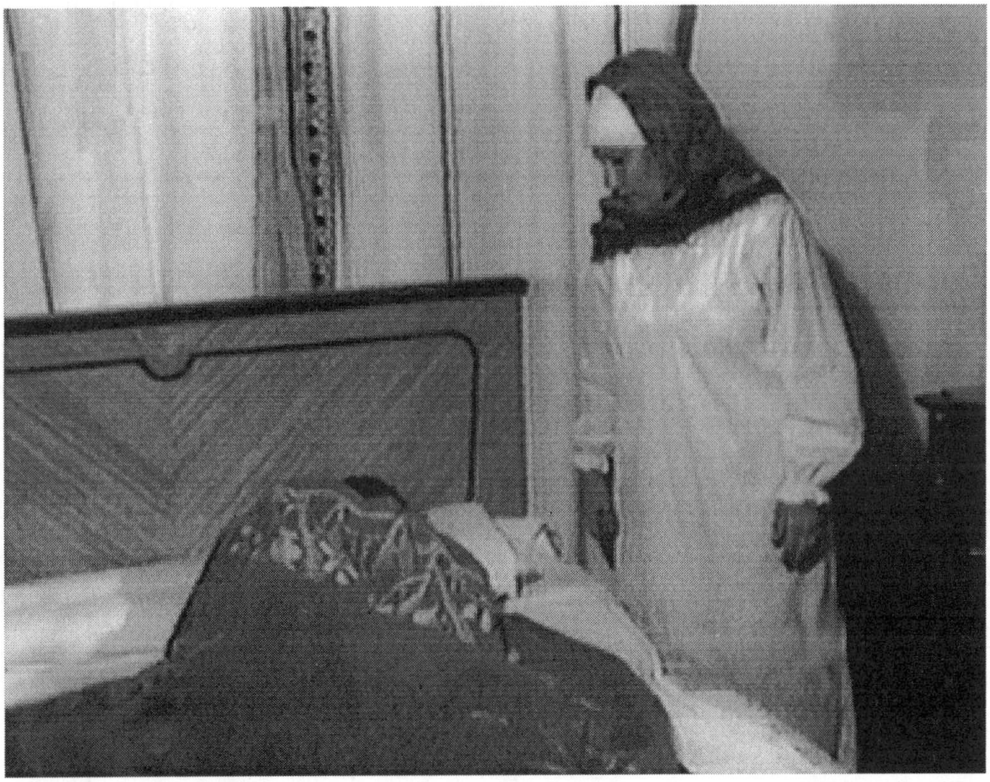

في هذا الدرس:

- برنامج خالد اليومي
- النادي
- الجمع غير العاقل
- ليس + الجملة الاسمية
- كم الساعة ؟
- الأعداد الترتيبية

تذكّروا :

أيّام	أذهب إلى	جدة	بعد	دائمًا	إخوة	قهوة
بعيد عن	أقرأ	محاضرات	لذلك	قبل	مكتبة	زُملاء
معيد	هواية	مساعدة	المذاكرة	الجمعة	لَهُ	برنامج

تعلّموا :

أخرُج (خَرَجْتُ ، المصدر: الخُروج)	I leave
ساعة ج. ـات	hour; o'clock
توقِظ	she wakes (someone) up
ـــنـي	me (object of verb)
سادِس / ة	sixth (adjective)
نِصف	half
أفطُر (فَطَرتُ ، المصدر: الفُطور)	I eat breakfast
يَنْزِل (نَزَلَ)	he leaves (the house); literally: descends
أجلِس (جَلَستُ)	I sit
أشرَب (شَرِبتُ ، المصدر: الشُّرب)	I drink
أُدَخِّن (دَخَّنْتُ ، المصدر: التَّدخين)	I smoke
عَيْن ج. عُيون	eyes
جَريدة ج. جَرائِد	newspapers
تَبدَأ (بَدَأتْ)	it begins
بَعدَ الظُّهْر	afternoon
أستَطيع (اِستَطَعْتُ) + **المصدر**	I can, am able to
أو	or
غَداء	lunch
بَعض + **اضافة**	some (of)
نَلعَب (لَعِبنا)	we play

الشَـطَـرَنْـج	chess
أعود (عُـدْتُ ، المصدر: العَودة)	I return
ثُـمَّ	then, بعد ذلك
قليلاً	≠ كثيـرًا
أُخرى (مؤنث) (مذكر: آخَر)	other
(الـ)نادي ج. (الـ)نَوادي	club
خاصّ	special; (its) own; private

استـمعوا / شـاهدوا :

١ـ عـمَّ يتكلم خالد؟

٢ـ Mention something خالد does:

أ - في الصباح ________________________

ب - بعد الظهر ________________________

جـ - في المساء ________________________

استـمعوا / شـاهدوا مرة ثانيـة :

٣ـ متى يخرج خالد من البيت؟

٤ـ متى تبدأ محاضراته في الجامعة؟

٥ـ أين يدرس قبل المحاضرات؟

٦ـ ماذا يعمل في المساء؟

استمعوا مرة ثالثة:

7. Order the following activities according to what خالد says:

___	أفطر	___	أعود الى البيت
___	أدرس في المكتبة	___	ألعب الشطرنج
___	جدتي توقظني	___	ينزل والدي وإخوتي
___	أقرأ الجرائد	___	أخرج من البيت

8. خالد introduces a new topic, يوم الجمعة , using the topic switcher:

أمّا ... ، فَـ ...   as for ... , ...

ماذا يَقول خالد عن يوم الجمعة؟ ________________________________

استمعوا وخمّنوا :

Guess the meaning of the underlined words and phrases from context:

٩- في الأيّام الّتي أذهب فيها إلى الجامعة ________________________________

١٠- أخرج من البيت حَوالَي الساعة العاشرة ________________________________

١١- أتناول الغداء ________________________________

١٢- الشطرنج هوايتي المُفَضّلة ________________________________

الثقافة

النادي

In large Egyptian cities, النوادي offer social and recreational facilities to those who can afford them, much like American country clubs. The three largest in Cairo are نادي الجَزيرة , نادي الزَمالك , and النادي الأهلي . The latter two have كرة القدم teams that enjoy a large following and a fierce rivalry. In addition to these private clubs, some large companies, professional associations, and government agencies offer نوادي to employees and their families, such as نادي الضُبّاط . These clubs are more social than recreational, offering places to eat, drink coffee, socialize, and host events such as weddings.

تعلموا هذا الفعل:

In this new section of each chapter you will be given one or two new verbs to memorize. By memorizing one or two verbs at a time, you will gradually acquire all of the stem patterns of the Arabic verb system.

You heard خالد say أتناول الغداء meaning *I eat lunch*. The verb تَناوَلَ is used mainly in formal Arabic, and must be mentioned with a meal:

أتناول الفطور / الغداء / العشاء

The verb أكل / يأكل *to eat* is common to both spoken and formal Arabic. Learn to recognize تناول and to use أكل :

الماضي

أَكَلْتُ	أَكَلْنا
أَكَلْتَ أَكَلْتِ	أَكَلْتُم
أَكَلَ أَكَلَتْ	أَكَلوا

المضارع

آكُل	نَأكُل
تَأكُل تَأكُلين	تَأكُلونَ
يَأكُل تَأكُل	يَأكُلونَ

الماضي

اِسْتَطَعْتُ	اِسْتَطَعْنا
اِسْتَطَعْتَ اِسْتَطَعْتِ	اِسْتَطَعْتُم
اِسْتَطاعَ اِسْتَطاعَت	اِسْتَطاعوا

المضارع

أَسْتَطيع	نَسْتَطيع
تَسْتَطيع تَسْتَطيعينَ	تَسْتَطيعونَ
يَسْتَطيع تَسْتَطيع	يَسْتَطيعونَ

تمرين ١

Practice using new vocabulary by completing the sentences:

أو	الجريدة	تجلس	غداء	آخر	العيون
ننزل	يُدخّن	تبدأ	أستطيع	نعود	خاصّ
بعض	نشرب	بعد الظهر	أفطر	ثُمّ	لعبت

١ـ كان عمّي ، الله يرحمه ، ________ ٣٠ سيجارة كل يوم .

٢ـ أنا وزوجي نقرأ ________ و________ القهوة كل صباح .

٣ـ يوم الأحد الماضي ________ كرة السلة مع ________ أصدقائي .

٤ـ في الشتاء لا ________ السباحة بسبب البرد .

٥ـ يوم الجمعة لا ________ من البيت قبل الساعة الواحدة ________ .

٦ـ أمي تعبانة وتريد أن ________ قليلاً .

٧ـ ابنة عمّي دكتورة متخصّصة في أمراض *diseases* ________ .

٨ـ تخرجتْ من كلية إدارة الأعمال ________ التحقت بشركة "سوني" حيث تعمل الآن .

٩ـ أنا لا آكل الدجاج ________ اللحم .

١٠ـ لا نستطيع أن ندخل إلى هذا النادي لأنّه ________ .

١١ـ في الصباح لا ________ ولكنّي أشرب قليلاً من القهوة .

١٢ـ لا أريد قراءة هذا الكتاب ، أريد قراءة كتاب ________ .

تمرين ٢ استمعوا إلى خالد واكتبوا ما يقول

Listen to خالد and complete:

في الأيام التي ______ فيها إلى الجامعة ، ______ من البيت حوالي الساعة العاشرة صباحًا ، لكن جدتي توقظني دائما في السادسة والنصف لـِ ______ معهم . بعد أن ______ والدي وإخوتي ، ______ في الفراندة لأشرب القهوة و______ سيجارة بعيدًا عن ______ جدتي وأقرأ ______ .

محاضراتي ______ في الثالثة بعد الظهر ، لذلك ______ قبلها الدراسة في المكتبة ساعتين أو ثلاث ثمّ أتناول ______ . بعد المحاضرات أذهب مع بعض ______ المعيدين إلى النادي لـ ______ الشطرنج ، ______ المفضلة ، ثم أعود إلى البيت و______ إخوتي قليلاً في مذاكرتهم . في الأيام ______ ، أذهب إلى ______ صباحًا وأدرس في المساء . أمّا يوم ______ ، فله برنامج ______ .

تمرين ٣ اسألوا زملاءكم :

Ask your classmates:

١- في أيّ ساعة يأكلون الغداء ؟ العشاء ؟

٢- أيّ رياضة يستطيعون أن يلعبوا ؟

٣- في أي ساعة تبدأ صفوفهم ؟

٤- هل يعودون إلى بيوتهم لأكل الغداء ؟

٥- هل يدخنون ؟ لماذا / لماذا لا ؟

تمرين ٤ ماذا يفعلون ؟

Describe الصور answering the question: ماذا يفعل/تفعل/يفعلون ؟

١- ____________

٢- ____________

٣- ____________

٤- ____________

٥- ____________

٦- ____________

٧- ____________

٨- ____________

٩- ____________

القواعد

الجمع غير العاقل *Non-human plurals*

By now you have seen many examples of non-human plural nouns, such as:

الأمم　　　العلوم　　　الأيّام　　　محاضرات

You may have noticed that the adjectives and verbs that modify these nouns have all been feminine singular:

الأمم المتحدة　　　العلوم السياسية　　　الأيام الأخرى　　　محاضراتي تبدأ

In modern formal Arabic, **non-human plural nouns** behave like **feminine singular nouns** in all respects.[1] The following examples show all aspects of this agreement:

هذه صور من عائلتي .

"هل تحبين الأفلام العربية ؟" - " نعم ، أحبّها ! "

في رأيي ، السيارات اليابانية هي أحسن سيارات .

الصفوف تبدأ في الساعة الثامنة صباحًا .

تمرين ٥

Put the words in the correct form for each sentence:

١- الجامعات ________ (مصري) ليسَت مثل الجامعات ________ (أمريكي) .

٢- بروكلين وكوينز وبرونكس مناطق ________ في مدينة نيويورك . (كبير)

٣- الواجبات ________ على حفظ الكلمات . (يساعد)

٤- المحاضرات عن الشرق الاوسط ________ في الساعة الرابعة . (يبدأ)

٥- السينما والموسيقى والقراءة هي هواياتي ________ . (مفضل)

٦- السيارات لا ________ إلى هذا الشارع . (يدخل)

٧- في مدينة نيويورك جرائد ________ (كثير) ، أحسنـ____ "نيويورك تايمز" .

٨- في رأي خالد ، برامج التليفزيون يوم الجمعة ________ . (جيد)

٩- المصرية والسِّريانية والآرامية لغات ________ . (قديم)

---

[1] In spoken and Classical Arabic this rule does not **always** apply.

ليس + الجملة الاسمية

You have learned how to use الجملة الاسمية with a fronted خبر to express the concepts of possession, accompaniment, and *there is / there are*. You should be able to understand and analyze the following examples of this construction:

عندي كمبيوتر .	في كل غرفة طالبان .
معي دولار .	له مستقبل .

In formal Arabic, these kinds of sentences may be negated using لَيسَ :[1]

لَيسَ عندي كمبيوتر .	لَيسَ في كل غرفة طالبان .
لَيسَ معي دولار .	لَيسَ له مستقبل .

تمرين ٦

What do these people *not* have?:

مثال: الطلاب في مصر ليس عندهم محاضرات يوم الجمعة .

١- مها ______ .

٢- خالد ______ .

٣- أنا وأصدقائي ______ .

٤- جدتي ______ .

٥- "يا طلاب ، لماذا ______ ؟ "

٦- "لماذا ______ ؟ " (أنت)

٧- إخوتي ______ .

٨- بالنسبة لي ، الرّجال ______ .

٩- الأساتذة في جامعتنا ______ .

---

[1]Earlier we noted that عند may be negated with ما in spoken Arabic, as in ما عندي كمبيوتر . Here we present the formal negation with ليس. These two constructions differ in usage, not in meaning.

كم الساعة؟ *What time is it?*

quarter	رُبع
third	ثُلث
less (lit.: except)	إلاّ
e.g., ١٢,٥٥ = الساعة الواحدة إلاّ خمسة	
minute	دَقيقة ج. دَقائِق
When?	متى ... ؟
At what time...?	في أيّ ساعة ... ؟

In formal Arabic, ordinal numbers are used to tell time.[1] In general, ordinal numbers are derived from cardinal numbers by taking الجذر of the cardinal number and putting it in "فاعِل" وزن. The chart shows both مؤنث and مذكر forms:

مؤنث		مذكر	
السابِعة	الأولى	السّابِع	الأوّل
الثامِنة	الثّانِية	الثّامِن	الثّاني
التاسِعة	الثّالِثة	التّاسِع	الثّالِث
العاشِرة	الرابِعة	العاشِر	الرّابِع
الحادية عَشَرة	الخامِسة	الحادي عَشَر	الخامِس
الثانية عَشَرة	السادِسة	الثاني عَشَر	السّادِس

خالد يقول : "جدتي توقظني في الساعة السادسة والنصف".

" أخرج من البيت في العاشرة صباحًا".

These ordinal numbers are adjectives, and follow the same rules as all adjectives. **Remember:** in telling time, note that الساعة الواحدة (**not** الساعة الأولى) is used for one o'clock.

<u>أمثلة:</u> ١,١٥ الساعة الواحدة والرُبع

٥,٢٠ الساعة الخامسة والثُلث

---

[1]In spoken Arabic, cardinal numbers are used to tell time: الساعة ستّة , الساعة ثلاثة and so forth.

تمرين ٧   في أيّ ساعة ؟

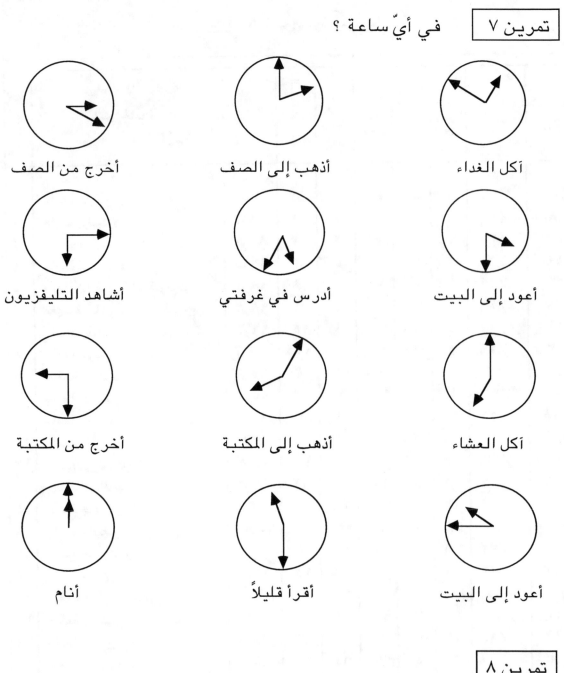

آكل الغداء

أذهب إلى الصف

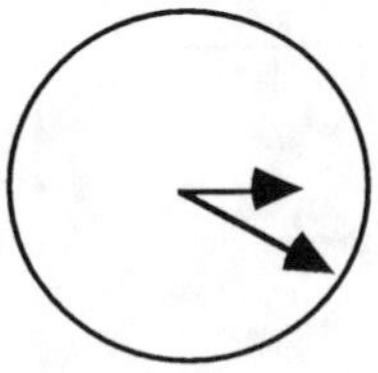
أخرج من الصف

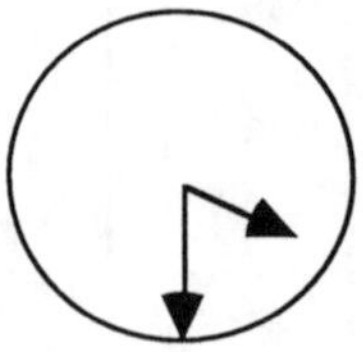
أعود إلى البيت

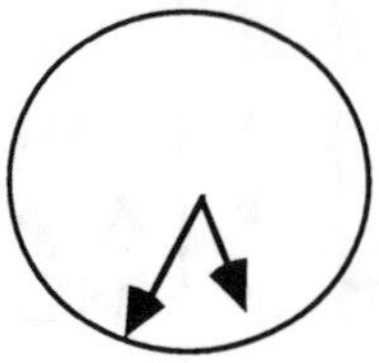
أدرس في غرفتي

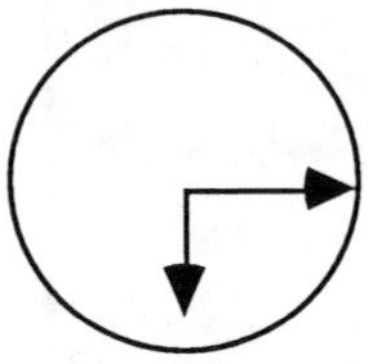
أشاهد التليفزيون

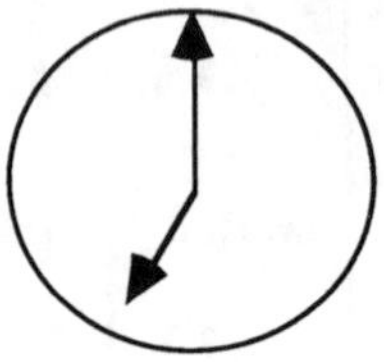
آكل العشاء

أذهب إلى المكتبة

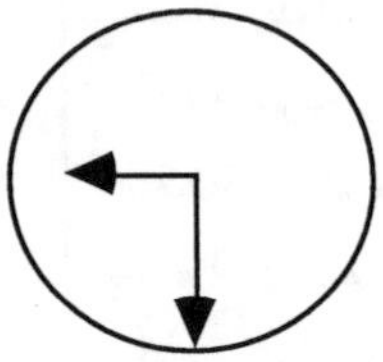
أخرج من المكتبة

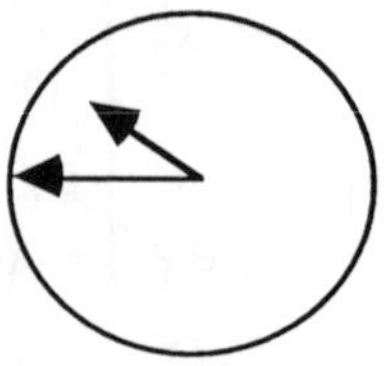
أعود إلى البيت

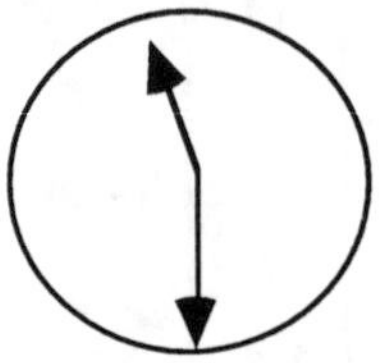
أقرأ قليلاً

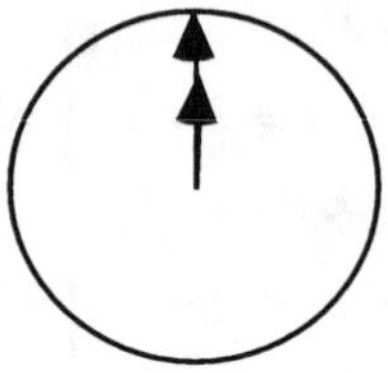
أنام

تمرين ٨

Skim the following text: what is it? Notice that the decimal point in Arabic is written as a comma. Why do you think it is not written as a point? What does the symbol ٪ represent? How much of the information can you decipher? Find figures for your school, if given, and the top schools in your area.

comma, decimal point	فاصِلة
٪	في المِئة / بالمئة

أفضل ٢٥ جامعة أمريكية

	اسم الجامعة	مجموع النقاط	السمعة الاكاديمية	الجودة في نوعية الطلاب	مستوي هيئة التدريس	الموارد المالية	مدي رضي الطلاب	نسبة القبول	معدل الطلاب الى المدرسين
١	جامعة هارفارد	١٠٠	١	١	٤	٨	١	٪١٦	١/١١
٢	جامعة برنستون	٩٩ر٢	٣	٤	٣	١١	٣	٪١٦	١/٨
٣	جامعة ييل	٩٩ر١	٣	٢	١٠	٤	٦	٪٢٢	١/١٤
٤	جامعة ستانفورد	٩٩ر-	٣	٥	٥	٥	١١	٪٢٠	١/١٤
٥	معهد كاليفورنيا للتكنولوجيا	٩٨ر٨	٨	٣	١	١	١	٪٢٩	١/٦
٦	معهد ماساشوستس للتكنولوجيا	٩٨ر٨	١	٦	٦	٧	١٣	٪٣١	١/٨
٧	كلية دارتموث	٩٦ر٢	١٥	٩	١١	٩	٢	٪٢٥	١/١١
٨	جامعة دوك	٩٦ر٢	١٢	١٠	٩	١٣	٥	٪٢٩	١/١٣
٩	جامعة شيكاغو	٩٥ر٨	٨	٢٤	٢	٦	٢٥	٪٤٥	١/٧
١٠	جامعة كولومبيا	٩٥ر٧	١٢	١٣	١٢	١٠	٨	٪٣٢	١/١٠
١١	جامعة كورنيل	٩٥ر٠	٣	١١	١٨	١٩	٢٠	٪٣١	١/١٨
١٢	جامعة رايس	٩٤ر٤	٢٠	٧	٨	٢٤	١٥	٪٢١	١/٩
١٣	جامعة نورثوسترن	٩٣ر٥	٢٠	١٩	٧	١٧	١٨	٪٤٧	١/١١
١٤	جامعة بنسلفانيا	٩٣ر٢	١٢	١٥	٢٠	٢٠	١٦	٪٤٧	١/١١
١٥	جامعة جونز هوبكنز	٩٣ر٠	٨	٢٩	٢٤	٢	١٧	٪٤٩	١/٩
١٦	جامعة كاليفورنيا/بيركلي	٩٠ر٨	٣	١٢	٢١	٥٠	٤٧	٪٤٠	١/١٨
١٧	جامعة جورجتاون	٩٠ر٧	١٣	١٧	١٦	٢٧	٩	٪٣٢	١/١٢
١٨	جامعة براون	٨٩ر٧	١٥	٨	٤٨	٢٩	٧	٪٢٣	١/١٣
١٩	جامعة كارنيجي ميلون	٨٩ر٢	٢٠	٣٦	١٥	١٨	٤٩	٪٥٥	١/٩
٢٠	جامعة واشنطن/سانت لويس	٨٨ر٧	٢٦	٣٧	٢٩	٣	٢٦	٪٦٦	١/١٠
٢١	جامعة إيموري	٨٨ر٢	٣٦	٣٥	١٧	١٥	٢٣	٪٦٤	١/١٢
٢٢	جامعة فرجينيا	٨٨ر١	١٥	١٤	٣٧	٥١	١٢	٪٢٨	١/١٣
٢٣	جامعة كاليفورنيا/لوس انجلس	٨٧ر٨	١٥	١٦	٤٠	٢٦	٦٨	٪٤٧	١/١٩
٢٤	جامعة ميشجان/آن آربر	٨٧ر٤	٨	٣٤	٣٥	٣٩	٢٤	٪٦٤	١/١٩
٢٥	جامعة فاندربلت	٨٦ر٨	٢٦	٤٤	٢٢	٢٣	٢٩	٪٦٥	١/١١

من مجلة المبتعث السعودية العدد ١٤٣ ، ابريل ١٩٩٣

تمرين ٩   متى ؟

Answer the following. Be as specific as you can, using expressions such as:

كل يوم ، بعد الظهر ، في المساء ، صباحًا ، أمس ، اليوم

١- في أي ساعة تَأكُل/تأكلين الفطور ؟ الغداء؟ العشاء؟

٢- في أي ساعة يبدأ صفّ اللغة العربية؟

٣- في أي ساعة تبدأ صفوفك في الصباح؟

٤- ما هو برنامجك المفضل في التليفزيون؟ في أي يوم وساعة تشاهده؟

٥- متى تخرج من البيت في أيام الدراسة؟ متى خرجت من البيت اليوم؟

٦- متى تُذاكِر/ تذاكرين؟

٧- متى دخلت البيت أمس؟

تمرين ١٠   ترجموا إلى اللغة العربية :

Paraphrase if you need to!

1. There are three students of Arab descent in our class.
2. I was late because of the traffic.
3. He refused to talk with us.
4. There are not many restaurants in this area.
5. Are there special programs for kids at this club?
6. This company has no offices in the Middle East.
7. Last week we had a very hard test.
8. They have two sons and three daughters.
9. Our department needs five graduate teaching assistants.

تمرين ١١ نشاط قراءة :

تعلموا هذه الكلمات:

أخبار	news
العالَم	the world

أسئلة:

1. What time period does this برنامج cover?

٢ـ ما أسماء البرامج الصباحية (من ٧–٩ صباحًا)؟

٣ـ في أي ساعة نستطيع مشاهدة الاخبار المسائية على كل قَناة (channel)؟

٤ـ هل هناك أخبار عند الظهر؟ على أي قناة؟

٥ـ على أي قناة وفي أي ساعة نستطيع مشاهدة برنامج "اوبراه وينفري"؟

٦ـ ما هي برامج الرياضة؟ في أي ساعة نستطيع مشاهدتها؟

٧ـ اكتبوا ٥ برامج تحبون مشاهدتها :

البرنامج	الساعة	القناة
١ـ		
٢ـ		
٣ـ		
٤ـ		
٥ـ		

التليفزيون الأمريكي

NBC - 4

٧,٠٠ اخبار اليوم ٩,٠٠ برنامج فيل دوناهو ١٠,٠٠ ليزا ١١,٠٠ جين وتيني ١٢,٠٠ عالم آخر ١,٠٠ ايام من عمرنا ٢,٠٠ جيري سبرنجر ٣,٠٠ موري يوفتشي ٤,٠٠ سالي جيسي رفائيل ٥,٠٠ الاخبار الداخلية ٧,٠٠ توم بروكوى يقدم اخبار العالم ٧,٣٠ المجلة المصورة ٨,٠٠ مباريات البيسى بول البطولات الاقليمية ١١,٠٠ اخبار الحادية عشر

ABC - 7

٧,٠٠ صباح الخير ياأمريكا ٩,٠٠ ريجيسى وكاثى لى ١٠,٠٠ رولوندا ١١,٠٠ جيرالدو ١٢,٠٠ الجريدة الأمريكية ١,٠٠ كلهم اولادى ٢,٠٠ حياة واحدة نحياها ٣,٠٠ المستشفى العام ٤,٠٠ برنامج أوبراه وينفرى ٥,٠٠ النشرة المحلية ٦,٣٠ بيتر جاننجيز يقدم النشرة الاخبارية المسائية الكاملة ٧,٠٠ مجلة فريق الردسكينز ٨,٠٠ بطولة كرة القدم فريق بيتسبرج ضد فريق الردسكينز ١١,٠٠ النشرة الاخبارية الاخيرة

CBC - 9

٧,٠٠ هذا الصباح ٩,٠٠ برنامج مونتيل ويليامز ١٠,٠٠ برنامج اخباري يقدمه جون كيرلى دروبين يونج ١١,٠٠ السعر المناسب لكل سلعة ١٢,٠٠ اخبار الظهر ١٢,٣٠ صغير ومتمرد ١,٣٠ الجرئ والجميلة ٢,٠٠ عندما تدور الدنيا ٣,٠٠ الضوء المرشد ٤,٠٠ اخبار الرابعة ٥,٠٠ الاخبار المحلية ٧,٠٠ دان رازر لأخبار الدنيا ٧,٣٠ اخبار السينما والمسرح والتليفزيون ٨,٠٠ مدينة في البحر ٩,٠٠ البحث من القلب الذى شاهد مقتل صاحبه ١٠,٠٠ حوار حول الموت والحياة بعد ظهور المرض فى القرية ١١,٠٠ أخبار ماقبل منتصف الليل

سى . إن . إن

٦ أخبار العالم مع بيتينا لوسكر ٧,٣٠ عناوين الاخبار، وأخبار المال ٨,٣٠ عناوين الاخبار ٩ اخبار العالم مع جوى تشين ٩,٤٥ غرفة اخبار جوى تشين ٩,٤٥ غرفة اخبار سي ان ان (برنامج المدارس) ١٠ اخبار العالم ١٠,٣٠ عناوين الاخبار ١٢,٠٠ اخبار العالم مع بريان نلسون ١٢,٣٠صباح الاعمال ١٣,٠٠ اخبار العالم ١٣,٣٠ يوم الاعمال ١٤,٣٠ اخبار الاعمال فى اسيا ١٥ لارى كينج (على الهواء)

من جريدة الاهرام الدولي ١٩٩٤/٩/٢

تمرين ١٢

Practice using the verbs أريد and أستطيع in the following. Note the use of المصدر to express the infinitive verb:

مثال: يستطيع خالد الدراسة في المكتبة قبل محاضراته .
(يستطيع)

١- أنا لا ________ شُرب القهوة قبل الفطور .
(يستطيع)

٢- الطلاب ________ حِفظ الكلمات، لكنهم لا ________ .
(يستطيع) (يريد)

٣- صديقتنا ________ الذهاب معنا إلى السينما لكنها لا ________ .
(يريد) (يستطيع)

٤- أنت طالبٌ جديد هنا؟! (نحن) ________ مساعدتك !
(يستطيع)

٥- الطقس اليوم ممطر وبارد جدا — لا ________ الخروج فيه .
(يريد)

تمرين ١٣ كم؟

Specify how many, using the correct form of the noun:

١- من فضلك ، بكم كيلو البطاطس ؟ — بـ ٥٠ ________ . (ليرة)

٢- كم ________ يدخّن خالد كل يوم ؟ (سيجارة)

٣- لماذا عادوا من سفرهم بعد ________ فقط ؟ (٢ يوم)

٤- الجيش بحاجة إلى حوالي ١٠٠ ________ جديد . (ضابط)

٥- الطقس اليوم حار جداً فالحرارة ٣٩ ________ . (درجة مئوية)

٦- ليس عنده إلاّ ستة ________ قبل امتحان الثانوية العامة . (أسبوع)

٧- ابني سالم عمره ١١ ________ وبنتي سلوى عمرها ٩ ________ . (سنة)

٨- لا يمكنكم أن تجلسوا في الشمس أكثر من ٣٠ ________ . (دقيقة)

٩- خالد له خمسة ________ . (صديق)

١٠- في السنة الماضية كان في هذا الشارع ١٠٠ ________ . (حادث)

١١- لا أستطيع الدراسة في المكتبة ثلاث ________ ! (ساعة)

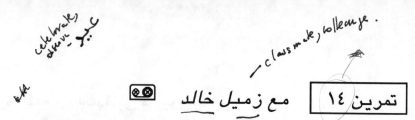

تمرين ١٤ مع زميل خالد

اسمي سامي وانا زميل خالد في الجامعة . انا معيد مثله ، وأدرس الاقتصاد . ليس عندي محاضرات لأنّي أكتب رسالة الماجستير هذه السنة .

أذهب إلى الجامعة كل يوم — إلاّ الجمعة — لأنّي لا أستطيع الدراسة والعمل في البيت . أنا وخالد دائمًا نلتقي يوم الاربعاء بعد محاضراته ونذهب الى النادي . خالد يحب الشطرنج كثيرًا ، أمّا أنا ، فأفضّل شُرْب القهوة والكلام مع البنات !

أسئلة:

١ـ من هو سامي ؟

٢ـ ماذا يعمل ؟

٣ـ لماذا يذهب إلى الجامعة كل يوم ؟

٤ـ ما هواية سامي المفضّلة ؟

٥ـ خمنوا *guess*: نلتقي = ________________

رسالة الماجستير = ________________

تمرين ١٥

Choose the most appropriate word for each sentence:

١ـ أولادي دائمًا ________________ أمهم في شغل البيت .

أـ يعملون ب ـ يساعدون جـ ـ يذاكرون

٢ـ ________ جدّي منذ سنة .

أـ عاش ب ـ مات جـ ـ شعر

٣ـ ________ من المدرسة الثانوية ثم التحقت بالجامعة .

أـ تناولت ب ـ نزلت جـ ـ تخرجت

٤ـ ________ بنت عمتي على الدكتوراه في الاقتصاد .

أـ حصلت ب ـ استطاعت جـ ـ نجحت

٥- ــــــــــ كرة القدم مع اصدقائي كل يوم جمعة .

أ- أدخل　　　ب - ألعب　　　جـ- أعود

٦- أتناول ــــــــــ مع عائلتي في الساعة السابعة صباحًا .

أ- العشاء　　　ب - الفطور　　　جـ- الغداء

٧- في المساء ، جلست في النادي ــــــــــ ثمّ ذهبت إلى البيت .

أ- قليلاً　　　ب - أحيانًا　　　جـ- دائمًا

٨- جامعة "برينستون" جامعة ــــــــــ .

أ - وحيدة　　　ب - ثانوية　　　جـ- خاصّة

٩- لا ــــــــــ قراءة بعض الكلمات في هذه الرسالة .

أ- أستطيع　　　ب - أتكلّم　　　جـ- أستمع

١٠- ــــــــــ المفضلة هي الموسيقى .

أ- درجتي　　　ب - هوايتي　　　جـ- مذاكرتي

١١- نجح أحمد في كل الامتحانات وحصل على ــــــــــ "جيد" .

أ- برنامج　　　ب - مستقبل　　　جـ- تقدير

١٢- سكنت في منطقة "المعادي" في القاهرة ــــــــــ سنوات طفولتي .

أ - طوال　　　ب - حوالي　　　جـ- حيث

١٣- أنا ــــــــــ ، وأريد قليلاً من الماء .

أ - عطشان　　　ب - جوعان　　　جـ- بردان

١٤- يوم ــــــــــ لا يذهب خالد إلى الجامعة .

أ - الجمعة　　　ب - الاثنين　　　جـ- السبت

١٥- ــــــــــ في الذهاب إلى الفصل بسبب الازدحام في الشارع .

أ - تذكرت　　　ب - تأخّرت　　　جـ- خرجت

famous - مشهور

was born - وُلِدَ

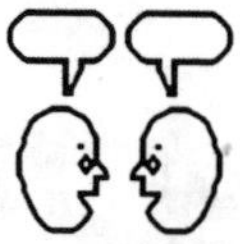

تمرين ١٦ نشاط محادثة

You have been asked to introduce a distinguished speaker at a lecture. A formal introduction includes a brief biographical sketch including information on education, publications, travel, and past and present employment. Interview the speaker to obtain this information and then introduce her or him to the audience. You may want to use the following words in your introduction:

guest	ضَيف ج. ضُيوف
"Ladies and gentlemen.."	"سَيِّداتي وسادَتي"

تمرين ١٧ نشاط كتابة

Compare your schedule to that of خالد by completing the chart below. Add times as you need them.

خالد	أنا	الساعة
		الساعة ٦.٣٠
		الساعة ٣.٠٠

١٠. بيت العائلة

في هذا الدرس :

- برنامج خالد يوم الجمعة
- المضارع المنصوب
- ضمائر النصب
- "إلى" و"على" مع الضمائر
- الصلاة
- مسجد الحسين

تذكّروا :

الخميس	نشاهد	نخرج	أصدقاء	لذلك	الفطور
الحمدُ لِلّه	أنزل	الجمعة	نعود	الغداء	تبدأ
كرة القدم	ليس	منذ	أفراد	في الحقيقة	أجلس

تعلّموا :

لَيلة ج. ليالي / لَيالٍ	night
يُمْكِنُنا أنْ ...	we can (lit.: it is possible for us to...)
نَسْهَر (سَهِرنا)	we stay up late
أصْحو (صحَوتُ)	I wake up
مُتَأخِّر ج. -ون/ين	late
مَوعِد ج. مَواعيد	(fixed) time, appointment
الصَّلاة	prayer
جامِع ج. جَوامِع	mosque
مُسرِع ج. -ون / -ين	in a hurry
مُبَاراة ج. مُبارَيات	match, game
الّتي	that, which (مؤنث)
عادةً	usually
أنام (نِمْتُ ، المصدر: النَّوم)	I (go to) sleep
أقامَت (تُقيم)	she resided, took up residence
أصبَحَ (يُصْبِح)	he/it became
يَجيء (جاءَ)	(he) comes
أستَمْتِع بـ (اِسْتَمْتَعْتُ بِـ)	I enjoy
أكثَر	more
تَفْهَمون (فَهِمتم ، المصدر: الفَهم)	you understand

استمعوا / شاهدوا :

١- ماذا يعمل خالد ليلة الخميس ؟ أ -

ب -

٢- إلى أين يذهب خالد يوم الجمعة ؟ من يذهب معه ؟

٣- ماذا يحب خالد ؟ أ -

ب -

استمعوا / شاهدوا مرة ثانية:

٤- لماذا لا يخرج خالد من البيت مساء الجمعة ؟

٥- لماذا برنامج يوم الجمعة خاص بالنسبة لخالد ؟

أ -

ب -

جـ -

٦- إلى أيّ جامع يذهب خالد للصلاة؟ جامع ________________

استمعوا وخمّنوا :

٧- أستمتع أكثر بالجَلسة مع أصدقائي =______________

٨- هل تفهمون ما أقصد ؟ = ______________

9. For discussion: What does خالد mean by «بيت العائلة» ?

تعلموا هذه الأفعال:

الماضي

نِمْتُ	نِمْنا
نِمْتَ نِمْتِ	نِمْتُم
نامَ نامَت	ناموا

المضارع

أنام	نَنام
تَنام تَنامين	تَنامون
يَنام تَنام	يَنامون

الماضي

جِئْتُ	جِئْنا
جِئْتَ جِئْتِ	جِئْتُم
جاءَ جاءَت	جاءوا

المضارع

أجيء	نَجيء
تَجيء تَجيئين	تَجيئون
يَجيء تَجيء	يَجيئون

الماضي

صَحَوْتُ	صَحَوْنا
صَحَوْتَ صَحَوْتِ	صَحَوْتُم
صَحا صَحَت	صَحَوْا

المضارع

أصْحو	نَصْحو
تَصْحو تَصْحين	تَصْحون
يَصْحو تَصْحو	يَصْحون

تمرين ١ اسألوا زملاءكم :

١- في أي ساعة يصحون ؟ متى يصحون يوم السبت ؟

٢- كم ساعة ينامون كل ليلة ؟

٣- مع من جاءوا إلى الصف اليوم ؟

٤- من جاء إلى بيتهم أمس ؟

٥- في أيّ ساعة ناموا ليلة أمس ؟

تمرين ٢

Match each word or phrase in أ with an appropriate phrase from ب :

أ	ب
١- موعد	أ - ضابطة في الجيش
٢- يستمتع خالد	ب - في مدينتنا
٣- أفهم	جـ - حوالي الساعة السابعة صباحًا
٤- أقاموا	د - في كرة القدم
٥- تصحو اختي	هـ - بلعب الشطرنج
٦- لا يمكنني	و - مع الدكتورة
٧- مباراة	ز - إلى المكتب مسرعًا
٨- سهرنا	حـ - إلى بيتنا كل يوم جمعة
٩- ذهبتُ	ط - كلام الاستاذ
١٠- الصلاة	يـ - السّفر معكم
١١- يجيء عمّي	كـ - إلى ساعة متأخرة
١٢- زميلتي أصبحت	لـ - في الجامع
١٣- شاهدنا الفيلم	م - عادةً
١٤- لا أفطر	نـ - ليلة الخميس

تمرين ٣ استمعوا إلى خالد واكتبوا ما يقول

ليلة الخميس يمكننا أن ______ لـ______ التليفزيون أو أن ______

مع أصدقائنا ، ولذلك ______ يوم الجمعة ، فـ______ الفطور

والحمد لله هو ______ . ______ مع والدي وإخوتي ______ الجمعة في

جامع الحسين ، ثم نعود ______ إلى البيت لنتناول ______ قبل أن تبدأ

______ كرة القدم التي ______ ها ______ في التليفزيون يوم

______ . في الايام التي ليست فيها مباريات ، ______ ______ او ساعتين

بعد ______ . أما في المساء فلا ______ الخروج لأن بيتنا ، منذ

______ معنا جدتي ______ بيت العائلة ، ______ اليه كل يوم جمعة

كل أفراد العائلة . في الحقيقة أحب عائلتي ولكني ______ أكثر بالجلسة مع

أصدقائي . هل ______ ما أقصد ؟

تمرين ٤ الجذر

Expand your vocabulary by using الجذر of words you know to guess the meaning of related words:

١ـ المسلمون يُصَلّون في البيت أو في الجامع .

٢ـ السينما هواية مُمتِعة !

٣ـ أخي مُقيم في فرنسا الآن .

٤ـ الـ «كونكورد» طائرة سَريعة جداً .

٥ـ هل التدخين مُمكِن في مطعم الجامعة ؟

٦ـ لا أريد أن تتكلموا بالانكليزية ! مَفهوم ؟!

القواعد

المضارع المنصوب

المُضارِع المَنصوب	one of three forms of الفعل المضارع

You have seen that المصدر may be used to express the infinitive verb in constructions like:

يمكنني __الخروج__   أستطيع __الدراسة__

and with لـِ to express *in order to*, as in:

أذهب الى المكتبة __للدراسة__   يدرس __للحصول__ على دبلوم

The infinitive may also be expressed using أنْ followed by الفعل المضارع , as you have seen in:

يمكننا __أن نسهر__   كنت أريد __أن أدخل__ كلية الآداب

Likewise, *in order to* may also be expressed using لـِ followed by المضارع , as in:

نعود إلى البيت __لنأكل__ الغداء   نسهر __لنشاهد__ التليفزيون

المضارع with لـ or أنْ is equivalent in meaning to المصدر in these cases, and both constructions are widely used. Study these examples:

كنت أريد أن أدخل كلية الآداب . = كنت أريد دخول كلية الآداب .

نسهر لنشاهد التليفزيون . = نسهر لمشاهدة التليفزيون .

أستطيع أن أدرس في المكتبة . = أستطيع الدراسة في المكتبة .

In formal Arabic, when المضارع is used with لـ or أنْ , it takes a form called المضارع المنصوب . In unvocalized texts, you will not notice anything different about المضارع المنصوب , **except** in the forms for persons انت, انتم, and هم . When we introduced the مضارع conjugation, we noted that the forms for these three persons include two variants, one with ن , as in تدرسين , تدرسون , and يدرسون , and one without it, as in تدرسي , تدرسوا , and يدرسوا . The latter variants, the ones **without** ن , are المضارع المنصوب . The مضارع منصوب forms for the other persons take a final فتحة vowel, which is indicated only in fully vocalized texts.

المضارع المنصوب

نريد أنْ نذهبَ	أريد أنْ أذهبَ
تريدون أنْ تذهبوا	تريد أنْ تذهبَ تريدين أنْ تذهبي
يريدون أنْ يذهبوا	يريد أنْ يذهبَ تريد أنْ تذهبَ

Note that قبل and بعد can take both constructions:

before we travel	قبل أن نُسافِر	=	before traveling	قبل السفر
after we graduate	بعد أن نتخرّج	=	after graduating	بعد التخرّج

تمرين ٥ قبل أو بعد ؟

What do you do first? Order these activities, using قبل أن or بعد أن:

مثال : آكل الغداء – أذهب إلى الصف —> آكل قبل أن أذهب إلى الصف .

—> أذهب إلى الصف بعد أن آكل .

١ـ أقرأ – أنام

٢ـ ندرس الكلمات الجديدة – نشاهد الفيديو

٣ـ أخرج من البيت – يخرج زميلي من البيت

٤ـ آكل العشاء – أذهب إلى المكتبة

٥ـ أعود إلى البيت – تعود والدتي

٦ـ أصحو – أشرب القهوة

٧ـ أفطر – أستمع إلى الأخبار

تمرين ٦

Read each sentence for meaning and identify المصـــدر . How can you express the same idea using المضارع المنصوب ? (Do not write the vowels.)

١- أحبّ السّفر إلى الشرق الاوسط .

٢- لا يمكنني الذهاب إلى المحاضرة اليوم .

٣- يريدون السكن بعيداً عن هذه المنطقة .

٤- لماذا لا تستطيعين الجلوس على هذا الكرسي ؟

٥- لا أريد التأخّر عن موعدي !

٦- لماذا ترفضون مشاهدة هذا الفيلم ؟

٧- تريد كتابة رسالة إلى أمها .

٨- لا نستطيع حفظ كل هذه الكلمات !

٩- هل يمكنك مساعدتنا ؟

١٠- يريد العمل في الوزارة بعد التخرُّج .

١١- خالد يدخّن بعد نزول والده .

إلى / على + الضمائر

Learn to use prepositions إلى and على with pronoun suffixes:

إلى

إلَيَّ	إلَيْنا
إلَيْكَ إلَيْكِ	إلَيْكُم
إلَيْهِ إلَيْها	إلَيْهِم

على

عَلَيَّ	عَلَيْنا
عَلَيْكَ عَلَيْكِ	عَلَيْكُم
عَلَيْهِ عَلَيْها	عَلَيْهِم

أمثلة :

يجيء إلى البيت . ⟵ يجيء إليه .

ذهبت إلى المكتبة . ⟵ ذهبت إليها .

حصلنا على دبلوم . ⟵ حصلنا عليه .

Object pronouns ضمائر النصب

So far, you have learned to use subject pronouns (أنا ، أنتَ ...) and possessive pronouns (ـي ، ـك ، ـه ...). The third and final set of personal pronouns are those that indicate the object of a verb, as in: جدتي توقظني and الله يرحمها . The following chart gives the pronoun forms that are used as objects of verbs:[1]

us	ـنا	me	ـني
you (pl.)	ـكُم	you (m.)	ـكَ
		you (f.)	ـكِ
them	ـهُم	him, it	ـهُ
		her, it, them	ـها

Now study the pronoun object suffixes in the context ساعَدَ *he helped*:

ساعَدَنا	ساعَدَني
ساعَدَكُم	ساعَدَكَ ساعَدَكِ
ساعَدَهُم	ساعَدَهُ ساعَدَها

Note: when pronouns are affixed to verbs ending in the plural suffix وا , the alif drops:

أمثلة : أقاربي تذكّروا + أنا ⟵ أقاربي تذكّروني .

تريدون أن تقرأوا + هو ⟵ هل تريدون أن تقرأوه ؟

[1]In spoken Arabic, the suffixes for أنتَ and أنتِ are often pronounced ـكَ and ـكِ respectively.

تمرين ٧

Show *whom* by affixing the pronoun to the verb:

مثال: أنا أتذكرها . (يتذكر + هي)

١ـ الاستاذة ________ أن نذاكر جيداً . (يريد + نحن)

٢ـ أقاربي ________ كثيراً . (يحبّ + انا)

٣ـ أمها ________ في كتابة الرسالة . (ساعد + هي)

٤ـ أنتم لا ________ ! (يفهم + انا)

٥ـ جدّتنا ________ كل صباح . (يوقظ + نحن)

٦ـ مَن ________ الكيمياء ؟ (يدرّس + انتم)

٧ـ متى ________ الخروج معنا ؟ (يمكن + انتِ)

٨ـ هل (انتم) ________ جيّداً ؟ (يعرف + هو)

٩ـ لماذا ________ مكتب القبول ؟ (رفض + انتَ)

١٠ـ لا أعرف إذا كانوا ________ . (يتذكر + انا)

تمرين ٨ اسألوا زملاءكم :

مثال: هل قرأت الدرس ؟ - نعم ، قرأته / لا ، ما قرأته .

١ـ هل تحبون القهوة ؟

٢ـ هل شاهدتم مباراة كرة السلة ؟

٣ـ من منكم فهم المحاضرة ؟

٤ـ هل تتذكرون صديقتنا ماري ؟

٥ـ هل تعرفون مها ؟

٦ـ من يُدرّسكم العربية ؟

٧ـ هل تفهمونَني ؟

٨ـ هل أكلتم الفواكه ؟

تمرين ٩

Determine the meaning of each sentence and express the meaning accurately:

١ـ الفرنسية والالمانية والإيطالية والاسبانية ______ ______ .
(لغة) (أوروبي)

٢ـ ______ هذا الصباح متأخراً ولذلك ما ______ إلى المحاضرة . (أنا)
(صحا) (جاء)

٣ـ هل ______ ـالواجب ؟ (أنتِ)
(يستمتع بـ)

٤ـ عمّان ودمشق والرباط ______ ______ .
(مدينة) (عربي)

٥ـ نيويورك تايمز وواشنطن بوست ودايلي بريس ______ ______ .
(جريدة) (كبير)

٦ـ أنا موظفة جديدة هنا — هل ______ أن ______ ـني ؟ (أنتم)
(يستطيع) (يساعد)

٧ـ في هذه الجامعة ، الصفوف ______ في الساعة ٨,٠٠ صباحاً .
(يبدأ)

٨ـ ليلة الجمعة ، الطلاب عادةً ______ مع أصدقائهم .
(يخرج)

٩ـ ______ أن ______ في مكتب الدكتور ساعتين ! (نحن)
(يرفض) (يجلس)

١٠ـ في هذه الشركة حوالي ١٠٠ ______ و ______ .
(موظف) (موظفة)

تمرين ١٠

For each word below, give الجذر , الوزن , and another word you know of نفس الجذر :

الكلمة	الجذر	الوزن	كلمة اخرى من نفس الجذر
١ـ جامع			
٢ـ المذاكرة			
٣ـ التخرّج			
٤ـ أصبحَ			
٥ـ التَصوير			
٦ـ مُبتدأ			
٧ـ أعمال			

تمرين ١١

Negate:

١ـ بعض الطلاب عندهم محاضرات خمسة أيام في الاسبوع .

٢ـ لي أصدقاء كثيرون في الجامعة .

٣ـ أكلنا الفطور قبل الذهاب إلى الصف .

٤ـ ليلة الخميس نمت جيداً .

٥ـ يمكن أن نتكلم باللغة الانجليزية في الفصل .

٦ـ زميلتي تخرج مع أصدقائها كل ليلة .

٧ـ أمس دخلت البيت قبل الساعة العاشرة .

٨ـ القاموس يساعدني في القراءة .

٩ـ صديقتي كان عندها امتحان اليوم .

١٠ـ ذاكرتُ كثيراً مساء أمس .

تمرين ١٢ نشاط قراءة

Read the following advertisement to find the answers to the following questions. Answer بالعربية wherever possible:

1. What airline company placed this advertisement? Give its Arabic name:

2. What specific flights are advertised?

من __________ إلى ____________________

أيام الاسبوع : ____________________________

الساعات : ____________________________

طائرة : ____________________________

3. What other flight to the same destination is also mentioned?

4. What other destinations are mentioned in the ad?

5. Find the Arabic words for:

flight ____________________

departure ____________________

arrival ____________________

first class ____________________

business class (literally *businessmen*) ____________________

ابتداء من ٢٩ مارس / اذار ـ تنقلك الخطوط الجوية النمساوية على متن طائراتها الحديثة أير باص A-310 في رحلتين اسبوعياً من الرياض والظهران الى ڤيينا . وتمتع بالمقاعد المريحة في الدرجات الاولى . ورجال الاعمال . والسياحية . مع تقديم أفضل الخدمات الاوروبية المميزة . ڤيينا . قلب اوروبا الجديدة . تقدم رحلات مباشرة الى كل المدن الرئيسية في اوروبا الشرقية والغربية . اضافة الى نيويورك وشيكاغو .

رحلاتنا من جدة الى ڤيينا ايام الاثنين والخميس على متن طائرات MD 80 تبقى دون تعديل .

الاقلاع من الظهران :	الاثنين . والخميس الساعة ٢٣,٣٠	الوصول الى ڤيينا الساعة ٠٦,٠٥ صباحاً
الاقلاع من الرياض :	الثلاثاء . والجمعة الساعة ٠١,٢٥	الوصول الى ڤيينا الساعة ٠٦,٠٥ صباحاً

الحجز والمبيعات :

الرياض : الخطوط الجوية النمساوية ☏ : ٦٤٨٨ ٤٦٥ - ٨٥٣٦ ٤٦٤ ـ وكيل المبيعات عطار ترافل ☏ ٧٢٠٨ ٤٧٨

الظهران : الخطوط الجوية النمساوية ☏ : ٩٠٢٥ ٨٩٤ - ٣٠٧٧ ٨٩٥ ـ وكيل المبيعات كانو ترافل ☏ ٩٧٩٣ ٨٣٣

جدة : الخطوط الجوية النمساوية ☏ : ٢٣٥٦ ٦٦٠ - ٥١١١ ٦٦٥ ـ وكيل المبيعات عطار ترافل ☏ ٤٧٥٨ ٦٤٧

من جريدة الشرق الأوسط ١٩٩٣/٣/٣٠

تمرين ١٣ نشاط قراءة

تعلموا هذه الكلمات:

مَلِك ج. مُلوك	king
جَلالة الملك	his majesty the king
حَمّام	bathroom, bath
اِستَقبَلَ ، قابَلَ	to receive, meet (people)

The following text is an excerpt from an official biography of King Fuad of Egypt, written in 1931. The language is somewhat flowery, but you can use the words you know to understand the main points. Skim it to find the following information:

١- متى يصحو الملك ؟

٢- متى يصحو في أيام الصيف ؟

٣- ماذا يفعل بعد الفطور ؟

٤- إلى أي ساعة يعمل في المساء ؟

وماذا يفعل بعد ذلك ؟

٥- خمّنوا معنى : "معيشة جلالة الملك اليومية" = ____________

ويجلس بعد ذلك إلى المائدة ليفطر ... = ____________

وفي منتصف الساعة الحادية عشرة ... = ____________

معيشة جلالة الملك اليومية

قال جلالة الملك فؤاد مرة لجماعة من أخصائه : "انى أستيقظ عادة الساعة الخامسة صباحا ولكنى لا أغادر الجناح الخاص بى الا بعد ذلك بوقت طويل" .

وبعد الاستيقاظ يدخل جلالة الملك الحمام ، ويرتدى ملابسه على الاثر ، ثم يقوم ببعض الحركات الرياضية ، ويجلس بعد ذلك الى المائدة ليفطر فطوراً خفيفا جداً ، وبعد الفراغ من الاكل يعكف جلالته على العمل فيجلس فى احدى قاعات الجناح الخاص به ويبدأ في تصفح الجرائد والمجلات ، ومن البديهى ان الجرائد المصرية هى التي تهمه أكثر من غيرها. فيؤتى لجلالته بالجرائد اليومية العربية والافرنجية حال صدورها .

ويتلقى جلالة الملك عشر جرائد يومية ونحو عشرين مجلة فرنسية وأربع أو خمس جرائد يومية ونحو عشرين مجلة انجليزية ، وكثيراً من الجرائد والمجلات الايطالية . وبهذه الطريقة يتمكن جلالة الملك من متابعة الحالة العامة فى العالم كله كما انه بمطالعته للجرائد اليومية المحلية يقف على جميع دقائق الحالة السياسية والادبية والاجتماعية فى مملكته .

وفي منتصف الساعة الحادية عشرة يبدأ جلالة الملك باستقبال الزائرين وكثيراً ما تدوم المقابلات والتشريفات حتى الساعة الثانية بعد الظهر بلا انقطاع ويستقبل جلالته الزائرين عادة في مكتبه الواسع الذى يشرف على سراى عابدين .

وبعد انتهاء المقابلات يتناول جلالة الملك طعام الغداء ثم يستقبل فى الحال رؤساء الديوان الملكى ويدرس معهم المسائل التى يعرضونها عليه فيصدر اليهم تعليماته ويوقع المراسيم والاوامر حتى منتصف الساعة الرابعة بعد الظهر إذ يعود جلالته الى مقابلاته الرسمية .

وبعد انتهاء المقابلات الرسمية يجتمع جلالة الملك بكبار موظفى السراى ويشتغل معهم حتى ساعة متأخرة ، وكثيراً ما يظل جلالته حتى الساعة الثامنة فى مكتبه ... ثم يدخل جلالة الملك جناحه الخاص ليتعشى عشاء خفيفاً وليمضى فترة من الزمان مع أفراد أسرته الكريمة .

****

وحدثنا يوماً أحد المتصلين بجلالته عن معيشته فى فصل الصيف فقال :

يستيقظ جلالة الملك فى أيام فصل الصيف فى الساعة الخامسة صباحاً ويشرع فى عمل "التواليت" البسيط وفى أثناء وجوده فى الحمام يقوم بحركات رياضية فترة من الزمان. ثم يتناول فطوره وهو يتألف من فنجان من اللبن وقطعة من الجبنة مصنوعة فى السراى مع قليل من "المربى" أو العسل الابيض وبعض الفواكه .

من كتاب "جلالة الملك بين مصر واوروبا" لكريم ثابت
دار الهلال ، القاهرة ، ١٩٣١

الثقافة

جامع الحُسَين

جامع الحسين جامع كبير في مدينة القاهرة في منطقة اسمها "الحسين" ، وهي منطقة قريبة من جامع الأزهر . والحسين هو ابن علي بن أبي طالب ، الخليفة الرابع ، وفاطمة بنت النبي محمد . عاش الحسين في "المدينة" ومات في سنة ٦٨٠ في مدينة كَربلاء في العراق .

Hussein's importance to Muslims lies in his opposition to the rule of the Umayyad dynasty and his assassination at the hands of Umayyad soldiers. Shi'ites (الشيعة) commemorate his assassination every year on عاشوراء , the tenth day of the Islamic month مُحَرَّم . Shi'ities consider الحسين to be the third إمام , or leader, after his father الإمام علي and his older brother الإمام الحَسَن .

الصلاة في الاسلام

المسلمون يُصَلّون خمس مرّات في اليوم . ويمكن للمسلم أن يُصَلّي في بيته أو في الجامع ولكن "صلاة الجمعة" تكون عادة في الجامع وموعدها هو موعد صلاة الظهر.

What other information about الصلاة can you glean from the text below?

بسم الله الرحمن الرحيم
« إن الصلاة كانت على المؤمنين
كتابا موقوتا .. »
صدق الله العظيم

مواقيت الصلاة فى عواصم العالم

العاصمة	فجر ق.س	شروق ق.س	ظهر ق.س	عصر ق.س	مغرب ق.س	عشاء ق.س
القاهرة	٤.٥٧	٦.٢٨	١٢.٥٧	٤.٣٢	٧.٢٥	٨.٤٦
مكة المكرمة	٤.٤٢	٦.٠٢	١٢.٢٤	٣.٤٨	٦.٤٤	٨.١٤
تونس	٤.١٤	٥.٤٥	١٢.٢٢	٤.٠٣	٦.٥٨	٨.٢٣
الرباط	٤.٢٩	٥.٥٦	١٢.٣٠	٤.٠٩	٧.٠٣	٨.٢٤
واشنطن	٣.٥٧	٥.٣١	١٢.١١	٣.٥٤	٦.٤٩	٨.١٨
نيويورك	٣.٣٩	٥.١٧	١١.٥٩	٣.٤٣	٦.٣٩	٨.١١
لوس أنجلوس	٣.٥٥	٥.٢٢	١١.٥٦	٣.٣٥	٦.٢٨	٧.٥٠
لندن	٤.٣٣	٦.٠٤	١.٠٤	٤.٥٤	٨.٠٢	٩.٣٢
باريس	٥.١٤	٦.٥٩	١.٥٤	٤.٤١	٨.٤٧	١٠.٢٤
جينيف	٥.٠٢	٦.٤٨	١.٣٨	٥.٢٥	٨.٢٧	١٠.٠٦
استوكهولم	٣.٥٥	٥.٣١	١٢.٥١	٤.٤١	٨.١٨	٩.٣٨

من جريدة الأهرام الدولي ١٩٩٣/٩/٢

تمرين ١٤ نشاط استماع

Listen to the list of programs from the Cairo Broadcasting station on tape and fill in the times of the following programs:

١- برنامج عن فرنسا ______________

٢- أم كلثوم "ليلي نهاري" وموسيقى ______________

٣- صلاة الفجر من المسجد الحسيني بالقاهرة ______________

٤- برنامج "مع الذاكرين" ______________

٥- برنامج "قطوف من الحِكمة" ______________

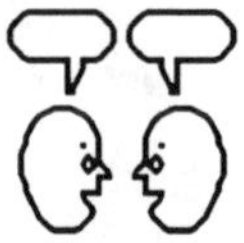

تمرين ١٥ نشاط محادثة

With a partner, assume the roles of a journalist and an Arab celebrity. The journalist then interviews the celebrity about his or her lifestyle. Report on:

ماذا يفعل / تفعل كل يوم - هواياته / ـها - أين عاش/ـت

سفره /ـها - رأيه في أمريكا - دراسته / ـها

تمرين ١٦ نشاط كتابة

Use your imagination to write a story about the sequence of pictures on the following two pages:

الميدان
موقف
الاوتوبيس

بنك مصر
بنك مصر

١١ . أشعر بالخجل أحياناً

في هذا الدرس :

- خالد وأصدقاؤه
- المضارع المرفوع
- مراجعة الأفعال
- جملة الصفة
- كل ، بعض ، معظم Quantifiers
- السياحة في القاهرة

تذكّروا :

الآن	كانوا	زملاء	مدرسة ثانوية	تخرّج من	كليّة الآداب
الطبّ	الحقوق	نجلس	كلُ أسبوع	الأخبار	أشعُر بـ
أحياناً	لأنّ	ليس لي	مثْل	تعرّفت على	بعد أنْ

تعلّموا :

مُعظَم	most (of)
مِن	of, among
اِثنان منهم	two of them
السِّياحة	tourism
فُندُق ج. فَنادِق	hotel
مَعًا	together
مَرّة ج. -ات	once, (one) time
نَتَبادَل (تَبادَلْنا ، المصدر: التَّبادُل)	we exchange
قِصّة ج. قِصَص	story
الخَجَل	shyness, embarrassment
تَجْرِبة ج. تَجارِب	experience
عاطِفيّ	emotional; romantic
عِندما + فعل	when (non-interrogative)
تَعَرَّفْتُ على (أتَعَرَّف على)	I got to know, met
عِدّة (+ indefinite plural)	several
اِنْقَطَعَت (تَنْقَطِع)	it/she was cut off
عَلاقة ج. -ات	relationship; (plural) relations
خُطِبَت لِـ	she got engaged to
مُهَنْدِس ج. -ون/ين	engineer

استمعوا / شاهدوا :

١ـ عمّن/ عمَّ يتكلم خالد؟

أ-

ب -

استمعوا / شاهدوا مرة ثانية:

٢ـ من أي كليات تخرّج أصدقاء خالد؟ circle:

العلوم السياسية	الطبّ	الاقتصاد	الهندسة
السياحة والفنادق	الحقوق	التجارة	الآداب

٣ـ متى يجلس خالد مع أصدقائه؟ عمَّ يتكلمون؟

٤ـ من هي البنت التي تعرّف عليها خالد؟ ماذا حَدَثَ *happened* لِلعلاقة؟

٥ـ كيف يشعر خالد عندما يتكلم مع أصدقائه ؟ لماذا؟

استمعوا وخمّنوا :

٦ـ اثنان منهم تخرّجا — What do you think the ending on this verb is? (Think about the subject of the verb.)

٧ـ قصص الحُبّ = ______________

للمُناقَشة في الصف : *For class discussion*

لماذا ، في رأيكم ، خطبت البنت التي تعرف عليها خالد إلى مهندس يعمل في السعودية ؟

تمرين ١

Complete with an appropriate word من الكلمات الجديدة :

١- هل قرأت الترجمة الانجليزية لِـ ________ "١٠٠٠ ليلة وليلة" ؟

٢- أحب أن أذهب إلى السينما ________ كل اسبوع .

٣- عندما سافرت صديقتي إلى القاهرة أقامت في ________ "هيلتون" .

٤- أشعر بـ________ أحياناً عندما أتكلم في الصفّ .

٥- زميلي متخصص في العلوم السياسية وهو يدرس ________ العربية - الأمريكية .

تمرين ٢

Choose an appropriate word from the list to complete the sentences:

تعرّفنا	الخجل	يتبادلون	الوزارة	ليالي	فعلاً
السياحة	انقطعت	عِدّة	الحقيقة	إعدادية	الازدحام
مرّات	خُطِبَت	عاطفية	الحقوق	تجربة	معًا

١- "روميو وجولييت" قصّة ________.

٢- شاهدت فيلم "كاسابلانكا" ٤ ________.

٣- الصيف الماضي عملتُ في الامم المتحدة وكانت هذه ________ ممتازة.

٤- أقامت في السعودية ________ سنوات بعد زواجها.

٥- مها وعائلتها ________ الرسائل والاخبار مع أقاربهم في مصر.

٦- ________ العلاقة بين الحبيبيْن بسبب سفره إلى أمريكا.

٧- ________ بنت عمّي لِزميل يعمل معها في نفس الشركة.

٨- بدأ العمل في هذا المكتب بعد حصوله على الدكتوراه في ________

٩- ________ عليهم منذ أربع سنوات .

١٠- أنزل أنا ووالدي ________ من البيت في السابعة صباحا كل يوم.

١١- صديقتي وفاء تعمل في مكتب لِـ________ والسفر.

تمرين ٣ استمعوا إلى خالد واكتبوا ما يقول

معظم ________ الآن كانوا ________ في المدرسة الثانوية ، اثنان

________ تخرّجا من كلية ________ ، وواحد من ________ ________ ، وواحد من

________ ________ ، وواحد من ________ ________ و________ . نجلس

________ مرة كل ________ لـ ________ ________ و________ ________

________ . أشعر ________ أحيانا لأنه ليست لي ________ ________

مثلهم . ________ ________ طالبا في ________ ________ ، تعرّفت على

طالبة في السنة الثانية و ________ معا عدة ________ ، ثم ________

علاقتنا بعد أن خطبت لِـ ________ يعمل بالسعودية .

تمرين ٤ اسألوا زملاءكم :

١- من هو صديقهم المفضل / صديقتهم المفضلة ؟
متى تعرّفوا عليه / عليها ؟ كيف ؟

٢- كم مرة في الأسبوع يأكلون في مطعم ؟

٣- مع من يتكلمون عن علاقاتهم العاطفية ؟

٤- هل يشعرون بالخجل ؟ متى ؟

٥- مع من يتبادلون الأخبار دائماً ؟

٦- أي قصص يحبون أن يقرأوا ؟

٧- هل يستمتعون بتجربتهم في الجامعة ؟

القواعد

المضارع المرفوع

In Chapter 4, you learned to recognize various endings of الفعل المضارع . In Chapter 10, you learned about one of these endings, المضارع المنصوب , the form of المضارع used in formal Arabic after أن and لـ . The second form of المضارع , which is considered to be the basic or "default" form, is called المضارع المرفوع , and is used in most cases. When المضارع is the main verb in its sentence or clause, it usually takes this form. Essentially, it is the same form you learned about in Chapter 4.

All of the forms of المضارع share the same stem; the only difference between them is the ending. You know that المضارع المنصوب takes a final فتحة on most persons, and does not take the final ن on أنت , أنتم and هم (to review see the chart in Chapter 10). In contrast, المضارع المرفوع takes a ضمّة on most persons and retains the final ن on أنت , أنتم and هم . The final ضمة vowel will not appear in unvocalized texts, and you will only hear it spoken in very formal contexts. The chart below gives the endings of المضارع المرفوع using the verb يفعل as an example:

المُضارع المَرفوع

أفعلُ	نفعلُ
تفعلُ تفعلينَ	تفعلونَ
يفعلُ تفعلُ	يفعلونَ

The following chart reviews all the verbs you have learned so far, giving الماضي , المضارع المرفوع , المضارع المنصوب , and المصدر forms of each:

المصدر	المضارع المنصوب	المضارع المرفوع	الماضي
الذَهاب	يذهبَ	يَذهَبُ	ذَهَبَ
النَجاح	ينجحَ	يَنجَحُ	نَجَحَ
القِراءة	يقرأَ	يَقرأُ	قَرأَ
البَدء	يبدأَ	يَبدأُ	بَدَأَ
الأكل	يأكلَ	يأكُلُ	أكَلَ
السكَن	يسكنَ	يَسكُنُ	سكَنَ
الخُروج	يخرجَ	يَخرُجُ	خَرَجَ
الدُخول	يدخلَ	يَدخُلُ	دَخَلَ
الكِتابة	يكتبَ	يَكتُبُ	كَتَبَ
الدِراسة	يدرسَ	يَدرُسُ	دَرَسَ
الحُصول على	يحصلَ على	يَحصُلُ على	حَصَلَ على
الرَفْض	يرفضَ	يَرفُضُ	رَفَضَ
الشُعور بـ	يشعرَ بـ	يَشعُرُ بـ	شَعَرَ بِـ
المَعرِفة	يعرفَ	يَعرِفُ	عَرَفَ
النُزول	ينزلَ	يَنزِلُ	نَزَلَ
الجُلوس	يجلسَ	يَجلِسُ	جَلَسَ
القَصد	يقصدَ	يَقصِدُ	قَصَدَ
الشُرب	يشربَ	يَشرَبُ	شَرِبَ
العَمَل	يعملَ	يَعمَلُ	عَمِلَ
الحِفظ	يحفظَ	يَحفَظُ	حَفِظَ
السَهَر	يسهرَ	يَسهَرُ	سَهِرَ
اللَعِب	يلعبَ	يَلعَبُ	لَعِبَ
الفَهْم	يفهمَ	يَفهَمُ	فَهِمَ
الكَون	يَكونَ	يكونُ	كانَ

عادَ	يَعودُ	يعودَ	العَودة
قالَ	يَقولُ	يقولَ	القَول
ماتَ	يَموتُ	يموتَ	المَوت
عاشَ	يَعيشُ	يعيشَ	العَيش
جاءَ	يَجيءُ	يَجيءَ	المَجيء
صحا	يَصحو	يصحوَ	الصَحْو
دَرَّسَ	يُدَرِّسُ	يدرّسَ	التَدريس
دَخَّنَ	يُدَخِّنُ	يُدَخّنَ	التَدخين
ساعَدَ	يُساعِدُ	يُساعدَ	المُساعَدة
شاهَدَ	يُشاهِدُ	يُشاهدَ	المُشاهَدة
سافَرَ	يُسافِرُ	يُسافرَ	السَّفَر
أحَبَّ	يُحِبُّ	يُحبَّ	الحُبّ
أمْكَنَ	يُمكِنُ	يُمكنَ	الإمْكان
أقامَ	يُقيمُ	يُقيمَ	الإقامة
أرادَ	يُريدُ	يُريدَ	الإرادة
تَعَرَّفَ على	يَتَعَرَّفُ على	يتعرّفَ على	التَعَرُّف على
تَخَرَّجَ	يَتَخَرَّجُ	يتخرّجَ	التَخَرُّج
تَأخَّرَ	يَتَأخَّرُ	يتأخّرَ	التَأخُّر
تَكَلَّمَ	يَتَكَلَّمُ	يتكلّمَ	الكَلام
تَذَكَّرَ	يَتَذَكَّرُ	يتذكّرَ	التَذَكُّر
تَبادَلَ	يَتَبادَلُ	يتبادلَ	التَبادُل
اِنْقَطَعَ	يَنْقَطِعُ	ينقطعَ	الاِنْقِطاع
اِسْتَمَعَ إلى	يَسْتَمِعُ إلى	يستمعَ إلى	الاِسْتِماع إلى
اِلْتَحَقَ بِـ	يَلْتَحِقُ بـ	يلتحقَ بـ	الاِلْتِحاق بـ
اِسْتَطاعَ	يَسْتَطيعُ	يستطيعَ	الاستِطاعة
اِسْتَمْتَعَ بـ	يَسْتَمْتِعُ بـ	يستمتعَ بـ	الاِسْتِمْتاع بـ

تمرين ٥

Decide whether each فعل مضارع should be مرفوع or منصوب and write the correct form:

١- خالد ________ من النادي في الساعة الثامنة مساء . (يعود)

٢- زميلتي ________ بالخجل مع طلاب لا تعرفهم . (يشعر)

٣- أنا لا ________ أن ________ كلامها . (يستطيع ، يفهم)

٤- متى ________ عادةً يا ريما ؟ (ينام)

٥- أقاربي ________ إلى بيتنا مرةً كل اسبوع . (يجيء)

٦- زوجة عمّي ________ ٢٠-٢٥ سيجارة كل يوم . (يدخّن)

٧- هل ________ أن ________ معنا يا رندة ؟ (يحب ، يأكل)

٨- نحن ________ أن ________ الرسائل مع أصدقاء من العالم العربي .
(يريد) (يتبادل)

٩- لماذا لا ________ مع زملائكم ؟ (يجلس)

١٠- يا أحمد، في أي ساعة ________ يوم الجمعة ؟ (يصحو)

١١- لا يمكنني أن ________ معكم لأنّ عندي امتحانين كبيرين يوم الأربعاء . (يسهر)

١٢- هو دائماً ________ من بيته في السادسة والربع صباحاً ! (يخرج)

١٣- يمكنكم أن ________ معي في أي وقت . (يتكلم)

١٤- أولادي ________ أن ________ قبل أن ________ . (يحبّ ، يقرأ ، ينام)

١٥- يا نورا ، هل يمكنك أن ________ ني ؟ (يساعد)

جملة الصفة

In Chapter 5 you practiced introducing and describing friends and relatives with sentences like:

لي صديقة اسمها ليلى .

لي صديق يدرس تاريخ الشرق الاوسط .

In this chapter, خالد uses a similar sentence to explain the end of his relationship:

خُطِبَت لِمهندس يعمل في السعودية .

These sentences introduce and describe new entities (people or things). Since they are at first unknown to the reader/listener, these nouns are indefinite: *a friend, a girl, a professor*, etc. The phrases that further identify and describe them are joined to the noun directly, just like an indefinite **adjective** (= صفة); hence the name, جملة الصفة.[1] These phrases often begin with a verb, as you can see from the examples above and below:

صديقي حامد استاذ *يدرّس الادب العربي في جامعة القاهرة* .

تعرّف على امرأة *تعمل مترجمة في مركز اللغات* .

The sentences that describe the indefinite noun are **complete sentences** that could stand on their own. The noun they describe acts as a **logical** subject, but is not part of the structure of the sentence, and so its place in the sentence must be filled by a pronoun as follows:

(1) If the noun being described is the subject of the verb, no pronoun is needed, because it is contained in the verb. For example, in the following, the noun امرأة is the subject of the verb تعمل :

...a woman *who (she) works*. تعرّف على امرأة *تعمل مترجمة في مركزاللغات*.

(2) If the noun being described corresponds to any other position in the descriptive sentence, a matching pronoun must fill its slot in the sentence:

...a son *whose name is (who his name is)*	لها ابن *اسمه طارق* .
...a game *that I enjoyed (it)*	شاهدت مباراة *استمتعت بها* .
...a film *that I watched (it)*	تكلمت عن فيلم *شاهدته* .

It is very important to learn to recognize this structure, especially when reading. Train yourself to pay attention to indefinite nouns and what follows them, and be on the lookout for pronouns that refer back to them.

---

[1]In English, the words *who, that* and *which* are used in these kinds of sentences; Arabic has no such words. Learn to think about the structure and meaning of what you are saying, and avoid translating word-for-word.

تمرين ٦

Familiarize yourself with the structure of جملة الصفة in Arabic by changing the structure of the following English sentences to an Arabic structure as in the example. Remember to use pronouns that refer back to the noun being described when needed.

Example: I saw a movie I didn't like. --> I saw a movie I didn't like **it**.

1. He's in love with a girl he met last year.
2. I've watched every game they played this year.
3. I remember that from a book I read.
4. Last year I had a roommate who used to sleep all the time.
5. I enjoy every lecture I go to.
6. She is busy with friends who came Thursday night.
7. I like to read stories written by Naguib Mahfouz. (نجيب محفوظ) نجيب محفوظ
8. I live in an area that has good schools.
9. She got engaged to a man who lives in Morocco.
10. They're talking about a new story she wrote.

والآن ترجموا هذه الجمل إلى اللغة العربية :

١- ______________________________ .

٢- ______________________________ .

٣- ______________________________ .

٤- ______________________________ .

٥- ______________________________ .

٦- ______________________________ .

٧- ______________________________ .

٨- ______________________________ .

٩- ______________________________ .

١٠- ______________________________ .

تمرين ٧

Match phrases from أ with ones from ب to form sentences containing جملة الصفة :

	أ	ب
١-	تعرّف على بنت	دائمًا ينجحون في الامتحانات
٢-	لي زميل	استمتعتُ به كثيرًا
٣-	أعرف مصريين	تدرس معه في الكلية
٤-	شاهدت فيلمًا	اسمه طارق
٥-	هم طلاّب	يسكنون في مدينة هيوستن
٦-	هم زملاء	أصبح موظفًا كبيرًا في الوزارة
٧-	هي صديقة	يعمل فيها خالي
٨-	أعرف رجلاً	تدرس الطب
٩-	هذه شركة	أحبها كثيرًا
١٠-	ذهبت إلى مطعم	يتكلم ٦ لغات
١١-	لها بنت	اسمه "مطعم علي بابا"
١٢-	لي صديق طفولة	أجلس معهم في النادي

Now complete the sentences, writing your own جملة الصفة :

١- لي استاذ ____________________ .

٢- هذه جامعة ____________________ .

٣- أمس تعرّفت على رجل ____________________ .

٤- قرأت قصة ____________________ .

٥- لها اخت ____________________ .

٦- عندما كانوا في دمشق ، أقاموا في فندق ____________________ .

كل / بعض / معظم *Quantifiers*

no one	لا أحَد
people	الناس
each, every	كل + **المفرد**
all	كل الـ + **الجمع**

You have learned a range of quantifying expressions in Arabic. The ones listed with الـ in the following chart are followed by a definite plural noun:

لا أحد   قليل من الـ...   بعض الـ...   عدد من الـ...   كثير من الـ...   معظم الـ...   كل الـ...

no one ——— a number of ——— all

أمثلة : لا أحد منكم يفهمني !

بعض أصدقائي سافروا .

كثير من الطلاب نجحوا .

كل الناس يحبون السينما !

قليل من الناس يعرفون .

عدد من الزملاء تأخروا اليوم .

معظم أفراد عائلتي دخلوا الجامعة .

كل طالب يريد تقدير "ممتاز" !

تمرين ٨ من يفعل /لا يفعل هذا ؟

Define who does these things using quantifiers, as in the example:

مثال : يحبّ الواجب . <— معظم الطلاب لا يحبّون الواجب .

١- يحب القصص العاطفية ________________ .

٢- يحب أن يصحو في الساعة ٦،٠٠ صباحًا ________________ .

٣- يشعر بالخجل ________________ .

٤- يحب يوم الاثنين ________________ .

٥- يشاهد التليفزيون ٣ أو ٤ ساعات كل يوم ________________ .

٦- يرفض العمل يوم الأحد ________________ .

٧- يموت في حوادث سيّارات ________________ .

تمرين ٩ نشاط قراءة

تعلّموا هذه الكلمات:

عَدَد ج. أعداد	number
سَرير	bed
حَمّام	bathroom
خارِج	outside

أسئلة:

١- ما هو أكبر فندق؟ ما عنوانه؟

٢- أيّ منطقة في عمّان فيها فنادق كثيرة ؟

٣- في أي فنادق يمكننا أن :

أ - نشاهد أفلامًا في الغرفة؟

ب - نأكل في مطعم؟

جـ - نلعب تنس؟

د - نستأجر *rent* سيارة؟

٤- أي فنادق تَقبَل *accept* "ماستركارد"؟

5. Write three new words whose meanings you have guessed from the text:

١-____________ ٢-____________ ٣-____________

دليلك المفصل إلى
الفنـــــادق

مجموع عدد الغرف

عدد الغرف بسرير واحد

عدد الغرف بسريرين / سرير مزدوج

حمام في الغرفة

حمام خارج الغرفة

هاتف في كل غرفة

تلفزيون في كل غرفة

راديو في كل غرفة

عرض أفلام في الغرف

تدفئة مركزية

مكيف هواء

خدمة تنظيف الملابس

مطاعم

صالون تجميل

حمام ساونا

ملاعب تنس

غرفة ألعاب داخلية

قاعة اجتماعات ومؤتمرات

فرقة ترفيهية

ديسكو

بركة سباحة خارجية

بركة سباحة داخلية

استعدادات خاصة للأطفال

مكتب تأجير سيارات

موقف سيارات مكشوف

موقف سيارات مغطى

بطاقات التسليف مقبولة

١) أميركان إكسبرس ٤) ماستر كارد

٢) كارت بلاش ٥) داينرز كلوب

٣) فيزا ٦) يورب كارد

★★★★★ فنادق الخمس نجوم

إنتركونتيننتال الأردن. جبل عمان، الدوار الثالث، هاتف ٦٤١٣٦١، فاكس ٦٤٥٢١٧، تلكس ٢١٢٠٧، ص.ب ٣٥٠١٤ عمان ٨٢،٣٨١ ٢٧٠ ٢٨ جناح، بالإضافة إلى جناح ملكي ١، ٢، ٣، ٤، ٥

عمان ماريوت، الشميساني، هاتف ٦٠٧٦٠٧، فاكس ٦٧٠١٠٠، تلكس ٢١١٤٥، ص.ب ٩٢٦٣٣٣ ٤٢،٢٩٦ ٢٢٦ ٢٦ جناح، ملون ثلاجة ١، ٢، ٣، ٤، ٥

فورتي جراند عمان، الشميساني، هاتف ٦٩٦٥١١، فاكس ٦٧٤٢٦١، تلكس ٢٣٢٦٦. ص.ب ٩٥٠٦٢٩ عمان ٣٢،٣٠٢ ٢٢٢ ٣٩ جناح ١، ٢، ٣، ٤، ٥

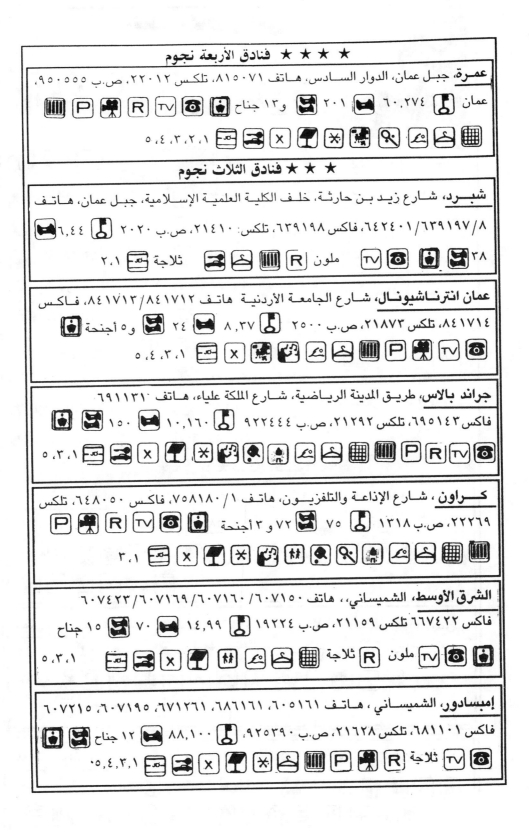

★ ★ ★ فنادق الأربعة نجوم

عمرة، جبل عمان، الدوار السادس، هاتف ٨١٥٠٧١، تلكس ٢٢٠١٢، ص.ب ٩٥٠٠٥٥، عمان ٦٠,٢٧٤ ٢٠١ و١٣ جناح

٥،٤،٣،٢،١

★ ★ ★ فنادق الثلاث نجوم

شبرد، شارع زيد بن حارثة، خلف الكلية العلمية الإسلامية، جبل عمان، هاتف ٦٣٩١٩٧/٨/٦٤٢٤٠١، فاكس ٦٣٩١٩٨، تلكس: ٢١٤١٠، ص.ب ٢٠٢٠ ٦,٤٤ ٣٨ ملون ثلاجة ٢،١

عمان انترناشيونال، شارع الجامعة الأردنية هاتف ٨٤١٧١٢/٨٤١٧١٣، فاكس ٨٤١٧١٤، تلكس ٢١٨٧٣، ص.ب ٢٥٠٠ ٨,٣٧ ٢٤ و٥ أجنحة

٥،٤،٣،١

جراند بالاس، طريق المدينة الرياضية، شارع الملكة علياء، هاتف ٦٩١١٣١ فاكس٦٩٥١٤٣، تلكس ٢١٢٩٢، ص.ب ٩٢٢٤٤٤ ١٠,١٦٠ ١٥٠

٥،٣،١

كراون، شارع الإذاعة والتلفزيون، هاتف ١/ ٧٥٨١٨٠، فاكس ٦٤٨٠٥٠، تلكس ٢٢٢٦٩، ص.ب ١٣١٨ ٧٥ ٧٢ و ٣ أجنحة

٣،١

الشرق الأوسط، الشميساني، هاتف ٦٠٧١٥٠/٦٠٧١٦٠/٦٠٧١٦٩/٦٠٧٤٢٣ فاكس ٦٦٧٤٢٢ تلكس ٢١١٥٩، ص.ب ١٩٢٢٤ ١٤,٩٩ ٧٠ ١٥ جناح

ملون ثلاجة ٥،٣،١

إمبسادور، الشميساني، هاتف ٦٠٥١٦١، ٦٨٦١٦١، ٦٧١٢٦١، ٦٠٧١٩٥، ٦٠٧٢١٥ فاكس ٦٨١١٠١، تلكس ٢١٦٢٨، ص.ب ٩٢٥٣٩٠ ٨٨,١٠٠ ١٢ جناح

ثلاجة ٥،٤،٣،١

من "دليلك المفصل في عمّان" ، دار عمان للنشر ، آذار (مارس) ١٩٩٤

تمرين ١٠ نشاط استماع

Listen to the following sentences on tape and write المصدر that you hear. Remember to listen for الشَـدّة that indicates الـ on words that begin with sun letters, and be on the lookout for إضافات :

١ـ لا أحبّ ________ في الصباح .

٢ـ بدأت ________ الطبّ منذ سنتين .

٣ـ نجحت في الامتحان بفضل ________ والدي ووالدتي .

٤ـ هوايتها ________ الصور والرسائل .

٥ـ لا أستطيع ________ عندما أكون جوعانة .

٦ـ خرجت من البيت بعد ________ أولادها من المدرسة .

٧ـ ما تزوّجَتْه بسبب ________ عائلتها .

٨ـ أقامت جدّتي معنا بعد ________ جدّي .

٩ـ أنا وأصدقائي نستمتع بـ ________ .

١٠ـ لا يمكنني ________ الدرس قبل ________ الكلمات الجديدة .

تمرين ١١ ماذا فعلوا / يفعلون ؟

١ـ معظم أصدقائي ________ معي في نفس السنة . (تخرّج)

٢ـ ________ الطائرات في مطار "كينيدي" بسبب الثلج . (تأخّر)

٣ـ هم لا ________ ولكنهم يعرفون أخي . (يعرف + أنا)

٤ـ يريدون أن ________ معنا ليلة الجمعة . (سهر)

٥ـ كل جرائد اليوم ________ عن الحادث الكبير . (يتكلم)

٦ـ خالتي كانت ________ معنا طوال سنوات دراستها . (عاش)

٧ـ كل يوم جمعة ، أنا وزملائي ________ الغداء في النادي ثم ________ إلى السينما . (يأكل، يذهب)

٨ـ ________ مباريات كرة القدم عادةً في الساعة الثانية بعد الظهر. (يبدأ)

٩ـ استطاع أن ________ كلية الطب ليس بفضل عمله ولكن بفضل علاقاته ببعض الموظفين في الكلية . (دخل)

تمرين ١٢

Describe these people and things by using the appropriate form of the words :

١- عدنا إلى البيت ________ لنشاهد المباراة في كرة السلة . (مسرع)

٢- كل أعمامي ________ يعملون في مصر والسعودية . (مهندس)

٣- خالد ما كانت عنده قصص ________ مثل زملائه . (عاطفيّ)

٤- في مدينة الرياض جوامع ________ . (كثير)

٥- أساتذتنا ________ في العلوم ________ . (متخصّص ، سياسي)

٦- في المنطقة التي نسكن فيها ثلاث مدارس ________ . (ابتدائي)

٧- هواياته ________ الشطرنج والموسيقى والمراسلة . (مفضّل)

٨- قرأت هذا الكتاب ولكني ما قرأت الكُتُب ________ . (آخر)

٩- كل اخوتي ________ بالعمل والمذاكرة . (مشغول)

١٠- وليد يستمتع بمشاهدة الأفلام ________ . (أمريكي)

١١- هل عندك صور ________ لبنتك يا مُنى ؟ (جديد)

تمرين ١٣ الوزن (فَعَلَ ؛ مَفعول ؛ فاعِل ؛ مَفعَل ...)

اكتبوا وزن كل كلمة من هذه الكلمات:

الكلمة	الوزن	الكلمة	الوزن	الكلمة	الوزن
جامع	________	أصبحَ	________	تدخين	________
يفهم	________	موعِد	________	أعمام	________
قليل	________	تبادُل	________	خروج	________
مُذاكرة	________	فطور	________	يتكلّم	________
لعِبَ	________	عُيون	________	مشغول	________
مكتب	________	يُدخّن	________	يشاهد	________

تمرين ١٤

These sentences are meaningless without the right preposition. Complete them:

١- التحق عمّي ______ الجيش منذ عشر سنوات .

٢- ننزل ______ البيت عادةً ______ الساعة السابعة والنصف .

٣- تريد أختي أن تحصل ______ الماجستير ______ إدارة الأعمال .

٤- لا يمكنني أن أصحو ______ النوم قبل الساعة التاسعة .

٥- عادل يشعر ______ الوُحدة بعد أن ماتت زوجته .

٦- جدة خالد تسكن ______هم في البيت .

٧- أستمتع كثيراً ______ قراءة الجريدة صباح الأحد .

٨- تعرفت ______ معظم أصدقائي في النادي .

٩- عاد أخي الصغير ______ المدرسة ودخل ______ غرفته .

١٠- تكلمت الأستاذة ______ محاضرتها ______ العلاقات الأوروبية - العربية .

١١- لا أحب أن أستمع ______ الأخبار لأني لا أحب السياسة .

تمرين ١٥ ترجموا إلى اللغة العربية :

1. My grandfather used to have some beautiful pictures of old Kuwait.
2. Did you have an exam this week?
3. There are no classes today because of the snow!
4. She doesn't have any appointments today, so we might be able to sit and chat with her a little.
5. No one in my family has an opinion like mine.
6. Do you have any news from your family in Lebanon?
7. He is young and doesn't have many experiences.
8. My new roommate has a sister who works for the Ministry of Labor.
9. There are several Chinese restaurants in this area.
10. I don't like this job because it has no future.

تمرين ١٦ — مع أصدقاء خالد

اسمي طارق عبد الكريم، تخرّجت من كلية السياحة والفنادق منذ سنتين وأعمل الآن في فندق "رَمسيس هيلتون" في القاهرة. أعمل في مطعم الفندق، ولا احب عملي كثيراً، لأنه ليس له مستقبل. أريد أن اسافر إلى الإمارات حيث يعمل أخي مهندسًا . في الإمارات فنادق كثيرة يمكنني العمل في واحد منها .

أعمل ستة أيام في الاسبوع، وعملي يبدأ في الساعة السادسة صباحًا. لذلك أصحو في الساعة الرابعة والنصف وأنزل من البيت في الخامسة مسرعًا إلى الفندق . أعمل في الفطور والغداء، ثم أعود إلى البيت في الساعة الرابعة واشاهد التليفزيون قبل أن أنام.

في يوم الاثنين أذهب مع صديقي خالد وأصدقائنا الآخرين إلى النادي حيث نلعب الشطرنج ونتبادل الأخبار. خالد صديقي من المدرسة الثانوية، كنا ندرس معًا ونخرج معًا دائمًا، ثمّ دخل خالد كلية التجارة ودخلت أنا كلية السياحة والفنادق. أستمتع بالجلسة مع خالد كثيراً، لكنه خجول جدًا. كانت له تجربة مع بنت تعرّف عليها في الكلية، لكن بعد أن انقطعت العلاقة، لا يريد أن يدخل تُجْربة اخرى. أمّا أنا، فالتجارب العاطفية هوايتي المفضلة !

أسئلة:

١- من يتكلم؟ من هو بالنسبة لخالد ؟

٢- ماذا يعمل؟ اين يعمل ؟

٣- ما برنامجه اليومي ؟

٤- ماذا يفعل يوم الاثنين ؟

٥- هل هو مثل خالد ؟ لماذا/لماذا لا ؟

6. Now identify and circle in the text:

جملة الصفة (٢) — المضارع المنصوب (٢)

الفعل الماضي (٣) — الجمع non-human (٢)

وإلى اللقاء ان شاء لله

سياحة : tourism

فندق - hotel

تمرين ١٧ نشاط استماع

شاهدوا الفيديو وأجيبوا:

1. What is the subject of this program?

2. Name three places mentioned. Why are they important?

3. Guess the meaning of the word حَضارة : ________________

تمرين ١٨ نشاط كتابة

Write about أصدقائك , from any standpoint you wish. Title your piece "أصدقائي".

تمرين ١٩ نشاط محادثة

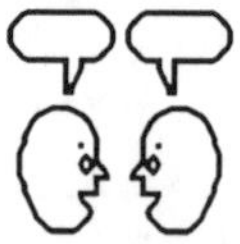

The following is a page from a سياحة guide to القاهرة . Begin to plan a trip by preparing questions for a travel agent about the hotels and attractions listed. Decide how many days you will spend, what you want to see, and ask about hours, transportation, and any other pertinent details. Your teacher will play the role of the travel agent.

__تعلموا هذه الكلمات:__

airport	مَطار ج. ـات
train	قِطار ج. ـات
museum	مَتحَف ج. مَتاحِف
theater	مَسرَح ج. مَسارِح
antiquities, ancient monuments	الآثار
جامع	مَسجِد ج. مَساجد

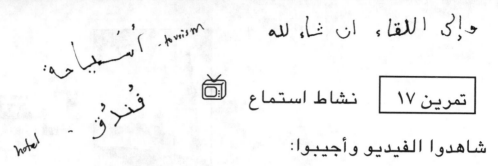

القاهرة

الفنادق الممتازة

ميناء هاوس اوبروي	ش الاهرام بالجيزة	ت : ٨٥٥٣٣٣
انتركونتننتال	ش كورنيش النيل	ت : ٣٥٥١٧١
هيلتون رمسيس	ش كورنيش النيل	ت : ٧٤٤٤٠٠
هيلتون النيل	ش كورنيش النيل	ت : ٧٤٠٧٧٧
شيراتون هليوبوليس	طريق المطار	ت : ٦٦٥٥٠٠
شبرد	ش كورنيش النيل	ت : ٣٣٨٠٠
شيراتون	ميدان كوبري الجلاء	ت : ٩٨٣٠٠٠
مطار القاهرة	مطار القاهرة الدولي	ت : ٦٦٥٣٧٤
ميريديان	ش كورنيش النيل	ت : ٨٤٥٤٤٤
نوفوتيل المطار	امام مطار القاهرة	ت : ٦٦٥٣٧٤

المتاحف

المتحف المصري	ت ٧٥٤٣١٠
المتحف القبطي	ت ٨٤٩٠٦٣
المتحف الاسلامي	ت ٨٤١٧٦٦
متحف الحضارة المصرية	٩٠٣٩٣٠
متحف الجزيرة	ت ٨٠٥١٩٨
المتحف الزراعي	ت ٨٠٦٩٨٢
متحف بيت الامة	ت ٨٠٤٢٣٠
المتحف الحربي	ت ٢٥٣٩٩
متحف مصطفى كامل	ت ٩٢٠٩٥٥
متحف قصر المنيل	ت ٩١٩٩٤٣

الآثار الاسلامية

الجامع الازهر
مسجد سيدنا الحسين
مسجد المرداني
مسجد السلطان الغوري
مسجد المؤيد
المسجد الازرق
مسجد السلطان قلاوون
جامع السلطان برقوق
جامع الاقمر
باب زويلة
مسجد الناصر محمد

فنادق الدرجة الاولى

النيل	كورنيش النيل	ت : ٣١٥٦٧
كليوباترا	ش عبد السلام عارف	ت : ٧٥٩٩٤٥
منيل بلاس	ش المنيل	ت : ٨٤٤٥٣٥
حوريس	٥ ش ٢٦ يوليو	ت : ٩١٠٨٥٥
خان الخليلي	٧ ش البوستة	ت : ٩٠٠٢٧١

المسارح

مسرح الأزبكية	المسرح القومي
مسرح الجمهورية	ش الجمهورية
مسرح محمد فريد	ش محمد فريد
مسرح البالون	ش النيل قرب كوبري الزمالك
السيرك القومي	ش النيل قرب كوبري الزمالك

فنادق الدرجة الثانية

اسكرابيه	١٦ ش ٢٦ يوليو	ت : ٧٥٩٦٧٥
امباسادور	٣١ ش ٢٦ يوليو	ت : ٧٤٣٣٥٤

البنوك

البنك الاهلي المصري	٢٤ ش شريف
البنك المركزي المصري	٣١ ش قصر النيل
بنك الاسكندرية	٤٩ ش قصر النيل
بنك القاهرة	٢٢ ش عدلي

وكالات السياحة

مصر للسياحة	١ ش طلعت حرب	ت : ٧٥٠٠١٠
دهب للسياحة	١٤ ش الألفي	ت : ٩٠٧١٢٨
مينا تورز	عمارة النصر ش النيل	ت : ٧٢٧٠٧٧

خطوط الطيران داخل مصر

القاهرة	الاقصر	ساعة
القاهرة	اسوان	ساعتين
اسوان	ابو سمبل	٤٠ دقيقة
القاهرة	الغردقة	ساعة

القطارات

القاهرة	الاسكندرية	ثلاث ساعات
القاهرة	الاقصر	١٢ ساعة
القاهرة	اسوان	١٥ ساعة

من مجلة الحياة السياحية ١٩٨٨/٩/١٥

١٢. أصعب قرار في حياتي

في هذا الدرس :

- محمد أبو العلا
- "أفعل" التفضيل The Superlative
- المستقبل
- الجملة الفعلية Subject-verb agreement
- فيروز : "زوروني"

تذكروا :

عَرَفَ عَنْ   تخرّجت   قسْم   مُعيد   الماجستير   حصلتِ على
الدكتوراه   صعب   بَعيد عن   مرّة   منذ   عندما
خبر، أخبار   قَصير   سَافَرَ   أُسبوعَ   الربيع   سَنَة

تعلموا :

طَبْعًا	of course, naturally
عُيِّنْتُ	I was appointed
مِنْحة ج. مِنَح	scholarship award, grant
الأدَب المُقارَن	comparative literature
قَرَّرتُ (أُقَرِّر)	I decided to
البَقاء (بَقِيَ ، يَبْقى)	to stay, remain
هُنا	here
أصْعَب (+ indefinite singular)	the most difficult...
قَرار ج. -ات	decision
الحَياة	life
آخِر (+ indefinite singular)	the last...
زُرتُ (أزور ، المصدر: الزِيارة)	I visited
عَلِمتُ بـ (أعْلَم ، المصدر: العِلم)	I learned of
وَفاة	مَوت
لم تُسافر	ما سافَرَت
سَـ (سَوفَ) + **المضارع المرفوع**	(future marker)
جَميعًا	all together
نَقْضي (قَضَيْنا)	we spend (time)
أخَذنا (نأخُذ)	we took
إجازة ج. -ات = عُطْلة	vacation
تَتَغَيَّب عن (تَغَيَّبَتْ عن)	she is absent from, misses (e.g., class)
بِالإضافة إلى	in addition to

استمعوا / شاهدوا :

١ـ من يتكلّم ؟

٢ـ عمَّ يتكلم ؟ أ-

ب -

استمعوا / شاهدوا مرة ثانية:

٣ـ من أين تخرّج محمد ؟

٤ـ إلى أين سافر بعد ذلك ؟

٥ـ فيمَ (في ماذا) كان متخصصاً ؟

٦ـ ماذا يقول عن البقاء في أمريكا ؟

٧ـ متى زار مصر آخر مرّة ؟

٨ـ من سيسافر معه إلى القاهرة هذه المرّة ؟

٩ـ كم أسبوعًا سيقضون في القاهرة ؟

استمعوا وخمّنوا :

خمّنوا معنى هذه الكلمات :

١٠ـ عرفتم الكثير عني من مها = ________________

١١ـ أخذنا إجازتنا السنوية = ________________

تعلموا هذه الأفعال:

الماضي	
زُرتُ	زُرنا
زُرتَ زُرتِ	زُرتُم
زارَ زارَت	زاروا

المضارع	
أزور	نَزور
تَزور تَزورينَ	تَزورونَ
يَزور تَزور	يَزورونَ

بَقيتُ	بَقينا
بَقيتَ بَقيتِ	بَقيتُم
بَقِيَ بَقِيَت	بَقوا

أبْقى	نَبْقى
تَبْقى تَبْقَيْنَ	تَبْقَوْنَ
يَبْقى تَبْقى	يَبْقَوْنَ

قَضَيْتُ	قَضَيْنا
قَضَيْتَ قَضَيْتِ	قَضَيْتُم
قَضى قَضَت	قَضَوْا

أقضي	نَقضي
تَقضي تَقضينَ	تَقضونَ
يَقضي تَقضي	يَقضونَ

تمرين ١

Complete the sentences using words from the list:

عطلة	قرّرت	وفاة	عُيِّنَتْ	ستقضي
بَقيَ	المقارن	منحة	أحيانًا	بالإضافة إلى
معًا	قرار	تغيّبوا	علِمتم	قصيرة
تأخذ	زُرت	ستجلس	عاطفية	سافروا

١ـ كان مريضًا ولذلك ــــــــــــ في السرير كل اليوم .

٢ـ بعد حصولها على الماجستير ــــــــــــ معيدة في قسم اللغة الفرنسية وآدابها .

٣ـ معظم طلاب الجامعات والمدارس يأخذون ــــــــــــ طويلة في الصيف .

٤ـ ــــــــــــ منطقة الشرق الأوسط منذ ثلاث سنوات .

٥ـ هل ــــــــــــ بخبر زواج سمير وسامية ؟!

٦ـ فاطمة ــــــــــــ أولادها إلى المدرسة كل يوم صباحًا .

٧ـ كانت زيارتنا إلى عمّان ــــــــــــ جدًا – ثلاثة أيام فقط .

٨ـ استاذتي متخصصة في الادب ــــــــــــ .

٩ـ بعض الطلاب ــــــــــــ عن المحاضرات بسبب الطقس المثلج .

١٠ـ جدة خالد تعيش معهم منذ ــــــــــــ والدته .

١١ـ ستسافر اختي إلى اوروبا حيث ــــــــــــ اجازتها السنوية .

١٢ـ ــــــــــــ والدتي العودة إلى العمل بعد الانقطاع عنه سنوات طويلة .

١٣ـ سنصحو في السابعة صباحا ثم سننزل ــــــــــــ لنفطر في الكافتيريا .

١٤ـ حصلت على ــــــــــــ من جامعة جورجتاون لدراسة الاقتصاد .

١٥ـ ليلى تتكلم اللغتين الانكليزية والفرنسية ــــــــــــ اللغة العربية .

تمرين ٢　اسألوا زملاءكم :

١- من زاروا في العطلة ؟ من زارَهم ؟

٢- كم ساعة يقضون في الدراسة يومياً ؟

٣- أين قضوا الاجازة ؟

٤- هل سيبقون في الجامعة في الصيف ؟

٥- كيف يقضون يوم السبت عادةً ؟

٦- أيّ بلد / بلاد زاروا ؟

تمرين ٣　استمعوا إلى محمد واكتبوا ما يقول :

أنا اسمي محمد أبو العلا ، طبعًا ________ الكثير عني من مها ، ________ من قسم ________ ________ بـ ________ ________

وعيّنت معيداً بالقسم، وبعد الماجستير ________ على ________ للدكتوراه بجامعة كاليفورنيا في سانتا باربرا . بعد ________ على الدكتوراه في ________ ________ ________ البقاء هنا . ________ كان هذا ________ ________ في حياتي ، فأنا هنا ________ ________ عن عائلتي و________ . آخر مرّة ________ مصر فيها كانت ________ ثلاث ________ عندما علمت بـ ________ ________ زوجة أخي محمود وكانت ________ ________ جدا ، ولم ________ ملك و مها معي . هذه المرّة سـ________ جميعًا ، وسـ________ ________ في القاهرة ، أنا وملك ________ أجازتنا السنوية ، ومها ________ أسبوعًا عن محاضراتها ________ ________ عطلة الربيع .

القواعد

« أفعل » التفضيل

You have seen several examples of the superlative:

أحسن فصل　　　　أصعب قرار　　　　آخر مرّة

The superlative adjective, named « أفعَل » التفضيل after its وزن , is formed from an adjective by putting the جذر of the adjective into وزن أفْعَل :[1]

(حَسَن)	<--	أحسَن	جميل	<--	أجمَل
بارِد	<--	أبرَد	حارّ	<--	أحَرّ
كبير	<--	أكبَر	صغير	<--	أصغَر
بعيد	<--	أبعَد	قريب	<--	أقرَب
قليل	<--	أقَلّ	كثير	<--	أكثَر
قصير	<--	أقصَر	طويل	<--	أطوَل
صَعب	<--	أصعَب	سَهل (easy)	<--	أسهَل
جديد	<--	أجَدّ	قديم	<--	أقدَم
عالي	<--	أعلى	واسع	<--	أوسَع

Remember that these words are fixed in form: they do not agree in gender and cannot take ة . **Remember** also that the superlatives *first* and *last* take special forms:

أوَّل　　　　آخِر

The أفعل adjective is used to form superlative phrases like the ones you saw above. Notice that the noun is **indefinite** and **follows the adjective in an** إضافة **.**

the best season	أحسن فصل
the most difficult decision	أصعب قرار
the last time	آخر مرّة

[1]In general, نسبة adjectives and adjectives with longer أوزان like مقارن , متأخر or مفضّل (i.e., those with extra consonants) **cannot** be made superlative by using this وزن .

The most important thing to remember about this superlative construction is that **although its English equivalent is definite, the Arabic is indefinite.** When used in a sentence, it acts just like an indefinite noun:

١) القاهرة أكبر مدينة مصرية . ٢) آخِر فيلم شاهدناه كان جيّدًا .

In the first sentence, note that the adjective مصرية is indefinite, because it modifies the indefinite phrase أكبر مدينة . In the second sentence, the phrase آخر فيلم is modified by جملة الصفة , which describes an indefinite noun.

تمرين ٤

Form superlatives by matching words in أ with words in ب , and use them to complete the sentences below:

أ		ب	
أوّل	آخر	لغة	مرّة
أقصر	أصعب	يوم	فصل
أحسن	أكبر	بلد	جامعة
أجمل	أقرب	رطوبة	مدينة
أعلى	أصغر	شارع	صف
أطول	أقدم	امرأة	رجل

١- اللغة العربية هي ــــــــــــ ــــــــــــ .

٢- البحرين ــــــــــــ ــــــــــــ عربي .

٣- ــــــــــــ ــــــــــــ في السنة هو الربيع .

٤- هارفارد ــــــــــــ ــــــــــــ أمريكية .

٥- يوم ١/١ ــــــــــــ ــــــــــــ في السنة .

٦- ــــــــــــ ــــــــــــ تكون عادةً في فصل الصيف .

٧- ــــــــــــ ــــــــــــ شاهدت فيها فيلمًا كانت منذ أسبوع .

Now form phrases with rest of the words and use them in sentences of your own.

تمرين ٥

What is special about them? Explain using أفعل التفضيل :

مثال: نيويورك أكبر مدينة في أمريكا

١- يوم ٣١/١٢ ـــــــــــ ـــــــــــ في السنة .

٢- آلاسكا ـــــــــــ ـــــــــــ في أمريكا .

٣- الصيف ـــــــــــ ـــــــــــ في السنة بالنسبة لنا !

٤- السعودية ـــــــــــ ـــــــــــ في الشرق الأوسط .

٥- خالد ـــــــــــ ـــــــــــ في أسرته .

٦- في رأيي ، الجمعة ـــــــــــ ـــــــــــ في الاسبوع .

٧- هذه ـــــــــــ ـــــــــــ ندرس فيها اللغة العربية .

٨- "سيرز تاور" في مدينة شيكاغو ـــــــــــ ـــــــــــ في العالم .

٩- في رأي بعض الناس ، "نيويورك تايمز" ـــــــــــ ـــــــــــ أمريكية .

Now answer by completing:

١٠- أقرب صديق (ة) لي اسمه (ها) ـــــــــــــــــــــــ .

١١- أحسن جامعة في أمريكا هي ـــــــــــــــــــــــ .

١٢- أطول عطلة في السنة الدراسية هي ـــــــــــــــــــــــ .

١٣- أحسن شركة طيران هي ـــــــــــــــــــــــ .

١٤- آخر مرة زرتُ فيها عائلتي كانت منذ ـــــــــــــــــــــــ .

١٥- في رأيي ، أحسن أكل هو ـــــــــــــــــــــــ .

الـمـسـتـقـبـل

In formal Arabic, الـمُـسْـتَـقْـبَـل *the future* is formed by adding the prefix سَـ or its long form سَـوف to المضـارع المرفـوع . The following chart shows the conjugation of المستقبل using the verb يفعل as an example:

سَـنَـفـعَـلُ / سَـوفَ نَـفـعَـلُ	سَـأفـعَـلُ / سَـوفَ أفـعَـلُ
سَـتَـفـعَـلـونَ / سَـوفَ تَـفـعَـلـونَ	سَـتَـفـعَـلُ / سَـوفَ تَـفـعَـلُ سَـتَـفـعَـلـينَ / سَـوفَ تَـفـعَـلـينَ
سَـيَـفـعَـلـونَ / سَـوفَ يَـفـعَـلـونَ	سَـيَـفـعَـلُ / سَـوفَ يَـفـعَـلُ سَـتَـفـعَـلُ / سَـوفَ تَـفـعَـلُ

لَـن

In formal Arabic, the particle لَـن (**without** س/سـوف) is used to negate the future. لن is followed by المضـارع المنصـوب . The following chart shows future negation using the verb يفعل as an example:

لَـن نَفعَلَ	لَـن أفعَلَ
لَـن تَـفعَلوا	لَـن تَـفعَلَ لَـن تَـفعَلي
لَـن يَفعَلوا	لَـن يَـفعَلَ لَـن تَـفعَلَ

Memorize the future forms of the verb كان :

سَنَكون	سَأكون
سَتَكونون	سَتَكون سَتَكونين
سَيَكونون	سَيَكون سَتَكون

تعلموا هذه الكلمات :

tomorrow	غَدَاً
next, coming	القادِم /ة

أمثلة : سوف نأخذ اجازتنا في الاسبوع القادم إن شاء الله .

السنة القادمة سأكون معكم إن شاء الله .

غداً ، لن أكون في البيت .

الثقافة

The expression إن شاء الله *God willing*, is often used when talking about the future to express the hope or wish that something will happen.

أمثلة : سوف أتخرّج بعد سنة إن شاء الله .

سأسافر إلى مصر السنة القادمة إن شاء الله .

تمرين ٦

Fill in the blanks using المستقبل or its negative according to the sentence, as in the two examples. **Write the internal vowels of all verbs.**

أمثلة : أصدقائي سَيَذهَبون إلى السينما اليوم . (ذهبوا)

أختي لن تَذهَب إلى المدرسة اليوم . (ذهبَت)

١ـ ــــــــــــ أختي من الجامعة بعد ثلاث سنوات إن شاء الله . (تخرّجَت)

٢ـ هل ــــــــــــ في المباراة في كرة القدم غداً بعد الظهر يا أحمد ؟ (لعِبتَ)

٣ـ هل ــــــــــــ خالد إلى أمريكا في الصيف القادم ؟ (سافر)

٤ـ لن ــــــــــــ مرّة اخرى كما سهرنا أمس !! (سهِرنا)

٥ـ ــــــــــــ بالوحدة إذا عِشتِ بعيداً عن عائلتك وأصدقائك . (شعرتِ بـ)

٦ـ غداً ، ــــــــــــ إخوتي في المذاكرة ثم ــــــــــــ إلى النادي .
(ساعدتُ) (ذهبتُ)

٧ـ لن ــــــــــــ إلى تلك المدينة مرّة أخرى ! (عُدنا)

٨ـ صديقتي ــــــــــــ الجامعة في أوّل السنة القادمة إن شاء الله . (دخلت)

٩ـ في أيّ ساعة ــــــــــــ من البيت غدا ؟ (نزلتم)

١٠ـ لن ــــــــــــ السفر إلى مصر هذه السنة . (استطعنا)

١١ـ أختي لن ــــــــــــ ني اليوم لأنّ ابنها مريض . (زارت)

١٢ـ عندما أتخرج إن شاء الله ، ــــــــــــ ماذا أريد أن أعمل . (قرّرتُ)

١٣ـ أنا تعبان جدا ، فلن ــــــــــــ في المكتبة كل اليوم ! (بقيتُ)

١٤ـ لن ــــــــــــ قبل الساعة الحادية عشرة يوم السبت ! (صحَوتُ)

تمرين ٧ اسألوا زملاءكم :

١- ماذا سيدرسون السنة القادمة ؟

٢- ماذا سيشربون مع العشاء ؟

٣- أي فيلم / مباراة / برنامج سيشاهدون هذا الاسبوع ؟

٤- ماذا سيعملون الصيف القادم ؟

٥- أين سيذهبون غداً ؟

٦- مع مَن سيجلسون في الغداء ؟

٧- في أي ساعة سينامون الليلة ؟

٨- متى سيصحون غداً ؟

٩- متى سيتخرجون إن شاء الله ؟

١٠- أين سيكونون في المساء ؟

١١- متى سيزورون العالم العربي إن شاء الله ؟

١٢- هل سيخرجون اليوم مساءً ؟

تمرين ٨ ماذا ستفعلون هذا الاسبوع ؟

Write a list of things you plan to do this week. Include as many days and times as possible:

____

____

____

____

____

By now you have seen many examples of الجملة الفعلية , sentences that begin with verbs. In some جمل فعلية , the subject of the verb is contained in the verb itself, as in:

أسكن في مدينة نيويورك .

نسهر لنشاهد التليفزيون .

هل تفهمون ما أقصد ؟

حصلتُ على الماجستير السنة الماضية .

In other جمل فعلية , the subject, الفاعِل , is expressed independently and **follows** the verb:

١- لم يسافر *الأولاد* مع أمهم .

٢- يجيء إلى البيت *كل أفراد العائلة* .

٣- استمتع *الطلاب* بالمحاضرة أمس .[1]

٤- حصل *سمير ورشيد وابراهيم* على البكالوريوس من جامعة القاهرة .

Note that the verbs in these sentences are singular, even though the subjects are plural. This is because **whenever a verb precedes its subject**, and that subject is a separate noun (i.e., not part of the verb), **the verb must always be singular**. It **must agree with the subject in gender,** مؤنّث or مذكّر , as do the verbs in the examples above. Compare sentences ١, ٢, ٣ , and ٤ above with the following :

٥- *الأولاد* لم يسافروا مع أمهم .

٦- *كل أفراد العائلة* يجيئون إلى البيت .

٧- *الطلاب* استمتعوا بالمحاضرة أمس .

٨- *سمير ورشيد وابراهيم* حصلوا على البكالوريوس من جامعة القاهرة .

The verbs in sentences ١–٤ precede their subjects, while those in ٥–٨ follow their subjects. The first four are جمل فعلية ; the last four are جمل اسمية .

Remember: a verb that precedes its subject must be singular.

---

[1]Notice the placement of the subject in these sentences: when the verb phrase includes a preposition, the subject normally occurs **between** the verb and its preposition.

تمرين ٩

أ ـ غيّروا (change) من جمل فعلية إلى جمل اسمية :

مثال: يسكن بعض أصدقائي في واشنطن .

← بعض أصدقائي يسكنون في واشنطن .

١ـ يعيش معظم أقارب مها في مصر .

٢ـ يتبادل الأصدقاء الصور والرسائل .

٣ـ حصل بعض الطلاب على مِنَح دراسية .

٤ـ يذهب خالد ووالده وإخوته للصلاة في المسجد .

٥ـ يزور الناس في العالم العربي أقاربهم كثيراً .

٦ـ سيقضي عبد الله وأولاده عدّة أيام معنا .

ب ـ غيّروا (change) من جمل اسمية إلى جمل فعلية :

٧ـ إخوة خالد يريدون دخول الجامعة مثله.

٨ـ معظم الموظفين تغيّبوا عن العمل أمس بسبب الجو.

٩ـ زملائي علموا بقصة حبي لها.

١٠ـ رشيد وأيمن ونبيل سهروا معنا ليلة الخميس.

١١ـ بعض الناس يستمتعون بشرب القهوة.

١٢ـ الاساتذة تكلموا مع المعيدين عن الامتحانات.

تمرين ١٠ أين ستكون / ستكونين ؟

You are visiting دمشق and staying at فندق الشام . You are expecting a visitor but do not want to stay in your room. Fill out the form and write a short note explaining where you will be all day:

ايـن انـت ؟

الاســـم

رقم الغرفة

- ☐ اللوبي بار
- ☐ اللوبي
- ☐ المطعم الصيني
- ☐ مطعم الايوان
- ☐ المسبح
- ☐ مركز اللياقة البدنية
- ☐
- ☐ مقهى البرازيل
- ☐ المطعم البانورامي
- ☐ مطعم النجمة الذهبية «الدوّار»
- ☐ البيرغولا
- ☐ الديسكوتيك
- ☐ البار البانورامي

مجمع وفنـدق الشـــام ـ دمشـــق

تمرين ١١ نشاط قراءة

تعلموا هذه الكلمة :

شَهادة ج. -ات diploma

Find this information in the ad on the following page:

١- اسم المدرسة : ______________________

٢- كم سنة الدراسة فيها ؟ ______________________

٣- requirement للقبول : ______________________

٤- الطالب يحصل على شهادة ______________________ .

٥- facilities : ______________ ______________

______________ ______________

٦- أين يستطيع الطلاب أن يدرسوا بعد الحصول على الشهادة ؟

٧- خمنوا معنى هذه الكلمات :

وزارة التَعليم ______________________

الحاصلين على ______________________

(Hint: what does the ending ـين– tell you?)

مَعامِل اللغات ______________________

وزارة التعليم
مدرسة مصر للسياحة والفنادق
الثانوية المشتركة الخاصة

تعلن

عن قبول الطلبات للعام الدراسى ٩٣/٩٢ طلبة وطالبات

- تقبل الحاصلين على الشهادة الاعدادية .
- الدراسة نظام الخمس سنوات .

الامتيازات

- المدرسة مجهزة بفندق خمس نجوم للتدريب العملى .
- معامل لغات وكمبيوتر وآلة كاتبة عربي وانجليزى .
- جمنازيوم مجهز للبنات واخر للبنين .
- الدراسة على احدث النظم الفندقية والسياحية العالمية .
- تمنح وزارة التعليم شهادة اتمام الدراسة للخريجين بدرجة الدبلوم (٥ سنوات) .
- يستطيع الدارسون والخريجون اداء التدريب العملى خلال العطلة الصيفية أو استكمال الدراسة بسويسرا أو امريكا .
- المدرسة معتمدة لدى الاتحاد الدولى للنقل الجوى .
- المصروفات شاملة العلاج الطبى والتأمين الشامل .
- سيارات خاصة .

للاستعلام عن شروط القبول :
ت /٢٦٩٥٩٥١/٢٦٩٥٩٥٢/٢٦٩٥٩٥٣/ ٣٤٧٠٢٦٧/ ٢٤٢٠٣٥٠- فاكس : ٢٦٩٥٩٥٠
نهاية مترو النزهه - مساكن شيراتون هليوبوليس .

من جريدة الأهرام الدولي ، ١٩٩٢/٧/١٤

تمرين ١٢ نشاط استماع

Listen to the following passages on tape and write in each blank الـ if you hear it and X if you do not. Remember to listen for شدة on words that begin with حروف شمسية and look for الإضافة and اسم + صفة constructions in the text to help.

١- فصل ___ خريف هو فصلي ___ مفضل لأنّ ___ دراسة تبدأ فيه وهذا يعني ___ عودة إلى ___ أصدقاء و___ زملاء ، وأيضًا لأنّ ___ جو فيه يكون جميلاً .

٢- ___ لغة ___ عربية هي ___ لغة ___ عرب في جميع ___ بلادهم ، وهي كذلك ___ لغة ___ قرآن ___ كريم ولغة ___ أدب و___ ثقافة ___ عربية .

٣- في ___ اسبوع ___ ماضي ذهبت مع ___ عدد من ___ أصدقائي إلى ___ مطعم ___ عربي ___ جديد اسمه "___ ليالي ___ شرق" حيث أكلنا ___ حمص و___ تبولة و___ فتوش و___ فلافل وطبعًا ___ بقلاوة ___ لذيذة .

٤- صباح ___ يوم ، صحوت في ___ سادسة و___ نصف ___ صباحًا وشربت ___ قهوة أنا وزوجتي ثم أكلت ___ فطور وقرأت ___ جرائد ___ صباح واستمعت إلى ___ أخبار ، وفي ___ ساعة ___ ثامنة نزلت من ___ بيت . ركبت ___ أوتوبيس لأنّ زوجتي دائمًا تأخذ ___ سيارة ___ يوم ___ اثنين ، وتأخرت في ___ وصول إلى ___ مكتب بسبب ___ ازدحام . ___ ازدحام ، ___ ازدحام ، ___ ازدحام ، ... نفس ___ قصة ___ كل ___ يوم .

تمرين ١٣ الأوزان

Based on verbs you know, how would you read/pronounce the following?

١- أختي أستاذة وهي <u>تعلّم</u> في مدرسة إعدادية .

٢- نريد أن <u>نتعلّم</u> كيف نكتب رسائل باللغة العربية .

٣- لن <u>نستعمل</u> السيارة اليوم ، يمكنك أن تأخذها .

٤- زوجته <u>تفضّل</u> الدجاج على اللحم .

٥- <u>انشغلت</u> ابنتي بمساعدة عمّتها طوال النهار .

٦- أنا وأصدقائي دائمًا <u>نتعاون</u> في المذاكرة وعمل الواجبات .

تمرين ١٤

Complete these sentences with the correct prepositions and any necessary pronouns:

١- يا أولاد ! هل ________ واجبات كثيرة اليوم ؟

٢- أين ساعتي ؟ أنا بحاجة ________ الآن !

٣- هذه مدرسة كبيرة تخرج ________ ٣٠٠ طالب وطالبة .

٤- ما كانت تحبه عندما خُطبت ________ .

٥- نريد أن نستمع ________ وأنتم تلعبون "البيانو" .

٦- كانت المحاضرة ممتازة ولكن كثيراً من الطلاب تغيّبوا ________ .

٧- – متى تعرّفت ________ ؟

– قبل سنة عندما جاءوا ليسكنوا في ذلك البيت .

٨- منحة فولبرايت منحة أكاديمية يحصل ________ طلاب وأساتذة أمريكيون .

٩- أحب أفراد عائلتي كثيرا ولكن لا أريد أن أعيش بعيداً ________ .

١٠- "نادي الجزيرة" من أكبر النوادي في القاهرة ويذهب ________ كثير من الناس .

١١- غرفتك كبيرة ويمكننا أن نجلس ________ جميعًا .

تمرين ١٥

Complete these sentences, paying attention to the structure of your sentences:

١- لماذا قررتم أن ________ ؟

٢- كان زملاؤنا يريدون أن ________ .

٣- عدد كبير من الناس لن ________ .

٤- من فضلك ، هل يمكنك أن ________ ؟

٥- أخي يشعر بالخجل لأنّ ________ .

٦- انقطعت العلاقات بينهم بسبب ________ .

٧- لا نستطيع أن ________ لأنّ ________ .

٨- في الأسابيع القادمة لن ________ .

تمرين ١٦ مع عائلة خالد

تعلموا هذه الكلمات:

مُدير	director, manager
رُبَّما	perhaps, maybe
مُشكِلة ج. مَشاكِل	problem

اسمي محمود أبو العلا . كما تعرفون، أعمل في وزارة الاقتصاد المصرية مديراً لِمكتب الوزير. أحب عملي كثيراً، ولكن يومي طويل جداً ، فأنا أنزل من البيت يومياً في حوالي الساعة السابعة صباحًا ولا أعود قبل السابعة أو الثامنة مساء. أريد أن أقضي وقتًا أكثر مع أولادي ، وخاصةً بعد وفاة امهم - الله يرحمها - لكني لا أستطيع ، بسبب شغلي .

رُبَّما تكلم محمد عن قراره البقاء في أمريكا ... كان القرار صعبًا جداً له ، ولكن في نفس الوقت كان صعبًا جداً لي أيضًا ، فمحمد أخي الكبير ، وهو مثل والدي . كان دائمًا يساعدني ويتكلم معي عن مشاكلي. عندما ماتت زوجتي سُعاد ، الله يرحمها ، جاء إلى مصر وبقي معنا اسبوعًا وهو الذي قرّر أن تجيء والدتنا لتعيش معنا أنا والأولاد . كنت أحب أن يبقى معنا أكثر، ولكني أعرف كم هو مشغول بعمله في نيويورك . الحمد لله ، سيجيء لزيارتنا قريبًا ، هو وملك ومها .

أسئلة:

١- من يتكلم؟ من هو؟

٢- ماذا يعمل؟ أين؟

٣- ما هي مشكلة شغله؟

٤- ماذا يقول عن محمد؟

٥- كيف العلاقة بين محمد ومحمود؟

تمرين ١٧

Negate the sentences using ما , لا , لن , or ليس :

١- دخل الطلاب الغرفة مسرعين .

٢- هذا أول كتاب أقرأه باللغة العربية .

٣- عندنا عطلة طويلة في الربيع .

٤- يحب معظم الأولاد أن يأكلوا الخضار والفواكه .

٥- زار كل أفراد عائلتي الشرق الأوسط .

٦- حصل خالد على تقدير "ممتاز" طوال سنوات الدراسة .

٧- ستبقى جدتي معنا إلى آخر هذا الاسبوع .

٨- أستطيع السهر كل يوم .

٩- لي أعمام كثيرون .

١٠- تتغيّب مريم عن صفوفها كثيراً .

١١- سنسافر هذه السنة إلى لبنان .

١٢- يخرجون من البيت قبل الساعة السابعة صباحًا .

١٣- في غرفة صفّنا شبابيك كثيرة .

١٤- هذا أخي .

١٥- السفر من بيروت إلى دمشق يأخذ وقتًا طويلاً .

تمرين ١٨ نشاط كتابة

Write about your favorite vacation. You may want to address the following points:

متى أخذت العطلة ؟ من كان معك ؟ أين قضيت العطلة ؟ لماذا استمتعت بها ؟

تمرين ١٩ نشاط قراءة

تعلموا هذه الكلمات:

رَئيس ج. رُؤَساء	president, head
سَفير ج. سُفَراء	ambassador

Read the news article and answer:

١- من هو رئيس الفلبين ؟ ومن هو رئيس الإمارات العربية المتحدة ؟

٢- عمَّ سيتكلم رئيس الفلبين مع رئيس الإمارات ؟

٤- خمّنوا معنى : وصل إلى ______________

سيناقش ______________

أضافَ = ______________ (Hint: think of بالإضافة إلى)

رئيس الفلبين يزور أبوظبي

أبوظبي – وكالات الأنباء : وصل الى أبوظبي امس فيدل راموس رئيس الفلبين في زيارة رسمية قصيرة، واستقبله في المطار رئيس دولة الامارات العربية المتحدة الشيخ زايد بن سلطان آل نهيان.

وقال روي سنيرز سفير الفلبين لدى الامارات إن راموس سيناقش العلاقات التجارية وقضايا سياسية مع الشيخ زايد .

واضاف : ان الرئيس الفلبيني يأمل بتشجيع الصادرات الفلبينية الى الامارات واستثمار الامارات في الفلبين.

واضاف : انه سيكون نقاشا عاما .

من جريدة الشرق الأوسط ، ١٩٩٥/٣/٦

تمرين ٢٠ نشاط محادثة

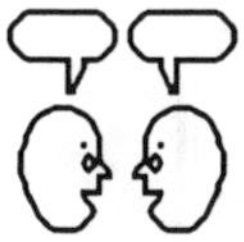

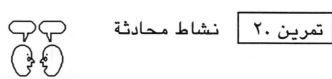

"جيوبردي" On 3X5 cards or slips of paper, write the **answers** to questions such as:

ما هي أعلى بناية ؟ <— بناية "سيرز تاور" في شيكاغو

ما هي أكبر جريدة أمريكية ؟ <— "نيويورك تايمز"

Think of the answers to as many different questions as you can. Then divide up into teams and take turns giving the answers. The other team earns one point for giving a correct question.

الثقافة

أُغنية "زوروني" لِفيروز

Listen to the famous song زوروني by Fairuz, sung in the Egyptian dialect, and learn these words:

زوروني كل سنة مرّة — حَرام تِنْسوني بالمرّة
زوروني كل سنة مرّة — حرام تنسوني بالمرّة

يا خوفي والهَوى نَظرة — تِجي وتروح بالمرّة
حبيبي فُرقتك مُرّة — حرام تنسونا بالمرّة

كلمات جديدة:

بالمَرّة	completely
حَرام	expression meaning: Shame (on you)! It's not right!
تنسوا	you forget
تجي	تجيء
تروح	تذهب

١٣ ـ لماذا قررت البقاء في أمريكا؟

في هذا الدرس :

- محمد يتكلم عن حياته
- لم + المضارع المجزوم
- أنّ
- ما زال
- جدة خالد تتكلم

تذكروا :

قرّرت	البقاء	عندما	هنا	العودة إلى	كنت أحبّ
بعض	المسرح	النجاح	قرار	أشعر بـ	أستطيعُ
بدأت	الحياة	عُيِّنت	مترجم	الامم المتحدة	

تعلموا :

حَضَرتُ إلى (أحضُر ، المصدر: الحُضور)	I came to; attended
أرغَب في (رَغِبتُ ، المصدر: الرَغبة)	I desire, wish to
الاِنْتِهاء مِن (اِنْتَهى ، ينتَهي)	finishing, to finish
كَذٰلِك	likewise, also
مَقالة ج. -ات	article (e.g., in a newspaper)
مَجَلّة ج. -ات	magazine, journal
ظَنَنتُ أنّ (أظُنّ أنّ)	I thought that
فُرْصة ج. فُرَص	opportunity, chance
أمامَ	in front of, before
أرجِع (رَجَعتُ ، المصدر: الرُّجوع)	أعود
شَجَّعَتْني على (تُشَجِّع)	she encouraged me to
سَعيد ج. سُعَداء	happy
لم أجِد = ما وَجَدتُ	I did not find
وَظيفة ج. وَظائف	position, job
مُناسِب	appropriate, suitable
فَصَلَت (تَفصِل)	it dismissed, fired (from job)
يَعني	it means
الفَشَل ≠ النَجاح (فَشِلَ ، يَفشَل)	failure
أخيرًا	finally, at last
تَسْتَقِرّ (اِسْتَقَرَّتْ ، المصدر: الاِستِقرار)	it settles down, stabilizes
ما زِلتُ	I continue to, still
الغُربة	longing for one's native land; feeling of being a stranger

استمعوا / شاهدوا :

١- متى حضر محمد ابو العلا إلى أمريكا ؟

٢- ماذا كان محمد يعمل في القاهرة قبل سفره إلى أمريكا؟

٣- ما الوظيفة التي حصل عليها في أمريكا ؟

٤- كيف يشعر في حياته في أمريكا الآن ؟

استمعوا / شاهدوا مرة ثانية:

٥- ماذا كان يريد أن يفعل بعد الانتهاء من الدراسة في أمريكا؟

٦- لماذا قرّر محمد البقاء في أمريكا؟

أ -

ب -

٧- لماذا ما رجع محمد إلى مصر عندما لم يجد وظيفة مناسبة ؟

استمعوا وخمّنوا :

Notice the word ألاّ (أنْ + لا). Figure out its meaning from:

٨- قررّت ألاّ أرجع = ______________

٩- اكتبوا ما يقول محمد :

كنت أرغب في الانتهاء من دراستي والعودة إلى مصر، ______ كنت ...

"لم أستطع الرجوع ، ______ فصلتني الجامعة"

Guess what this word means: ______________

تعلموا هذه الأفعال:

الماضي	
ظَنَنتُ أنّ	ظَنَنّا أنّ
ظَنَنتَ أنّ ظَنَنتِ أنّ	ظَنَنتُم أنّ
ظَنَّ أنّ ظَنَّت أنّ	ظَنّوا أنّ

المضارع	
أظُنّ أنّ	نَظُنّ أنّ
تَظُنّ أنّ تَظُنّينَ أنّ	تَظُنّونَ أنّ
يَظُنّ أنّ تَظُنّ أنّ	يَظُنّونَ أنّ

الماضي	
وَجَدتُ	وَجَدنا
وَجَدتَ وَجَدتِ	وَجَدتُم
وَجَدَ وَجَدَت	وَجَدوا

المضارع	
أجِد	نَجِد
تَجِد تَجِدينَ	تَجِدونَ
يَجِد تَجِد	يَجِدونَ

الماضي	
اِنْتَهَيْتُ من	اِنْتَهَيْنا من
اِنْتَهَيْتَ من اِنْتَهَيْتِ من	اِنْتَهَيْتُم من
اِنْتَهى من اِنْتَهَت من	اِنْتَهَوْا من

المضارع	
أنْتَهي من	نَنْتَهي من
تَنْتَهي من تَنْتَهينَ من	تَنْتَهونَ من
يَنْتَهي من تَنْتَهي من	يَنْتَهونَ من

تمرين ١

Complete using an appropriate word from the list:

فصلَت	حضروا	المتحف	المسرح	تشجّع	الغُربة
توقظ	مناسب	مقالة	أرجع	المجلاّت	أرغب
مشاكل	استقرّ	وظيفة	فرص	الانتهاء	أمام

١- في جريدة اليوم ________ جيّدة عن السياحة في تونس .

٢- بعد ________ من المذاكرة سنذهب إلى النادي لنأكل العشاء .

٣- حصل ابن عمّي سعيد على ________ ممتازة في وزارة الاقتصاد .

٤- لم أشعر بـ ________ طوال إقامتي في أوروبا .

٥- ________ في زيارة الشرق الأوسط في الصيف القادم .

٦- هل هذا الفيلم ________ للأولاد ؟

٧- كانت والدتي - الله يرحمها - دائمًا ________ ني على الدراسة .

٨- يوم الثلاثاء سَـ ________ من العمل في ساعة متأخرة .

٩- لم أجد ________ التي أريدها في المكتبة ، لكني وجدت بعض الكتب .

١٠- كانت له علاقات عاطفية كثيرة ولكنّه أخيرًا تزوّج و ________ .

١١- مكتب القبول والتسجيل ________ كلية الحقوق .

١٢- ليس أمامه ________ عمل كثيرة لأنّه ما حصل على البكالوريوس .

١٣- السينما والموسيقى و ________ من هواياتي .

١٤- أصدقائي ________ إلى بيتنا لتناول الغداء أمس .

١٥- ________ ـه الشركة لأنّه كان دائمًا يتأخر في الحضور إلى العمل .

الثقافة

"فرصة سعيدة"

When you meet someone new, it is polite to use تشرّفنا to first greet her or him, and فرصة سعيدة *it was nice meeting you* or *nice to have met you* when saying good-bye.

"يعني"

You will often hear native speakers use يعني in conversation as a "filler" similar to the English *you know* or *like*.

تمرين ٢ — استمعوا إلى محمد واكتبوا ما يقول :

لماذا ـــــــ ـــــــ ـــــــ في أمريكا؟ ـــــــ ـــــــ ـــــــ إلى هنا

منذ عشر سنوات ، ـــــــ ـــــــ في ـــــــ ـــــــ من دراستي

و ـــــــ إلى مصر ، إذ ـــــــ ـــــــ ـــــــ عملي في جامعة القاهرة ،

و ـــــــ كذلك ـــــــ بعض ـــــــ في مجلة «المسرح» ، ولكن بعد

ـــــــ ـــــــ الدكتوراه ، ـــــــ ـــــــ ـــــــ ـــــــ النجاح

أمامي هنا ـــــــ ، وقررت ـــــــ ـــــــ . وشجعتني ملك على هذا

ـــــــ ، لانها كانت ـــــــ هنا ، ولكني لم أجد ـــــــ ـــــــ

ـــــــ ، ولم أستطع ـــــــ ، إذ ـــــــ الجامعة ، وكان

ـــــــ يعني ـــــــ . الحمد لله ، ـــــــ ـــــــ مترجماً في

الامم المتحدة ، و ـــــــ حياتنا ـــــــ ، ولكني ـــــــ ـــــــ ـــــــ

أشعر بـ ـــــــ هنا .

تمرين ٣ — اسألوا زملاءكم :

١ـ متى سيَنتَهون من الدراسة ؟

٢ـ هل يظنّون أنّ الطقس سيكون أحسن غداً ؟

٣ـ هل وجدوا الكتب التي كانوا بحاجة إليها ؟

٤ـ في أي ساعة انتهَوا من الواجبات أمس ؟

٥ـ هل يظنُّون أنّ جامعتكم أحسن جامعة ؟

٦ـ هل وجدوا عملاً للصيف القادم ؟

القواعد

نفي الماضي: لم + المضارع المجزوم

You know how to negate الماضي with ما , as in: ما شربت قهوة اليوم . Using ما is the most common way to negate in spoken Arabic. In formal, written Arabic, however, الماضي is more commonly negated with لم + المضارع :

She did not work.	=	ما عَمِلَت	=	لم تَعمَل
he did not find	=	ما وَجَدَ	=	لم يَجِد

In this case, المضارع takes a form called المُضارع المَجزوم , which is the third and final class of المضارع. The chart below shows the endings of المجزوم , some of which it shares with المضارع المنصوب. In particular, note that the verb forms for the persons انت, انتم, and هم do not carry the final ن . The final سكون on the other persons appears only in fully vocalized texts. Learn to recognize these endings when you see them, but be aware that it is the particle لم that signals the negation of the past.

The following chart shows the endings of المضارع المجزوم on the verb يفعل :

المُضارع المَجزوم

لم أفعَلْ	لم نَفعَلْ
لم تَفعَلْ لم تَفعَلي	لم تَفعَلوا
لم يَفعَلْ لم تَفعَلْ	لم يَفعَلوا

Remember: ما + الماضي and لم + المضارع المجزوم convey the same meaning in modern Arabic. The difference between the two forms lies in their usage: ما+ الماضي is less formal, and usually used in spoken Arabic, while لم + المضارع المجزوم is used in formal Arabic. You should now begin to use the latter form when writing.

تمرين ٤

Negate the following sentences using لم + المضارع المجزوم .

<u>مثال:</u> سافرتُ إلى لبنان . —> لم أسافرْ إلى لبنان .

١ـ سهرنا طوال الليل .
٢ـ جلسَتْ في الفراندة .
٣ـ استمتعتَ بالجلسة .
٤ـ التحقوا بالجيش .
٥ـ نزلتم معًا في الصباح .
٦ـ قرأوا القصّة الجديدة .
٧ـ حصلتِ على وظيفة مناسبة .
٨ـ شاهدتُ تلك المباراة .
٩ـ حضر الرئيس المصري إلى اليمن .
١٠ـ رجعوا من المحاضرة .

أنّ

In English, many verbs take a sentence complement with the conjunction *that*, such as:

Mike thinks *that history is interesting.*
Mary knows *that she wants to go to law school.*
Susan says *that she's not coming.* [1]

This conjunction is frequently omitted in spoken English, so take a few minutes to think of additional contexts in which *that* has this function. You need to understand this function to understand its Arabic counterpart أنّ .

Notice that one important function of أنّ clauses is to report information or opinion. You heard محمد say:

ظننتُ أنّ فرص النجاح أمامي هنا كثيرة .

In addition to ظنّ , the following verbs you know can also take أنّ . The best way to learn how to use أنّ is to memorize these verb phrases as units:

---

[1]**Do not confuse** *that* here with *that* in sentences like: the homework *that is due tomorrow.* One modifies a **verb**, and the other a **noun**; we are only concerned here with *that* modifying a verb. Also **do not confuse** أنّ with أنْ . These are two completely separate particles with different functions.

أعرف أنّ :	أعرف أنّ الحصول على الدكتوراه سيأخذ ٥ سنوات .
قرأت أنّ :	قرأتُ أنّ فرص العمل كثيرة في الإمارات .
يشعر بأنّ :	يشعر بأنّ والده لا يشجعه على دراسة الادب .
يفهم أنّ :	تفهم أنّ العودة إلى بلدها تعني الفشل .
تذكّر أنّ :	لم نتذكر أنّ الامتحان اليوم !!
يعني أنّ :	الطقس مثلج ، وهذا يعني أنّ الطائرة ستتأخر .

Note that the verb قال/يقول *to say* takes a special form, إنّ :

يقول إنّ:	الجرائد تقول إنّ الطقس سيبقى باردًا لِعدّة أيام .

أنّ behaves like another connector you have learned, لأنّ , in that it **must be followed by** a جملة اسمية . This جملة اسمية can begin with a pronoun, which **must be attached to it.** The following chart shows أنّ with the pronoun suffixes:

that I ...	أنّي	⟵	أنّ + أنا
that you...	أنّكَ	⟵	أنّ + أنتَ
that he/ it...	أنّهُ	⟵	أنّ + هو
that she/ it...	أنّها	⟵	أنّ + هي
that we...	أنّنا	⟵	أنّ + نحن
that you...	أنّكم	⟵	أنّ + أنتم
that they...	أنّهم	⟵	أنّ + هم

<u>أمثلة:</u>

أعرف أنّهم يسكنون في تلك المنطقة .

أشعر بأنّها ليست سعيدة في حياتها .

يقول إنّكِ لم تنتهي من كتابة المقالة .

قرأتُ في الجريدة أنّه مات ، الله يرحمه .

تذكرتُ أنّهم لن يكونوا في البيت .

تمرين ٥

What information or opinions would you like to report?

١- كل الطلاب يعرفون أنّ ______________________________ .

٢- ظنَّت امّي أنّ ______________________________ .

٣- أشعر بأنّ ______________________________ .

٤- هل تعرفين أنّ ______________________________ .

٥- قرأت في الجريدة أنّ ______________________________ .

٦- الاستاذ يقول إنّ ______________________________ .

٧- أنتم لا تعلمون أنّ ______________________________ .

٨- كلنا نفهم أنّ ______________________________ .

٩- لا أحد يعرف أنّ ______________________________ .

١٠- اليوم في الصباح تذكرت أنّ ______________________________ .

١١- الجو ممطر وهذا يعني أنّ ______________________________ .

Now write your own sentences:

١٢- ______________________________ .

١٣- ______________________________ .

١٤- ______________________________ .

١٥- ______________________________ .

ما زال

In Arabic, the concept *still* as in *Do you **still** go to the club every week*, is expressed by a verb, ما زالَ.[1] In this chapter, you heard محمد say:

I still feel...	ما زِلتُ أشعر بالغربة هنا .

Since ما زلت is a verb, it must be conjugated for person. The following chart gives the conjugation of the verb ما زالَ :

ما زِلنا	ما زِلتُ
ما زِلتُم	ما زِلتَ ما زِلتِ
ما زالوا	ما زالَ ما زالَت

<u>أمثلة:</u>

...is still a student	أ - خالد ما زال طالباً .
...is still sick	ب - أختي ما زالت مريضة .
They still feel...	جـ - ما زالوا يشعرون بالوحدة .
Do you still live..	د - هل ما زلتم تسكنون هنا ؟

Notice that ما زال behaves like the verb كان : it can be followed by either a noun or adjective, as in أ and ب above, or a مضارع مرفوع , as in جـ and د . Compare the uses and meanings of these two verbs in the following examples:

I used to play...	كنت ألعب كرة القدم السنة الماضية .
I still play...	ما زلت ألعب كرة القدم هذه السنة .
They used to exchange...	كانوا يتبادلون الرسائل .
They still exchange...	ما زالوا يتبادلون الرسائل .

---

[1]This idiom is actually composed of the verb زال and the negative ما (lit. *to not cease*).

تمرين ٦

Use either ما زال or كان to specify the time frame of the following sentences:

مثال: أدرس اللغة العربية . ‹— ما زلت أدرس اللغة العربية .

١- تعيش مع جدّتها .

٢- نشاهد فيلمًا مرّة كل اسبوع .

٣- يشعر بالخجل .

٤- أصحو في الساعة السابعة صباحًا .

٥- يساعد زوجته في شغل البيت .

٦- يتغيّبون عن الصف كثيرًا .

٧- أريد أن أصبح دكتورًا .

٨- تلعب التنس ثلاث مرات في الاسبوع .

٩- نحب أن نجلس في الكافتيريا .

١٠- أزور عائلتي كل أسبوعين أو ثلاثة .

Now complete: what do you think these people used to do/are still doing?

١١- تزوّجت البنت من رجل آخر ، ولكن خالد ــــــــــــــــــــــــــــــــها .

١٢- عندما كان محمد طالبًا في جامعة القاهرة ــــــــــــــــــــــــــــــــ .

١٣- مها تعيش في أمريكا ، لكنها ــــــــــــــــــ اللغة العربية في البيت .

١٤- أختي الصغيرة ــ .

١٥- ــــــــــــــــــــــــــ مع أصدقائي من المدرسة الثانوية .

تمرين ٧

Complete, using appropriate المرفوع , المنصوب , or المجزوم endings:

١- قال سليم إنّه لن __________ بالاستقرار إلاّ بعد أنْ __________ على وظيفة.
(شعر) (حصل)

٢- قرّروا ألاّ __________ على شركة طيران الشرق الأوسط . (سافر)

٣- اختي لا __________ في الزواج الآن لأنّها __________ صغيرة .
(رغب) (ما زال)

٤- أنزل من البيت عادةً في الثامنة صباحاً و__________ في الرابعة بعد الظهر.
(عاد)

٥- أقاربي لا __________ أنّ الشركة فصلتني من العمل . (عرف)

٦- كانت مشغولة جداً ولذلك لم __________ موعدها مع الدكتور. (تذكّر)

٧- لماذا لم __________ يا وفاء؟ ظننت أنّك جوعانة ! (أكل)

٨- متى سـ__________ لزيارتنا ؟ (جاء + أنتم)

٩- لماذا __________ أنْ __________ مع عائلتكِ ؟
(رفض) (سكن)

١٠- سـ__________ إلى النادي بعد الانتهاء من المذاكرة إن شاء الله . (ذهب + أنا)

١١- لم __________ بخبر وفاة عمّتهم إلاّ بعد ٣ أسابيع . (علم)

١٢- قالت هِند إنّها سوف __________ اجازتها السنوية في باريس هذه السنة. (قضي)

١٣- لن __________ أنْ __________ معكم طويلاً اليوم .
(استطاع) (جلس)

١٤- خالد لا __________ من البيت قبل الساعة العاشرة . (نزل)

تمرين ٨ نشاط قراءة

تعلموا هذه الكلمات:

خِبرة	experience
مَكان ج. أماكِن	place
مُحامٍ (محامي) ج. مُحامون	lawyer

أسئلة:

١- What information is included in each ad?

٢- ما جنسياتهم؟

٣- في أي بلاد يريدون أن يعملوا؟

٤- ما هي خبرة "عِصام سعيد سعد"؟ أين يريد أن يعمل؟

٥- ماذا درس "رامز محمد الغاشي"؟ أي عمل يريد؟

٦- ماذا عمل "عصام ابراهيم حسين الجمّال" قبل الآن؟

٧- خمّنوا معنى:

مُؤَهِّلات = ________________

عامِل = ________________

مُحَرِّر = ________________

عامل في مطعم أو فندق
الاسم الكامل: رامز محمد الغاشي
العمر: ٢٤ سنة
الجنسية: سوري
المؤهلات: الثانوية العامة – شهادة حدادة أفرنجية
الخبرة: غير متوفرة
العمل المطلوب: عامل في مطعم أو فندق عربي
مكانه: فرنسا
العنوان: اللاذقية – حي الأزهري – دار والدة – سوريا.

عامل سياحي
الاسم الكامل: عبد العزيز توفيق النايلي
العمر: ٢٤ سنة
الجنسية: ليبي
المؤهلات: ثالثة معلمين – بائع في المنتزهات السياحية
الخبرة: سنة واحدة
العمل المطلوب: عامل في احد المرافق السياحية
مكانه: الخليج العربي
العنوان: بنغازي – بريد العروبة – ص.ب.١٠٠٧٣ – ليبيا

محام
الاسم الكامل: عصام ابراهيم حسين الجمال
العمر:٣٠ سنة
الجنسية: مصري
المؤهلات: ليسانس شريعة وقانون
الخبرة: سنة بالمحاماة – سنتان بالتدريس الابتدائي
العمل المطلوب: محامي أو مدرس ابتدائي
مكانه: السعودية – الكويت
العنوان: ٢٥ شارع كرموز شقة ٧ – الاسكندرية – مصر

ميكانيكي او سائق
الاسم الكامل: حسن الراسي
العمر: ٣١سنة
الجنسية: مغربي
المؤهلات: ميكانيكي لكافة انواع السيارات–رخصة قيادة.
الخبرة: ٥ سنوات في خبرة في ميكانيك سيارات الفولفو
العمل المطلوب: ميكانيكي او سائق
مكانه: اي مكان في العالم
العنوان: ١٧ زنقة بعلبك – الدار البيضاء – المغرب.

ديكور
الاسم الكامل: علي محمود بدران
العمر: ٢٧ سنة
الجنسية: لبناني
المؤهلات: دبلوم في الديكور
الخبرة: ١٠ سنوات في كافة اعمال الديكور
العمل المطلوب: في مجال الديكور بحسب الخبرة
مكانه: سلطنة بروناي – الكويت
العنوان: صيدا – شارع رياض الصلح – لبنان.

كهربائي سيارات
الاسم الكامل: عبد الله مسلمي
العمر: ٢٣ سنة
الجنسية: جزائري
المؤهلات: سنة ثالثة ثانوي رياضيات
الخبرة: العمل في محل تجاري
العمل المطلوب: اي عمل يناسب الخبرة
مكانه: اي مكان في العالم
العنوان: شارع طيباوي الطيب – الجلفة – الجزائر.

محرر
الاسم الكامل: عصام سعيد سعد
العمر: ٤٤ سنة
الجنسية: لبناني
المؤهلات: طالب في الدكتوراه قسم العلوم السياسية
الخبرة: كاتب في مجلة "الهدف" وجريدة "السفير" و"القبس" وجريدة "الحياة"
العمل المطلوب: محرر
مكانه: باريس – العالم العربي – افريقيا
العنوان:
SAAD ISSAM
44 - 50 Bd . VICTOR - HUGO
92110 CLICHY - FRANCE
Tel : 47 56 10 29

من مجلة الفرسان ١٩٩١/٩/٢٣ و ١٩٩٢/١/٢٠

تمرين ٩ نشاط كتابة

Are you looking for a وظيفة ? Advertise! Use this form:

بطاقة شخصية

تقدّم «الفرسان» لقرّائها في هذه الصفحات عروض عمل، كما تتلقى منهم طلبات عمل. للاستفادة من هذه الصفحات يكفي القارىء ان يملأ القسيمة ادناه ، بخط واضح، ويرسلها الى العنوان التالي:

باب وظائف

SYARA
AL- FORSAN
25, Rue Jasmin 75016 Paris.

الأسم الكامل: ....

العمر : ....

الجنسية : ....

المؤهلات : ....

....

....

الخبرة : ....

....

....

العمل المطلوب : ....

مكانه: ....

العنوان : ....

....

....

تمرين ١٠ نشاط قراءة

تعلموا هذه الكلمات:

أحتاج إلى	= أنا بحاجة إلى
كَهرَبائي	electrical
أجنَبيّ ج. أجانِب	foreign, foreigner
مُؤَسَّسة	foundation

Read the following letter to مجلة "الوطن العربي" and answer:

١- ما اسم الطالب الذي كتب الرسالة؟ وما جنسيته؟

٢ أين بدأ الدراسة؟ أين يدرس الآن؟ لماذا ذهب إلى جامعة اخرى؟

٣- من أي جامعة حصل على البكالوريوس؟ والماجستير؟ ما كان تقديره؟

٤- ما هي المشكلة التي يتكلم عنها؟

٥- أي مساعدة يريد من المجلّة؟

٦- ما هي أسماء الجامعات التي كتبتها المجلّة؟

انهيت برنامج الماجستير بمعدل مائة في المائة واحتاج الى منحة

انا شاب فلسطيني من غزة بدأت دراستي الجامعية في كلية الهندسة الكهربائية في جامعة بيرزيت حيث انهيت عامين فيها بمعدل ٩٣ بالمائة. ونظرا لظروف الانتفاضة التي لا تخفى عليكم حولت الى جامعة الشرق الاوسط التقنية في انقرة. وانهيت البكالوريوس هناك بتقدير امتياز مع مرتبة الشرف بمعدل ٩٩.٥ في المائة وعُينت معيدا في الكلية وانجزت برنامج الماجستير وانهيت المواد المطلوبة بمعدل ١٠٠ في المائة ، ولم يبق عليّ سوى انهاء البحث الذي اتوقع انجازه في اواخر شباط (فبراير) القادم.

مشكلتي بدأت منذ حوالي ثلاثة اشهر ، اذ تمّ فصل كل المعيدين الاجانب في تركيا ، وذلك لاعتبارات لا اعرفها.

وداومت على عملي في الجامعة بصورة غير رسمية ، اذ يُصرف لي نصف مرتبي من ميزانية الكلية ، واحاول جاهدا الاكتفاء به وتحمل الظروف حتى انهي بحث الماجستير في شباط (فبراير) القادم.

اريد ان ترسلوا لي عناوين الشركات والمؤسسات العربية والاجنبية التي تقدم منحا او قروضا مشروطة للطلاب الذين هم في وضعي حتى اتمكن من الالتحاق ببرنامج الدكتوراه في احدى الجامعات الاميركية او اية جامعة تتمتع بمستوى علمي مرتفع وتدرس باللغة الانجليزية. مع العلم بان الحصول على قبول في جامعة معروفة امر سهل بالنسبة لي ، ولكن تبقى المشكلة في تغطية النفقات المالية للسنة الاولى ، لأن بمقدوري الحصول على مساعدة تعليمية من الجامعة بعد ان اثبت لها مقدرتي باذن الله.

ملاحظة: راسلت المؤسسة العالمية لمساعدة الطلبة العرب ، وكانت النتيجة سلبية.

محمد عبد العاطي – انقرة (تركيا)

١ – ليست هناك شركات عربية واجنبية تقدم منحا او قروضا للطلبة العرب.

اما بالنسبة للمؤسسات فهناك المؤسسة العالمية لمساعدة الطلبة العرب (وقد قمت بمراسلتهم فلم تحصل على نتيجة ايجابية منها) وهناك مؤسسة الحريري وهي تختص بالطلبة اللبنانيين.

٢ – هناك عدة جامعات اميركية تقدم منحا ومساعدات تعليمية لطلبة الدراسات العليا الاجانب المتفوقين.

وبعض هذه الجامعات تعطي المساعدات التعليمية بعد انقضاء سنة (على الاقل) من وجود طالب الدراسات العليا لديها ، وذلك استنادا الى نتائج تحصيله الاكاديمي. ولكن البعض الآخر يقدم المنح والمساعدات التعليمية بدون اشتراط وجود الطالب في الدراسة لديها.

وسوف نذكر لك كل المنح والمساعدات التي تقدمها الجامعات الاميركية لطلبة الدراسات الهندسية العليا الاجانب ، مع شروط اعطائها:

أ – جامعة ولاية كولورادو: تقدم مساعدات تعليمية:

GRADUATE TEACHING ASSISTANTSHIP

ومساعدات ابحاث:

GRADUATE RESEARCH ASSISTANTSHIP

لطلبة الدراسات الهندسية العليا الاجانب المتفوقين في دراستهم. ويشترط على الحاصل على المساعدة ان يعطي ساعات تدريسية او يساهم في الابحاث.

ومدة المساعدة سنة واحدة. وقيمتها غير محددة. ويقدم الطلب بشأنها قبل الاول من آذار (مارس) من كل عام الى هذا العنوان:

GRADUTE ADMISSION OFFICER
GRADUTE SCHOOL
OFFICE OF INTERNATIONAL EDUCATION
COLORADO STATE UNIVERSITY
315 AYLESWORTH HALL
FORT COLLINS , COLORADO 80523
U.S.A

ب – جامعة بورديو تقدم مساعدات تعليمية ومساعدات بحث لطلبة الدراسات الهندسية العليا الاجانب المقبولين للدراسة فيها.

وتغطي المساعدات اقساط الدراسة بكاملها لقاء تعهد الطالب بالتدريس او المشاركة في البحث العلمي.

ويقدم طلب الحصول على المساعدة قبل ستة اشهر (على الاقل) من الموعد المحدد لبدء الدراسة وذلك الى العنوان التالي:

THE GRADUATE SCHOOL
GRADUATE HOUSE EAST
ROOM 130
PURDUE UNIVERSITY
WEST LAFAYETTE, INDIANA 47907
U.S.A

جـ – جامعة ستانفرد العريقة تقدم زمالات ومساعدات تدريسية لطلبة الدراسات العليا المتفوقين.

وتعطي المساعدات على أساس تنافسي ، وقيمتها غير ثابتة. ومدتها سنة واحدة قابلة للتمديد.

وتقدم الطلبات بشأنها بين الاول من تشرين الاول (اكتوبر) والاول من كانون الثاني (يناير) الى هذا العنوان:

OFFICE OF GRADUATE ADMISSIONS
STANFORD UNIVERSITY

من مجلة الوطن العربي – العدد ٢٣٤ – ٧٦٠ الجمعة ١٩٩١/٩/٢٧

تمرين ١١ كم ؟

١- عمري الآن ______ وعندما أتخرج إن شاء الله سيكون عمري ______ .
(سنة) (سنة)

٢- لي ______ و______ و______ و______ .
(أخ) (أخت) (عمّ) (خال)

٣- في عطلة الصيف سأذهب لزيارة عائلتي وسأبقى هناك ______ .
(أسبوع)

٤- أنا بحاجة إلى ______ من النوم يومياً .
(ساعة)

٥- عائلتي ما زالت تسكن في نفس البيت منذ ______ .
(سنة)

٦- في صفنا ______ و______ و______ و______ و______ .
(طالبة) (طالب) (كرسي) (باب) (طاولة)

٧- فيلمي المفضل هو "______" وشاهدته ______ .
(مرة)

٨- أكبر صف درست فيه في الجامعة كان فيه ______ .
(طالب)

٩- في هذه المدينة ______ .
(جامعة)

تمرين ١٢ الجذر والوزن

Using verbs you know as models, figure out how to read the underlined words, and guess what they mean from context and الجذر :

١- من فضلك ، لا أحب أن يتدخل زملائي في حياتي الخاصة .

٢- غداً سيحاضر الاستاذ الدكتور أمين عبد المعطي عن الاقتصاد السعودي .

٣- نرغب في أن نتراسل مع بعض الطلاب العرب .

٤- انفصلت عن زوجها بعد أن فشلت العلاقة الزوجية .

٥- أريد أن أراجع كل الدروس قبل الامتحان .

٦- أحب السياحة والسفر ، وأحب أن أصوّر المناطق والآثار التي أزورها .

تمرين ١٣ اسألوا زملاءكم :

Find out if she or he:

1. Has friends who are studying another language.
2. Has relatives who live in another country.
3. Knows someone who took Economics 101.
4. Knows someone who works in the Business School.
5. Enjoyed the last movie she or he saw.
6. Knows where you can find an article that deals with U.S.-Arab relations.
7. Has a brother or sister who has graduated from college.

تمرين ١٤ مع عائلة خالد

تعلموا هذه الكلمات:

if ... then (hypothetical)	لَو ... لَـ
(expression used when praising someone to ward off envy)	ما شاء الله !
I see	أرى
without	بِدون

أسئلة:

١ـ من يتكلم؟ ماذا نعرف عن حياتها ؟

٢ـ ما رأيها في بقاء محمد في أمريكا ؟

٣ـ ما رأيها في ملك ، زوجة محمد ؟

٤ـ ماذا تريد لِخالد ؟

٥ـ خمّنوا معنى : ليخطبني = __________ وافقت = __________

6. Find in the text a جملة صفة .

7. For discussion: how does the language of this text reflect her culture and personality?

اسمي رَجاء عبد المنعم ، وكما تعلمون ، أنا جدة خالد . أظُنّ أنّكم عرفتم قليلاً عني من خالد ... عرفتم أنّي أوقظه في الساعة السادسة والنصف صباحا ليفطر معنا ... هل شكا لكم ذلك ؟! أعرف أنّه لا يحب أن يصحو في السادسة والنصف ولكنّي احب أن يفطر كل أفراد الاسرة معًا ، وخاصةً أنّ محمود وخالد لا يعودان إلى البيت لتناول الغداء معنا أنا والأولاد .

هل تريدون أن تعرفوا أكثر عني وعن حياتي ؟ كنت صغيرة عندما تزوجت . انقطعتُ عن الدراسة بعد المدرسة الإعدادية ، وعندما حضر يوسف أبو العلا ليخطبني ، وافقت ، وتزوّجنا . الله يرحمه ، كان رجلاً طيّبًا . كم شعرت بالوحدة بعد وفاته !

لي أربعة أولاد ، محمد الكبير ومحمود وفاطمة وعادل . الحمد لله ، كلهم تزوّجوا واستقرّوا . فاطمة واسرتها يزورونني دائمًا . عادل واسرته يعيشون في أبو ظبي حيث يدرّس في جامعة ... جامعة ... لا أتذكر اسم الجامعة . عادل يزورنا في مصر مرّة أو مرتين كل سنة في اجازته . أما محمد فهو يعيش في أمريكا الآن بعيداً عنا . ما شاء الله! كان دائمًا ينجح في الكلية وسافر ليدرس في كاليفورنيا . ظننت أنّه سيرجع بعد أن أصبح "دكتور" ولكنه بقي هناك . أعرف أن ملك شجعته على البقاء ... لماذا تزوجها؟! لو تزوج بنتاً مصرية لكانت شجعته على الرجوع إلى بلده وعائلته وأصدقائه ... أحسن من الحياة في الغربة ...!

منذ ٣ سنوات ماتت زوجة ابني محمود ، الله يرحمها ، وأصبحت حياته صعبة ، والأولاد لا يمكن أن يعيشوا بدون ام ، فقررت أن أجيء وأعيش معهم في البيت . الحمد لله أنّي موجودة معهم الآن . ما شاء الله ! خالد ناجح في الدراسة ، إن شاء الله يصبح "دكتور" مثل عمه . قلت لابني انه من اللازم أن يتزوج ، بعد أن ينتهي من دراسته طبعًا .

أنا سعيدة هذه الايام لأنّ ابني محمد سيجيء لزيارتنا مع أسرته وسيقضون العيد معنا إن شاء الله ... هذه أول مرة يزور مصر فيها منذ ثلاث سنوات ، وأول مرة أرى مها فيها منذ سنوات كثيرة . آخر مرة زارت مصر فيها كانت صغيرة . إن شاء الله هذه المرة سنجلس معًا طويلاً .

تمرين ١٥ نشاط استماع 

شاهدوا الفيديو:

Answer orally:

1. What is the subject of this program? Give the name: ____________________
2. What kind of information is given?

تمرين ١٦ نشاط محادثة 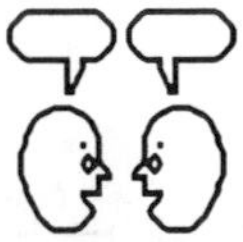

You have been selected as a finalist in a competition for a منحة for summer travel in the Middle East. Two representatives from the sponsoring Arab embassies will interview you about your reasons for wanting to go and what you want to do there. You may also want to ask them more about المنحة during the interview.

Good luck! ! حَظّاً سعيداً

تمرين ١٧ نشاط كتابة 

A university in an Arab country has announced a new program for foreign students to study the language and culture. Write a letter of application to the program.

It is appropriate to address the letter to : حضرة الاستاذ الدكتور...

Use these formulaic opening and closing phrases:

Warm greetings (formulaic opening for letters) تَحيّة طيّبة وبعد ، فـ ...

Please accept my thanks and respect (closing) وتفضّلوا بقبول شكري واحترامي ،

١٤ـ أتمنى ألا نترك هذا البيت

في هذا الدرس :

- بيت مها
- الجملة الاسمية : Describing places
- الإضافة : Definite and indefinite
- أوزان الفعل
- بيت للإيجار

تذكّروا :

عندما جِئنا إلى عمر مثل أشعر بـ أمام

يعيش النَوم مكتب ألاّ (أنْ + لا) آخَر كما

تعلّموا :

أذْكُر (ذَكَرتُ)	here: I recall
لم يذكُر الاستاذ موعد الامتحان .	also: mention, e.g.:
شَقّة ج. شِقَق	apartment
اِستأجَرنا (نَستأجِر، المصدر: الاِستِئْجار)	we rented
يَتَكَوَّن من	it consists, is made up of
طابِق ج. طَوابق	floor, story
حَديقة ج. حَدائق	garden, also: park
حَمّام سِباحة	swimming pool
غُرفة ج. غُرَف	room
اِسْتِقبال (اِسْتَقبَلَ ، يَستَقبِل)	receiving; to receive, welcome
مَطبَخ ج. مَطابِخ	kitchen
السُّفرة	dining (room)
حَمّام ج. -ات	bathroom, bath
أعَدَّ (يُعِدّ ، المصدر: الإعْداد)	he prepared, made
راحة	comfort, ease
أتَمَنّى أنْ	I hope, wish (something for someone)
نَترُك (تَرَكنا)	we leave (someone or something)
نَنْتَقِل إلى (اِنتَقَلنا ، المصدر: الاِنتِقال)	we move to
مَكان ج. أماكِن	place
حَدَثَ (يَحْدُث)	it happened
مِن قَبل	previously, before

استمعوا / شاهدوا :

١- عمَّ تتكلم مها هنا ؟

٢- متى حضرت مها إلى أمريكا ؟

٣- أين كانت مها تسكن السنة الماضية ؟ أين تسكن مها واسرتها الآن ؟

استمعوا / شاهدوا مرة ثانية:

٤- كم غرفة تذكر مها في الطابق الاول ؟ و كم غرفة في الطابق الثاني ؟
(Hint: listen for the connector و to signal each new item in a list.)

٥- أين غرفة مها؟ أين مكتب والدها ؟

٦- ماذا أمام البيت ؟

٧- كيف تشعر مها في بيتها الآن ؟ هل تريد أن تنتقل إلى بيت آخر ؟

٨- لماذا لا تتذكر مها كيف كانت شقتهم في مصر ؟

استمعوا وخمّنوا :

What are these rooms? Do they correspond to rooms in your house?

٩- غرفة المَعيشة ____________ غرفة الاستقبال ____________

غرفة النَوم ____________

استمعوا وتعلّموا :

Now that you have understood the **meaning** of the text, listen again to understand the **structure**. In other words, after understanding **what** Maha says, you need to pay attention to **how** she says it. Write **exactly** what Maha says:

١٠- "عندما جئنا إلى أمريكا ____________________".

١١- "في الطابق الثاني غرفة النوم وغرفة ____________________".

تعلّموا هذا الفعل:

نَتَمَنّى أنْ	أتَمَنّى أنْ
تَتَمَنَّوْن أنْ	تَتَمَنّى أنْ تَتَمَنَّين أنْ
يَتَمَنَّوْن أنْ	يَتَمَنّى أنْ تَتَمَنّى أنْ

تعلموا:

Learn the use of pronouns with the prepositions في and بـ :

فينا	فيَّ
فيكُم	فيكَ فيكِ
فيهِم	فيهِ فيها

بِنا	بي
بِكُم	بِكَ بِكِ
بِهِم	بِهِ بِها

أمثلة :

بيتنا فيه حمّام واحد فقط .

جاء أصدقائي لزيارتي فأنا مشغول بهم .

هل عندك هوايات تستمتع بها ؟

أحب المطبخ كثيراً وأنا أقضي فيه ساعات طويلة .

تمرين ١

Practice using new vocabulary:

حديقة	قرّرت	أتمنّى	راحة	الطابق
تتكوّن	انتقلنا	من قبل	طفولة	استأجرت
مكان	علمت	أعدّت	الحمّام	تذكرين
تركت	جئت	حَدَثَ	أخذت	حمّام السباحة

١ـ ________ شقّة ممتازة ولكنّها بعيدة عن الجامعة قليلاً .

٢ـ في نيويورك ________ كبيرة وجميلة اسمها "سنترال بارك" .

٣ـ ________ والدتي الفطور لنا في الصباح .

٤ـ ________ أن أجد وظيفة مناسبة بعد التخرّج !

٥ـ احبّ هذا البيانو ولكن ليس في شقّتي ________ له .

٦ـ أقمنا في هذا الفندق عدّة أيام ثمّ ________ إلى فندق أحسن .

٧ـ في الأيام الحارّة في الصيف أقضي معظم وقتي أمام ________ .

٨ـ ________ نيويورك من خمس مناطق منها "منهاتن" و"بروكلين" .

٩ـ الحمد لله! انتهيت من كل امتحاناتي، لذلك أشعر بـ________ كبيرة .

١٠ـ ________ زوجها عندما علمت أنّ له علاقة بامرأة اخرى .

١١ـ هل ________ اسم الضابط الذي ساعدنا في المطار ؟

١٢ـ ماذا ________؟! لماذا تأخّرتم ؟!

١٣ـ ________ إلى المحاضرة في الساعة الرابعة والثلث بعد الظهر .

١٤ـ يسكنون في شقة في ________ الثالث .

تمرين ٢

Design your own شقة or بيت and draw the blueprint here. Label all rooms!

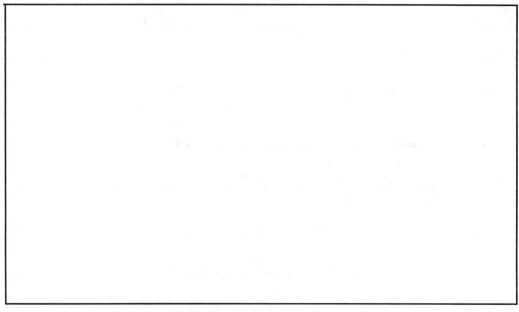

تمرين ٣ استمعوا إلى مها واكتبوا ما تقول :

مصر ... لا ______ الكثير عنها . عندما ______ إلى أمريكا ______

______ سبع سنوات ، ______ ______ ______ كانت شقتنا في مصر . في

السنة الماضية ______ ______ صغيرة في بروكلين ، هذه السنة ______ ______

بيتا في نفس المنطقة ، ______ من طابقين و______ حديقة صغيرة ، ليس

كبيرا وليس به ______ ______ مثل بيت ليلى ، لكنه جميل و______ فيه

بـ______ ______ . ______ في ______ الأول غرفة ______ وغرفة

المعيشة والسفرة و______ و______ ______ ، في ______

______ غرفة ______ وغرفة ______ ها والدي مكتبا له ، و______ ،

و______ ______ . ______ ألا ______ هذا البيت بعد ______ أو ثلاث

لـ______ إلى مكان آخر كما ______ من قبل .

القواعد

الجملة الاسمية : وصف الأماكن — *Describing places*

Notice that مها uses الجملة الاسمية with reversed مبتدأ وخبر to describe the house in which she lives:

أمام البيت حديقة صغيرة .

في الطابق الأول غرفة الاستقبال وغرفة المعيشة والمطبخ وحمّام صغير .

You have learned that the order of المبتدأ and الخبر is reversed in this kind of الجملة الاسمية because المبتدأ is **indefinite**, and thus cannot begin a sentence. In the second example above, المبتدأ contains a list of items some of which are indefinite; therefore the same principle must apply. Notice also that في (**not** عند) is used to ascribe "possession" to a place (English *it has*):

This area has... في هذه المنطقة فنادق كثيرة . = هذه المنطقة فيها فنادق كثيرة .

This house has... في هذا البيت ثلاثة طوابق . = هذا البيت فيه ثلاث طوابق .

This kind of sentence is often used in describing spatial relationships as well as possession and association. The preposition أمام *in front of, before*, refers both to spatial location and abstract choices or obligations:

أمامي فرص كثيرة للنجاح .   المستقبل ما زال أمامنا .

Remember that this kind of sentence is negated with ليس , which must directly precede الخبر, and that the tense can be shifted by using كان / سيكون , which must also precede الخبر . These prepositions will help you describe location:

behind	وَراءَ
above, on top of	فَوقَ
below, underneath	تَحتَ
between	بَيْنَ
next to, beside	بِجانِبِ

<u>أمثلة</u> : ليس وراء بيتنا حديقة كبيرة .   سيكون بجانب الفندق الجديد حمام سباحة .

كان بينه وبينها علاقة خاصة .   فوق الطاولة كتب ومجلات .

تمرين ٤

Describe these people and places by matching phrases from columns أ and ب as in the example:

مثال: حمّام كبير — في هذه الشقة --> في هذه الشقة حمّام كبير.

أ	ب	
محاضرة	في هذه المجلة	١- ______________
ملعب "تنس"	أمام الرئيس	٢- ______________
شقق جديدة	في الساعة الرابعة	٣ ______________
علاقة حبّ بَينهما	بجانب بيتنا	٤- ______________
خمسة إخوة وأخوات	بين المطار والمدينة	٥- ______________
شقة اخرى	تَحت الشباك	٦- ______________
سيارة جميلة	وراء بيت الطلاّب	٧- ______________
مدرسة خاصة	هُناك	٨- ______________
حمّام سباحة	فَوق شقتي	٩- ______________
مسارح كثيرة	لها	١٠- ______________
خبرة طويلة في الترجمة	بجانب الفندق	١١- ______________
قرارات صعبة	عند ابن عمّي	١٢- ______________
حديقة جميلة	في تلك المنطقة	١٣- ______________
مقالات ممتازة	في شارع "برودواي"	١٤- ______________
حوالي ١٠ كيلومترات	لها	١٥- ______________

You know that the following phrases are examples of الإضافة :

the bedroom غرفة النوم

the parlor, receiving room غرفة الاستقبال

the living/family room غرفة المعيشة

Note that these phrases are all definite. How, then, are the concepts *my bedroom* and *a bedroom* expressed in Arabic?

First, remember that only the last noun in an إضافة can be marked definite. Thus the possessive pronoun suffix must come at the **end** of the إضافة :

my bedroom غرفة نومي

their parlor غرفة استقبالهم

Second, a distinction is made between definite and indefinite إضافة . The examples above, and most of the إضافات that you have seen so far are definite, because **the last word in the إضافة is definite.** An indefinite إضافة is one in which **the last word is indefinite.** Compare the definite examples above to their corresponding indefinite إضافة:

a bedroom غرفة نوم

a parlor غرفة استقبال

a living/family room غرفة معيشة

Since these are indefinite phrases, they behave just like any indefinite noun. For example, adjectives modifying them are indefinite:

أريد غرفة نوم كبيرة

هذه غرفة استقبال جميلة.

Note that the adjectives كبيرة and جميلة are مؤنث because they modify غرفة .

Other rules for definite إضافات apply as well to indefinite ones. In particular, **remember to pronounce** ة on all non-final words of any إضافة .

تمرين ٥ نشاط استماع

You will hear a list of phrases read on tape. Write down each item, and circle all occurrences of إضافة, then identify which إضافات are definite and which are indefinite. Remember to listen for الشدّة that indicates الـ on words beginning with sun letters.

١- ________________

٢- ________________

٣- ________________

٤- ________________

٥- ________________

٦- ________________

٧- ________________

٨- ________________

٩- ________________

١٠- ________________

١١- ________________

١٢- ________________

١٣- ________________

١٤- ________________

١٥- ________________

١٦- ________________

أوزان الفعل

When we introduced الوزن والجذر in Chapter 8, we mentioned that there exists a special set of أوزان for الفعل. It is important to learn these أوزان not only in order to use the dictionary, but also because many words are derived through them, such as المصدر and adjectives. Knowing أوزان الفعل will greatly increase your vocabulary and comprehension.

There are ten basic أوزان for الفعل. In many Arabic-English dictionaries, these are numbered I-X by convention (it is common to use Roman numerals to refer to them). The Arabic tradition does not use numbers, but lists them by وزن with the representative جذر : ف-ع-ل . These three letters act as symbols that stand for the three letters that make up a root: ف represents the first letter of the root, ع represents the second letter, and ل the third. **You must learn both the number and الوزن.**

الوزن الأول , or Form I, is considered to be the basic form that gives the core meaning from which others are derived. The other أوزان build upon that basic meaning, each in a particular way: for example, by making it transitive or passive. It will take some practice to develop a sense of the meanings of the derived أوزان ; for now, concentrate on learning the form.

The chart on the following page lists the أوزان both by number and by وزن . As you study them, pay particular attention to the vowels and consonants that distinguish each وزن from the others. Remember that the consonants أ , س , ت , ن , the shadda, and the long vowel alif often (but not always!) represent "extra" letters that are not part of الجذر but that make up الوزن . Find these "extra" letters and note in which أوزان they appear. The short vowels in أوزان II-X also remain fixed for each وزن .

However, the internal vowel of وزن فعل (I) is not stable. Some verbs take فتحة , others take ضمّة and others take كسرة . You must memorize the vowels of each verb individually. Note also that المصدر of Form I is also unpredictable and must be learned for each verb.

Finally, note that IX وزن is very rare. It is included here only to complete the overall picture; you do not need to learn it now.

أوزان الفعل

المصدر	المضارع	الماضي	الرقم
(varies)	يَفْعَل/يَفْعُل/يَفْعِل	فَعَلَ/فَعُلَ/فَعِلَ	I
تَفْعيل	يُفَعِّل	فَعَّلَ	II
مُفاعَلة	يُفاعِل	فاعَلَ	III
إفْعال	يُفْعِل	أَفْعَلَ	IV
تَفَعُّل	يَتَفَعَّل	تَفَعَّلَ	V
تَفاعُل	يَتَفاعَل	تَفاعَلَ	VI
اِنْفِعال	يَنْفَعِل	اِنْفَعَلَ	VII
اِفْتِعال	يَفْتَعِل	اِفْتَعَلَ	VIII
اِفْعِلال	يَفْعَلّ	اِفْعَلَّ	IX
اِسْتِفْعال	يَسْتَفْعِل	اِسْتَفْعَلَ	X

Now let us look at a concrete example of how this system works. You know the verb انقَطَعَ, whose root is ق-ط-ع, and you can see by looking at the chart that it is Form VII, or وزن انفَعَلَ. This same root ق-ط-ع combines with other أوزان as well, as the chart below demonstrates. Note that the meanings of all these verbs are related in some way to the basic meaning, *to cut*, which is the meaning of الوزن الأول. Each other وزن adds something to this basic meaning.

The root ق-ط-ع was chosen to demonstrate this system because it happens that most of the theoretically possible forms can be derived from it. In other words, ق-ط-ع has an actual verb for each possible وزن (except IX). Most roots do not make use of all of the theoretically possible أوزان and thus have verbs corresponding to only some of them, as you will see when you practice looking up verbs in the dictionary.

		المصدر	المضارع	الماضي	
to cut		القَطْع	يَقطَع	قَطَعَ	I
to chop up		التَّقْطيع	يُقطِّع	قَطَّعَ	II
to cut off, interrupt		المُقاطَعة	يُقاطِع	قاطَعَ	III
to divide up land		الإقْطاع	يُقْطِع	أقْطَعَ	IV
to be chopped up		التَقَطُّع	يَتَقَطَّع	تَقَطَّعَ	V
to intersect		التَّقاطُع	يَتَقاطَع	تَقاطَعَ	VI
to be cut off		الاِنْقِطاع	يَنْقَطِع	اِنْقَطَعَ	VII
to take a part (of) , cut out		الاِقْتِطاع	يَقْتَطِع	اِقْتَطَعَ	VIII
to deduct		الاِسْتِقْطاع	يَسْتَقْطِع	اِسْتَقْطَعَ	X

The best way to learn the أوزان is to choose one verb from each وزن that you know well and use it as a reference. We suggest the following (use others if you prefer):

الدِّراسة	يَدرُس	دَرَسَ	I
الشُّرْب	يَشرَب	شَرِبَ	
الجُلوس	يَجلِس	جَلَسَ	
التَّدريس	يُدَرِّس	دَرَّسَ	II
المُشاهَدة	يُشاهِد	شاهَدَ	III
الإمْكان	يُمْكِن	أمْكَنَ	IV
التَّذَكُّر	يَتَذَكَّر	تَذَكَّرَ	V
التَّبادُل	يَتَبادَل	تَبادَلَ	VI
الاِنْقِطاع	يَنْقَطِع	اِنْقَطَعَ	VII
الاِسْتِماع إلى	يَسْتَمِع إلى	اِسْتَمَعَ إلى	VIII
الاِسْتِقْبال	يَستَقْبِل	اِسْتَقْبَلَ	X

Remember that همزة , whether spelled ء , أ , ئـ or ؤ, is a consonant, and can be a part of any جذر . For example, the root of استأجر is ء-ج-ر , and the root of قرأ is ق-ر-أ . The dictionary lists the consonant ء as أ in the place of the long vowel الف (ا), which cannot be part of a root because it is always a vowel. As you have seen, the letters و and ي are sometimes consonants, so they **can** be part of a root. In verbal أوزان , و and ي alternate between consonants and vowels depending on the وزن . Study the following examples:

المصدر	المضارع	الماضي	الوزن	الجذر
الكَوْن	يَكون	كانَ	I	ك و ن
المَجيء	يَجيء	جاءَ		ج ي ء
البَقاء	يَبقى	بَقِيَ		ب ق ي
الصَحو	يَصحو	صحا		ص ح و
الإرادة	يُريد	أراد	IV	ر و د
الإقامة	يُقيم	أقامَ		ق و م
التَكَوُّن	يَتَكَوَّن	تَكَوَّن	V	ك و ن
الاِنتِهاء	يَنتَهي	اِنتَهى	VIII	ن هـ ي
الاِستَطاعة	يَستَطيع	اِستَطاع	X	ط و ع

Learn to recognize the جذر and وزن of verbs that have و or ي as part of their roots. Use these model verbs as references for recognizing others.

You will now begin to learn how to derive الماضي, المضارع, and المصدر for verbs of أوزان II-VIII and X that have three-consonant roots. Make it a habit to figure out the وزن of each new verb you learn, and practice manipulating its مصدر , ماضي and مضارع forms. Of course, you should do the same with all the verbs you have learned so far.

تمرين ٦

Fill in the missing information in the chart below:

الوزن	الماضي	المضارع	المصدر
I فَعِلَ	فَهِمَ	______	______
______	شَجَّعَ	______	______
III فاعَلَ	______	______	المُساعَدة
______	______	يَتَكَوَّن	______
______	______	يَستَمتِع	______
______	فَصَلَ	______	______
______	______	يكون	______
______	______	______	التَبادُل
V تَفَعَّلَ	______	______	______
______	اِلتَحَق	______	______
______	______	______	العَودة

تمرين ٧ مع القاموس

In Chapter 8, you practiced using the dictionary to look up nouns and adjectives. Now that you have learned about أوزان الفعل , you can begin to look up verbs as well. You will find verbs listed in the first subsection of an entry, listed by the root. The first part of the entry gives the Form I or الوزن الأوّل verb **if it exists**, listed in الماضي . Further information that you need to be able to conjugate and use the verb is given as well. Look up a verb you know by its جذر in your dictionary and find the following information:

(a) the internal vowel for the Form I مضارع . As you know, this vowel can vary; for example, يجلس , يشرَب and يدرُس all have different internal vowels. The dictionary gives you this information for all Form I verbs.

(b) مصدر الوزن الأوّل (also unpredictable).

(c) أوزان II-X. Most Arabic-English dictionaries assume that you can derive the actual verbs for these أوزان on your own, so only the number is given.

Now look up the verb entry for each جذر listed below and see which أوزان are given. For each وزن given in the dictionary, write the verb and look at its meaning.

مثال: طلب : I طَلَبَ III طالَبَ بـ V تَطَلَّبَ VII اِنطَلَبَ

١- بدل :

٢- عمل :

٣- ذكر :

٤- عرف :

٥- خرج :

٦- صدق :

٧- علم :

تمرين ٨ نشاط قراءة

تعلموا هذه الكلمات:

rent	إيجار
to sell	البَيع (باع ، يبيع)

You want to rent a three-bedroom apartment with at least two bathrooms. The following advertisements appear in the newspaper. Which apartments are مناسبة? For each شقة مناسبة give:

(1) distinguishing features

(2) monthly إيجار if given

(3) رقم التليفون

للإيجار بالقاهرة
لرجال الأعمال والعائلات
شقة مفروشة فاخرة
بها غرفتا نوم وصالون
وصالة طعام ومطبخ وحمامين
ت ٣٧١٤٠٩٦ كويت

• للايجار دورين في فيلا كل دور صالة كبيرة وصالون و٣ غرف نوم و٣ حمامات ومطبخ ومخزن ايجار الدور ٣٧٥دك ومساحته ٢٠٠م٢ سلوى ق١٠ ٩١٢٤٦٦١

شقة مفروشة للبيع او
للايجار مدة طويلة
ثلاث غرف نوم وصالون
وسفرة و٢ حمام ومطبخ
مساحات كبيرة

لمزيد من المعلومات الاتصال:

071-8318181 علاء فهمي
او 071-3520341
جدة هاتف:
9662-6808183

للايجار

عمارة من ٦ ادوار الشقة عبارة عن غرفتين وصالة كبيرة وحمام ومطبخ او غرفتين وصالة صغيرة وحمام ومطبخ تكييف مركزي + مواقف سيارات + مصعد. الفنطاس خلف الشارع الرئيسي (شارع المطاعم)
☎٣٩٠٣٣٤٥

شقة للبيع

غرفة وصالة وحمام ومطبخ مفروشة سجاد وستائر المطبخ مجهز اريال مع بوستر جديد. في سلوى ق٢
الايجار ١٣٠د.ك
☎٥٦٥٨٠٧٣

من جريدة الشرق الأوسط ١٩٩٣/١/٤ وجريدة الأنباء ١٩٩٢/١٢/٣١ و جريدة القبس ١٩٩٢/١٢/٣١

تمرين ٩ نشاط قراءة

تعلموا هذه الكلمات:

جزيرة ج. جُزُر	island
هِنديّ ج. هُنود	Indian; Native American
اِشْتَرَت	she bought

أسئلة:

1. Skim the text and determine the main idea or topic of each paragraph:
   a.
   b.
   c.

٢ـ متى أخذت المدينة اسم "نيويورك" ؟

٣ـ من كان يسكن في نيويورك قبل ١٦٢٦ ؟

٤ـ ماذا حدث في سنة ١٨٩٨ ؟

٥ـ تقول المقالة إنّ في مانهاتن أماكن مشهورة *famous* كثيرة منها :

أـ   جـ -

ب -   د -

٦ـ خمّنوا : سُكّان = ________________ هل هي مفرد أو جمع ؟

عام = ________________

متاحفها المتعدّدة = ________________

7. Find another word that means تتكوّن من : ________________

ماذا تعرف عن؟

مانهاتن

حي كبير في مدينة نيويورك يقوم معظمه على جزيرة "مانهاتن" ويصله بسائر الاحياء الاخرى، وبولاية "نيو جرسي"، عدد من الجسور والانفاق والخطوط الحديدية.

وكانت جزيرة "مانهاتن" اساسا مقرا لبعض قبائل الهنود الحمر، سكان امريكا الاصليين، ثم اشترتها منهم عام ١٦٢٦، وبثمن بخس، "الشركة الهولندية للهند الغربية" واطلقت عليها اسم "نيو امستردام". الا ان الانجليز استولوا على الجزيرة عام ١٦٦٤، وحولوا اسمها الى "نيويورك". وظلت المدينة حتى عام ١٨٧٤ محصورة في جزيرة "منهاتن" ثم أخذت تتوسع وتزدهر. وفي عام ١٨٩٨ أصبحت "منهاتن" احد الاقسام الخمسة الكبرى التي تتألف منها مدينة نيويورك.

وحي "مانهاتن" هو اليوم مركز المدينة التجاري والثقافي وفيه المؤسسات المالية، وايضا بعض الكليات التابعة لجامعة نيويورك، ومنها اربع كليات للطب. ومن معالم "منهاتن" المشهورة بناية "امباير ستيت" ومركز "روكفلر"، ومقر الامم المتحدة. ومن شوارعها المشهورة شارع "برودواي"، والشارع الخامس، وشارع "وول ستريت" وهو منطقة المال والاعمال. بالاضافة الى ذلك تشتهر "منهاتن" بمتاحفها المتعددة، وحدائقها العامة، ودار الاوبرا، ومعهد "كرنجي" للموسيقى.

من مجلة سيدتي، ١٩٩١/١٠/٢١

تمرين ١٠

Complete using an appropriate form of the verb:

١- ـــــــــــ الجرائد أنّ الرئيس المصري سيزور الولايات المتحدة قريباً .
(ذكر)

٢- ـــــــــــ كثير من الناس أن ـــــــــــ وظائفهم و ـــــــــــ
(يتمنى) (ترك) (انتقل)

إلى وظائف اخرى .

٣- ـــــــــــ الجرائد والمجلات ـــــــــــ عن مشكلة الشرق الاوسط .
(ما زال) (يتكلم)

٤- ـــــــــــ كثير من المهندسين الأجانب في الحضور إلى أمريكا لـ ـــــــــــ
(يرغب) (عمل)

و ـــــــــــ على الخبرة .
(حصل)

٥- ـــــــــــ صديقتي وأختها عن العمل يومين بسبب وفاة عمتهما .
(يتغيب)

٦- في البداية ، لم ـــــــــــ ني أفراد عائلتي على الالتحاق بمعهد الموسيقى
(شجع)

لأنهم كانوا ـــــــــــ في أن أدرس الهندسة ولكنهم أخيراً ـــــــــــ
(يرغب) (فهم)

أن الموسيقى هي حبي الأول والأخير .

٧- ـــــــــــ أصدقائي استئجار سيارة أخرى بالإضافة إلى السيارة التي
(قرر)

ـــــــــــ ها قبل يومين .
(استأجر)

٨- لماذا ـــــــــــ بعض الناس أن ـــــــــــ الفواكه والخضار عندما يسافرون ؟
(يرفض) (يأكل)

تمرين ١١ مَن ؟

Complete these sentences:

١- هل تعرفون أن كل ________________________ .

٢- تقول المقالة إن معظم ________________________ .

٣- في رأيي ، كثير من ________________________ .

٤- علمنا من صديقنا أن عدداً من ________________________ .

٥- بالنسبة لي ، لا أحد من ________________________ .

٦- مدير الشركة يظن أن بعض ________________________ .

٧- قليل من ________________________ .

تمرين ١٢ اسألوا زملاءكم :

Find out:

1. The most difficult class she or he has taken.
2. His or her closest friend.
3. The best restaurant he or she has ever eaten in.
4. His or her favorite music.
5. The most beautiful place she or he has ever visited.
6. The longest vacation she or he has ever taken.
7. The first thing she or he does after waking up.
8. The last thing she or he does before going to sleep.

تمرين ١٣ نشاط استماع

Skim the following text, then watch the video. Underline everything in the text that matches what you hear in the video.

* * *

١٦ - مي زيادة : (١٨٨٦ - ١٩٤١)

اسمها ماري الياس زيادة، وعرفت بمي: كاتبة أديبة لبنانية. كان والدها من أهل كسروان بلبنان، وأقام مدة في الناصرة بفلسطين، وبها ولدت ماري، وتعلمت في إحدى مدارسها الابتدائية، ثم تعلمت بمدرسة عينطورة بلبنان. وفيما بعد انتقلت مع والديها إلى مصر، وأخذت تكتب المقالات في جريدة "المحروسة" وفي مجلة "الزهور" . وكانت تحسن اللغات الأجنبية: الفرنسية والإنجليزية والإيطالية والألمانية.

* * *

من "مختارات من النثر العربي" ، د. وداد القاضي ،
المؤسسة العربية للدراسات والنشر ، بيروت ١٩٨٣

تمرين ١٤ نشاط محادثة

Find or draw a picture of a place you can describe and prepare a description of it, mentioning as many details as you can. In class, present your description without showing the picture while your classmates draw their impression of the picture you are describing. When they have finished, compare pictures!

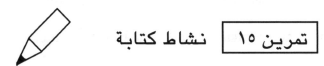

تمرين ١٥ نشاط كتابة

Write a description of either the house or apartment in which you live or your dream house.

١٥ . لست مصرية ولست أمريكية

في هذا الدرس :

- علاقة مها مع أمها ومع ليلى
- أيّ
- الاسم الموصول
- المثنى : أفعال وضمائر
- الشرط : إذا ، إنْ ، لو
- تونس

تذكّروا :

وحيد	تفهم	الخروج	زيارة	زملاء	موعد
الرجوع	إذا	تأخّرت	ليس لي	تونسي	شركة
تجارة	أيضًا	قسم	بعض	علم الإنسان	لأنّ

تعلّموا :

شَخْص ج. أشْخاص	person
الّذي (مؤنث : الّتي)	which (definite, مذكر)
شَيء ج. أشْياء	thing
لَستُ	I am not
تَسْمَح لِـ ... بِـ ...	she permits (someone) to (do something)
ألبَس (لَبِستُ)	I wear, put on
كَ	مثل
إلاّ	except
تُحَدِّد	she determines, sets
تَغْضَب (غَضِبَت ، المصدر: الغَضَب)	she gets angry
صاحِب ج. أصْحاب	friend; boyfriend
مَجْموعة ج. ـات	group
هُما	they, both of them (مُثَنّى)
يَمْلِك (مَلَكَ ، المصدر: المُلك)	he owns, possesses
مَشغول عن	too busy (to have time) for
الحُرِّيّة	freedom
نَشْتَرِك في (اِشتَرَكنا)	we share, have in common, participate in
مَوضوع ج. ـات / مَواضيع	subject, topic
وُلِدَت	she was born
تَنوي أنْ	she intends to
الفُصْحى	formal or Classical Arabic
العامِّيّة	colloquial or spoken Arabic

قبل المشاهدة :

١ـ ماذا نعرف عن ليلى من الدروس الماضية ؟

استمعوا / شاهدوا :

٢ـ ما هي الأشياء الجديدة التي نعرفها عن ليلى الآن ؟

أ . اين وُلدت ؟ ______________________

ب . والدها ووالدتها ؟ ______________________

جـ . اين يعملان : ______________________

د . دراستها : ______________________

٣ـ ماذا تقول مها عن العلاقة بينها وبين ليلى ؟

استمعوا / شاهدوا مرة ثانية :

٤ـ ماذا تستطيع مها أنْ تفعل ؟ ماذا لا تستطيع أنْ تفعل ؟

٥ـ ماذا تفعل والدة مها إذا تأخّرت مها في الرجوع الى البيت ؟

٦ـ كيف تشعر مها بالنسبة لهُوِيّتها *her identity*؟

٧ـ لماذا تقول مها إنّ ليلى تملك حرّيتها ؟

استمعوا وتعلموا :

Now listen to **how** Maha expresses her restrictions. Write exactly what she says:

٨ـ "والدتي تسمح لي بـ______________________".

9. For discussion: What do you think the cultural implications of the word صاحب might be? What, in your opinion, are the reasons behind the restrictions that Maha's mother places on her daughter?

تعلموا هذا الفعل:

لَسْتُ I am not	لَسْنا we are not
لَسْتَ you (m.) are not لَسْتِ you (f.) are not	لَسْتُم you (pl.) are not
لَيسَ he/ it is not لَيسَت she/ it is not	لَيسوا they are not

أمثلة : لست لبنانية – أنا سورية .

نحن مشغولون ، ولكن لسنا مشغولين عنك !

لماذا ترفضون مساعدتهم ؟ أليسوا ناساً مثلكم ؟!

تمرين ١

Complete, using the correct form of ليس :

مثال : صديقتي غادة ليست سعيدة في حياتها.

١ـ زوجة أخي ________________ .

٢ـ كثير من الأمريكيين ________________ .

٣ـ مها تشعر بأنّها ________________ .

٤ـ معظم الناس في هذه المنطقة ________________ .

٥ـ (أنا) ________________ .

٦ـ يا محمد ، لماذا ________________ ؟

٧ـ أنا وإخوتي ________________ .

٨ـ ظننتُ أنّكم ________________ .

٩ـ هذا الموضوع ________________ .

تمرين ٢ استمعوا إلى مها واكتبوا ما تقول :

صديقتي ليلى هي ______ ______ الذي أتكلم ______ ______ عن كل
______ ، وهي التي تفهم ما ______ ______ به . ______ ______ أني
______ مصرية و______ ______ أمريكية . والدتي ______ ______ لي بـ
______ ______ ______ ما أريد كأية ______ ______ ______ ، لكنها لا
______ ______ ______ بـِ ______ إلا لزيارة ليلى أو مع ______ ______ من
الزملاء ، و______ ______ لي ______ ______ ______ إلى البيت
و______ ______ ______ ______ ______ . ليس لي ______ ______ مثل
______ أو مثل ليلى . والد ليلى تونسي ووالدتها أمريكية ، وهما يملكان
______ ______ ______ يعملان ______ ______ . هما أيضا مشغولان
______ ، لكنها ______ ______ ______ . ليلى تدرس في قسم
______ ______ ______ ، لكننا ______ ______ ______ دراسة ______ ______
______ . وهي لا تعرف اللغة العربية لأنها ______ ______ في أمريكا، لكنها
______ ______ ______ تدرس العربية ______ ______ في الجامعة .

تمرين ٣ اسألوا زملاءكم :

١ـ هل يشتركون في نوادي الطلاب في جامعتكم ؟

٢ـ أين وُلدوا ؟

٣ـ هل يغضبون كثيراً ؟ لماذا / لماذا لا ؟

٤ـ ماذا ينوون أن يفعلوا في العطلة ؟

٥ـ هل يملكون سيارة ؟ أشياء اخرى ؟

٦ـ من يحدّد مواعيد الصفوف والامتحانات ؟

٧ـ هل جامعتكم تسمح بالتدخين في الصفوف والمكاتب ؟

تمرين ٤

Use these words to complete the sentences, **making any necessary changes:**

العامية	أصحاب	سمح	يفهم	يحدد	طوابق
ينوي	موضوع	مجموعة	شجّع	الحرية	لبس
أشخاص	بقي	غضب	الغربة	وُلد	اشترك
يستأجر	يذكر	مشغول	يملك	الأشياء	الفصحى

١- ــــــــــــ النبي محمد (صلى الله عليه وسلم) في مكة عام ٥٧٠ م وتوفي في المدينة عام ٦٣٢ م / ١١ هـ .

٢- بعد الحصول على شهادة الطب إن شاء الله ــــــــــــ خطيبتي أن تتخصص في أمراض العيون .

٣- في الصيف أحب أن ــــــــــــ البنطلونات القصيرة (الشورتات) .

٤- ــــــــــــ والدتها منها لأنها رفضت مساعدة أختها في إعداد العشاء .

٥- هل تعرفون متى سـ ــــــــــــ الجامعة مواعيد امتحانات الدخول ؟

٦- لم أترجم الكتاب وحدي ولكن ــــــــــــ معي في ترجمته عدد من طلابي المعيدين.

٧- انتقالنا إلى شيكاغو كان صعباً جداً علينا لأننا أصبحنا بعيدين عن ــــــــــــ نا .

٨- غرفة السفرة في شقتي صغيرة ولا يمكن أن يجلس فيها أكثر من ٦ ــــــــــــ .

٩- كانت خالتي في أول ــــــــــــ من النساء التحقت بجامعة الكويت .

١٠- -هل تعرف ماذا سيكون ــــــــــــ محاضرتها الليلة ؟

- أظنّ أنها ستتكلم عن "المرأة العربية بين الماضي والمستقبل".

١١- ــــــــــــ المديرة لي بأن أترك المكتب بعد الظهر لآخذ ابني إلى الدكتور .

١٢- في العالم العربي يقرأ الناس ويكتبون بالعربية ــــــــــــ ولكنهم يتكلمون بـ ــــــــــــ في حياتهم اليومية .

١٣- نشعر بأنك دائماً ــــــــــــ عنا ولا تريد أن تقضي أي وقت معنا .

١٤- لا ــــــــــــ أي شيء في هذا البيت إلا الكرسي الذي أجلس عليه !!

١٥- ما هي ــــــــــــ التي سنكون بحاجة إليها في سفرنا ؟

١٦- ــــــــــــ من الأشياء التي يحب كل الناس أن يستمتعوا بها .

القواعد

أي / أية

which?	أيّ ... ؟
any	أيّ / أيّة

You have seen the interrogative أي ...؟ *which* used in questions such as:

في أي موضوع تكتبون؟

أي جريدة تحبين أن تقرأي ؟

The word أي also means *any,* as in أي شخص *any person.* Note that أي with this meaning is followed by an indefinite noun in إضافة and that it agrees with that noun in gender:

مها تقول: « ألبس ما أريد ، كأية بنت أمريكية .»

لا أظنّ أنّ أي طالب يستطيع أن يحصل على منحة .

تمرين ٥ اسألوا زملاءكم :

Find out:

1. In which subject she or he specializes.
2. On which days he or she works.
3. The city in which he or she was born.
4. If he or she needs anything from the bookstore.
5. The magazines she or he usually reads.
6. At what time she or he returned home last night.
7. What foreign languages she or he speaks.
8. On which days he or she likes to go out with friends.
9. If she or he has anything you could eat.
10. Whether he or she needs any help from you.

الاسم الموصول : الّذي ، الّتي ، الّذين

In Lesson 11 you learned how to recognize and form جملة الصفة , a sentence that modifies an **indefinite** noun, as in the examples:

١- لي صديق أتكلّم معه عن كل شيء .

٢- تعرّفتُ على بنت *تجلس* بجانبي في الصف .

٣- مَن هم ؟ هم زملاء *أعرفهم* من العمل .

The same kind of structure is used to form sentences that modify **definite** nouns, with one difference: definite nouns are followed by a definite pronoun called الاسم المَوْصول that introduces the modifying sentence (similar to English *which* or *that*). These relative pronouns must agree in gender with the noun they modify:

الّذي	(مذكر)
الّتي	(مؤنث)
الّذينَ	(human جمع)

Compare 1, 2 and 3 above with 4, 5 and 6:

٤- محمد هو *الصديق الذي* أتكلم معه عن كل شيء .

٥- تعرفتُ على *البنت التي* تجلس بجانبي في الصف .

٦- من هم ؟ هم *الزملاء الذين أ*عرفهم من العمل .

The nouns in 1, 2 and 3 are **indefinite**, so **no connector** is used. The nouns in 4, 5 and 6 are **definite**, so the **definite connector**, الاسم الموصول , is used. **Remember** that the definite pronouns must agree in gender and number with the nouns they modify: الصديق الذي , البنت التي , and الزملاء الذين .

ما / من

Note that ما and مَن correspond to *what/whatever* and *who(m)/who(m)ever* in English. Learn to recognize these meanings in contexts like the following:

ليلى تفهم *ما* أشعر به .

والدتي تسمح لي بأن ألبس *ما* اريد .

مها لا يمكنها أن تخرج مع مَن تريد .

تمرين ٦

Practice using the structure of definite relative clauses in Arabic by re-forming the following sentences in English to parallel the Arabic structure. In the example, the highlighted words *the, that,* and *it* remind you of the important elements in Arabic structure.

Example: I didn't like the movie I saw. —> I didn't like **the** movie **that** I saw **it**.

1. Do the students you know study a lot?
2. The years they lived in the Middle East were happy [ones].
3. The apartment I lived in last year was too small.
4. I didn't find the books I wanted (=want) in the library.
5. When I went to the place I usually sit in I found a person sitting there.
6. Some people do not have the freedom you enjoy here in America.
7. We felt very comfortable in the hotel we stayed at in Cairo.
8. She's busy with her friends who are visiting her.
9. The woman who usually helps me is not in her office.
10. My favorite vacation was the vacation I spent in Canada.

والآن ترجموا الجمل إلى اللغة العربية :

١- ____ .

٢- ____ .

٣- ____ .

٤- ____ .

٥- ____ .

٦- ____ .

٧- ____ .

٨- ____ .

٩- ____ .

١٠- ____ .

تمرين ٧

Describe these people and places by using الذي , التي or الذين where needed. If no اسم موصول should be used, leave blank.

١- هذا هو البيت ________ وُلدت فيه .

٢- المكتبة مكان ________ نذهب إليه للدراسة .

٣- أين المجلة ________ قرأتِ فيها تلك المقالة ؟

٤- هل تشعر بالراحة في السرير ________ في غرفتك ؟

٥- في هذا الشارع بناية عالية ________ تتكون من ٢٥ طابقاً .

٦- بالنسبة لي ، هذه كانت أجمل اجازة ________ أخذتها في حياتي .

٧- أنا دائماً أتبادل الرسائل مع أصدقائي ________ يسكنون خارج مصر .

٨- "سِنْدباد" قصة ________ يحبها الأولاد في كل بلاد العالم .

٩- هذه وظيفة ________ لا يمكنني الحصول عليها .

١٠- المدن ________ زرناها في العالم العربي هي مراكش ودمشق والقاهرة .

١١- هل تعرفون طلابا آخرين ________ يدرسون العربية ؟

تمرين ٨

Specify the people or places you mean using a sentence with الاسم الموصول:

١- مَن هو الاستاذ ________________ ؟

٢- من هم الناس ________________ ؟

٣- تعرّفت على المرأة ________________ .

٤- هذا هو الرجل ________________ .

٥- ما هي الموضوعات ________________ ؟

٦- الاثنين والأربعاء والجمعة هي الأيام ________________ .

٧- ما اسم الشركة ________________ ؟

المثنى: الفعل والضمائر

You know that the quantity *two* of anything is expressed with المثنى ; e.g., كتابان / كتابَيْن . In الفصحى , formal Arabic, dual agreement includes pronouns and verbs as well as nouns and adjectives; thus, الفصحى has dual pronouns أنتُما *you two, both of you*; and هُما *they two, both of them*. The following chart shows the verb endings for المثنى forms.

الضمير	الماضي	المضارع المرفوع	المنصوب والمجزوم
أنتُما	عَمِلتُما	تعملانِ	تعملا
هُما (مذكر)	عَمِلا	يعملان	يعملا
هُما (مؤنث)	عَمِلَتا	تعملانِ	تعملا

The dual forms are closely related to the singular from which it was formed. The gender of the singular noun determines its gender as dual:

كتاب (مذكر) —> كتابان —> هما (مذكر)

غرفة (مؤنث) —> غرفتان —> هما (مؤنث)

You can also see that the هما verbs are easily formed by starting with the appropriate singular verb (هو/هي) and adding the appropriate ending, either انِ or ـا .

تمرين ٩ ماذا فعلا / يفعلان ؟

١- عمتي وزوجها ــــــــ من نفس الكلية في نفس السنة . (تخرّج)

٢- مها وليلى ــــــــ من الغرفة قبل انتهاء المحاضرة . (خرج)

٣- ماهر وأخوه لن ــــــــ معنا في المباراة . (اشترك)

٤- ــــــــ الزميلان إلى الشقة في العاشرة مساءً . (عاد)

٥- الرئيسان السوري واللبناني سـ ــــــــ الزيارات قريباً . (تبادل)

٦- بعد أن ــــــــ عبد المنعم ووليد من المذاكرة ــــــــ من البيت
(انتهى) (نزل)

و ــــــــ إلى مطعم قريب حيث ــــــــ ساندويشات فلافل .
(ذهب) (أكل)

٧- في الحقيقة ، أنتما لا ــــــــ أن ــــــــ إلى رأيي في الموضوع .
(يريد) (يستمع)

٨- أنا غاضبة منكما لأنكما لم ــــــــ لزيارتي منذ وقت طويل ! (حضر)

تمرين ١٠

Since the following story is taken from an elementary schoolbook, the text is fully vowelled. See if you can pick out some of the vowels that show case endings (we will begin studying them in depth in Chapter 16). Then skim the story and identify the protagonists. Once you have identified them, follow the plot by circling all verbs, pronouns and adjectives that modify them.

عَلى الشاطِئ

كانَتْ أُخْتانِ صَغيرَتانِ تَلْعَبانِ عَلى شاطِئِ البَحْرِ فَوَجَدتا هُناكَ صَدَفات كثيرةً ، كبيرةً وَصَغيرةً ، فَجَعَلتا تَجْمَعانِها ، والْتَهَتا بها عَنِ الْبَحْرِ .

وَبَعْدَ أَنْ جَمَعَتا شَيْئاً كَثيراً مِنْها أَرادتا انْ تَرْجِعا إِلى الْبَيْتِ ، فَما اسْتَطاعَتا لأنَّ ماءَ الْبَحْرِ امْتَدَّ ، وَكادَ يَغْمُرُهُما .

وَلكِنَّ وَلَداً شُجاعاً ، كانَ يَلْعَبُ على الرَّمْلِ قَريباً مِنْهُما رأى أَنَّهُما في خَطَرٍ ، فَأَسْرَعَ فَحَمَلَ الصَّغيرَةَ ، وَقالَ لِلْكَبيرَةِ: أَمْسِكي بي ، وَخَرَجَ بِهِما من الماء .

فَرَكَضَتا إلى الْبَيْتِ ، فَأَخْبَرَتا أُمَّهُما بِكُلِّ ما حَصَلَ لَهُما ، فَسُرَّتِ الأُمُّ كَثيراً وَذَهَبَتْ إِلى بَيْتِ الوَلَدِ ، وَأَثْنَتْ عَلى شَجاعَتِهِ وَلُطْفِهِ .

من "الجديد في القراءة العربية" ، الجزء الثاني
تاليف خليل السكاكيني ، عمّان ، ١٩٦٥

Conditionals الـشـرط

There are three words for *if* in Arabic: إذا , إنْ , and لَـو .

إذا is the most commonly used conditional particle. Remember that إذا **must be followed by** الماضي no matter what the meaning of the sentence (past, present or future), and that a result clause (if...**then**...) following إذا is usually introduced by فَـ . For example:

if she is late	والدة مها تغضب إذا تأخّرت في العودة إلى البيت .
if I pass	إذا نجحتُ في الثانوية العامة إن شاء الله ، فأريد أن أدخل كلية التجارة .
if it is	إذا كان الطقس جميلاً فسأذهب إلى النادي وإذا كان ممطرًا فسأبقى في البيت .

You already know إنْ from the expression إنْ شـاء الله , *if God wills.* It may take a verb either in الماضي , as you can see from the verb شـاء , or المضـارع المجـزوم . إن usually occurs in proverbs and expressions; it is not commonly used in conversation.

The third conditional, لَـو , introduces a condition that is untrue or impossible to fulfill, such as *If I were you....* The result clause is introduced by لَـ , and both clauses must be in الماضي :

If I were ...	لو كنت الرئيس لَـساعدت كل الناس .
If I had ...	لو كان عندي مليون دولار لَـسافرت إلى كل بلاد العالم .

تمرين ١١ اسألوا زملاءكم ماذا سيفعلون إذا / لو :

Find out from a classmate what she or he would do if she or he:

1. Gets a scholarship to study in the Middle East.
2. Does not find a decent job after graduation.
3. Finds out there is an exam tomorrow.
4. Had a vacation now.
5. Were a "مليونير" .
6. The weather is sunny and warm tomorrow.
7. Owned a private plane.
8. Were not in class now!

تمرين ١٢ ماذا سيحدث إذا / لو ...؟

Speculate:

١ـ إذا نجحتُ في الامتحان فـ ________________ .

٢ـ إذا لم أستطع أن أفهم الدرس فـ ________________ .

٣ـ إذا كنتَ مشغولاً فـ ________________ .

٤ـ لو كنت أعرف أنّك ستحضرين لَـ ________________ .

٥ـ ________________ فأنوي أن أدخل كلية الحقوق إن شاء الله .

٦ـ ________________ فستغضب صديقتي .

٧ـ ________________ فسنذهب إلى السينما .

٨ـ أنا سأساعدك إذا ________________ .

٩ـ ________________ لَسهرت معكم إلى آخر الليل !

١٠ـ لو ________________ لَـ ________________ .

١١ـ إذا ________________ ، فـ ________________ .

تمرين ١٣ نشاط قراءة

كلمات تساعد على الفهم:

سَيِّدتي — my lady, madam;
here: name of the women's magazine from which this was taken

عزيزي / عزيزتي (ج. أعِزّاء) — Dear...,

شَقيق — أخ

عَدَم وُجود — nonexistence

أسئلة:

١- ماذا نعرف عن البنت التي كتبت الرسالة ؟

أ- عمرها : ________________

ب- عملها : ________________

٢- عائلتها تتكوّن من ________________________________ .

٣- ما مشكلة هذه البنت ؟

اكتبوا ٣ أشياء تدلّ على (point out) هذه المشكلة ؟

أ. ________________________________ .

ب. ________________________________ .

ج. ________________________________ .

4. In the response, the columnist suggests that the girl do certain things with her mother. Underline these things in the text.

نافذة خاصة جدا

سيدتي

انا طالبة في الجامعة ابلغ من العمر ثمانية عشر سنة، اي انني ما زلت في بداية مشواري في هذه الحياة. اعيش في عائلة صغيرة مكونة من خمسة افراد وهم ابي وامي واختي الكبيرة (٢١ سنة) واخي الصغير (١٥ سنة) .

مشكلتي الكبيرة هي عائلتي. فنحن من العائلات المفككة التي لا يدري فيها اي منا ماذا يحدث للاخر.

مشكلتي هي عدم وجود اي شخص اتكلم معه. عندما اعود من الجامعة ادخل الى غرفتي ولا اخرج منها الا في مواعيد تناول الوجبة. الشخص الوحيد الذي اتكلم معه في بعض الاحيان هو شقيقي. ولكنه صغير ولا يستطيع ان يحل لي مشاكلي. وامي اما عند جدتي او في زيارة معها او عند الخياطة.

ر . ب .

عزيزتي ..

لا يمكنني ان انصحك بمحاولة اصلاح احوال اسرة باكملها. ولكن اذا تعاملت مع امك بروح جديدة لا صدى فيها للشكوى او الشعور بالغبن يمكن ان تتحسن الامور قليلا. اذا قلت لها انك تريدين الخروج معها مرة، للزيارة، او الى السوق، او في مشوار ترفيهي، او لشرب القهوة لا اعتقد انها سوف تمانع. تدريجيا قد ينفتح امامك طريق للتواصل مع هذه الام التي تفرط في اثمن ما عندها وهي لا تدري

اتمنى لك النجاح في مسعاك .

من مجلة "سيدتي" ١٩٨٨/٨/٧

تمرين ١٤ نشاط قراءة

تعلموا هذه الكلمات:

قارّة ج. -ات	continent
عاصِمة ج. عَواصِم	capital
بَحر ج. بِحار	sea

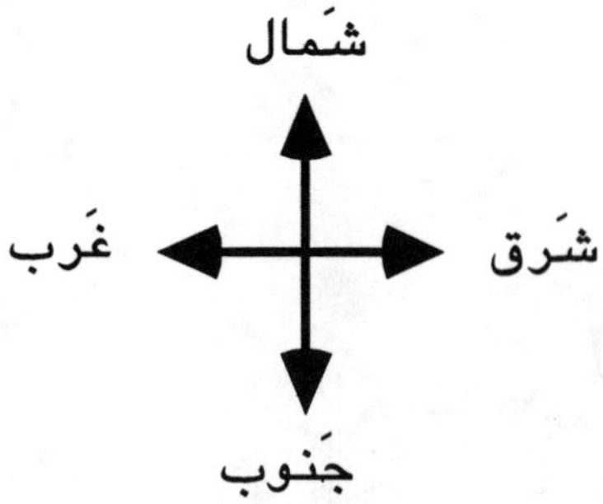

أسئلة:

١ـ عدد السكان في تونس حوالي ــــــــــــــــ مليون .

٢ـ الدين في تونس هو ــــــــــــــــ ومعظم السكان في تونس مسلمون ، ولكن

هناك قليل من ــــــــــــــــ وــــــــــــــــ .

الكلمة العربية التي تعني "minorities" = ــــــــــــــــ .

٣ـ الطقس في تونس ــــــــــــــــ في الصيف وــــــــــــــــ في الشتاء .

٤ـ اللغات التي تذكرها المقالة هي ــــــــــــــــ .

خمنوا معنى : اللغة الرسمية = ــــــــــــــــ

٥ـ ما معنى كلمة «موقع» في «الموقع الجغرافي»؟ ــــــــــــــــ

٦ـ ما معنى كلمة «توقيت»؟ ــــــــــــــــ (الجذر = ـــ ـــ ـــ)

٧- أيام العمل في المكاتب هي من يوم __________ الى يوم __________ .

٨- هل هناك عمل في المكاتب بعد الظهر ؟

هل مواعيد العمل في الصيف هي نفس مواعيد العمل في الشتاء ؟ لماذا؟

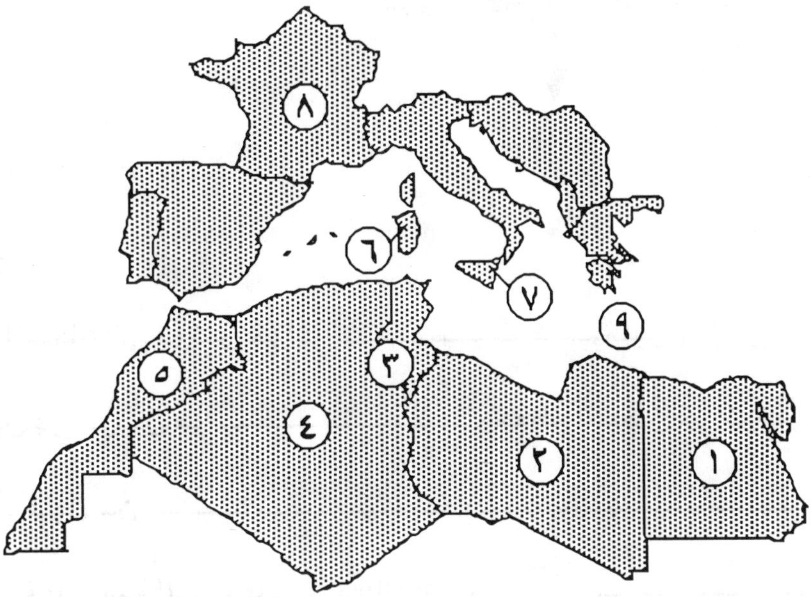

٩- أين تونس في هذه الخريطة *map* ؟ ما هي أسماء البلاد والمناطق الاخرى؟

(Hint: the text mentions many of them.)

١- __________ ٤- __________ ٧- __________

٢- __________ ٥- __________ ٨- __________

٣- __________ ٦- __________ ٩- __________

تونس بين يديك

اعداد : الدكتور

مصطفى علي

الموقع الجغرافي: تقع تونس في شمال القارة الافريقية .

المساحة: تبلغ مساحة الاراضي التونسية ١٦٠. ١٦٣ الف كيلومتر مربع (١٧٠. ٦٣ الف ميل مربع).

السكان : يبلغ عدد سكان تونس ٧.٨٠٩.٠٠٠ مليون نسمة حسب تقديرات الامم المتحدة لعام ١٩٨٨ .

العاصمة التونسية : العاصمة التونسية هي مدينة " تونس " ويبلغ عدد سكانها ٥٩٦.٦٥٤ الف نسمة حسب احصائيات عام ١٩٨٤ .

الموقع الجغرافي : تقع الجمهورية التونسية على السواحل الافريقية للبحر الابيض المتوسط، وتقع على بعد ١٣٠ كيلومتراً (٨٠ ميل) جنوب غرب جزيرة صقلية ، وتبعد ١٦٠ كيلومتراً (١٠٠ ميل) عن جنوب جزيرة ساردينيا .

اللغة المستعملة : اللغة العربية هي اللغة الرسمية والمستعملة في تونس. وتدرس اللغة الفرنسية في المدارس التونسية كلغة ثانية ، اما اللغة الانكليزية فهناك من يحسن تكلمها في المدن التونسية الكبرى.

الديانة : الدين الاسلامي هو دين الدولة التونسية، حيث غالبية التونسيين يدينون بالدين الاسلامي وهناك بعض الاقليات من الكاثوليك والبروتستانت.

التوقيت : ان التوقيت في تونس هو (+ ساعة عن توقيت غرينتش) في الشتاء.(+ ساعتين عن توقيت غرينتش) [للفترة من ١ مايو وحتى ٢٩ سبتمبر] .

بطاقات الاعتماد : تقبل بصورة واسعة بطاقات الاعتماد التالية بطاقة الاكسس - الماستر كارد - الاميركان اكسبرس - داينرزكلوب - والفيزا كارد.

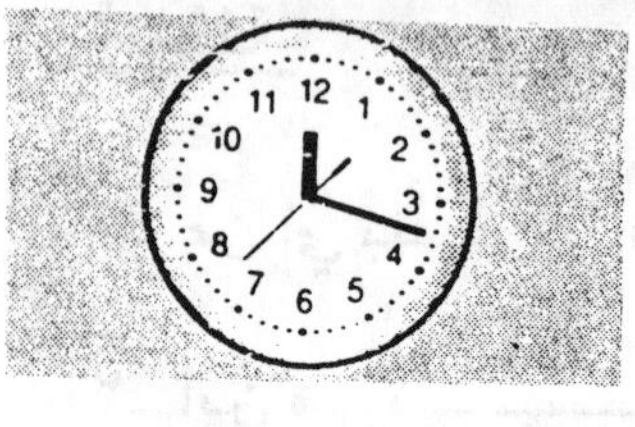

ساعات العمل في المكاتب :

في فصل الشتاء: من الساعة ٨ صباحاً حتى ١٢.٣٠ ظهراً ومن الساعة ٢.٣٠ ظهراً وحتى الساعة ٦ مساءً. طيلة ايام العمل الاسبوعية (من يوم الاثنين حتى يوم الجمعة) اما يوم السبت فيكون الدوام من الساعة ٨ صباحاً حتى الساعة ١٢ ظهراً.

اما في فصل الصيف : فمن الساعة ٧ صباحاً حتى ١ ظهراً من يوم الاثنين حتى يوم السبت من كل اسبوع.

وللحصول على معلومات تجارية يمكن الاتصال بمكتب غرفة التجارة التونسية في مدينة تونس العاصمة.

المناخ في تونس :

تتصف تونس بمناخ دافئ طيلة ايام السنة . واكثر فصول السنة اعتدالاً هو فصلي الربيع والخريف. في فصل الصيف ترتفع درجات الحرارة عالياً وخاصة في المناطق الداخلية من الاراضي التونسية.

اما في فصل الشتاء فالمناخ معتدل وتسقط فيه الامطار بكثرة.

من مجلة الحياة السياحية - عدد يناير ١٩٩٢

تمرين ١٥ نشاط استماع

شاهدوا الفيديو عن بلد عربي:

أسئلة:

١- عن أي بلد عربي هذا ؟ ________ ما عاصمتها ؟ ________

٢- أين هي ؟ ________ .

٣- تتكوّن من ________ .

٤- الطقس فيها ________ في معظم أيام السنة

و________ في الصيف و________ في الربيع .

تمرين ١٦

Finish that thought! To do so, you must decide whether أنْ , أنّ , or إنّ is needed:

١- من فضلك ، هل يمكنك ________ .

٢- تقول المقالة ________ .

٣- يظنّ بعض الناس ________ .

٤- صاحبتي تتمنّى ________ .

٥- هل تعرفون ________ .

٦- في المستقبل أنوي ________ .

٧- لا أذكر ________ .

٨- متى ترغبون في ________ .

٩- هل تشعر أحياناً بـ________ .

١٠- أمس ، علمنا بـ________ .

تمرين ١٧

Group these verbs, given in dictionary form, according to their وزن:

تكبّر	أسكن	استعلم	شغل	زاول	انفتح
اعتبر	تنعّم	أخرج	تصوّر	تطاير	سفّر
عرّف	استعدّ	ألحق	اختلف	تفرّج	افترض
سبح	حدّث	تعاون	حرّر	أخبر	حاول
أغضب	علّم	انفجر	اِختصّ	استصغر	فاصل

I فَعَلَ ______________________________

II فَعَّلَ ______________________________

III فاعَلَ ______________________________

IV أفعَلَ ______________________________

V تَفَعَّلَ ______________________________

VI تَفَاعَلَ ______________________________

VII اِنفَعَلَ ______________________________

VIII اِفتَعَلَ ______________________________

X اِستَفعَلَ ______________________________

تمرين ١٨ غيّروا (change) الجمل الاسمية إلى جمل فعلية كما في المثال:

مثال : أختي وصديقتها خرجتا من ساعة . —> خرجت اختي وصديقتها من ساعة .

١- والد ليلى ووالدتها يملكان شركة تجارية .

٢- معظم الموظفين الذين يعملون في الجريدة يسكنون في هذه المنطقة .

٣- أحمد وسعيد حصلا على منحة للدكتوراه في علم الانسان .

٤- ليلى وصديقتها تجلسان معًا في الفصل .

٥. إخوتي تأخّروا في الرجوع إلى البيت .

٦- زملائي قرّروا أن يسافروا إلى فلوريدا في العطلة .

٧- هُدى تغيّبت عن عملها بسبب وفاة جدّها .

٨- ملك ومها ستسافران مع محمد إلى القاهرة هذه المرّة .

تمرين ١٩ كانت سنة !!

أول سنة في الجامعة كانت سنة صعبة بالنسبة لي لأنني

لم ______________________________ ،

ولم ______________________________ ،

ولم ______________________________ ،

ولأن اساتذتي لم ______________________________ ،

وأصدقائي لم ______________________________ ،

ولأنّ صاحبتي لم ______________________________ ،

وزميلي/زميلتي في الغرفة لم ______________________________ ،

وسيارتي لم ______________________________ ،

ولكن ، الحمد لله ، كل شيء أصبح أحسن الآن !

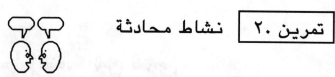

تمرين ٢٠ نشاط محادثة

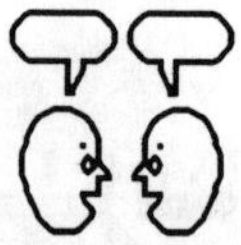

Role play: in groups of two or three, act out a scene in which مـهـا ووالدتـهـا try to resolve some of their conflicts, possibly with the help of an intermediary. In Arab culture, a family member or close friend usually assumes the role of the intermediary, rather than a professional counselor.

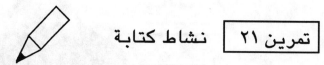

تمرين ٢١ نشاط كتابة

Write to a مـجـلـة about a مـشـكـلـة you have. When you have finished, give it to a classmate for a response, and respond to the مشكلة of another classmate.

١٦. رسالة من عمي

في هذا الدرس :

- الاستعداد لزيارة مها وأسرتها
- شهور السنة
- "أفعل" التفضيل
- الاسم المرفوع والمنصوب والمجرور
- نزار قباني ، شاعر الحب
- رسالة من محمد

تذكّروا :

أمس	رسالة	عمّ	تقول إنّ	قادم	أسابيع
نبدأ	زيارة	شقة	بعض	حمّام	غرفة
سيكون	أنتقل إلى	يأخذ	أكبر	أمّا .. فـ	ستنام
ما زالت	صغير	عندما	جاءت	آخر مرّة	أظنّ أنّ
عمر	تتذكر	كنت أكتب	رسائل	صور	الحياة

تعلّموا :

وَصَلَت (تَصِل ، المصدر: الوُصول)	it arrived
مُنْتَصَف	middle
شَهْر ج. أشهُر، شُهور	month
أيْ	i.e.
أقلّ مِن	less than
يَجِب أنْ	it is necessary to, must (impersonal)
الاِستِعداد لـِ (اِسْتَعَدَّ ، يَستَعِدّ)	to prepare for
الترتيب (رَتَّبَ ، يُرَتِّب)	to arrange, arranging
الشِراء (اِشْتَرى ، يَشْتَري)	to buy, purchase
مِلاية ج. -ات	sheet
فوطة ج. فُوَط	towel
الإصلاح (أصْلَحَ ، يُصْلِح)	to repair, repairing
مِن اللازِم أنْ	يجب أنْ
تُرسِل (أرسَلَت ، المصدر: الإرسال)	she sends
رَسَمَت (تَرسُم ، المصدر: الرَّسْم)	she drew
يا تُرى ... ؟! + **سؤال**	I wonder... (fixed expression)
غَيَّرَت (تُغَيِّر ، المصدر: التَّغيير)	it changed (+ direct object)

قبل المشاهدة:

١ـ من هو محمد بالنسبة لخالد ؟ ماذا عرفنا عن سفر محمد وأسرته من الدروس الماضية؟

استمعوا / شاهدوا :

٢ـ عمّ يتكلم خالد هنا؟ أ ـ

ب ـ

جـ ـ

استمعوا / شاهدوا مرة ثانية:

٣ـ متى سيصل محمد واسرته إلى القاهرة؟ أين سيقيمون؟

٤ـ ماذا يجب على خالد وعائلته أنْ يعملوا لترتيب الشقة؟

أـ

ب ـ

٥ـ متى رأى *saw* خالد مها آخر مرة؟

٦ـ ماذا نعرف عن العلاقة بينهما؟

٧ـ ماذا يسأل خالد عن مها؟

استمعوا وتعلّموا :

٨ـ خمّنوا معنى : "كانت ما تزال صغيرة" = ____________________

Notice how خالد lists the things his family must do. Write what he says:

٩ـ "يجب أن نبدأ من الآن في ____________ و____________ ".

"يجب ____________ و____________ ".

What grammatical structure is repeated that helps you identify the list?

تعلموا هذين الفعلين :

الماضي

وَصَلتُ	وَصَلنا
وَصَلتَ وَصَلتِ	وَصَلتُم
وَصَلَ وَصَلَت	وَصَلوا

المضارع

أصِل	نَصِل
تَصِل تَصِلين	تَصِلونَ
يَصِل تَصِل	يَصِلونَ

الماضي

اِشْتَرَيتُ	اِشْتَرَينا
اِشْتَرَيتَ اِشْتَرَيتِ	اِشْتَرَيتم
اِشْتَرى اِشْتَرَت	اِشْتَرَوْا

المضارع

أشْتَري	نَشْتَري
تَشْتَري تَشْتَرينَ	تَشْتَرونَ
يَشْتَري تَشْتَري	يَشْتَرونَ

تمرين ١ اسألوا زملاءكم :

١- في أي ساعة يصلون إلى الصف / الجامعة عادة ؟

٢- متى وصلوا إلى البيت مساء أمس ؟

٣- هل وصلتهم رسالة هذا الاسبوع ؟

٤- ما كان آخر شيء اشتروه ؟ بكم اشتروه ؟

٥- ماذا يريدون أن يشتروا عندما يحصلون على وظيفة جيدة ؟

تمرين ٢ ما هي الكلمة المناسبة ؟

١- الجو في نيويورك بارد في ________ ديسمبر .
أ- اسبوع ب - فصل جـ- شهر

٢- ينوي والدي الحَجّ في السنة ________ إن شاء الله .
أ- الاخيرة ب - الماضية جـ- القادمة

٣- هذه صورة جميلة ________ "بيكاسو" .
أ- ترجمها ب - رسمها جـ- حدّدها

٤- ستبدأ الامتحانات بعد اسبوع، لذلك يجب أن ________ جيداً .
أ- نستعدّ ب - نستقرّ جـ- نشترك

٥- أريد أن ________ ملابس جديدة للربيع .
أ- أعدّ ب - أشتري جـ- أستأجر

٦- يجب أن أساعد أخي في ________ الغرفة .
أ- حفظ ب - ترتيب جـ- إقامة

٧- التكنولوجيا الجديدة ________ حياتنا كثيراً .
أ- ذكرت ب - فصلت جـ- غيّرت

٨- سنبقى في تونس إلى ________ شهر أغسطس .
أ- منتصف ب - نفس جـ- معظم

٩- ________ الرسالة إلى مكتب التسجيل بـ"فيديرال أكسبريس" .
أ- استقبلتُ ب - أرسلتُ جـ- اِنتقلتُ

١٠- هذا المطبخ قديم ويحتاج إلى ________ .
أ- التشجيع ب - التناول جـ- الإصلاح

١١- تركت لك ________ في الحمّام الصغير .
أ- غرفة ب - فوطة جـ- وظيفة

١٢- نزلنا من البيت في الساعة الواحدة و________ إلى الجامع في الواحدة والنصف .
أ- وصلنا ب - أصبحنا جـ- خرجنا

١٣- ________ فطرنا أنا وأصدقائي في مطعم النادي .
أ- أمس ب - بعد الظهر جـ- الليلة

١٤- يجب أن نذهب إلى المطار مسرعين لأن عندنا ________ من ساعة فقط .
أ- أبعد ب - أكثر جـ- أقلّ

تمرين ٣ استمعوا إلى خالد واكتبوا ما يقول :

_______ أمس رسالة من عمي محمد _______ _______ _______

سيصلون في منتصف _______ القادم ، أي بعد _______ _______ ثلاثة

أسابيع . يجب أن نبدأ من الآن في _______ لزيارتهم و _______

الشقة . يجب _______ بعض الملايات و _______ الجديدة ، وإصلاح

_______ الثاني . و _______ من اللازم أن _______ إلى غرفة

عادل لـ _______ عمي و زوجته غرفتي _______ أكبر . أما مها فـ _______

مع جدتي في غرفتها . كانت _______ _______ صغيرة عندما _______ آخر

مرة ... _______ _______ كانت في التاسعة من _______ . هل ما

زالت _______ _______ ؟ كنت _______ لها بعض _______ وكانت

_______ _______ بعض الصور التي _______ _______ ، يا ترى هل

_______ ـها الحياة في أمريكا ؟

تمرين ٤ أوزان الفعل

Study the following sentences and determine الوزن والجذر of each verb. What do you notice about the relationships of the pairs of verbs to each other?

١ـ (أ) كل يوم جدة خالد تُعِدّ الفطور للأسرة .

(ب) مها وأسرتها يَستَعِدّون للسفر الآن .

٢ـ (أ) حصلت على وظيفة في المكتبة ولذلك يجب أن أُغَيِّر برنامجي .

(ب) الطقس يَتَغَيَّر كثيرا هنا — يوم ممطر ، يوم مشمس ، يوم حار ، يوم بارد ...

Which of the above verbs would you use to complete these sentences?

٣ـ ندرس كثيرا هذه الأيام لـ _______ للامتحانات .

٤ـ هل سـ _______ بيتك لزيارة عائلتك يا سامية ؟

٥ـ هل التجارب في الحياة _______ الشخص ؟

٦ـ القاهرة _______ كثيرا منذ زارتها مها آخر مرة .

شهور السنة

I. الشهور الميلاديّة

لكل شهر ميلادي اسمان باللغة العربية : اسم يُستَعمَل *is used* في المَشرِق العربي (سوريا ولبنان والأردن والعراق وفلسطين) واسم يستعمل في مصر والمغرب العربي (شمال أفريقيا) :

في مصر والمغرب العربي		في المشرق العربي	في مصر والمغرب العربي		في المشرق العربي
يناير	=	كانون الثاني	يوليو	=	تَمّوز
فبراير	=	شُباط	أغسطس	=	آب
مارِس	=	آذار	سبتمبر	=	أيْلول
أبريل	=	نيسان	أكتوبر	=	تِشرين الأوّل
مايو	=	أيّار	نوفمبر	=	تِشرين الثاني
يونيو	=	حَزيران	ديسمبر	=	كانون الأوّل

II. الشهور الهِجريّة :

التاريخ الهِجري يبدأ من هِجرة *migration* النبي محمد من مَكّة إلى المدينة في سنة ٦٢٢ ميلادية . والسنة الهجرية قَمَرية تتكوّن من ٣٥٤ أو ٣٥٥ يومًا و كل شهر فيها يتكوّن من ٢٩ أو ٣٠ يومًا . وأسماء الشهور الهجرية هي :

١ـ مُحَرَّم	٧ـ رَجَب
٢ـ صَفَر	٨ـ شَعبان
٣ـ رَبيع الأوّل	٩ـ رَمَضان
٤ـ رَبيع الثاني	١٠ـ شَوّال
٥ـ جُمادى الأولى	١١ـ ذو القَعْدة
٦ـ جُمادى الآخِرة	١٢ـ ذو الحِجّة

These different calendars are often used side by side, especially in newspapers and magazines, as you can see in these examples:

السبت : ٢٠ محرم ١٤١٤ هـ ـ ١٠ يولية (تموز) ١٩٩٣

شعبان ١٤١٣ هـ ـ فبراير (شباط) ١٩٩٣ م

العربي

تمرين ٥

في أي شهر :

١ـ تبدأ الدراسة في جامعتكم ؟ وفي المدارس ؟

٢ـ يبدأ فصل الربيع؟ الشتاء؟ الصيف؟ الخريف؟

٣ـ تنتهي الدراسة؟ تنتهي عطلة الصيف؟

٤ـ وُلِدتِ ؟ وُلِدَت والدتك؟ وُلِدَ والدك؟

٥ـ يَصوم *fast* المسلمون؟

٦ـ يذهب المسلمون إلى مكة للحَجّ ؟

٧ـ عيد الميلاد *Christmas* ؟ عيد الميلاد الأرثوذكسي؟ رأس السنة اليهودية *Jewish* ؟

٨ـ عِيد الأم في أمريكا؟ هل تعرفون متى عيد الام في العالم العربي؟

٩ـ ما هو أقصر شهر ميلادي؟

١٠ـ ما هو شهرك المفضل و لماذا ؟

القواعد

"أفعل" التفضيل — *The Comparative*

In Chapter 12, you learned how to use أفعل التفضيل to express the superlative, as in آخر مرة ,أحسن جامعة and أكبر مدينة . This وزن is also used to express the comparative. When used to compare two entities, أفعل التفضيل is followed by مِن as these examples show:

bigger than	مدينة نيويورك *أكبَر مِن* مدينة شيكاغو.
better than	جامعتي *أحسَن مِن* جامعتك .
taller than	أنا *أطوَل مِن* اختي .

In this construction, "أفعل التفضيل" **does not agree in gender** with the noun it modifies, but remains fixed in form. When the comparative is used as an adjective, **it must follow the noun:**

more freedom	ليلى عندها حرية *أكثر* من مها .
a smaller city	أريد أن أسكن في مدينة *أصغر* .
a better university	أريد أنْ أترك جامعتي وألتحق بجامعة *أحسن* .

Pay attention to word order! The order of the two words determines the meaning:

a smaller city	مدينة أصغر
the smallest city	أصغر مدينة
a better university	جامعة أحسن
the best university	أحسن جامعة

Practice both of these constructions in sentences until you can use them fluently.

<u>تعلموا هذه الصفات:</u>

expensive	غالي (غالٍ)
cheap, inexpensive	رَخيص
delicious (food); good-hearted (people)	طَيِّب ج. ـون/ين
nice, kind, pleasant	لَطيف ج. لِطاف ، لُطَفاء
famous	مَشهور ج. ـون/ين

تمرين ٦

Form أفعَل adjectives from these words:

١ـ غالي --> ________ (تذكروا : عالي —> أعلى)

٢ـ رخيص --> ________

٣ـ لطيف --> ________

٤ـ طيّب --> ________

٥ـ مشهور --> ________

٦ـ مناسب --> ________

٧ـ سعيد --> ________

تمرين ٧

Compare the following in sentences, using as many different adjectives as you can:

١ـ أنا	أخي/اختي
٢ـ الفيزياء	الأدب
٣ـ المعيشة في نيويورك	المعيشة في واشنطن
٤ـ الجو في الخريف	الجو في الصيف
٥ـ ملك	محمد
٦ـ جامعة "برينستون"	جامعة "إنديانا"
٧ـ الملابس الطويلة	"الشورتات"
٨ـ السفر بالقطار	السفر بالاوتوبيس
٩ـ السكن في شقة	السكن في بيت الطلاب
١٠ـ عطلة الربيع	اجازة الصيف
١١ـ الأكل المكسيكي	الأكل الصيني
١٢ـ السينما	قراءة القصص
١٣ـ اللغة العربية	اللغات الاوروبية

تمرين ٨ المقارنة

Compare these people and places to their peers using "أفعل" التفضيل :

أمثلة: أخي أكبر مني . خالد أكبر ولد في اسرته .

١- قارّة أفريقيا ________________________ .

٢- متحف "الميتروبوليتان" في نيويورك ________________________ .

٣- الحياة في القاهرة ________________________ .

٤- السيّارات اليابانية ________________________ .

٥- يحبّها لأنّها ________________________ .

٦- جورج واشنطن ________________________ .

٧- الطقس في الشتاء ________________________ .

٨- التاريخ العربي - الإسلامي ________________________ .

٩- الأكل العربي ________________________ .

١٠- أنا ________________________ .

١١- غرفتي ________________________ .

تمرين ٩ اسألوا زملاءكم :

Find out:

1. The most expensive thing they own.
2. The names of the restaurants in which they eat frequently.
3. The things they have to do this week.
4. The nicest people they know.
5. The last thing they bought.
6. The subject in which they specialize/plan to specialize.
7. The month in which they were born.
8. The place in which they feel most comfortable.
9. The last time they have been to the theater or to a museum.
10. The books or stories they like to read.

الاسم: المرفوع والمنصوب والمجرور

Case Markings on Nouns

Now that you know most of the main sentence structures of Arabic, it is time to learn about the case-marking system. When you learned the alphabet, you saw these endings:

ـُ ـٌ ـَ ـًا ـِ ـٍ

and you learned that they indicate the grammatical roles that nouns play in sentences in formal Arabic. You have already learned one of these endings, ـًا, and you know that one of its functions is to mark adverbs. Although these case endings do not play an important role in native speakers' comprehension of most prose writing, they are essential to reading poetry and Classical literature, and they are an integral part of the language of the Quran. They also lie at the core of what Arabs consider to be one of the most important parts of their cultural heritage: العربية الفصحى .

The concept of case marking on nouns and adjectives is parallel to that of the endings that المضارع verbs take: المرفوع والمنصوب والمجزوم . Remember that المضارع takes different endings depending on how it is used. Similarly, nouns take different endings depending on their role in a particular sentence.

Case marking on nouns is similar to the system of endings on المضارع in two ways. First, notice that nouns take three types of case endings: المرفوع , المنصوب , and المجرور , parallel to the three endings that المضارع takes. Second, notice that two of the three noun endings share the same name as two المضارع endings: المرفوع and المنصوب . This is because they share the same vowel; in the case of المرفوع , that vowel is ضمّة , and in the case of المنصوب , it is فتحة .

In this lesson, we will present an overview of the case system and the writing of the endings. You will learn more about how each case functions in Chapter 17. Before we talk about the endings themselves, you should be aware of three general features of the case system:

1. In general, case marking differs depending on whether a noun is definite or indefinite. Remember that a noun is definite when it has الـ or a possessive pronoun, or when it is the first or any non-final word in an إضافة . Only the last word in an إضافة can be marked indefinite.
2. Both nouns and adjectives take these endings. In noun-adjective phrases, the adjective always agrees with its noun in case, just as it agrees in gender and number.

3. Two types of nouns, جـمـع المذكـر (ون/يـن) and المثنى (ان/يْـن), do not take the vowel case endings. When we introduced these kinds of nouns and adjectives, we noted that the difference between the endings ون and يـن for plurals and ـان and ـيْـن for duals is grammatical. Now you will see how, and begin to learn when to use each ending.

The main types of case endings are:

1. DEFINITE ENDINGS:

المَرفـوع : ـُ	المَنصوب : ـَ	المَجرور: ـِ

A definite noun or adjective in a formal context will have one of the above endings. For example, the words الطالب, الطالبة, and الطلاب may appear with any of the following endings, depending on their role in the sentence:

الطالب	<---	الطالبُ	الطالبَ	الطالبِ
الطالبة	<---	الطالبةُ	الطالبةَ	الطالبةِ
الطلاب	<---	الطلابُ	الطلابَ	الطلابِ

When these endings occur on nouns that have possessive pronouns, the case vowel comes **between** the noun and the pronoun as the examples show:

المرفوع	المنصوب	المجرور
طالبُهُ	طالبَهُ	طالبِهِ
طالبتُهُ	طالبتَهُ	طالبتِهِ
طلابُهُ	طلابَهُ	طلابِهِ

Case endings with pronoun suffixes have two unique features:

(a) You can see in the chart above that the مجرور ending ـِ changes the pronoun ـهُ to ـهِ in all cases:

طالبِهِ	طالبتِهِ	طلابِهِ

This is the effect of the vowel كسرة (the same effect you have seen with prepositions بـِ and في). The كسرة vowel has this effect on all pronouns that begin with ـهـ, ـهُ, ـهما and هم :

طلابِهِ	طلابِهِما	طلابِهِم

(b) The pronoun ـي *my* ... "swallows" the case endings so that no marking occurs. Thus words like والدي and غرفتي do not change.

2. Indefinite Endings:

الـمَرفـوع : ـٌ   الـمَنصوب : ـً ، ـًا   الـمَجـرور : ـٍ

Indefinite nouns and adjectives are marked with تـنـوين . Thus the words طالب , طالـبة , and طلاب may appear in fully vocalized texts as:

طالب	<--	طالبٌ	طالبًا	طالبٍ
طالبة	<--	طالبةٌ	طالبةً	طالبةٍ
طلاب	<--	طلابٌ	طلابًا	طلابٍ

3. المثنى and جمع المذكر Endings:

جمع المذكر: الـمَرفـوع : ونَ   الـمَنصوب والـمَجـرور : ينَ

المثنى :   الـمَرفـوع : ـانِ   الـمَنصوب والـمَجـرور : ـيْـنِ

When we introduced المثنى and جـمـع المذكـر , we noted two variants for each type, ان / ين and ون / ين respectively. These are case endings (these two types of nouns **do not** take short vowel and تـنـوين endings). Note also that the endings for المنصـوب and المجرور are the same, and that no distinction is made between definite and indefinite case endings.

The chart below lists all of the endings, using the words طالب and مـصـريون as examples:

type	المرفوع	المنصوب	المجرور
definite	الطالبُ	الطالبَ	الطالبِ
indefinite	طالبٌ	طالبًا (طالبةً)	طالبٍ
المثنى	(الـ)طالبانِ	(الـ)طالبَينِ	(الـ)طالبَينِ
جمع المذكر	(الـ)مصريونَ	(الـ)مصريينَ	(الـ)مصريينَ

Finally, there exist a few types of nouns and adjectives that take a modified set of indefinite endings. You will learn these other endings after you have mastered the basic principles of the case system.

تمرين ١٠

Skim the following story and identify all of the case endings you can find and note whether they are definite or indefinite, and مرفوع , منصوب or مجرور .

قَبْلَ العَوْدَةِ إلى المَدْرَسَة

إنَّهُ يَوْمٌ يَتَذَكَّرُهُ رامي دائماً ، وَلا يُحِبُّهُ . كانَ ذلِكَ مُنْذُ أَرْبَعَةِ أَشْهُر ، في يَوْمٍ حارٍّ مِنْ أَيّامِ شَهْرِ حُزَيْران . كانَ رامي عائِداً مِنَ المَدْرَسَة ، وَقَبْلَ أَنْ يَصِلَ إلى عَتَبَةِ البَيْت ، فَتَحَتِ الْبابَ أُمُّهُ ، والفَرْحَةُ تَغْمُرُ وَجْهَها :

– "في السَّنَةِ الدِّراسِيَّةِ القادِمَةِ سَتَنْتَقِلُ إلى مَدْرَسَةٍ جَديدة ، وافَقَ المُديرُ عَلى طَلَبِ دُخولِكَ إلَيْها ! كَمْ تَمَنَّيْتُ أَنْ تُصْبِحَ تِلْميذاً في هذِهِ المَدْرَسَة ! وَأَنا سَعيدَةٌ اليَوْمَ لأَنَّ أُمْنِيَتي تَتَحَقَّق".

لَمْ يَفْهَمْ رامي سَبَبَ هذا الفَرَحِ كُلِّهِ . إنَّهُ يُحِبُّ مَدْرَسَتَه . يُحِبُّ الرِّفاقَ وَالمُعَلِّمات ، يُحِبُّ الصَّفَّ وَالمَلْعَب . وَكَمْ يُحِبُّ تَحِيَّةَ الصَّباحِ يَتَبادَلُها كُلَّ يَوْمٍ مَعَ العَمِّ مُنير ، بَوّابِ المَدْرَسَة ! وُجوهٌ عَديدَةٌ وَأَشياءُ كَثيرَةٌ أَلِفَها وَأَحَبَّها ، فَكَيْفَ يَتْرُكُها ؟

– " لا ، لا يا أُمّي ... وَلِماذا أَنْتَقِلُ إلى مَدْرَسَةٍ أُخْرى ، وَأَنا أُحِبُّ مَدْرَسَتي "

أَرادَتِ الأُمُّ أَنْ تُحَدِّثَهُ عَنِ العِلْمِ وَطَريقَةِ التَّعْليم ، وَعَنْ أَسبابٍ كَثيرَةٍ جَعَلَتْها تُفَضِّلُ نَقْلَهُ إلى المَدْرَسَةِ الجَديدة ، لَكِنَّها أَحَسَّتْ بِأَنَّهُ يُفَكِّرُ في شَيْءٍ آخَر .

– " أَعْرِفُ يا رامي أَنَّكَ سَتَفْتَقِدُ أَصْحابَكَ وَمَدْرَسَتَك ، وَلَكِنْ تَأَكَّدْ أَنَّكَ سَتَلْتَقي في السَّنَةِ القادِمَةِ بِرِفاقٍ تُصادِقُهُم . لَنْ يَمْضِيَ وَقْتٌ طَويلٌ حَتّى تَأْلَفَ المَدْرَسَةَ الجَديدة " .

من "كتاب القراءة" للصف الثالث الابتدائي
اعداد: وفاء مجاعص عبد النور وسارة شاهين عمار
مركز الأبحاث اللغوية والتربوية ، بيروت ، ١٩٨٩

الثقافة

نزار قباني ، شاعِر الحبّ

ولد نزار قباني في مدينة دمشق في سوريا سنة ١٩٢٣ ، وبعد إتمام دراسته الثانوية التحق بِكلية الحقوق بجامعة دمشق وحصل منها على البكالوريوس ، وبعد ذلك عمل ديبلوماسيًا في عدة عواصم أوروبية وآسيوية . بدأ نزار قباني يكتب الشعر *poetry* عندما كان طالباً ، وكتب أول كتاب له بعنوان "قالت لي السمراء" وهوَ في التاسعة عشرة من عمره . ومن أعماله "قصائد من نزار قباني" و"كتاب الحب" و"مئة رسالة حب". وبالإضافة إلى موضوع الحب ، يكتب نزار قباني عن مواضيع سياسية واجتماعية *social* وعن المرأة . ويقرأ شعره ملايين من العرب في كل البلاد العربية .

Nizar Qabbani is perhaps the most widely known and read poet throughout the Arab world. His popularity is due in part to his simple style, and in part to the topics he addresses. Known as شاعر الحب *poet of love,* he writes mostly الشعر الحُرّ *free verse,* which differs from Classical poetry in its lack of strict adherence to a single meter and rhyme. Some of his poems, including the following, were put to music and became popular songs. This poem was sung by عَبد الحَليم حافظ (الله يرحمه) , an Egyptian singer known as العَندَليب الأسمَر *the dark-complexioned nightingale,* himself immensely popular. While you are reading and listening, note the role the case endings play in form as well as content: they lend rhythm to the lines and are essential to the meter.

رسالة من تحتِ الماء

إنْ كنتَ حبيبي .. ساعِدْني
كي أرحلَ عنكْ
أو كنتَ طبيبي .. ساعِدْني
كي أشفى منكْ
لو أنّي أعرفُ أنّ الحبَّ خطيرٌ جدًا ..
ما أحبَبتْ
لو أني أعرفُ أنّ البحرَ عميقٌ جِدًا
ما أبحَرْتْ
لو أني أعرفُ خاتمتي
ما كنتُ بدأتْ

من ديوان "أحلى قصائدي" ، نزار قباني ، منشورات نزار قباني ، بيروت د.ت.

تمرين ١١ نشاط قراءة

The letter you are about to read is handwritten in Egyptian style, which means that the final shapes of some letters very slightly from the print you are accustomed to. In particular, the letters ن , ق , and ض , when written by hand, take a different "tail" shape here and do not take their normal dots, and remember that final ي is written without dots as well. Your teacher will help you identify these letters and get you started. Look for words you know and note how they are written. Reading will go slowly at first, but you will soon become accustomed to the differences and pick up speed.

تعلموا هذه الكلمات:

صِحّة	health
أرجو (المصدر: الرجاء) + أن / المصدر	I hope; please
أرجو أنْ تكون	I hope you are
أرجو إبلاغ	please inform
تَتَّصِل بِـ	you contact, get in touch with (someone)

أسئلة:

١- مَن كتب الرسالة وإلى مَن كتبها؟

٢- اذكروا خمسة أشياء كتب عنها:

أ-

ب -

جـ-

د -

هـ-

بسم الله الرحمن الرحيم

أخى العزيز محمود :

تحياتى وأشواقى لكم جميعاً وسلامي الخاص وقبلاتى للوالدة الغالية، وأرجو ان تكونوا فى أحسن صحة.

نحن جميعاً بخير والحمد لله وملك وصها فى أحسن حال وهما ترسلان لكم أطيب السلام. انا مشتاق اليكم جميعاً والى الجلوس بينكم والحديث اليكم وأتمنى من الله أن يجمعنا كلنا فى أقرب فرصة. والله "وحشتونى" يا محمود ووحشتنى مصر وأهلها.

أخى محمود،

أرجو منك ابلاغ كل افراد العائلة اننا سنصل الى القاهرة ان شاء الله مساء يوم الخميس ٨ مارس على طائرة شركة "مصر للطيران" وأرجو أن لا تتعبوا انفسكم فى الذهاب الى المطار فنحن سنأخذ تاكسى من المطار الى البيت ونراكم هناك باذن الله. وأرجو منك كذلك ان تتصل بمجدى وتخبره بموعد وصولنا وسيقوم هو بابلاغ كل الأصدقاء.

سلامى لعادل وأولاده ولفاطمة وزوجها وأولادها وسلامى لأحمد وأسرته ومرة أخرى قبلاتى للحاجة وسأراكم جميعاً ان شاء الله بعد ثلاثة أسابيع.

اخوك

محمد

ملحوظة :

أرجو ان تتصل بى تليفونياً اذا كان هناك أى شئ تريدون ان احضره معى لكم من هنا. سأحضر معي بعض الفيتامينات للوالدة... هل يريد خالد أى كتب أو مراجع لدراسته ؟ أنا فى انتظار تليفون منك.

تمرين ١٢ نشاط كتابة

Write a response from خالد to عمه محمد . Ask about مها and ملك, confirm arrival date and time, and tell him your (Khalid's) news. Imitate رسالة محمد as much as you can and use the following letter formulae:

عمّي الحبيب ، / عمّي العزيز ،

تَحِيّاتي وأشواقي — *greetings and longings (to see you)*

أرجو أن تكون في أحسن صحّة

سَلامي لِـ / إلى — *my best to...*

تمرين ١٣

Pretend you are feeling negative today, and respond accordingly to the following. Be emphatic by using verbs:

١- هل في هذه المنطقة حدائق جميلة ؟

٢- هل عرفت أنه يقيم معنا ؟

٣- في رأيك ، هل الفشل هو أصعب شيء في الحياة ؟

٤- كنت مريضة أمس ، فهل أنت أحسن اليوم ؟

٥- هل قرّر معظم الموظفين التغيّب عن العمل يوم الخميس ؟

٦- هل هذه أول مرة تدخّنين فيها ؟

٧- هل تملك عائلة صاحبتك بناية في هذه المنطقة ؟

٨- هل تذكّرت اسم الشخص الذي كان يتكلم معك ؟

٩- هل عندك موعد مع الدكتور هذا الأسبوع ؟

١٠- هل هناك علاقة بينهما ؟

١١- هل وصلت الرسالة التي كتبتها لك ؟

١٢- هل غيّرت برنامجك بسبب زيارة اختك ؟

١٣- أرتّب غرفتي كل اسبوع . وأنت ؟

تمرين ١٤

Complete this passage using words from the list:

الماضية	أشعر	قسم	الحصول	وقت	نملك
فرص	الشقق	أقاربي	أرفض	الخجل	أسهل
وُلدتْ	تعرّفت	السياحة	أترك	قرّرنا	بدأت
حضرت	أتكلم	زرنا	أرغب	الوحيدة	أعيش

السلام عليكم !

اسمي بلهادي بكّوش وأنا والد ليلى . أنا تونسي من مدينة سوسة ولكنّي ________ هنا في الولايات المتحدة منذ ٢٦ سنة . أظنّ أنكم تعرفون أننا أنا وزوجتي ________ شركة صغيرة في منهاتن نعمل بها .

عندما ________ إلى أمريكا كنت ________ في ________ على البكالوريوس في الاقتصاد ولكنني ، بعد ________ قصير من الدراسة فقط ، قرّرت أنْ ________ الجامعة لأنني لم ________ بالراحة في دراستي ولأنني وجدت أنّ ________ العمل في التجارة هنا في نيويورك كثيرة .

تجربتي في التجارة ________ بالعمل في مكتب لِبيع البيوت و ________ .

عملت في ذلك المكتب ٥ سنوات ، وفي ذلك الوقت ________ على "ليز" التي كانت تعمل في مكتب لِـ ________ والسفر في منهاتن. علاقتي بـ "ليز" كانت علاقة صداقة في البداية لأنني كنت ________ الزواج من أمريكية ، ولكن بعد أن تعرفت عليها أكثر أحببتها فَـ ________ أنْ نتزوج . وبعد ٤ سنوات من زواجنا ________ ابنتنا ________ ليلى .

ليلى الآن طالبة جامعية تدرس في ________ علم الإنسان في جامعة نيويورك. ________ معها بالعربية أحيانًا ولكني أجد الكلام بالإنكليزية ________ . عندما ________ عائلتي في تونس في السنة ________ شعرت بـ ________ لأنّ ليلى لم تستطع أن تتكلم مع ________ بالعربية . ولكن ماذا يمكنني أن أفعل ؟! لا أعرف كيف أشجع ليلى على أن تتعرف أكثر على أصلها العربي ؟

تمرين ١٥	مع القاموس

اِقرأوا هذه الجمل ثم اكتبوا (١) وزن الفعل في كل جملة و(٢) معنى هذا الفعل في الجملة:

الجملة	وزن الفعل	المعنى في الجملة
مثال: تعرّفتُ على صديقة جديدة .	تفعّل (V)	I got to know
١ـ قابَلَت زميلاتها في النادي .		
٢ـ تَراسَلْنا ثلاث سنوات .		
٣ـ هل أكْمَلْتِ الواجب يا سلمى ؟		
٤ـ اِستَرْجَعَت المكتبة معظم الكتب مني .		
٥ـ اِبْتَعَدَ عن التدخين والشرب .		
٦ـ أجّروا الشقة لعائلة سورية .		
٧ـ انْفَصَلَت عن زوجها .		
٨ـ نجح في حياته وكَوَّن مستقبلاً ممتازاً .		
٩ـ كيف تَمَكَّنْتِ من الخروج ؟		
١٠ـ مَن فَتَحَ باب الغرفة ؟		

تمرين ١٦ ماذا تعلمتم من التجارب في الحياة ؟

طبعًا ، كانت لكم تجارب كثيرة في الحياة ، وطبعًا ، فأنتم تعلّمتم الكثير من تجاربكم هذه . ونريد منكم هنا أن تكتبوا لنا عن بعض الأشياء التي حدثت لكم من قبل والتي ستعملونها مرة ثانية وكذلك عن بعض الأشياء التي قررت ألاّ تفعلوها مرة اخرى:

الأشياء التي سأفعلُها مرة ثانية	الأشياء التي لن أفعلَها مرة ثانية
١ـ	١ـ
٢ـ	٢ـ
٣ـ	٣ـ
٤ـ	٤ـ
٥ـ	٥ـ

تمرين ١٧ الرّغبات والحاجات

You have learned several ways to express needs and desires:

أريد أرغب في أتمنّى أحتاج إلى (أنا) بحاجة إلى

ماذا يريدون / يحتاجون ؟ :

١ـ كل أصحابي ______________ .

٢ـ بعض الناس ______________ .

٣ـ عندما كنت صغيرًا / صغيرة ______________ .

٤ـ أمي ما زالت ______________ .

٥ـ والدة مها ______________ .

٦ـ في المستقبل ، ______________ .

٧ـ بالنسبة للدراسة ، ______________ .

٨ـ معظم الأساتذة ______________ .

٩ـ أظن أن كثيرًا من العرب ______________ .

١٠ـ كلنا ______________ .

تمرين ١٨ نشاط استماع

شاهدوا الفيديو:

١- عن أي بلد عربي هذا؟ ________________

٢- ما هي عاصمتها؟ ________________ من هو رئيسها؟ ________________

3. List three things mentioned about this country in the text:

(a)

(b)

(c)

تمرين ١٩ نشاط محادثة

أنتَ في مدينة القاهرة ، وصلتَ منذ يومين وستدرس/ين اللغة العربية في الجامعة الأمريكية هذه السنة . لذلك ، تريد/ين أنْ تستأجر/ي شقة في منطقة الجامعة. اِذهب/ي إلى كل بناية في هذه المنطقة واسأل/ي "البَوّاب" عن الشقق في البناية .

تعلموا هذه الكلمات:

بَوّاب — doorman: in Cairo, a man who lives in a small apartment near the door of an apartment building and takes care of the building. He often does odd jobs for the residents, and earns his living from the fees and tips they pay him each month. "Bawwabs" often know more than anyone else about the buildings in their charge and represent one of the best sources of information about the availability of apartments.

عايز / ة ج. عايزين — Egyptian colloquial for أريد

أمثلة : أنا عايز شقة . / انتِ عايزة شقة ؟

مَفروشة — furnished

١٧ . كل عام وأنتم بخير!

كلّ عامٍ وأنتم بخير

في هذا الدرس :

- رمضان
- الاسم المجرور والمرفوع والمنصوب
- القرآن الكريم
- الحديث النبوي

تذكروا :

عام	أوّل	شهر	الذي	بدأنا
الاستعداد لـِ	أكثر	تفعل	إعداد	أمّا .. فـَ
وصل	برنامج	إذ	النوم	متأخراً
بعد الظهر	أسهر	"الحسين"	لن	الخروج

تعلموا :

بـِخَير	well, fine (said of people only)
كل عام وأنتم بخير	(greeting used on holidays, birthdays, etc.)
اِجْتَمَعَت (تَجْتَمِع ، المصدر: الاِجْتِماع)	it met, gathered
الإفطار	meal breaking fast in رمضان
اِعْتادَت أنْ (تَعتاد أنْ)	it got used to, accustomed to
أشْرَفَت على (تُشرِف على ، المصدر: الإشراف)	she supervised
اِنْشَغَلَت بِـ (تَنْشغِل بـ ، المصدر: الاِنشِغال)	she became occupied with
الطَبْخ (طَبَخَ ، يَطبُخ)	to cook, cooking
تَوَلَّت (تَتَولّى)	she undertook (e.g., a job)
قَمَر الدين	a dessert made from apricots
الكُنافة	a kind of pastry
يَخْتَلِف عن (اِختَلَفَ عن، المصدر: الاِختِلاف)	it differs from
بَقِيّة	the rest, remainder of
أقوم (قُمتُ ، المصدر: القِيام)	I get up
مُسَلْسَل ج. -ات	series, serial (on T.V.)
مَقهَى ج. مقاهٍ / المقاهي	cafe
حَتّى	until
السُّحور	meal eaten before dawn during رمضان
صَحيفة ج. صُحُف	جريدة
يَبدو أنّ	it appears, seems that

استمعوا / شاهدوا :

١ـ لماذا يقول خالد "كل عام وانتم بخير" ؟

٢ـ ماذا تفعل العائلة كل سنة في رمضان؟

استمعوا / شاهدوا مرة ثانية:

٣ـ مَن يذكُر خالد هنا؟ ماذا يفعلون؟

أـ ____________ ______________________________

ب - ____________ ______________________________

جـ - ____________ ______________________________

استمعوا / شاهدوا مرة ثالثة:

٤ـ ما هو برنامج خالد في رمضان؟

أ - ______________ هـ - ______________

ب - ______________ و - ______________

جـ - ______________ ز - ينام

د - ______________

٥ـ في رأيك ، لماذا يقول خالد إنّه لن يستطيع أن يخرج مع أصدقائه في رمضان هذه السنة؟

استمعوا وتعلّموا :

Write what you hear خالد say:

٦- ________ زوجة عمي أحمد ________ وصل من أبو ظبي منذ يومين ، ________ تولّت إعداد قمر الدين والكنافة .

7. Remember that the connector أمّا .. فـ signals a change of topic. What is the new topic here?

8. You also heard the word قَد , which is a particle used in الفصحى to emphasize that an event has taken place. قد is followed by الماضي when it functions this way and may be preceded by فـ or لَـ (an emphatic particle). Other examples:

لقد تغيّرت حياتنا كثيرًا في السنوات الأخيرة .

كانت الحفلة فعلاً جميلة ! فقد رقصنا وأكلنا وسهرنا حتى الصباح .

لم أكن أعرف أن الشركة قد فصلته .

تمرين ١ | أوزان الفعل

Study the following groups of sentences and determine how the underlined words in each set are related in meaning and جذر :

١- أ - أقوم من النوم عادةً في الثامنة صباحًا .

ب - كل صيف نعود إلى نفس المنطقة لقضاء عطلتنا .

جـ - متى سأعتاد على الكلام والقراءة بالعربية ؟

٢- أ - طوال الأسبوع الماضي انشغلت بوالدتي لأنها مريضة .

ب - غضب زوجها منها لأنها مشغولة بأولادها عنه .

جـ - أنا مهندسة ، وأحب شغلي كثيرًا .

د - أين تشتغلين ؟ - أشتغل في مكتب سياحة .

تمرين ٢ اكتبوا الكلمة المناسبة في الفراغ :

الطبخ	بخير	يبدو	المسلسلات	تفعلين
الحرية	المقهى	حتّى	انشغلنا	تختلف
يجتمع	يملكون	اعتادوا	يشرف	العام
بقية	السحور	الصحف	الإفطار	قمت

١ـ سينتقلون إلى الشقة الجديدة في منتصف ــــــــ القادم .

٢ـ إخوتي يحبّون مشاهدة ــــــــ التليفزيونية المصرية .

٣ـ سهرت كثيراً ليلة أمس ولذلك ــــــــ من النوم في ساعة متأخرة هذا الصباح .

٤ـ ــــــــ العربية الفصحى عن العامّية في بعض الكلمات والقواعد .

٥ـ والدتي مشغولة جداً في العمل هذه الأيام ولذلك قرّرت أنْ أساعدها في ــــــــ وشغل البيت .

٦ـ بعد سنة من الدراسة، الطلاب ــــــــ أن يتكلموا ويقرأوا باللغة العربية .

٧ـ ــــــــ أنّ حياتهم بدأت تستقرّ أخيراً .

٨ـ في شهر رمضان ننام قليلاً قبل ــــــــ .

٩ـ كل يوم ، ينزل جدي إلى ــــــــ حيث يقضي الصباح في قراءة ــــــــ والمجلات .

١٠ـ طوال الاسبوع الماضي ــــــــ بالاستعداد للانتقال إلى الشقة الجديدة .

١١ـ ماذا ــــــــ عادةً بعد العودة إلى البيت ؟

١٢ـ في العالم العربي، ــــــــ كل أفراد العائلة مرّة في الاسبوع عادةً .

١٣ـ كانت جدتي مريضة جداً ولكنها الآن ــــــــ والحمد لله !

١٤ـ يوم الجمعة يصحو خالد في الساعة العاشرة صباحًا، أما في ــــــــ الايام فهو يصحو في السادسة والنصف .

١٥ـ يجب أن أتكلم مع الاستاذ الذي ــــــــ على دراستي .

١٦ـ اليوم سنسهر ــــــــ الساعة الواحدة لنشاهد فيلما في التليفزيون .

تمرين ٣ استمعوا إلى خالد واكتبوا ما يقول :

كل عام وأنتم بخير ! أمس كان ______ أيام ______ ______ الذي
بدأنا ______ له منذ ______ من أسبوع . ______ ______ كل
العائلة على الافطار كما ______ أن تفعل كل سنة ، ______ جدتي على
______ كل شيء . ______ عمتي فاطمة وزوجة عمي عادل منذ
الصباح بـ ______ ، ______ زوجة عمي أحمد الذي ______
______ أبو ظبي منذ ثلاثة أيام ، فقد ______ ______ قمرالدين
والكنافة . برنامجي في رمضان ______ ______ ______ ______
السنة ، إذ ______ ______ النوم ______ وأنام ______ بعد
الظهر. بعد ______ نشاهد ______ ______ ، ثم ______
لـ ______ مع أصدقائي في الحسين أو على المقهى حتى ______ ،
بعد السحور ______ ______ و ______ ، لكن ______
______ لن ______ هذا العام ______ و ______ مع
أصدقائي .

تمرين ٤ اسألوا زملاءكم :

١ـ متى تجتمع كل عائلاتهم ؟ ماذا يفعلون ؟

٢ـ متى يقومون من النوم في نهاية الأسبوع ؟

٣ـ ماذا يحبون أن يطبخوا ؟

٤ـ كم مقهىً في منطقة الجامعة أو البيت ؟

ما هو مقهاهم المفضل ، ولماذا ؟

٥ـ ما اسم الاستاذ(ة) الذي يشرف على دراستهم ؟

كم مرّة يجتمعون به / بها في الفصل الدراسي؟

٦ـ هل يختلفون مع أخوتهم /أصدقائهم في الرأي ؟ في أي مواضيع ؟

القواعد

In this section, we will examine the functions of the cases المرفوع , المجرور , and المنصوب and practice identifying nouns that are marked with them in written texts. You are not expected to digest all of this information at once, but you will learn best by practicing, so we will lay out here all of the rules you need to know to begin and then start you practicing the endings in contexts of sentences. For the present, we will ignore all proper names and avoid marking plurals of certain أوزان because the rules for marking them differ slightly. We will also ignore nouns that end in ا or ى , since they do not take these endings. Like final ي in the possessive pronoun ـي *my...*, these vowels swallow up the case endings.

We will begin with الاسم المجرور because it has the highest frequency among the three cases, and also because its rules override the rules of the other two cases.

الاسم المجرور

تذكروا: الطالبِ طالبِهِ طالبٍ (الـ)طالبَين (الـ)مصريين

The first grammatical case that we will examine is called الجرّ , and a noun that is so marked is called الاسم المجرور .[1] A noun that is مجرور takes one of the endings listed above depending on whether it is definite, indefinite, جمع مذكر , or مثنى . Review these مجرور endings, and remember the effect of ـِ on pronoun suffixes containing ـهُ .

This case ending marks:

(1) the object of a preposition, or

(2) the possessive relationship of one noun to another.

Thus, all nouns and adjectives in prepositional phrases, and all nouns **except the first** in an إضافة take this ending. (The first noun in an إضافة takes its case according to what precedes it or what role it plays in the sentence; thus it **can** be مجرور if preceded by a preposition.) Study the following examples of nouns and adjectives marked as مجرور and see if you can give the reason for each ending:

١ـ مها وليلى تذهبان الى فصلِهما معًا .

٢ـ مكتب الاستاذِ في الطابقِ الأولِ .

٣ـ أمس تعرّفتُ على طالبٍ جديدٍ في مطعمِ الجامعةِ .

٤ـ خالد يجلس مع أصدقائِهِ .

٥ـ ندرس عادةً في المكتبةِ .

٦ـ يجب شراء بعضِ الملاياتِ .

---

[1] جر/مجرور is referred to as *the genitive* in English treatments of Arabic grammar.

تمرين ٥

Identify which words are مجرور and mark the correct ending where appropriate:

١- سينتقل خالد إلى غرفة عادل .

٢- تعرفت على الطلاب القطريين الذين يسكنون هنا .

٣- زوجة عمّي تَوَلَّت إعداد قمر الدين والكنافة .

٤- لا تسمح لِبنتها بالذهاب إلى بيت زميلها .

٥- برنامجي في الصيف يختلف عن برنامجي في الشتاء .

٦- انتقلوا إلى منطقة "المعادي" في القاهرة .

٧- بعد الانتهاء من عمله ذهب إلى النادي مع اثنين من أصدقائه .

٨- يشعر بالغربة في هذا المكان .

٩- في الساعة الرابعة سأكون أمامَ حمّام السباحة .

الاسم المرفوع

<u>تذكروا:</u> الطالبُ طالبٌ (الـ)طالبان (الـ)مصريون

This case is called الرَّفع , and a noun that is so marked is called اسم مرفوع.[1] A noun that is مرفوع takes one of the endings listed above depending on whether it is definite, indefinite, مثنى or جمع مذكر .

This case is used to mark:

(1) الفاعِل (subject of the verb) in الجملة الفعلية , and

(2) المبتدأ والخبر in الجملة الاسمية
except when الخبر consists of a prepositional phrase, such as في الجامعة , because, as you saw above, prepositional phrases are marked مجرور .

Study the following examples of الاسم المرفوع and figure out the reason for each ending:

١- زوجتُهُ لبنانيةٌ .

٢- والدُها مديرٌ كبيرٌ في تلك الشركة .

٣- تسمح لنا والدتُنا بالخروج .

٤- تكلم الاستاذُ أمس عن تجربتِهِ في التدريس .

[1]In English treatments of Arabic, this case is called *the nominative*.

Identifying nouns in المجـرور case is relatively easy, because all you need to look for is prepositions and إضافات . In order to identify nouns in المرفوع , however, you must pay attention to the **meaning of the entire sentence** in order to find الفاعل or المبتدأ and الخبر .

تمرين ٦

Review the structure of الجـملة الاسـمـيـة by identifying المبـتـدأ and الخـبـر in each sentence. Underline the words that should be marked مـرفـوع :

١ـ معظم الصور التي رسمتها جيدة .

٢ـ كرة القدم واحدة من هواياتي المفضّلة .

٣ـ البيت الذي أسكن فيه صغير .

٤ـ في الطابق الثاني مكاتب إدارية .

٥ـ لي أصدقاء كثيرون في القاهرة .

٦ـ عندها صاحب من أصل عربي .

تمرين ٧

Study these sentences and explain the endings that are marked:

١ـ عمُّ مها ضابطٌ كبيرٌ في الجيشِ .

٢ـ انقطعَت العلاقةُ بينهم بعد وقتٍ قصيرٍ .

٣ـ هناك أمريكيونَ كثيرونَ من أصلٍ عربيٍّ .

٤ـ لها ابنُ عمٍّ يسكنُ في الكويت .

٥ـ تتكوّنُ مدينةُ نيويورك من خمسةِ أقسامٍ كبيرةٍ .

تمرين ٨

Mark all of the appropriate مجرور and مرفوع endings in these sentences:

١ـ جدة خالد تعيش معهم .

٢ـ حديقة بيتهم جميلة جدا .

٣ـ تبدأ الأجازة الصيفية بعد أسبوع .

٤ـ أمامك فرص كثيرة !

٥ـ في المكتبة مجلات كثيرة .

٦ـ يجيء أقاربنا لزيارتنا كل سنة .

٧ـ العربية الفصحى هي لغة القرآن .

٨ـ غرفة نومي كبيرة وجميلة .

الاسم المنصوب

تذكروا: الطالبَ   طالبًا   طالبةً   (الـ)طالبَين   (الـ)مصريين

The third case is called النَّصب , and a noun or adjective in this case is called منصوب .[1] You know that this case marks adverbs such as دائمًا , جدًّا , and أحيانًا . A noun or adjective that is منصوب takes one of the endings listed above, depending on whether it is definite, indefinite, مثنى , or جمع مذكر .

This case marks:

(1) the direct object of a verb, and

(2) adverbs.[2]

It may be useful to think of المنصوب as signalling the answer to the questions ماذا , كيف , and متى :

ماذا كنتَ ؟ <--- كنتُ *طالبًا* .

ماذا أكلتِ ؟ <--- أكلتُ *السمكَ* .

كيف نخرج من الصفّ؟ <--- نخرج من الصفّ مُسرعين .

متى يشاهد المباريات؟ <--- يشاهد المباريات يومَ *الجمعةِ* .

In these sentences, the words طالبًا , السمك , مسرعين , and يوم are all marked منصوب because their function in the sentences is to answer متى , كيف , or ماذا .

But within this framework, remember that prepositional phrases override the case المنصوب . For example, in the last sentence above, the logical answer to متى is actually the إضافة phrase يوم الجمعة , but only يوم takes المنصوب , because الجمعة is the second word in الإضافة and therefore is مجرور . In the following sentences, the words لعب , طائرة , كلية , and المساء answer the questions ماذا , متى or كيف , but they all take المجرور ending because the prepositions takes precedence.

أستمتع بلعبِ الشطرنج .   سافرت على *طائرةٍ* كبيرةٍ .

التحق خالد بكليةِ الآداب .   أدرس في *المساءِ* .

---

[1]This case is called *the accusative* in English.

[2]Arabic treats adverbs as belonging to several different grammatical categories, each of which has its own name, although they all share the منصوب case. You will learn the names and types of adverbs later.

تمرين ٩

Study the following examples of المنصوب and give the reason for each marking:

١- كانت استاذتَنا السنةَ الماضيةَ .

٢- عادوا إلى البيت مُسرعين .

٣- تخرّجوا وأصبحوا مهندسين .

٤- ما نمتُ ليلةَ أمس .

٥- مها كانت زميلتَهُ .

٦- قرأت الكتابَ مرّتَيْن .

٧- شاهدنا فيلمَيْنِ جديديْن .

٨- بيتنا ليس كبيراً ولكنّي أحبه .

تمرين ١٠

Mark nouns and adjectives for المنصوب where appropriate:

١- ليلة الخميس يمكننا أن نشاهد المسلسل العربي .

٢- بيتنا أصبح بيت العائلة .

٣- خالد يحبّ عائلته .

٤- تصحو متأخرة .

٥- أدرس ساعتين في المكتبة .

٦- في الصباح نشرب القهوة ونقرأ الصحف .

٧- حفظت كل الكلمات .

٨- رفضوا مساعدته .

٩- تريد أنْ تشتري سيارة جديدة .

١٠- ما استطعتُ أن أقرأ القصّة .

تمرين ١١

Study the following vocalized sentences and explain the case markings:

١- محمد آخِرُ الأنبياءِ في الإسلامِ .

٢- مها زميلةُ ليلى .

٣- جون كانَ طالباً في جامعةٍ أخرى قبلَ أنْ يلتحقَ بهذه الجامعةِ .

٤- لا أعرفُ هذا الاستاذَ - هل هو جديدٌ هنا ؟

٥- أعرفُ موظفَين يعملانِ بالجريدةِ .

٦- سميرة وأيمن طالبانِ جديدانِ في قسمِنا .

٧- ليسَ في هذا الصفِّ طلابٌ كثيرونَ .

٨- تبدأُ صلاةُ الجمعةِ في الساعةِ الواحدةِ بعدَ الظهرِ، لذلك يجب انْ ننزلَ من البيتِ قبلَ ذلك بحوالي نصفِ ساعةٍ .

٩- هذه مقالةٌ ممتازةٌ تدرسُ موضوعَ العلاقةِ بين الدينِ والسياسةِ في الشرقِ الأوسطِ .

١٠- قرّرتْ الشركةُ فصلَهُ من العملِ لأنّهُ رفض الانتقالَ الى مكانِ عملِهِ الجديدِ .

١١- خُطبت ابنةُ عمي "لينا" لِضابطٍ كبيرٍ بالجيشِ يملك شقّةً بمنطقةِ "المعادي" .

١٢- غضبتْ زوجتُهُ منه لأنّه عادَ الى البيتِ متأخّراً ليلةَ أمسِ وعندما وصل الى البيتِ ، لم تقلْ له شيئاً ولكنّها دخلت الى غرفتِها ونامت .

الثقافة

القُرآن الكريم *The Holy Quran*

تعلموا هذه الكلمات:

سورة ج. سُوَر	chapter (of the Quran)
آية ج. آيات	verse

القرآن هو كتاب الله ، أنْزَلَه إلى النبِي محمد والمسلمين . وللقرآن أسماء أخرى أيضًا منها : "الكتاب،" و"التَنزيل"، و"المُصحَف". والقرآن يتكوّن من ١١٤ سورة وكل سورة تتكون من آيات . وترتيب القرآن هو: السور الطويلة أولاً ، وبعدها السور القصيرة . ومعظم السور الطوِيلة نزلت متأخرةً ، بعد هجرة محمد والمسلمين إلى المدينة وتُسمّى هذه السور "السُوَر المدنية". ومعظم السور القصيرة نزلت عندما كان محمد والمسلمون لا يزالون في مكّة ، وهذه السور تُسمّى "السور المكّية".

القرآن is considered to be the highest stylistic model for العربية الفصحى , as well as a model for the codification for its grammar. Read the following verses with your teacher:

تعلموا هذه الكلمات:

دين ج. أديان	religion
(ال) رَبّ	الله
الصِّيام (صامَ ، يصوم)	fasting, to fast

كلمات تساعد على فهم الآيات:

يا أيّها	يا
أعبُد	I worship
خَلَقَ	(He) created
آمَنوا	believed
كُتِبَ	it was written (as law)
اليُسر	السهل
العُسر	الصعب

آيات من القرآن:

سُورَةُ الكَافِرُون

ترتيبها ١٠٩ — آياتها ٦

بِسْمِ ٱللَّهِ ٱلرَّحْمَٰنِ ٱلرَّحِيمِ

قُلْ يَٰٓأَيُّهَا ٱلْكَٰفِرُونَ (١) لَآ أَعْبُدُ مَا تَعْبُدُونَ (٢)
وَلَآ أَنتُمْ عَٰبِدُونَ مَآ أَعْبُدُ (٣) وَلَآ أَنَا۠ عَابِدٌ مَّا عَبَدتُّمْ (٤)
وَلَآ أَنتُمْ عَٰبِدُونَ مَآ أَعْبُدُ (٥) لَكُمْ دِينُكُمْ وَلِىَ دِينِ (٦)

سُورَةُ العَلَق

ترتيبها ٩٦ — آياتها ١٩

بِسْمِ ٱللَّهِ ٱلرَّحْمَٰنِ ٱلرَّحِيمِ

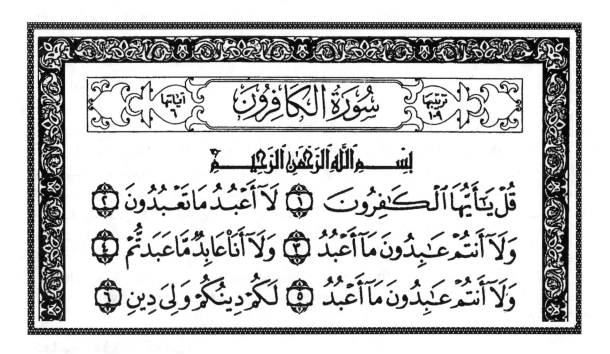

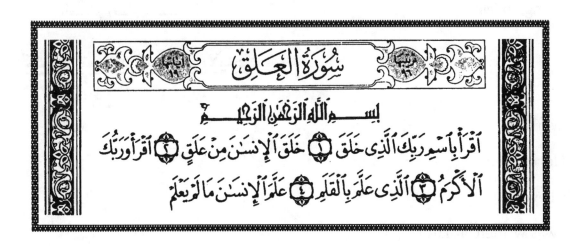

ٱقْرَأْ بِٱسْمِ رَبِّكَ ٱلَّذِى خَلَقَ (١) خَلَقَ ٱلْإِنسَٰنَ مِنْ عَلَقٍ (٢) ٱقْرَأْ وَرَبُّكَ
ٱلْأَكْرَمُ (٣) ٱلَّذِى عَلَّمَ بِٱلْقَلَمِ (٤) عَلَّمَ ٱلْإِنسَٰنَ مَا لَمْ يَعْلَمْ

من سورة البقرة

﴿١٨٢﴾ يَٰٓأَيُّهَا ٱلَّذِينَ ءَامَنُوا۟ كُتِبَ
عَلَيْكُمُ ٱلصِّيَامُ كَمَا كُتِبَ عَلَى ٱلَّذِينَ مِن قَبْلِكُمْ
لَعَلَّكُمْ تَتَّقُونَ ﴿١٨٣﴾ أَيَّامًا مَّعْدُودَٰتٍ ۚ فَمَن كَانَ مِنكُم
مَّرِيضًا أَوْ عَلَىٰ سَفَرٍ فَعِدَّةٌ مِّنْ أَيَّامٍ أُخَرَ ۚ وَعَلَى ٱلَّذِينَ
يُطِيقُونَهُۥ فِدْيَةٌ طَعَامُ مِسْكِينٍ ۖ فَمَن تَطَوَّعَ خَيْرًا فَهُوَ خَيْرٌ
لَّهُۥ ۚ وَأَن تَصُومُوا۟ خَيْرٌ لَّكُمْ ۖ إِن كُنتُمْ تَعْلَمُونَ ﴿١٨٤﴾ شَهْرُ
رَمَضَانَ ٱلَّذِىٓ أُنزِلَ فِيهِ ٱلْقُرْءَانُ هُدًى لِّلنَّاسِ
وَبَيِّنَٰتٍ مِّنَ ٱلْهُدَىٰ وَٱلْفُرْقَانِ ۚ فَمَن شَهِدَ مِنكُمُ ٱلشَّهْرَ
فَلْيَصُمْهُ ۖ وَمَن كَانَ مَرِيضًا أَوْ عَلَىٰ سَفَرٍ فَعِدَّةٌ مِّنْ
أَيَّامٍ أُخَرَ ۗ يُرِيدُ ٱللَّهُ بِكُمُ ٱلْيُسْرَ وَلَا يُرِيدُ بِكُمُ
ٱلْعُسْرَ وَلِتُكْمِلُوا۟ ٱلْعِدَّةَ وَلِتُكَبِّرُوا۟ ٱللَّهَ عَلَىٰ مَا
هَدَىٰكُمْ وَلَعَلَّكُمْ تَشْكُرُونَ ﴿١٨٥﴾

تمرين ١٢ نشاط قراءة

تعلموا هذ الكلمات:

حَديث ج. أحاديث	Hadith (sayings and deeds of the Prophet)
صَلّى الله عليه وسَلَّم	God bless him and grant him salvation (said after mentioning النبيّ محمد)
الشّريعة	law
رَضِيَ الله عنه	May God be pleased with him (said after mention of one of the Companions of the Prophet, الصحابة)
رَسول	نبيّ
رَأَيْتم (تَرَون)	you saw
هِلال	crescent moon (after new moon)
إنْ غُمّ عليكم	إذا لم تروا الهلال

الحديث

نحن نعلم أنّ القرآن هو المَصدَر الأوّل *source* للشريعة الإسلامية وأنّ الحديث هو المصدر الثاني لها بعد القرآن . والحديث يتكوّن من مجموعة كبيرة من الأقوال التي وصلتنا من النبي محمد صلّى الله عليه وسلّم ومن الصَحابة عنه . وفي كتب الأحاديث ، كل حديث يبدأ بـ "عن .... (اسم شخص)" ويذكر اسم الشخص أو الأشخاص الذين نَقَلوا *transmitted* الحديث عن النبي صلى الله عليه وسلم .

وهذا مثال عن شكل الحديث :

حَديث شريف

* عن سعيد بن المسيب، عن ابي هريرة رضي الله عنه، قال: قال رسول الله ﷺ «اذا رأيتم الهلال فصوموا، وإذا رأيتموه فافطروا. فان غم عليكم فصوموا ثلاثين يوماً».

تمرين ١٣

Fill in the blanks using the correct particle from the list:

أنّ   إنّ   الذي   التي   الذين   أنْ

or, if you think no particle should be used, write Ø .

١- لن أستطيع ـــــــ أذهب معكم إذا لم يسمح لي والدي بذلك .

٢- ما زالت تحب نفس الأشياء ـــــــ كانت تحبها من قبل .

٣- ولاية "هاواي" تتكوّن من عدة جزر ـــــــ أكبرها جزيرة "أواهو" .

٤- الشيء الوحيد ـــــــ أعرفه عنهم هو ـــــــ هم انتقلوا من بيتهم القديم .

٥- هل تحبون ـــــــ تذهبوا معنا إلى النادي ؟

٦- هل تتذكرين الموضوع ـــــــ تكلمنا عنه في الاسبوع الماضي ؟

٧- "سنترال بارك" حديقة كبيرة ـــــــ يذهب إليها كثير من الناس ـــــــ يزورون نيويورك .

٨- في جامعتنا عدد كبير من الطلاب الأجانب ـــــــ يدرسون الهندسة .

٩- ماذا تنوي ـــــــ تدرس في المستقبل ؟

١٠- قرأت خبراً ـــــــ يقول ـــــــ الملك حسين سيستقبل الرئيس حافظ الأسد .

١١- هذا أغلى مطعم ـــــــ أكلت فيه ، ولكن الطعام ـــــــ أكلته لم يكُن ممتازاً .

١٢- هل تظنّون ـــــــ هذا الفيلم مناسب للأولاد الصِغار ؟

١٣- أوّل مرّة ـــــــ زرت مصر فيها كانت منذ عشر سنوات .

١٤- من فضلك ، هل يمكن ـــــــ تشتري لي جريدة عندما تنزل ؟

تمرين ١٤ أكملوا هذه الجمل :

Try to use at least one verb in each sentence.

١- لا أفهم كيف ____________________ ؟!

٢- مساءَ أمس تذكّرت أن ____________________ .

٣- يجب أن أشتري شيئًا ____________________ .

٤- اليوم سأعدّ الأكل ____________________ .

٥- أين هي الصحيفة ____________________ ؟

٦- هل تتمنّين أنْ ____________________ ؟

٧- جلسنا في حديقة ____________________ .

٨- مَن هم الناس ____________________ ؟

٩- يبدو أنّ ____________________ .

١٠- من اللازم أنْ ____________________ .

١١- إذا ____________________ .

١٢- ما زلتُ ____________________ .

١٣- احب المسلسلات ____________________ .

١٤- هذا موضوع ____________________ .

١٥- أحسن ____________________ .

تمرين ١٥

Complete the following sentences about yourself:

١- ______ طالباً/طالبة في المدرسة الثانوية الآن . (ليس)

٢- ______ على الدكتوراه في دراسات الشرق الأوسط . (حصل)

٣- ______ أنْ أعمل محامياً . (أحب)

٤- ______ الجزائر من قبل . (زار)

٥- ______ شيئاً من الأدب العربي بالعربية . (قرأ)

٦- ______ إلى الشرق الأوسط في الصيف القادم . (سافر)

٧- ______ كيف أطبخ الأكل العربي . (عرف)

٨- ______ ماذا سأفعل بعد التخرّج من الجامعة . (قرّر)

٩- ______ لي تجربة طويلة مع اللغة العربية . (ليس)

١٠- ______ العطلة في الجامعة . (قضى)

تمرين ١٦

These sentences do not make sense as they are. What is missing?

١- هل يختلف الطقس في الأردن ____ الطقس في لبنان ؟

٢- أنا عادة آكل في المطاعم لأن وقتي لا يسمح لي ____ الطبخ .

٣ أظن أنه أصبح ____ اللازم أن تبدأوا ____ الاستعداد ____ السفر .

٤- لا أفهم لماذا يرفضون الاشتراك ____ نا ____ إصلاح الشقة ؟! خاصة أنني تكلمت ____ هم ____ هذا الموضوع ____ قبل !

٥- كان والدي دائما يشجعني ____ أن أقول رأيي ____ كل شيء ____ حرية .

٦- من الاساتذة الذين يشرفون ____ رسالتك ____ الدكتوراه ؟

٧- يتكون المتحف المصري ____ عدة أقسام ، أكبرها قسم التاريخ الفرعوني القديم .

٨- لم أعلم ____ انتقاله ____ وظيفة اخرى إلاّ قبل يومين فقط .

٩- لا يمكنني التغيب ____ الصف هذه المرة لأن الاستاذ سيغضب ____ ي !

تمرين ١٧

Read the following جمل and determine which nouns and adjectives need الـ :

١- ـــــ طبخ و ـــــ سباحة و ـــــ مراسلة هي من ـــــ هوايات التي أحبها كثيراً .

٢- ـــــ لغة ، في رأيي ، تساعدنا على ـــــ فهم ـــــ ثقافات ـــــ اخرى .

٣- أنا وزملائي مشغولون جدا في هذه ـــــ أيام بسبب ـــــ دراسة و ـــــ استعداد لـ ـــــ امتحانات .

٤- ـــــ صلاة و ـــــ صوم هما من ـــــ أشياء الواجبة على كل ـــــ مسلمين في كل ـــــ مكان في ـــــ عالم .

٥- ـــــ أكل ـــــ عربي لا يختلف كثيراً عن ـــــ أكل ـــــ إيراني ، فـ ـــــ إيرانيون و ـــــ عرب يحبون ـــــ لحم و ـــــ أرز و ـــــ خبز .

٦- ـــــ موضوع ـــــ فصحى و ـــــ عامية و ـــــ علاقة بينهما من ـــــ مواضيع التي قرأنا عنها كثيراً في هذا ـــــ فصل .

٧- بعد ـــــ انتهاء من ـــــ دراستها في ـــــ كلية ـــــ طبّ ، تنوي أختي ـــــ التحاق بالـ Peace Corps لأنها ترغب في ـــــ مساعدة ـــــ ناس في حلّ مشاكلهم ـــــ صحية .

تمرين ١٨ نشاط كتابة

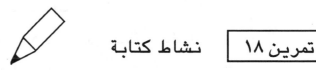

بعد تجربتكم في دراسة اللغة العربية إلى الآن ، ربما أصبحت لكم بعض الآراء في كيفية دراسة لغة ثانية . وصلت لكم رسالة من طالب عربي يدرس اللغة الانجليزية ويريد منكم آراءكم في كيف يجب أن يدرس .

Write him a letter in which you give him advice. Try to use the following expressions and connectors to make your letter flow:

و   أمّا .. فـ   بالإضافة إلى   كذلك   بالنسبة لـ

إذا ... فـ   يجب أن   من اللازم أن   أظنّ أنّ   في رأيي

تمرين ١٩ نشاط قراءة

مواعيـــد الدراســـة
بجامعة القاهرة في رمضان

قــررت جــامعة القــاهرة تأخير بـدء المحــاضرات لمدة ساعــــة يومـيا طـوال شهر رمضان المبارك وتخفيض زمن كل محاضرة ، وتحديد السـاعة الثالثة بعـد الظهر كآخر مـوعد للمحـاضرات حـتى يتاح للطلاب والعاملين فسحة من الوقت قبل حلول موعد الافطار.

من جريدة الجمهورية ١٩٩٢/٣/٥

أسئلة:

١ـ ماذا قرّرت جامعة القاهرة؟

٢ـ وما سبب هذا القرار ؟

٣ـ ماذا يقول الخبر عن
آخر موعد للمحاضرات؟

٤ـ خمنوا معنى : العاملين = ____________

٥ـ Find : المصادر على وزن "تفعيل" : ____________ ____________ ____________

Notice that they are all in parallel sentence structure, which means that they all play the same grammatical role in the sentence. What is that role? Use context and الجذر to help you guess their meanings.

تمرين ٢٠ نشاط محادثة

كما تعرفون ، خالد الآن يدرس للحصول على الدبلوم في إدارة الأعمال في جامعة القاهرة ، وهو يتمنّى أن يسافر إلى أمريكا للحصول على الدكتوراه في هذا الموضوع . وقد تقدّم بطلب *applied* إلى ثلاث جامعات هي : (١) جامعة ولاية نيويورك في بينغهامتون ، (٢) جامعة هيوستن في تكساس ، و(٣) جامعة كاليفورنيا في سانتا باربرا . في رأيكم ، إذا استطاع أن يحصل على قبول وعلى منحة ، بأي جامعة يجب أن يلتحق ولماذا ؟

In groups of two or three, one person will play the role of خالد and the others will advise him. Compare and contrast the three schools to help him make this قرار.

١٨. المهمّ هو رأي خالد ومها ...

في هذا الدرس :

- محمد يتكلم عن أصدقائه وشبابه وأحلامه
- جمال عبد الناصر وأم كلثوم
- أحد / إحدى
- من الـ ... أنْ *It is ... to*
- المثنى: الاسم الموصول والإضافة
- الألوان
- الجسم

تذكروا :

صعب	علاقة	كما	يختلف	فـَ	تأخُذ
الحياة	أشعر أنّ	أترك	أرجع الى	مستقبل	التخرُّج
رسائل	خُطِبت لـ	قلتُ	نفس	رأي	موضوع

تعلموا :

أعْتَبِر (اِعتَبَرتُ ، المصدر: الاعتِبار)	I consider
صَداقة ج. -ات	friendship
حَقيقيّ	real, actual
رُبَّما	perhaps, maybe
مَعنى	meaning
مُختَلِف (عن)	different (from)
شَكْل ج. أشكال	form, shape
بِطاقة ج. -ات	card
بَريد	mail, post
جُزء (مِن) ج. أجزاء	part (of)
الشَباب	youth (abstract or collective)
شابّ ج. شُبّان	young man
حُلم ج. أحلام	dream
يَشْغَل (شَغَلَ)	(it) preoccupies
لَمَّحَ (إلى) أنّ	he hinted that
ذَكيّ ج. أذكِياء	smart, intelligent
مُتَفَوِّق ج. -ون	superior, outstanding
أخلاق (جمع)	morals
تُرَحِّب بِـ (رَحَّبَت بـ ، المصدر: التَرحيب)	she welcomes
فِكْرة ج. أفكار	idea, thought
مُهِمّ	important

استمعوا / شاهدوا:

١- ماذا يقول محمد عن أصدقائه في أمريكا ؟

٢- ماذا يقول عن أصدقائه في مصر ؟

٣- ما هو شكل الصداقة في أمريكا ، في رأي محمد ؟

استمعوا / شاهدوا مرّة ثانية:

٤- ماذا يشغل محمد ؟

٥- أ - إلى ماذا لمّح محمود في رسالته ؟

ب - ما رأي ملك في هذا ؟

جـ - ما رأي محمد في هذا ؟

د - ما رأي خالد ومها في هذا ؟

٦- ماذا يقول محمد عن خالد ؟

استمعوا / شاهدوا وخمّنوا:

خمنوا معنى :

٧- لمّح محمود في إحدى رسائله ______________________

٨- قلت لها نَفس ما قلتهُ لمحمود ______________________

٩- المهمّ هو رأي خالد ومها اللذين ... ______________________

لِلمُناقَشة في الصف: *For class discussion*

لماذا ، في رأيكم ، لمّح محمود أنه يريد أن يخطب مها لخالد؟

ما رأيكم في ما قاله محمد عن الصداقة في أمريكا؟

ثقافة

جَمال عبد الناصر وأم كُلثوم

While watching the video tape, you may have recognized the picture of the late Egyptian president, جمال عبد الناصر . In the late 1950's and early 1960's, he and the famous Egyptian singer أم كلثوم became symbols of Arab nationalism, representing the hopes of a generation of Arabs for unity and progress.

ولد جمال عبد الناصر في مصر عام ١٩١٨ وقضى طفولته في مدينة الاسكندرية حيث عمل أبوه في مكتب البريد ، وعندما ماتت أمه ، أرسله أبوه إلى القاهرة عند عمه . وبعد أن تخرج من المدرسة الثانوية التحق بالجيش المصري وأصبح ضابطاً فيه ، وهو ومجموعة من الضبّاط الشبان اسمها "الضبّاط الأحرار" أخرجوا الملك فاروق من مصر في ٢٣ يوليو سنة ١٩٥٢ وأصبحت مصرٍ بذلك جمهورية . وفي سنة ١٩٥٤ أصبح عبد الناصر أول رئيس لمصر ، وبقي رئيساً حتى وفاته عام ١٩٧٠ ، وبعده تولّى أنور السادات رئاسة مصر .

His most noted achievements include:

- the nationalization of the Suez Canal — تأميم قَناة السُوَيس (١٩٥٦)
- United Arab Republic — الجمهوية العربية المتحدة : الوِحدة مع سوريا (١٩٥٨–١٩٦١)

أُم كُلثوم , also known as كَوكَب الشرق *Star of the East* and سيّدة الغناء العربي *First Lady of Arabic Singing*, ranked as Egypt's premier singer for decades until her death in 1975. Named after one of the Prophet's daughters, as a little girl she studied the Quran, and she began singing at *mawlids* مَوالِد , or celebrations of the birth of the Prophet and other holy figures. She used to give monthly concerts that were broadcast on radio to millions of listeners, and she also made several movies. Even now, more than twenty years after her death, her songs are heard on the radio from Morocco to the Gulf. Among the most famous: ليلة الحب , الأطلال , أنت عمري , and ألف ليلة وليلة .

تمرين ١ اكتبوا الكلمة المناسبة في الفراغ :

شابّ	مشغولة	فكرة	البريد	متفوّقة	البطاقات
المهم	ذكية	رحّبوا	صداقة	رخيصة	التسجيل
حلم	حقيقية	فيلماً	يشغلني	معنى	مجموعة
جزءاً	شبابه	لمّح	أعتبر	أخلاقه	مختلفة

١- حصلت على منحة لأنّها كانت ــــــــــــ في الدراسة وتخرّجت بتقدير "ممتاز" .

٢- هي جميلة ولطيفة و ــــــــــــ .

٣- بعد أنْ وصلت إلى الفندق جلست وكتبت عدداً من ــــــــــــ البريدية لأصدقائي وأفراد عائلتي .

٤- قبل أنْ يبدأ دراسة العربية ، ما كان عنده أيّ ــــــــــــ عن العرب أو عن الشرق الأوسط .

٥- يا بنتي! ليس ــــــــــــ في الشابّ ماله أو سيارته أو عائلته ولكن ــــــــــــ هو أخلاقه ! (نفس الكلمة use)

٦- نحن أصدقاء ، و ــــــــــــ نا بدأت منذ أيام المدرسة الابتدائية .

٧- كلمة "ذَهَبَ" *to go* لها نفس شكل كلمة "ذَهَب" *gold* ولكن كل واحدة لها ــــــــــــ مختلف .

٨- الإسلام كان وما زال ــــــــــــ مهماً من الثقافة العربية .

٩- هل تظنّون أنّ القصّة في هذا المسلسل التليفزيوني ــــــــــــ ؟

١٠- ــــــــــــ ها أنْ تصبح كاتبة قصص مشهورة .

١١- سأتخرّج بعد شهرين إن شاء الله ولكن موضوع الحصول على وظيفة مناسبة ــــــــــــ كثيراً الآن !

١٢- في رأيي ، ليست الحياة هنا ــــــــــــ عن الحياة في أي بلد آخر .

١٣- ــــــــــــ رئيس الشركة في كلامه أنّ الشركة ربّما تفصل عدداً من الموظفين والعمّال في نهاية السنة .

١٤- من اللازم أنْ أذهب إلى مكتب ــــــــــــ لإرسال كل هذه الرسائل والبطاقات .

١٥- جدّي الآن كبير ويقضي معظم وقته في البيت ، ولكنّه كان لاعب كرة قدم ممتاز في أيام ــــــــــــ .

١٦- كل الناس يحبّونه لأنّه لطيف و ــــــــــــ عالية .

١٧- قال أخي لي في رسالته إنّه تعرّف على ــــــــــــ فلسطيني يدرس معه في الجامعة وإنّهما يدرسان ويقضيان معظم الوقت معاً .

١٨- عندما زرتهم ، استقبلوني و ــــــــــــ بي .

١٩- أنا لا ــــــــــــ كَ صديقاً فقط ولكن ــــــــــــ كَ أخاً لي . (نفس الكلمة)

تمرين ٢ | استمعوا إلى محمد واكتبوا ما يقول :

لي كثير من ــــــــــــ هنا ، ولكن من ــــــــــــ أن ــــــــــــ علاقتي بهم ــــــــــــ في مصر ، ربما لأن ــــــــــــ ــــــــــــ كما كانت ــــــــــــ الصداقة هنا ــــــــــــ ، ــــــــــــ هنا ــــــــــــ ــــــــــــ المكالمات التليفونية أو ــــــــــــ ــــــــــــ ، ربما لأن صداقاتي في مصر ــــــــــــ ــــــــــــ حياتي و ــــــــــــ ــــــــــــ و ــــــــــــ . أشعر أحيانا ــــــــــــ أريد أن ــــــــــــ كل شيء هنا و ــــــــــــ إلى مصر . ــــــــــــ ني مستقبل مها بعد ــــــــــــ ، لمّح محمود في إحدى ــــــــــــ أنه يريد أن ــــــــــــ ها لخالد . خالد شاب ــــــــــــ و ــــــــــــ وأخلاقه ممتازة ، ولكن ملك لا ــــــــــــ ــــــــــــ الفكرة . قلت لها نفس ما ــــــــــــ لمحمود وهو أن ــــــــــــ هو رأي خالد ومها اللذين لا ــــــــــــ عن ــــــــــــ ــــــــــــ .

القواعد

مـن الـ ... أنْ

Statements that are meant to be taken as fact or accepted without argument are often phrased in an impersonal way to make the content more authoritative. The impersonal construction *It is ... to*, as in the phrases *it is difficult to, it is important to* and *it is necessary to*, is expressed in Arabic by using the construction مـن الـ ... أنْ with an adjective following الـ :

أمثلة : من الصعب أنْ أعتبر علاقتي بهم صداقة حقيقية .

من الـمُـهـم أنْ تأكل ثلاث مرّات كل يوم .

من اللازم أنْ نستعدّ للسفر .

من الـمُمكِن أنْ نبقى هنا ساعتين .

كـان/سـيكون/مـا كـان and ليس may be used to change the tense of or negate these expressions:

أمثلة : كان من الصعب أنْ أنام ليلة أمس لأنّ الامتحان كان يشغلني .

سيكون من اللازم أنْ أنتقل إلى شقة اخرى في السنة القادمة .

ليس من الصعب أن نتكلم بالعربية .

ما كان من الممكن أنْ أذهب إلى المحاضرة أمس .

ليس من المناسب أن تقول لهم ذلك .

تعلموا هاتين الصفتين :

مُـمِلّ	boring
مُـمتِـع	enjoyable, fun

تمرين ٣ أكتبوا الفعل في شكل مناسب كما في المثال:

مثال: من الصعب أنْ أغيّر موعدي مع الدكتور الآن . (غيّر)

١ـ من الصعب أنْ ________ محمد كل شيء ويرجع إلى مصر . (ترك)

٢ـ كان من السهل أنْ ________ درسنا الجديد . (فهم)

٣ـ من المهمّ أنْ ________ الطلاب جيّداً قبل الامتحان . (نام)

٤ـ سيكون من اللازم أنْ ________ مها امها في الاستعداد للسفر . (ساعد)

٥ـ لم يكُن من الصعب أنْ ________ شقة هنا والحمد لله ! (وجد – نحن)

٦ـ هل من الـمُمكِن أنْ ________ لي عنوانكِ ورقم تليفونكِ ؟ (كتب)

٧ـ من الصعب أنْ ________ ها تجربة حقيقية . (اعتبر)

٨ـ من الـمُمِلّ أنْ ________ الكلمات الجديدة ، ولكنه من اللازم . (حفظ)

٩ـ من الـمُمتِع أنْ ________ مع الأصدقاء للعشاء . (خرج)

والآن أكتبوا جملاً من عندكم :

١٠ـ ليس من السهل أنْ ________________________________ .

١١ـ هل من المهم أنْ ________________________________ ؟

١٢ـ من الممتع أنْ ________________________________ .

١٣ـ هل من الممكن أنْ ________________________________ ؟

١٤ـ من الممل أنْ ________________________________ .

١٥ـ ليس من المناسب أن ________________________________ .

أحد / إحدى

أَحَد (مذكر) / إحْدى (مؤنث) + **إسم جمع** one of

There are several ways to express *one of* in Arabic:

١ـ هذه *إحدى* الرسائل التي كتبها لي .

٢ـ الخميس *أحد* الأيام التي أعمل فيها .

٣ـ هل درستم *لغة* من *اللغات* الأوروبية ؟

٤ـ سأشتري *واحدًا* من هذه الكتب .

٥ـ سأشتري *واحدة* من هذه السيارات .

Note that أحـد / إحـدى and واحـد / واحـدة agree with the **singular** of the noun. The agreement in sentences 1, 2, 4 and 5 above has been derived as follows:

(١) رسالة —> إحدى ، (٢) يوم —> أحد ، (٤) كتاب —> واحد ، (٥) سيارة —> واحدة .

Note also the use of مِن to indicate *of* in quantities *one of*, *two of*, etc., where an إضافة is not possible.

تمرين ٤ من هو؟ / ما هو؟

Describe the following by identifying the groups they belong to, as in the example:

<u>مثال:</u> <u>جريدة الأهرام هي إحدى الجرائد المصرية التي يقرأها خالد .</u>

١ـ رمضان ______________________ .

٢ـ كان جمال عبد الناصر ______________________ .

٣ـ جامعة الأزهر ______________________ .

٤ـ بغداد ______________________ .

٥ـ الكنافة ______________________ .

٦ـ المقهى ______________________ .

٧ـ أبو ظبي ______________________ .

٨ـ السيدة فاطمة (زوجة الإمام علي) ______________________ .

٩ـ الربيع ______________________ .

١٠ـ الحقوق ______________________ .

المثنى : الاسم الموصول والإضافة

You have learned المثنّى forms for nouns and adjectives, pronouns, and verbs. المثنى agreement also includes demonstrative pronouns and الاسم الموصول . All مثنى forms show case endings, and all pronouns, verbs, and adjectives must agree with the noun in gender and case. The demonstrative and relative pronouns forms are:

	المرفوع	المنصوب والمجرور
مذكر	اللّذانِ	اللّذَيْنِ
مؤنث	اللّتانِ	اللّتَيْنِ
مذكر	هٰذانِ	هٰذَيْنِ
مؤنث	هاتانِ	هاتَيْنِ

There is one final rule for المثنى that you need to know, and that is that the ن of all of these endings drops whenever the مثنى is the first (or non-final) word in an إضافة, or has a possessive pronoun suffix. For example:

	منصوب ومجرور	مرفوع
my parents	والدَين + ي <-- والدَيَّ	والدان + ي <-- والدايَ
your eyes	عينَين + ك <-- عينَيكِ	عينان + كِ <-- عيناكِ

تمرين ٥

The following sentences demonstrate all aspects of مثنى agreement. Read them and identify all مثنى forms and their case ending:

١- يوما السبت والأحد هما يوما عطلة نهاية الأسبوع هنا ، وهما يوماي المفضّلان .

٢- الأختان الصغيرتان كانتا تسكنان في بيت جميل ولكنهما لم تكونا سعيدتين.

٣- إذا تزوج خالد ومها ، فأين سيعيشان ؟ وهل سيكونان سعيدين ؟

٤- محمد وملك قرّرا أن يبقيا في أمريكا بعيدين عن عائلتيهما .

تمرين ٦ نشاط قراءة

١ـ ما موضوع هذا الخبر ؟

٢ـ ماذا نعرف عن الضابطين ؟ أ ـ

ب ـ

جـ ـ

٣ـ ترجموا المقالة إلى اللغة الانجليزية .

السِلاح الجوّي	air force
اِتّصالات	communications

فرنسا تعلن عن فقد ضابطين في الكويت

باريس: رويتر .. قالت فرنسا امس الاول ان ضابطين من السلاح الجوي الفرنسي يخدمان في الكويت مفقودان وانها طلبت من العراق معلومات عنهما .

وقالت وزارة الدفاع في بيان ان الرجلين مفقودان منذ مغادرتهما مدينة الكويت يوم الثلاثاء الماضي .

وقالت الوزارة : "تشير الشواهد الى انهما ربما كانا في المنطقة الحدودية بين الكويت والعراق . وقد أجريت اتصالات دبلوماسية مع السلطات العراقية بهدف الحصول على معلومات عنهما .

والضابطان مساعدان فنيان للسلاح الجوي الكويتي .

من جريدة "عكاظ" السعودية ، ١٩٩١

الألوان

color	لَون ج. ألوان

There are two kinds of adjectives for color in Arabic: ordinary adjectives, most of which are نسبة adjectives, and adjectives of the "أفْعَل" وزن.[1]

Common نسبة colors include:

brown	بُنّيّ / ة
purple	بَنَفْسَجيّ / ة
pink	زَهريّ / ة
grey	رَماديّ / ة
gold	ذَهَبيّ / ة
silver	فِضّيّ / ة

The most common colors that take the وزن أفعل are listed below. Note that وزن المؤنث is "فَعلاء" and الجمع is فُعل, but the human plural is rarely used in formal Arabic:

	الجمع	مؤنث	مذكر
blue	زُرق	زَرقاء	أزرَق
red	حُمر	حَمراء	أحمَر
white	بيض	بَيضاء	أبيَض
black	سود	سَوداء	أسوَد
green	خُضر	خَضراء	أخضَر
yellow	صُفر	صَفراء	أصفَر

In addition to colors, this وزن is also used for certain physical characteristics of human beings such as the following:

---

[1]There is no relationship between أفعل التفضيل and أفعل of colors, or between either of these and the "أفعل" وزن of verbs.

مذكر	مؤنث	الجمع	
أسمَر	سَمراء	سُمر	dark-complexioned
أشقَر	شقَراء	شُقر	blond, fair-skinned
أشيَب		شيب	grey/white-haired
أصلع		صُلع	bald
أعمى	عَمياء	عُمي	blind

الألوان في الجغرافيا :

"الدار البيضاء" من أهَمّ المدن في المغرب .

"البحر الأبيض المُتَوَسِّط" و"البحر الأحمر" في منطقة الشرق الأوسط ، و"البحر الأسود" في آسيا و"الدانوب الأزرق" في أوروبا .

تمرين ٧ اكتبوا ألواناً مناسبة كما في المثال:

مثال: لا أحب اللون الأصفر .

١- الرئيس الأمريكي يسكن في البيت ________ .

٢- لوني المفضل هو ________ .

٣- الألوان في شقتي هي ________ و ________ و ________ .

٤- أحب العيون ________ .

٥- شاهدتها في النادي وكان معها شابّ ________ .

٦- ________ في أمريكا يريدون فرصاً أكثر للدراسة والعمل والنجاح .

٧- معظم أفلام "تشارلي شابلين" بـ ________ و ________ .

٨- أمي ________ ووالدي ________ وأنا ________ .

٩- أحب أنْ يكون عندي سيارة ________ .

١٠- ألوان جامعتنا هي ________ و ________ .

تعلموا هذه الكلمات :

الجِسم

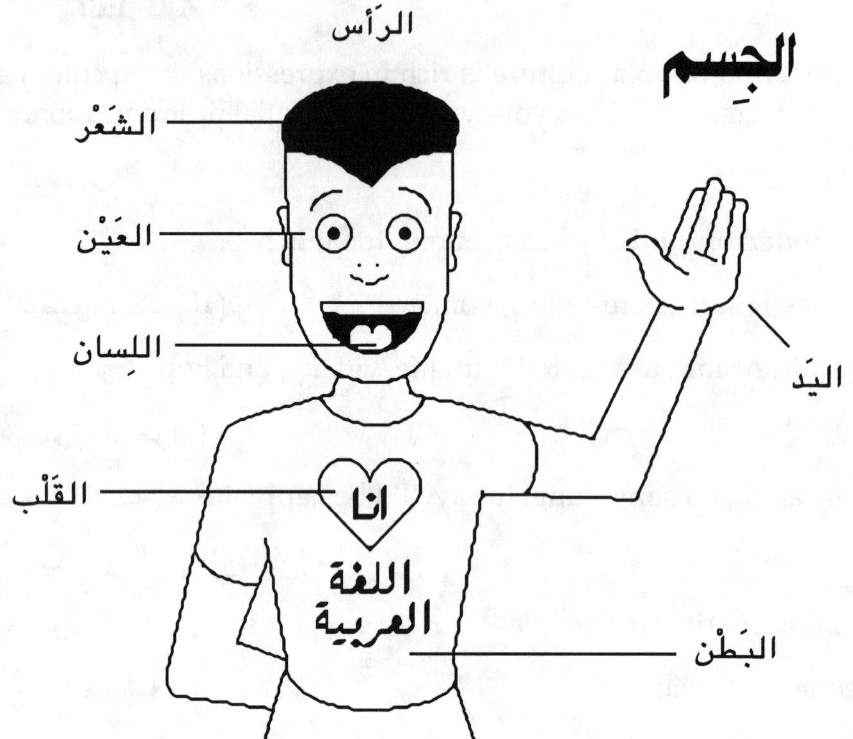

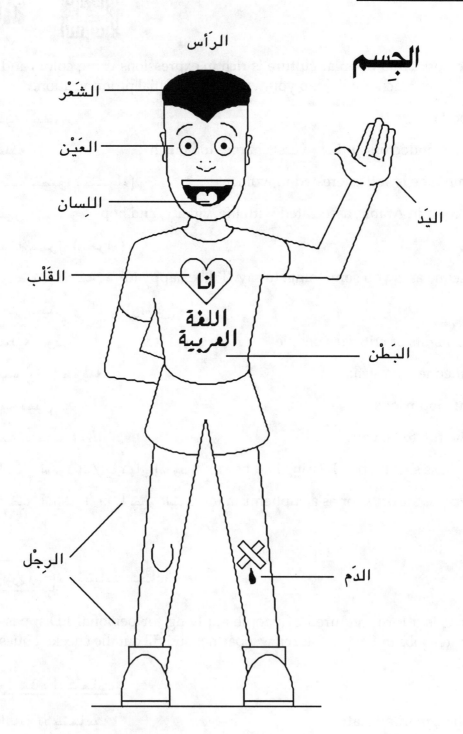

الثقافة

Say it with color! Arab popular culture is rich in expressions using colors and parts of the body. Your teacher will help you with the colloquial pronunciation.

١- قلبه أبيض	kind or good hearted
٢- بطنه كبير	(figuratively, of doctors and lawyers) charges too much
٣- نَفسه خضرا (خضراء)	(of older men) he is still interested in women
اللون الأخضر	a positive color in Arabic, associated with life, vitality, and hope
٤- عينه حمرا (حمراء)	غاضب جداً
٥- من عينيّ الاثنين	when someone asks you something, to say "I'd be happy to"
= على عيني وراسي (رأسي)	
٦- لسانه طويل	talks back, insults or criticizes people
٧- إيده (يده) طويلة	said of someone who steals
٨- دمه ثَقيل *heavy*	unpleasant, obnoxious
٩- دمه خَفيف *light*	cute, funny, fun to be with
١٠- يا خَبَر اسود !! / يا نهار اسود !!	(said to express shock upon hearing bad news)
١١- يا خبر أبيض !	(said to express surprise, or as a euphemism for يا خبر اسود)

تمرين ٨ نشاط محادثة

The following is a form required of people applying for personal I.D.s, passports and government jobs in Egypt. Interview a partner and fill out the checked questions:

تعلموا هذه الكلمات:

الحالة الاجتِماعية	social (i.e., marital) status
نَحيف (≠ بَدين)	thin
مَحَلّ	مكان

جهة وتاريخ تحرير الصحيفة

(بطاقة تسجيل بصمات ومعلومات مدنية)

يحرر هذا الجزء بمعرفة الموظف المختص

مكان لصق
الصورة الفوتوغرافية

الاسم بالكامل ✓	اسم الشهرة ✓	ذكر/ أنثى ✓	الجنسية ✓	الديانة ✓

تاريخ الميلاد ✓	محل الميلاد ✓	الوظيفة أو المهنة الحالية ✓	رقم وجهة صدور البطاقة (ش/ع)	الرقم القومى

بلده الأصلى ✓	الحالة الاجتماعية ✓	محل العمل ✓	محل الإقامة ✓

توضع العلامة (✓) فوق الوصف المناسب	حجم الجسم ✓			طول القامة ✓			لون البشرة ✓		
	بدين	نحيف	متوسط	طويل	قصير	متوسط	أبيض	أسود	قمحى

شعر الرأس ✓							العيون ✓					
أسود	بنى	أصفر	كستنائى	أشيب	أصلع	أقرع	سوداء	عسلية	زرقاء	خضراء	أعور	أعمى

بيانات أخرى :	محرر البطاقة

الاسم بالكامل :
رقم الصحيفة :

قسم
مركز

تحريرًا فى / / ١٩

تمرين ٩ نشاط قراءة

<u>أسئلة :</u>

1. What is this? What kinds of information are given?

2. How does F67's description of herself differ from that of other women?

3. Find several instances of desired age: What verb is repeated? ______________

   Guess what it means: ______________

4. Find a new word meaning بنت : ______________

5. Find the word that means *complexion*: ______________

٦- خمنوا معاني هذه الكلمات :

مُتديّن ______________ حسنة الأخلاق ______________

مَقبول الشكل ______________ مُتوسط الجَمال ______________

مُثقّف ______________ مُتوسطة الطول ______________

7. For discussion: What are the most common descriptions for البنات والشباب?
   What characteristics are most desired in a mate?

   comfortably well-off مَيسور (الحال)

النصف الثاني

F61 الآنسة ع.هـ من الدار البيضاء في المغرب – 28 سنة ، سكرتيرة متوسطة الجمال ، هادئة الطباع ، حسنة الاخلاق ، من عائلة محافظة ، ترغب بالزواج من شاب عربي مسلم ، يقدر الحياة الزوجية ، ويفضل ان يكون مغربيا او تونسيا او جزائريا مقيما في اوروبا او كندا ولا يتجاوز عمره 42 سنة.

F62 الآنسة س.م مغربية من الدار البيضاء، 22 سنة ، ربة بيت متواضعة ، طيبة القلب ، بيضاء البشرة وجميلة وذات شعر طويل ، ترغب بالزواج من شاب عربي مسلم لا يتعدى سنه الثامنة والثلاثين

F64 الآنسة س.ف.ز مغربية من الدار البيضاء، 20 سنة ، طالبة مستوى باكالوريا بيضاء البشرة ، طويلة القامة ، رشيقة وجميلة ، ترغب بالزواج من شاب لا يتعدى الخامسة والثلاثين ، يعمل في مركز مرموق ولو كان في الخارج ، شرط ان يكون مغربيا.

F65 الآنسة غ.ل. مغربية من الدار البيضاء ، 23 سنة ، مصممة ازياء ، متوسطة الطول ، مثقفة ، متوسطة الجمال، انيقة ومتواضعة ، ترغب في الزواج من شاب عربي ميسور الحال لايتعدى الخامسة والثلاثين ويفضل ان يكون مقيما في اوروبا او امريكا.

F66 الآنسة ر.م. مغربية من الدار البيضاء ، 27 سنة . سكريتيرة ، محافظة ، طويلة القامة ، بيضاء البشرة ، جميلة ، انيقة ، طيبة القلب ، هادئة الطباع ، ترغب في الزواج من شاب عربي مسلم ميسور الحال ، حسن الاخلاق ، مقبول الشكل ، ولديه رغبة اكيدة في الزواج.

F67 السيدة م.ع. مغربية من الرباط ، 40 سنة ، موظفة ، سمراء البشرة ، متدينة مطلقة ، تريد التعرف على شاب مغربي متدين يقصد الزواج لا يتعدى الثامنة والاربعين.

F68 الآنسة ا.ف. مغربية من مكناس ، 22 سنة ، حلاقة ، مثقفة وربة بيت ، جميلة ، طويلة القامة ، حسنة الاخلاق ، هادئة الطباع ، تريد الزواج من شاب عربي مسلم ميسور له رغبة جادة في تكوين اسرة ولا يتعدى الخامسة والاربعين.

F69 السيد B.M.K. تونسي من القلبية 35 سنة ، موظف حكومي ، طويل القامة ، انيق ، وسيم ، حسن الاخلاق يرغب في الزواج من فتاة او سيدة عربية جميلة ومثقفة ذات اخلاق عالية تحب السفر والرحلات.

F70 السيد O.M تونسي من القلبية 36 سنة ، استاذ جامعي يرغب في التعرف الى فتاة جامعية جميلة بقصد الزواج ، تكون لها رغبة حقيقية في بناء اسرة سعيدة.

F71 السيدص.ا تونسي من توزر ، 23 سنة ، عامل في فندق ، حسن الخلق اسمر البشرة ، يود التعرف الى فتاة اوروبية او عربية ، بقصد الزواج، على ان تكون مثقفة وجميلة تقدر الحياة الزوجية.

F72 أ.م.ا تونسي مقيم في الدوحة بقطر ، 33 سنة، ميكانيكي ، يود الزواج من فتاة عربية جميلة مثقفة.

F73 أ.ع ، تونسي من العاصمة 31 سنة ، مسلم متدين يرغب بالتعرف الى فتاة عربية مسلمة تقيم باحدى البلدان الاوروبية قصد الزواج على ان لا تزيده سنا.

F74 ع.ف مغربي مقيم في هولندا ، 28 سنة ، مستوى جامعي ، هادىء الطباع ، مربي اجتماعي يود الزواج من فتاة عربية مثقفة جميلة لا تفوقه في السن ويفضلها سورية ، او لبنانية او اردنية.

F77 شاب مغربي مقيم في ايطاليا 42سنة تقني طباعة ، متواضع وصريح يريد التعرف قصد الزواج الى فتاة او سيدة مغربية او عربية عاشت او تعيش في اوروبا شرط ان تكون واعية وصريحة وتقدر الحياة الزوجية.

من مجلة الوطن العربي العدد ٢٣٤ ٢٧/٩/١٩٩١

تمرين ١٠ نشاط استماع

اقرأوا ثم شاهدوا الفيديو:

Underline in the text the information that you heard on the video.

* * *

٥ – طه حسين: (١٨٨٩–١٩٧٣)

واحد من أكبر الأدباء العرب في مصر. ولد في مغاغة من صعيد مصر وتلقى دراسته في الأزهر بين سنتي ١٩٠٥ و١٩٠٨ ثم التحق بالجامعة المصرية المؤسسة حديثاً آنذاك وتخرّج منها بدرجة الدكتوراه في الأدب سنة ١٩١٤، فكانت تلك أول دكتوراه منحتها الجامعة المصرية. وعلى أثر ذلك تقرر إيفاده في بعثة على نفقة الجامعة إلى مونبلييه في فرنسا لمدة سنة واحدة، لكنه عاد إلى باريس مرة اخرى في آخر سنة ١٩١٥، ونال من جامعتها شهادة الدكتوراه في الفلسفة سنة ١٩١٨ ودبلوم الدراسات العليا في القانون سنة ١٩١٩. وبعد ذلك عاد إلى مصر، وعُيِّن فوراً أستاذاً بالجامعة المصرية، وتنقل في العديد من المناصب الوزارية فضلاً عن الجامعية، وكان عضواً فاعلاً في مجمع اللغة العربية بمصر. وكان له أثر كبير على الدراسات الأدبية بالجامعة المصرية، وأثر لا ينكر على السياسة التعليمية في مصر، وأثر أكبر بكثير على الأدب العربي الحديث. ولقد أثارت مقالاته وكتبه العديد من المناقشات، ومن أشهرها كتاب "تجديد ذكرى أبي العلاء" (رسالته في الدكتوراه) وكتاب "في الأدب الجاهلي" وكتاب "حديث الأربعاء". ومن رواياته المشهورة "دعاء الكروان".

* * *

من مختارات من النثر العربي ، د. وداد القاضي
المؤسسة العربية للدراسات والنشر ، بيروت ط ٢ ١٩٨٣

تمرين ١١　　اكتبوا كلمة مناسبة كما في المثال:

مثال: خالد شاب متفوق .

١ـ رمضان شهر ________ عند المسلمين .

٢ـ نحن ________ دائماً وليس عندنا وقت لـ________ ، ولذلك ، فنحن نأكل في المطاعم معظم الأوقات .

٣ـ مدينة واشنطن هي ________ الولايات المتحدة الأمريكية .

٤ـ ________ أنّ الطقس اليوم سيكون مثل الطقس أمس .

٥ـ ________ اختها الصغيرة ندى في سنة ١٩٨٥ .

٦ـ لم ________ له والدته بالذهاب إلى النادي لأنه لم يرتّب غرفته .

٧ـ هل عندك ________ "أميريكان أكسبريس" ؟

٨ـ لا أشعر بـ________ في هذه المدينة بسبب الازدحام .

٩ـ من اللازم أن ________ مع الاستاذ الذي يشرف على دراستي هذا الاسبوع .

١٠ـ كتبت لها رسالة و ________ها بالبريد قبل أكثر من شهر ولكنها لم ________ إلى الآن .

١١ـ ربّما نذهب إلى السوق بعد ظهر اليوم ، فهل تريدين أي ________ من هناك ؟

١٢ـ ________ والدي مني لأنني أخذت السيارة ولم أسأله .

١٣ـ سأبدأ بإعداد العشاء بعد ________ من قراءة هذه المقالة .

١٤ـ في السنة القادمة سـ________ من هذه الشقة إلى شقة ________ .

١٥ـ غداً سيكون يوماً طويلاً وصعباً ولذلك ________ أنْ أنام جيداً الليلة .

١٦ـ أنا واختي ________ في بعض الأشياء ونختلف في بعض الأشياء .

١٧ـ أريد أن أستأجر سيارة حتى أسافر إلى واشنطن لـ________ اختي .

١٨ـ ________ مرّة زرت فيها عائلتي كانت منذ شهرين .

١٩ـ والدتي ________ أنْ ترجع إلى العمل وألاّ تجلس في البيت .

تمرين ١٢ اكتبوا الشكل المناسب للكلمة كما في المثال :

مثال: في أمريكا عدد من المطارات الكبيرة . (كبير)

١- أحب مشاهدة المسلسلات ________ . (أجنبي)

٢- قرأنا خمس ________ من القرآن . (سورة)

٣- لن يكون من الممكن ________ السيارة قبل أول الشهر . (الإصلاح)

٤- زرنا كثيراً من ________ السياحية في سوريا . (مكان)

٥- ما مشكلتك ؟ لماذا كل هذه الأفكار ________ ؟! (أسود)

٦- هل ________ تعملين في نفس الوظيفة؟ (ما زال)

٧- هذه المقالات ________ ويجب عليكم جميعًا أن ________ . (مهمّ ، قرأ)

٨- أين ________ أنْ تقضي اجازتكَ السنوية ؟ (ينوي)

٩- في هذه الصورة أشكال وألوان ________ . (جميل)

١٠- الحمد لله! بدأنا نشعر بـ________ بعد سنوات ________ من السفر والانتقال من مكان إلى مكان . (استقرّ ، طويل)

١١- أظنّ أنهم سيبقون هناك عدة ________ . (يوم)

١٢- معظم العمال ________ الذين ________ في فرنسا هم من المغرب والجزائر. (عربي ، يعمل)

١٣- كتب يوسف إدريس عدداً كبيراً من القصص ________ . (قصير)

١٤- اعتاد جدّي ، الله يرحمه ، أنْ ________ في هذا المقهى كل يوم مساءً . (جلس)

١٥- لا يمكنني ________ من النوم قبل الساعة الثامنة . (قام)

تمرين ١٣ أوزان الفعل

Study the following sentences, and figure out how the verb is related to the noun you know of نفس الجذر . What do you notice about وزن فَعَّل ?

١- أ - أحلامي ستصبح حقيقة إذا حصلت على هذه المنحة !

ب - أتمنّى أن أُحَقِّق كل أحلامي في الحياة !

٢- أ - ما شَكل الشقة الجديدة التي استأجرتها ؟

ب - أريد منكم أن تُشَكِّلوا مجموعات صغيرة للكلام في هذا الموضوع .

٣- أ - عندي فِكرة ! ما رأيكم أن نذهب إلى المطعم الإيراني الجديد ؟

ب - يجب أن أُفكِّر في موضوع يمكن أن أكتب فيه .

تمرين ١٤ القراءة بالفصحى

You know that formal speeches and presentations are given in الفصحى . Most people prepare texts before reading them aloud, because it is difficult to speak or read spontaneously with full case endings. Read the following news item, first silently for meaning, and guess the meaning of the new words from context. Then, in preparation for reading aloud, put the proper case endings on all nouns and adjectives (ignore proper nouns), and mark the endings on the verbs. Then go over each sentence and break it down into phrases so that you can pause to breathe while reading. Do not read the last vowel ending before pausing (this is known as reading in "pausal form"). After you have prepared the text, read it aloud.

ذكر البيت الأبيض اليوم أنّ الرئيسَ التونسيّ زَينَ العابدين بن علي وصل إلى العاصمة الأمريكية مساء أمسِ في زيارة رَسْمية للولايات المتحدة حيثُ سيجتمع مع الرئيس الأمريكيّ وبعض أعضاء الكونغرس الأمريكي . وأضاف المصدر أن الرئيسَ الأمريكيّ استقبل الرئيس بن علي في مكتبه وأن الرئيسين قررا الاجتماع مرّة ثانية يوم الثلاثاء القادم لبَحْث العلاقات الثُنائية بين البلدين وموضوع السلام في الشرق الأوسط . وهذه أول زيارة للرئيس بن علي إلى واشنطن منذ أصبح رئيسا لتونس .

تمرين ١٥

نشاط محادثة

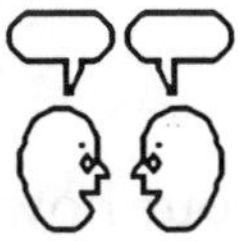

في درس ١٦ ، شاهدنا خالدا يشتري ملايات وفوطًا في " عُمَر أفَندي". إذا ذهبتم إلى مصر أو بلد عربي آخر ، فربما سيكون من اللازم أن تشتروا بعض الأشياء ، فاذهبوا إلى "عمر أفندي" واشتروا ملايات وفوط وأشياء اخرى من ألوان مختلفة .

تمرين ١٦

نشاط كتابة

من هو رجل أحلامك / امرأة أحلامك؟ اكتب/ي وَصفاً *description* له / لها .

The following poetic description was written by one of your fellow students of Arabic. Read his poem and pick out the images (صُوَر) you like best:

امرأة أرسمها

حبيبة مثل كل الألوان .

هي بنية مثل الأرض التي ولدتها .

هي بنفسجية مثل ملابس الملكة .

هي زهرية مثل الغَمائم في المساء .

هي ذهبية مثل الشمس في شعرها .

هي زرقاء مثل الماء الضروري للحياة .

هي بيضاء مثل الثلج الجديد .

هي سوداء مثل الليلة المُغرِية .

هي خضراء مثل عيون القط الجميل .

ستيڤن كاوفمان
كلية وليم اند ماري ، ١٩٩٣

١٩ . ماذا يقصدان بكلمة مناسبة؟!

في هذا الدرس :

- ترتيبات السفر إلى القاهرة
- كـ ، مثل ، كما ، كأنّ Similarity
- جمع المؤنث
- أب / أخ
- الكُنية
- الملابس
- نجيب محفوظ

تذكروا :

مسرع	سنسافر	أساعد	الشراء	بعض	الترتيب
السفر	أساتذة	حتّى	أكون	يستعِدّ	العودة
أشتري	مناسب	كلمة	بنات	يلبسَ	ما زلت

تعلموا :

مَرَّ (يَمُرّ ، المصدر: المُرور)	to pass
أب ج. آباء	والد
اِختيار (اِختارَ ، يَختار)	choosing, to choose
هَدِيّة ج. هَدايا	gift, present
تَرتيب ج. تَرتيبات	arrangement
ضَروريّ	necessary
أقابِل (قابَلتُ ، المصدر: المُقابَلة)	I meet; interview
أغيب (غِبتُ ، المصدر: الغِياب)	أتغيّب
حَتّى + **المضارع المنصوب**	لِـ
اِستِئناف (اِستَأنَفَ ، يَستَأنِف)	to resume
فُستان ج. فَساتين	dress
طَلَبَ من ... أنْ (يطلُب ، المصدر: الطَّلَب)	he asked ... (someone) to
مَلابِس (جمع)	clothes
يَقصِدانِ (قَصَدا ، المصدر: القَصد)	they (two) mean, intend
بَنْطَلون ج. ات	(a pair of) pants
تَتَوَقَّف (تَوَقَّفَت ، المصدر: التَوَقُّف)	it stops
نَصيحة ج. نَصائِح	(piece of) advice
تَصَرُّف ج. تَصَرُّفات	action (i.e., behavior)
سُلوك	behavior, way of acting
كَأَنّ + **جملة اسمية**	as if
طِفل/ة ج. أطفال	child

استمعوا / شاهدوا :

١ـ عمَّ تتكلم مها هنا؟

٢ـ متى سيسافرون؟

٣ـ ماذا يريد والد مها؟

٤ـ ماذا تريد أمها ؟ أ -

ب -

استمعوا / شاهدوا مرّة ثانية:

٥ـ ماذا يجب على مها أن تفعل قبل السفر؟

٦ـ ماذا يقول أبو مها وامها لها؟ كيف تشعر مها بالنسبة لهذا؟

استمعوا وخمّنوا :

اكتبوا ما تقوله مها :

٧ـ "مَرّ الوقت ________، سنسافر بعد أسبوع واحد ."

٨ـ "سآخذ معي بعض الكتب ________ الدراسة"

٩ـ خمنوا معنى كلمة "مُستعدّة" = ________

للمناقشة :

لماذا تريد أم مها وأبوها أن تشتري فساتين؟ في رأيك ، ما هي الملابس المناسبة لرمضان؟ وما هي نصائحهما عن تصرّفات مها في القاهرة؟

تعلموا هذين الفعلين :

الماضي

مَرَرتُ بِـ	مَرَرنا بِـ
مَرَرتَ بِـ مَرَرتِ بِـ	مَرَرتُم بِـ
مَرَّ بِـ مَرَّت بِـ	مَرّوا بِـ

المضارع

أمُرّ بِـ	نَمُرّ بِـ
تَمُرّ بِـ تَمُرّينَ بِـ	تَمُرّونَ بِـ
يَمُرّ بِـ تَمُرّ بِـ	يَمُرّونَ بِـ

أمثلة : كل يوم أمرّ بالكافتيريا قبل الذهاب إلى الصف .

هل يمكنك أن تمرّي بمكتب البريد وترسلي لي هذه الرسالة ؟

اِخْتَرْتُ	اِخْتَرنا
اِخْتَرتَ اِخْتَرتِ	اِخْتَرتُم
اِخْتارَ اِخْتارَت	اِخْتاروا

أخْتار	نَخْتار
تَخْتار تَخْتارينَ	تَخْتارونَ
يَخْتار تَخْتار	يَخْتارونَ

تمرين ١ اسألوا زملاءكم :

١- لماذا اختاروا هذه الجامعة ؟ من ساعدهم في الاختيار ؟

٢- هل طلبوا منحة من الجامعة ؟

٣- هل كانت لهم تجارب في مقابلة للعمل ؟ أين كانت المقابلة ؟ من قابلهم ؟

٤- سيسافرون من أمريكا إلى الهند . بأي بلاد سيمرّون ؟ في أي بلاد يحبون أن يتوقّفوا ؟

٥- ما هي بعض الأشياء التي يشترونها كهدايا ؟

تمرين ٢ اكتبوا الكلمة المناسبة في الفراغ :

كأنّ	أطفال	طلب	هدية	سلوكهم
بسرعة	استئناف	تـمُرّ	اختلف	اختار
تـُغيّر	البنطلون	توقّف	فستاناً	ترحّب
قابل	نصائح	أغيب	أشكال	ضرورية

١- الحمد لله! انتهيت من امتحان الدكتوراه والآن من اللازم أنْ ________ موضوعاً لرسالة الدكتوراه .

٢- عندما تزوجتْ سلمى اشترى لها زملاؤها في الشركة ________ جميلة .

٣- عمره ٢٦ سنة ولكنه يتصرّف ________ ـه ولد صغير .

٤- أظنّ أنّ الفستان سيكون مناسباً أكثر من ________ .

٥- قرّرت سوريا والعراق ________ العلاقات الديبلوماسية بينهما بعد انقطاع طويل .

٦- ________ الرئيس صباح اليوم عدداً من ضبّاط الجيش .

٧- رأيتها في السهرة ليلة أمس وكانت تلبس ________ أسود جميلاً .

٨- ________ الاستاذ منّا أنْ نترك كل كتبنا خارج الصفّ .

٩- معرفة اللغة العربية ________ لكل الذين يرغبون في فهم الثقافة العربية .

١٠- كان الطقس ممطراً جداً في الصباح ولكن المطر ________ في المساء .

١١- قرّرت المدرسة فصل خمسة من الطلاب بسبب ________ .

١٢- إذا سافرت من القاهرة إلى السعودية فسوف ________ فوق البحر الأحمر.

١٣- سوف ________ عن الصف بعد ظهر اليوم لأنّ عندي مقابلة في مكتب القبول.

١٤- هل تعرف أنّ سامي تزوج وأصبح أباً لـثلاثة ________ ؟!

١٥- مها لا ترحب بـ ________ امها وأبيها وهي تقول إنها ليست طفلة .

١٦- سنترك البيت بعد نصف ساعة ، ولذلك يجب أنْ تستعدّي ________ .

تمرين ٣

Listen to مها on tape and fill in the blanks. While you are doing so, pay attention to the meaning and function of all the particles, prepositions and pronouns that you are writing. All of them are essential to the text. Think about these questions while you work: How is the punctuation of this text marked by connectors? Why are the prepositions used? What roles do the pronouns play in each sentence?

مرّ الوقت ____ سرعة ، سنسافر ____ أسبوع واحد . أبي يريد ____ أساعد ____ ____
اختيار ____ شراء الهدايا ____ أمي تريد ____ أساعد ____ في البيت ____ تريد ____
مساعدتـ____ ____ بعض ترتيبات السفر ____ ____ الضروري ____ أقابل
أساتذتـ____ ____ أعرف دروس ____ أسبوع ____ سأغيبـ____ . سآخذ معي بعض
الكتب ____ ____ مصر ____ أكون مستعدّة ____ اِستئناف الدراسة بعد عودتـ____
____ يجب ____ أشتري بعض الفساتين ____ أبي وأمي طلبا ____ ____ أشتري بعض
الملابس المناسبة ____ رمضان ____ لا أعرف ماذا يقصدان ____ كلمة "مناسبة"؟! ____ ____
البنات في مصر ____ يلبسن بنطلونات ؟! آه ... ____ تتوقّف نصائح أبي وأمي
____ تصرفاتـ____ وسلوكـ____ ____ القاهرة كأنّـ____ ما زلت طفلة !

تمرين ٤ أوزان الفعل :

Study the following sentences and determine الوزن والجذر of each verb. How do the verbs in each set relate to each other in meaning? Note that one verb in each group has a reflexive connotation (*oneself* or *each other*): which one?

١- (أ) أريد أن أقابل صديقتك التي تتكلم عنها دائماً .
(ب) تقابل أبي وأمي عندما كانا طالبين في الجامعة .

٢- (أ) لا أفهم لماذا يغيب هذا الموظف كثيراً عن العمل – هل عنده مشكلة ؟
(ب) يجب أن أتغيّب عن الصفوف الأسبوع القادم بسبب سفري .

٣- (أ) عندما ترى هذه الإشارة يجب أن تَقِف :
(ب) أين وَقّفْت سيارتك ؟
(جـ) ألن تَتَوَقّف عن التدخين ؟!

القواعد

Similarity ك ، مثل ، كما ، كأنّ

The four particles كَـ , مِثل , كَما , and كَأَنَّ all express similarity or likeness.

كَـ *like, just like, as,* is a preposition and must be followed by a **noun** (**pronouns are not used with** كـ):

أمثلة : القهوة العربية ليست كالقهوة الأمريكية .

أريد أن ألبس شيئاً جميلاً كفستانك الأسود .

مثل *like* is a noun that occurs as the first term of an إضافة and can take pronoun suffixes:

أمثلة : أخي طويل ونحيف وأشقر مثلَ أبي .

لستَ مثلي لأنّك لا تحب الأدب وأنا أحبّه .

أريد أن أصبح مهندساً مثلك .

كـ and مثل overlap a great deal in meaning and usage, except that **only** مثل may be used with pronoun suffixes, and كـ often connotes English *just like*, as in:

مثال : سلوكه كسلوك الأطفال .

كما *as, just as* introduces a **sentence** and must be followed immediately by a verb:

أمثلة : في العطلة أنوي أنْ أنام وأصحو كما أريد .

من الضروري أن نشتري له هدية كما اشترى لنا عندما تزوّجنا .

Note also that when كما links two identical or similar verbs, it means *also*:

مثال : اشتريت بعض الأشياء للبيت ، كما اشتريت صحيفة وبعض المجلاّت .

كأنّ *as if* introduces an untrue proposition. It must be followed by a جملة اسمية , which often begins with a pronoun:

أمثلة : يتكلّمان معي كأنّي طفلة ! (أنا لست طفلة)

مرّت هذه السنة كأنّها شهر! (= السنة مرّت بسرعة ، مثل شهر)

تمرين ٥ اختاروا الكلمة المناسبة من : كـ أو مثل أو كأنّ أو كما .

You may need to add a pronoun in some cases.

مثال : هل تتصرّف مها كأنّها طفلة ؟!

١- لون شعرها ـــــ لون شعري .

٢- هم من الآباء والامّهات الذين يتركون أطفالهم يلعبون ـــــ يريدون .

٣- أتمنّى أن أجد سيارة جيدة ورخيصة ـــــ سيارتك .

٤- لم يفهموا أي شيء ممّا (من + ما) قلتُه ـــــ كنتُ أتكلم معهم بلغة أجنبية .

٥- فرص العمل في السعودية ـــــ فرص العمل في الإمارات .

٦- هي ترفض أن تعيش ـــــ عاشت امها .

٧- بعد الحادث شعرتَ ـــــ وُلِدت من جديد .

٨- تشعر بالخجل كثيرًا ـــــ أي بنت في عمرها .

٩- أنا - ـــــ تعرفون - لا أحب النصائح .

١٠- لم أعرفه عندما شاهدته آخر مرّة ـــــ أصبح شخصًا آخر .

What do the following resemble—or not resemble?

١١- علاقتي بوالديّ ـــــــــــــــــــــــــــــ .

١٢- ملابس الشباب ـــــــــــــــــــــــــــــ .

١٣- شعري ـــــــــــــــــــــــــــــ .

١٤- المسلسلات التليفزيونية ـــــــــــــــــــــــــــــ .

١٥- عندما علمت بالخبر شعرت ـــــــــــــــــــــــــــــ .

جمع المؤنث

العربية الفصحى has a special human plural form for females, used for groups consisting entirely of women.[1] The forms are:

١ـ الضمائر

Object and Possessive	Independent
ـكُنَّ	أنْتُنَّ
ـهُنَّ (ـهِنَّ)	هُنَّ

أمثلة :

هل أنتنّ طالبات هنا ؟ — هل هذا بيتكُنّ ؟

هنَّ زميلاتي في الجامعة . — أنا صديقتهُنّ .

لم أشاهدكنّ في المحاضرة . — أظنّ أنهُنّ في بيتِهِنّ .

٢ـ الأفعال

	الماضي	المضارع[2]
أنتُنَّ	عَمِلْتُنَّ	تَعمَلْنَ
هُنَّ	عَمِلْنَ	يَعمَلْنَ

أمثلة : ظننتُ أنكنّ أردتُنّ أنْ تجلسْنَ معنا .

تكلّمْنَ معه عن موضوع دراسات النساء .

[1]Note that the group must be entirely female; if even one member is male, the gender of the group is masculine. In spoken Arabic, these feminine pronouns and verb forms are used only in certain Bedouin dialects.

[2]All of the مضارع forms, المرفوع , المنصوب , and المجزوم , are the same for these persons.

٣ـ الاسماء والصفات

The feminine plural marker for nouns and adjectives is ـات . These ـات plurals fall into two categories of nouns, non-human and human.

1. Non-human nouns

Remember that ـات is the plural ending for many non-human nouns ending in ة as well as words borrowed from other languages:[1]

أمثلة: سيارة ج. سيارات   تليفزيون ج. تليفزيونات
جامعة ج. جامعات   أوتوبيس ج. أوتوبيسات

Like other non-human plurals, these words take feminine singular (هي) agreement:

مثال: السيارات الجديدة كلها غالية جداً .

2. Human nouns

The ending ـات pluralizes **all** human feminine singular nouns and adjectives:

أمثلة: استاذة ج. استاذات   جديدة ج. جديدات
خالة ج. خالات   مصرية ج. مصريات

Thus, human feminine plural agreement appears on all adjectives, verbs and pronouns. The following sentences contain examples of all types of feminine plural agreement:

أمثلة: هل البنات المصريات لا يلبَسنَ البنطلونات ؟!

الاستاذات الجديدات عندهنّ اجتماع مع رئيس الجامعة بعد الظهر.

هل أنتنّ مُستعِدّات للذهاب إلى المسرح ؟

Case Endings:

The ending ـات has only two grammatical endings, one for المرفوع and one for both المنصوب and المجرور , shown in the chart below with the example طالبات . Notice that the latter is formed with كسرة and تنوين كسرة ; this means that the plural ending ـات never takes فتحة or تنوين فتحة as a grammatical ending.

المرفوع	المنصوب والمجرور
طالباتٌ	طالباتٍ
الطالباتُ	الطالباتِ

---

[1]Remember, however, that there are a few nouns that end in ة whose plurals do not take ـات , such as صورة ج. صُوَر, غرفة ج. غُرَف, مدينة ج. مدن and جريدة ج. جرائد .

تمرين ٦ غيّروا هذه الجمل إلى الجمع المؤنث كما في المثال:

Change the nouns in these sentences from singular to plural, mark all case endings on nouns and adjectives, and vocalize all verbs:

مثال: هي مصرية . —> هنّ مصرياتٌ .

١- صديقتي لبنانية .

٢- هل تعتبرين السباحة هوايتك المفضلة ؟

٣- الطائرة نزلت في موعدها .

٤- تخرّجت منذ سنتين ولكنها لم تجد عملاً مناسباً حتى الآن .

٥- يبدو أنّها غيّرت رأيها بالنسبة لموضوع الوظيفة .

٦- عمّتي طبخت هذه الأكلة .

٧- زميلتها تعمل معيدة في قسم علم الإنسان .

٨- أختي مشغولة كثيراً بدراستها هذه الأيام .

٩- متى ستنزلين من البيت غداً ؟

١٠- هي بنت ذكية ومتفوّقة وأخلاقها عالية .

تمرين ٧

Study the following sentences and identify all جمع مؤنث forms in them. Explain the grammatical endings, identifying case and reason for marking:

١- البناتُ الامريكياتُ يلبَسنَ ما يُرِدنَ ويخرجنَ كثيراً .

٢- هل الأزواجُ يساعدونَ زوجاتِهِم في البيت؟

٣- هذا بيتُ الطالباتِ وصديقاتي يسكنَّ فيه .

٤- لي ٣ خالاتٍ وكلُهنّ متزوجاتٌ وعندهنّ أولاد .

٥- زميلاتي يرغبن في التعرّفِ على أخي .

٦- بعضُهنّ متخصصاتٌ في الترجمةِ وبعضُهنّ في الأدبِ المقارن .

٧- هل تعْرفن شيئاً عن هذا الموضوع ؟

٨- كنّ طالباتٍ معي في نفس الكلية .

أب / أخ

The two nouns أخ and أب belong to a very small group of nouns (six total) that show their case endings (المرفوع والمنصوب والمجرور) as long vowels when they have possessive endings or are in an إضافة. You know the forms for *my brother* and *my father*, أخي and أبي ; these forms do not show any case endings because the pronoun ـي swallows the endings. Other forms show case ending with a long vowel as follows:[1]

المرفوع :	أخو.. / أبو...	هل هذا أخوك ؟	هذا أبو خالد ؟
المنصوب :	أخا.. / أبا..	لا أعرف أخاها .	أعرف أبا صديقتي .
المجرور :	أخي.. / أبي..	هل تكلمت مع أخيك ؟	تكلمنا مع أبيه .

الثقافة

الكُنية

In many parts of the Arab world, it is common for men and women to be addressed by family members, friends and neighbors by their كُنية , a name formed by adding the name of the oldest son to أبو or امّ. For example, محمود أبو العلا may be addressed as أبو خالد and his wife would have been called امّ خالد . If there are no sons, the name of the oldest daughter may sometimes be used. Some family names take the form of a كنية , such as أبو العلا .

تمرين ٨ اكتبوا الشكل المناسب للكلمات:

مثال: هل <u>أخوك</u> في المدرسة الإعدادية يا علي؟ (أخ)

١- هل حضر ________ معك ؟ (أخ)

٢- ملك درويش أم مها ومحمد أبو العلا ________ . (أب)

٣- عبد المنعم ________ خالد الصغير. (أخ)

٤- اسمه أحمد الرافعي وكنيته ________ سامي . (أب)

٥- ________ موظف كبير في وزارة السياحة . (أب + هم)

٦- في أي كلية يدرس ________ ؟ (أخ + أنتِ)

---

[1]Since spoken Arabic does not have case endings, the spoken forms for these words are fixed within each dialect. For example, the forms used in Cairo are: أبوك، أخوك، أخوها and so forth.

تمرين ٩

The following are excerpts from القرآن , سورة يوسف :

1. Find all instances of أخ and أب and identify the case endings.
2. What other words can you identify? Do you recognize elements of the story of Joseph?

﴿٧﴾ إِذْ قَالُوا۟ لَيُوسُفُ وَأَخُوهُ أَحَبُّ إِلَىٰٓ
أَبِينَا مِنَّا وَنَحْنُ عُصْبَةٌ إِنَّ أَبَانَا لَفِى ضَلَٰلٍ مُّبِينٍ ﴿٨﴾ ٱقْتُلُوا۟
يُوسُفَ أَوِ ٱطْرَحُوهُ أَرْضًا يَخْلُ لَكُمْ وَجْهُ أَبِيكُمْ وَتَكُونُوا۟ مِنۢ
بَعْدِهِۦ قَوْمًا صَٰلِحِينَ ﴿٩﴾

﴿١٥﴾ وَجَآءُوٓ
أَبَاهُمْ عِشَآءً يَبْكُونَ ﴿١٦﴾ قَالُوا۟ يَٰٓأَبَانَآ إِنَّا ذَهَبْنَا نَسْتَبِقُ
وَتَرَكْنَا يُوسُفَ عِندَ مَتَٰعِنَا فَأَكَلَهُ ٱلذِّئْبُ ۖ وَمَآ أَنتَ
بِمُؤْمِنٍ لَّنَا وَلَوْ كُنَّا صَٰدِقِينَ ﴿١٧﴾

﴿٦٨﴾ وَلَمَّا دَخَلُوا۟ عَلَىٰ يُوسُفَ ءَاوَىٰٓ إِلَيْهِ أَخَاهُ ۖ قَالَ
إِنِّىٓ أَنَا۠ أَخُوكَ فَلَا تَبْتَئِسْ بِمَا كَانُوا۟ يَعْمَلُونَ ﴿٦٩﴾

﴿٧٥﴾ فَبَدَأَ بِأَوْعِيَتِهِمْ قَبْلَ وِعَآءِ أَخِيهِ ثُمَّ ٱسْتَخْرَجَهَا مِن
وِعَآءِ أَخِيهِ ۚ كَذَٰلِكَ كِدْنَا لِيُوسُفَ ۖ مَا كَانَ لِيَأْخُذَ أَخَاهُ
فِى دِينِ ٱلْمَلِكِ إِلَّآ أَن يَشَآءَ ٱللَّهُ ۚ نَرْفَعُ دَرَجَٰتٍ مَّن نَّشَآءُ ۗ
وَفَوْقَ كُلِّ ذِى عِلْمٍ عَلِيمٌ ﴿٧٦﴾

الملابس

أنتم في فندق الشام في دمشق وقد وجدتم هذه الورقة في غرفتكم .
ما هي الكلمات الجديدة التي تستطيعون ان تتعلّموها من هذه الورقة ؟

CHAM PALACE
DAMASCUS

فندق الشام
دمشق

لائحة التنظيف على الناشف / الكي

رقم المصبغة

Name : الاسم :	Room No. : رقم الغرفة :

المجموع TOTAL	عدد النزيل GUEST	عددنا OUR		ل.س S.P.	المجموع TOTAL
			Suit بدلة	130	
			Trouser بنطال	60	
			Coat جاكيت	80	
			Overcoat معطف	120	
			Necktie كرافات	35	
			Galabia جلابية	100	
			Pullover كنزة صوف	50	
			Skirt تنورة	70	
			Pleated Skirt تنورة مكسرة	110	
			Long Skirt تنورة طويلة	80	
			Dress فستان	120	
			Night Dress فستان سهرة	200	
			Wedding Dress فستان فرح	300	
			Wool Dress فستان صوف	130	
			Silk Dress فستان حرير	200	
			Blouse بلوزة	50	
			Jacket جاكيت	70	
			Suit تايور (طقم قطعتين)	170	
			Childs Suit بدلة ولادي	100	
			Shirt قميص	50	
			Abaya عباية	120	
			Childs Pieces قطع ولادية	30	
			Scarf ايشارب	20	
	Sub Total المجموع				

تعلموا هذه الكلمات الاضافية :

جَلاّبِيّة

عَباءة

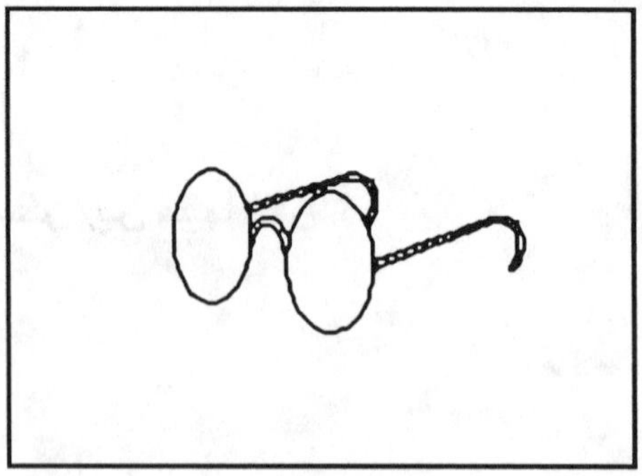

نَظّارة

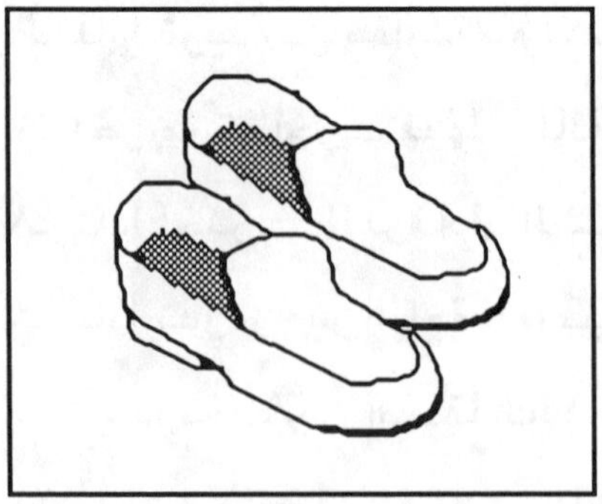

حِذاء

تمرين ١٠	لماذا ؟

تذكروا : بسبب - لأنّ - لِـ - حتّى[1]

Review these particles by reading the examples, then answer the questions using any appropriate one:

أمثلة : اختَرتُ هذه الجامعة بسبب برنامجها في العلوم السياسية .

لم يحضروا إلى الصف لأنّهم لم يكونوا مستعدّين .

سنسهر جميعًا لندرس معًا للامتحان .

كتبت لهم رسالة حتى أقول لهم أننا سنصل يوم ١٦ مايو (أيار) .

أسئلة عن قصة مها وخالد :

١- لماذا يشعر محمد بالغربة في أمريكا ؟

٢- لماذا سيسافر محمد واسرته إلى مصر ؟

٣- لماذا غضبت مها من امها وأبيها ؟

٤- لماذا اجتمعت كل عائلة خالد ؟

٥- لماذا لا تعرف ليلى اللغة العربية ؟

أسئلة عنك :

٦- لماذا تريد/ين مقابلة مع الاستاذ ؟

٧- آخر مرّة تأخرت فيها ، لماذا تأخرتَ ؟

٨- لماذا اختَرتِ الغرفة أو الشقة التي تسكن/ين فيها الآن ؟

٩- لماذا تدرس/ين اللغة العربية ؟

١٠- لماذا تحب/ين أصدقاءك ؟

١١- أين قررت أن تقضي عطلتك القادمة ؟ لماذا ؟

[1]You have seen two meanings for حتّى : *so as to* and *until*. It is the first meaning that concerns us here, in which حتّى is equivalent in meaning and grammar to لِـ .

تمرين ١١

Decide where الـ is needed and write it in:

١- مشكلة مها أنها تحب ___ بنطلون أكثر من ___ فساتين ولكن والديها يختلفان معها في ___ رأي .

٢- ___ موضوع هذا ___ كتاب هو ___ علاقة بين ___ إسلام و___ سياسة و___ شكل هذه ___ علاقة في ___ بلاد ___ اسلامية اليوم .

٣- آه ! كم أتذكر ___ أيام ___ شباب وكم أتمنى أن تعود ! كم أتذكر ___ أيام ___ جامعة و___ أصدقاء و___ ساعات ___ طويلة في ___ كافتيريا و___ تبادل ___ قصص ___ عاطفية .. آه ! ___ أيام جميلة ... ذهبت ولن تعود .

٤- بالنسبة لي ، ___ طفولة هي ___ أجمل ___ جزء من ___ حياة ___ إنسان لأن ___ أحلام فيها لا تنتهي .

٥- والدتي تستمتع كثيرا برمضان وبطبخ ___ أكلات ___ رمضانية لنا ولكنها لا تحب ___ سحور و___ قيام من ___ نوم في ___ منتصف ___ ليل ولذلك فوالدي هو الذي يتولّى ___ إعداد ___ سحور لنا .

٦- ___ ربيع هو فصلي ___ مفضل، فـ___ جو فيه لطيف : ___ مطر قليل و___ رطوبة ليست عالية و___ حرارة تبقى دائما في حدود ٢٧-٢٩ درجة مئوية .

تمرين ١٢ نشاط استماع

شاهدوا الفيديو:

١- ما موضوع هذا البرنامج؟

2. How many times does جمع المؤنث occur?

تمرين ١٣ نشاط قراءة

كلمات تساعد على فهم المقالة :

رِواية ج. -ات	novel
كاتِب ج. كُتّاب	writer
الكُتّاب (معنى آخر)	Quran school for young children
مَرحَلة	level, stage, phase
اِستهوَتـهُ	(she/it) fascinated, enthralled him

أسئلة :

١- على ماذا حصل نجيب محفوظ ؟ خمّنوا معنى : حاز على = ________ على

جائزة = ________

٢- أين وماذا درس نجيب محفوظ ؟

٣- كم كتاباً كتب نجيب محفوظ ؟ ما كان أول عمل أدبي كتبه ؟

٤- أين وماذا عمل نجيب محفوظ طوال حياته ؟

٥- متى بدأ بقراءة الأدب ؟ ماذا كان يحب أن يقرأ ؟

ما هي بعض أسماء الكتّاب العرب الذين كان يحب أن يقرأ لهم ؟

أسئلة عن القواعد :

1. Find two occurrences of فَـ and give its function in each case.

٢- اكتبوا ٣ كلمات في المنصوب من المقالة . لماذا هذه الكلمات في المنصوب؟

٣- من هذه المقالة ، اكتبوا مصادر وأفعالاً على وزن :

مصادر:		أفعال:	
تفعيل	________	فاعل	________
إفعال	________	انفعل	________
تفعّل	________	افتعل	________
افتعال	________	استفعل	________
استفعال	________		

وجوه للأحداث

نجيب محفوظ

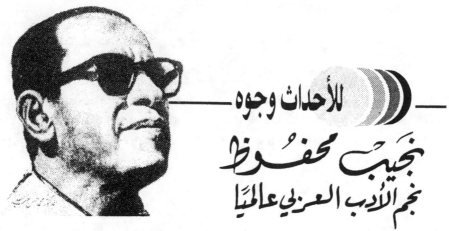

نجم الأدب العربي عالميًا

يعد نجيب محفوظ عبد العزيز السبيلجي الذي حاز على جائزة "نوبل" للأدب لهذا العام، واحدا من اشهر الكتاب العرب، وهو اول عربي يحصل على هذه الجائزة منذ تاسيسها. كتب ٤٠ رواية ومجموعة قصصية، وهو يمارس الكتابة منذ نصف قرن، واليوم وهو في السابعة والسبعين من عمره، ما يزال مواظبا على الكتابة والنشر.

ولد نجيب محفوظ في ١١ ديسمبر (كانون الاول) عام ١٩١١، في حي الجمالية بالقاهرة. التحق بكتاب الشيخ بحيري وعمره ٤ سنوات، وتعلم في مدرسة الحسينية الابتدائية، ثم مدرسة فؤاد الاول الثانوية، وتخرج من قسم الفلسفة بكلية الآداب بجامعة فؤاد الاول عام ١٩٣٤. ثم باشر باعداد رسالة ماجستير عن مفهوم الجمال في الفلسفة الاسلامية باشراف الشيخ مصطفى عبد الرازق، ولكنه انصرف عنها بعد عامين من بدئها، حين استهوته الكتابة وجرفته عن الميدان الاكاديمي. وهو يقول عن هذه المرحلة:

"كنت امسك بيدي كتابا من الفلسفة وفي اليد الاخرى قصة طويلة من قصص توفيق الحكيم او يحيى حقي او طه حسين. وكانت المذاهب الفلسفية تقتحم ذهني في نفس اللحظة التي يدخل فيها ابطال القصص من الجانب الآخر. ووجدت نفسي في صراع رهيب بين الادب والفلسفة، صراع لا يمكن ان يتصوره الا من عاش فيه".

لقد بدات قراءاته وهو تلميذ في المرحلة الابتدائية، واستهوته اولا الروايات البوليسية، فقرأ روايات سينكلار وجونسون وغيرهما. وكان يترجم لهؤلاء حافظ نجيب ومحمد السباعي ومصطفى لطفي المنفلوطي، ثم انتقل الى الروايات التاريخية التي تاثر بها كثيرا في كتاباته الاولى، كما شغف بالسينما. وفي مرحلة تالية استهوته كتابات طه حسين وعباس محمود العقاد وابراهيم عبد القادر المازني وتوفيق الحكيم ويحيى حقي. وكان الى جانب هؤلاء ينهل من المصادر الاساسية للغة والادب العربيين مثل كتابات الجاحظ وابن عبد ربه وشعر المتنبي والمعري وابن الرومي وغيرهم. وفي مرحلة النضج كان يقرأ الادب الاوروبي.

بدأ بكتابة القصة القصيرة وهو في المرحلة الثانوية من دراسته اي في عام ١٩٢٨، واول قصة قصيرة له كانت بعنوان "ثمن الضعف" وقد نشرها في مجلة "المجلة الجديدة" بتاريخ ٣ اغسطس (آب) عام ١٩٣٤.

صدرت له اول مجموعة قصصية بعنوان "همس الجنون" عام ١٩٣٨ وبعد ٢٥ عاما أي في (١٩٦٣) صدرت له اخر مجموعة من القصص بعنوان "دنيا الله".

عمل طوال حياته في الوظائف الحكومية. فبعد تخرجه من جامعة فؤاد الاول (جامعة القاهرة) عام ١٩٣٤، عمل موظفا في وزارة الاوقاف حتى عام ١٩٥٣ حيث عين مديرا للمكتب الفني ومديرا للرقابة ورقيبا على الافلام في مصلحة الفنون. وفي عام ١٩٦٠ ترأس مجلس ادارة مؤسسة السينما. وكانت آخر وظيفة حكومية له هي مستشار وزير الثقافة في عام ١٩٧٠.

نال وسام الاستحقاق من الطبقة الاولى عام ١٩٦٢، وجائزة الدولة التقديرية. سجلت اعماله في مكتبة الكونجرس الامريكية باعتباره احد الكتاب البارزين في الوطن العربي. كما صدرت موسوعة عن حياته واعماله الادبية مع تحليل لأدبه الروائي باللغة الالمانية.

قدمت عن حياته وادبه عشرات الرسائل الجامعية في العالمين العربي والاوروبي. وترجمت اعماله الى مختلف اللغات العالمية منها: الانجليزية، الفرنسية، الالمانية، الروسية، اليوغسلافية، والايطالية.

من جريدة الشرق الأوسط ، ١٦/١٠/١٩٨٨

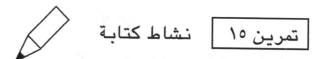

تمرين ١٤ نشاط محادثة

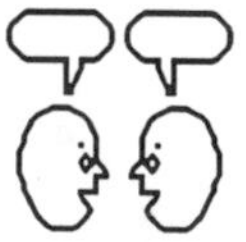

Using pictures from fashion magazines, put on a presentation on the latest fashion, "آخر موضة", in which you describe this season's clothes and colors. You may find Arabic women's magazines such as حوّاء , سيّدتي or هي at a local newsstand.

تمرين ١٥ نشاط كتابة

You are studying at an Arab university. Your roommate went on a short trip and was supposed to return yesterday, but did not. There is probably nothing to worry about, but just in case, you went to the security office to report. They asked you to write a description of your roommate and the circumstances of his or her disappearance so they can check with the local police.

تمرين ١٦ نشاط كتابة

Turn the following list of sentences into a cohesive paragraph by joining them with connectors. **Use connectors instead of punctuation marks:** when you feel the need to use a comma or a colon, for example, that is a clue that you may need a و or one of the following:

فـ ..　　لأنّ　　ولكن　　أمّا .. فـ ...　　ولذلك فـ ..　　وبالإضافة إلى ذلك فـ ..

موعد السفر إلى القاهرة بعد اسبوعين .

من اللازم أنْ نبدأ بشراء الهدايا لأقاربنا .

هذا شيء لا أحبّه في الحقيقة .

أنا أعتبر شراء الهدايا من أصعب الأشياء .

هو أولاً يأخذ وقتاً طويلاً .

يحتاج إلى كثير من المال (الفلوس) .

كل الأشياء الجيدة غالية في هذه الأيام .

الوقت والمال ليسا المشكلة الوحيدة .

أنا لا أعرف ماذا يريد كل واحد .

لا أعرف المقاسات (sizes) .

لا أعرف الألوان التي يحبّونها .

الألوان هي دائماً مشكلة كبيرة .

الناس يختلفون فيما يحبّون .

أنا ، مثلاً ، أحب اللون الأخضر.

أمي تحب اللون الأزرق .

أبي يفضّل الأحمر.

المشكلة الاخرى هي أنّك إذا عرفت ما تريد فلن تجد دائماً الشيء الذي تريده .

٢٠ ـ يا الله ... ما أحلى القدس !

في هذا الدرس :

- والدة مها ، ملك طاهر درويش
- المصدر كمبتدأ أو فاعل
- قراءة التواريخ
- القواعد : ماذا تعلمنا ؟
- تاريخ الشرق الأوسط

تذكروا

تأخرت على	بسبب	انشغال	الترتيب	فلسطينية
وُلِدتُ	انتقلت إلى	خال ، أخوال	الزواج	الله يرحمه
الحصول على	الثانوية العامة	التحق بـ	تعرفتُ على	احيانا
حلم ، أحلام	طفولة	مكان ، أماكن	ألعب	

تعلموا:

تـمّ (يـتِـمّ) +المصدر	has been completed (subject is expressed by المصدر which follows the verb)
تـمّ ترتيبُ كلِ شيء	arrangements have been completed
القُدس	Jerusalem
نَـشَـأتُ	I grew up
ألْـف ج. آلاف	thousand
تـفَرّقَـتْ (تَـتَـفَـرّق ، المصدر: التَـفَـرُّق)	it dispersed, scattered
هاجَروا (يُهاجِرون ، المصدر: الهِجرة)	they emigrated; migrated
يَـتَـحَـدَّث عن (تَـحَـدُّث ، المصدر: الحَديث)	يتكلم عن
أُخِـذَتْ	it was taken (passive)
أجري (جَرَيتُ ، المصدر: الجَري)	I run
وَطَـن ج. أوطان	homeland
إنْـسـان ج. ناس	human being, (plural) people
الدُّنيا	the world, this world
صَحيـح	correct, true
أحْمِـل (حَمَلتُ ، المصدر: الحَمل)	I carry
جَواز سَفَر ج. جوازات سفر	passport
ما أحْلـى ... !	how beautiful ... is!

استمعوا / شاهدوا :

١- من يتكلم؟ لماذا لم تتكلم معنا من قبل؟

٢- عمَّ تتكلم؟

٣- كيف تزوّجت محمد؟

استمعوا / شاهدوا مرة ثانية:

٤- ماذا عرفتم عن طفولتها؟

٥- ماذا عرفتم عن عائلتها؟ أ -

ب -

جـ -

٦- في أي سنة انتقلت اسرة ملك إلى مصر؟ هل تعرفون لماذا؟

٧- بِمَ تحلُم ملك؟ أ -

ب -

استمعوا وخمّنوا:

٨- أحْلُم كثيراً بالأماكن .... ____________

٩- صحيح أنّي أحمل جواز سفر مصري ... ____________

تمرين ١ اكتبوا الكلمة المناسبة في الفراغ :

نشأ	ألف	الهجرة	يتحدث	تجري	وطن
صحيح	تحلم	جواز سفر	تفرّقنا	الدنيا	تحمل
إنسان	تـمّ	يقول	تصل	القدس	اجتمعنا

١- قرأت كتاباً جديداً ــــــــــــ عن الحياة الاجتماعية للمرأة العربية .

٢- الحرّية شيء مهم بالنسبة لكل ــــــــــــ .

٣- تُرجِمت قصص "ــــــــــــ ليلة وليلة" إلى لغات كثيرة .

٤- صديقتي تحب أن ــــــــــــ ميلَيْن كل صباح .

٥- هل ــــــــــــ أنّ القاهرة أكبر مدينة عربية ؟

٦- أبي دائماً ــــــــــــ إنّ الدنيا كانت أحلى والحياة أحسن منذ عشرين سنة .

٧- وُلد نجيب محفوظ وــــــــــــ في منطقة الجمالية في القاهرة .

٨- سنزور عمّان ودمشق إن شاء الله، ومن الممكن أن نزور ــــــــــــ إذا سمح لنا الوقت بذلك .

٩- والداي هما أحسن والديْن في ــــــــــــ .

١٠- من التغييرات الكبيرة في حياة كل الناس الانتقال وــــــــــــ من مكان إلى مكان .

١١- كنت أنا وزملائي نقضي معظم أوقاتنا معًا طوال سنوات الدراسة ، ولكننا ــــــــــــ بعد التخرج .

١٢- قبل أن تبدأ ترتيبات السفر من الضروري أنْ تحصل على ــــــــــــ .

١٣- شاهدتُ اختي تنزل من الطائرة وهي ــــــــــــ طفلها الصغير .

١٤- الحمد لله ! أخيراً ــــــــــــ إصلاح الشقة وأصبح من الممكن أن ننتقل إليها .

١٥- هاجر كثير من اللبنانيين والسوريين إلى الولايات المتحدة التي أصبحت ــــــــــــ هم الجديد .

تمرين ٢ استمعوا إلى ملك واكتبوا ما تقول :

________ ________ كثيرا بسبب ________ في ________

________ . الحمد لله ، ________ كل شيء و________ غداً

إلى القاهرة . أنا ملك طاهر درويش ، أنا ________ من القدس ، ________

و________ فيها ، ثم ________ أسرتي إلى مصر سنة ________ ،

و________ ________ ، أخوالي ________ إلى أمريكا ، عمي توفيق

________ ________ إلى لبنان ، أختي ________ سافرت إلى امريكا

________ ________ من ________ ________ الله يرحمه . ________

________ على الثانوية العامة ________ بجامعة القاهرة ، وهناك

________ ________ محمد وتزوجنا بعد ________ . عائلتي الآن هي

عائلة زوجي ، أشعر أحيانا عندما ________ زوجي ________ طفولته ________

________ ________ مني ، ________ كثيرا بـ________ التي

________ ________ و________ فيها ، أحلم بـ________ مثل كل

________ في الدنيا، ________ أني أحمل ________ ________

مصري ، وأني أحب مصر كثيرا ، ولكن يا الله -- ما أحلى القدس !

تمرين ٣ اسألوا زملاءكم :

١- أين ولدوا ونشأوا ؟

٢- من أي بلد هاجر آباؤهم وأجدادهم ؟

٣- هل يحبون الجري للتمرين الرياضي ؟ كم ميلاً يجرون يوميًا ؟

٤- كم كتابًا يحملون معهم اليوم ؟

٥- في أي مواضيع يحبون أن يتحدثوا ؟

٦- ما هو أحلى شيء في الدنيا بالنسبة لهم ؟

القواعد

قراءة التواريخ

date	تاريخ ج. تَواريخ

تعلموا هذه الأرقام:

١٠٠	مِئة (مائة)	٦٠٠	ستّمئة
٢٠٠	مئتان / مئتيْن	٧٠٠	سبعمئة
٣٠٠	ثلاثمئة	٨٠٠	ثمانِمئة
٤٠٠	أربعمئة	٩٠٠	تسعمئة
٥٠٠	خمسمئة	١٠٠٠	ألف

When reading or giving dates (or numbers over 100), note that the order of the numbers is: thousands, followed by hundreds, then ones and finally tens.[1] Remember to say و between each part of the number as in the examples:

١٩٦٧ (عام) ألف وتسعمئة وسبعة وستّين

١٩٤٥ (عام) ألف وتسعمئة وخمسة وأربعين

١٨٨٣ (عام) ألف وثمانمئة وثلاثة وثمانين

١٩١٤ (عام) ألف وتسعمئة وأربعة عشر

تمرين ٤ اقرأوا هذه التواريخ :

١٩٩١	١٩٤٥	١٧٧٦	١٢٥٨
٦٣٢	١٤٩٢	١٨٦٣	١٧٩٨
١٩٧٦	١٩٥٦	١٩٥٤	١٩٧٣

هل تعرفون ماذا حدث في هذه السنوات ؟

[1]This is the modern way of reading numbers. Traditionally, numbers were read right to left as they are written: ones, then tens, then hundreds and finally thousands; however, this style is rarely used now.

المصدر كفاعل أو مبتدأ

You have seen three constructions in which المصدر functions as الفاعل *subject* in a جملة فعلية :

١ـ يمكنني الدراسة في المكتبة ساعتين .

٢ـ يجب شراء بعض الملايات والفوط الجديدة .

٣ـ تمّ ترتيب كل شيء .

The verbs in these three sentences, يمكن , يجب , and تمّ , are among the most commonly used impersonal verbs in formal Arabic. In each of these جمل فعلية , المصدر functions as الفاعل . Thus, grammatically, the first sentence means, *studying in the library for two hours is possible for me;* the second, *the buying of some new sheets and towels is necessary;* and the third, *the arranging of everything has taken place.* In English, these constructions are expressed differently: the first sentence could be translated *it is possible for me to/ I can...,* the second *it is necessary to/ we have to...,* and the third using a passive, *everything has been....* Since Arabic has no word corresponding to *it* that may be used as an impersonal subject, المصدر functions as the subject of these sentences. Note that the verbs يمكن and يجب are fixed expressions and are not conjugated, while the verb تمّ usually agrees with its subject, المصدر . For example, in (٣) above, تمّ agrees with ترتيب , whereas in the following example, تمّت agrees with its subject المقابلة :

٤ـ تمّت المقابلة بين الرئيسيْن .

المصدر can also function as المبتدأ in impersonal جمل اسمية that are similar in structure to the جمل فعلية that we examined above. We pointed out earlier that المصدر is equivalent in meaning to أنْ + المضارع المنصوب . These two constructions can almost always be used interchangeably, and the only difference between the two is that أن + المضارع المنصوب must specify the subject, whereas المصدر is impersonal:

٥ـ من الصعب الكلام معهم في أي موضوع سياسي .

compare: من الصعب أن أتكلم /تتكلمي معهم في أي موضوع سياسي .

٦ـ من الممكن الحصول على "فيزا" سياحية لزيارة مصر.

compare: من الممكن أن تحصل/نحصل على "فيزا" سياحية لزيارة مصر.

تمرين ٥

Make these statements impersonal by using المصدر of the verb given. Try to form المصدر of أوزان II-X without looking them up by using the وزن of a verb you know. Remember that المصدر should be definite either with الـ or as the first word in إضافة.

مثال: ليس من السهل فَهم الدرس إذا غِبتم عن الصف . (فَهِمَ)

١- يجب ________ في الجامعة طوال العطلة بسبب تأخرك في الدراسة . (بقي)

٢- ربما يمكن ________ عن المحاضرات يوم الاثنين . (تغيَّب)

٣- يجب ________ البيت قبل وصولهم . (رتّب)

٤- أنا مشغول جداً ولا يمكنني ________ إخوتي في المذاكرة . (ساعد)

٥- تمّ ________ رئيس جديد للجامعة . (اختار)

٦- من فضلك ، هل يمكنك ________ هذه الرسائل معك إلى مكتب البريد ؟ (أخذ)

٧- من الواجب على كل المسلمين ________ شهر رمضان . (صام)

٨- طفلنا يكبر بسرعة ومن الضروري ________ ملابس جديدة لـه . (اشترى)

٩- من الممتع ________ على بلكون الشقة و________ البحر .
(جلس) (شاهد)

١٠- لن يكون من السهل ________ العلاقات بين البلدين . (استأنف)

١١- من السهل ________ على الناس في العالم العربي . (تعرّف)

١٢- سيكون من اللازم ________ إلى مكتب آخر عندما يبدأون في إصلاح بنايتنا .
(انتقل)

١٣- كان من الممكن ________ الهدية بالبريد الجوّي حتى تصل بسرعة .
(أرسل)

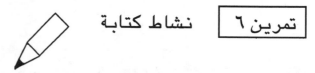

تمرين ٦ نشاط كتابة

المصدر is useful in writing lists of things to do (يجب or من اللازم may be understood to precede each مصدر). Write a list of things you have to do this weekend:

مثال : السبت :

١١,٠٠ مقابلة "جو" في المكتبة

١٢,٠٠ تناول الغداء مع "ليندا"

السبت

الأحد

القواعد : ماذا تعلمنا ؟

برافو ! By now you have learned almost all of the basic structures of Arabic. More importantly, you have learned to use these structures to perform the following functions:

— identify yourself and others, using الجملة الاسمية , النسبة , المفرد , and الجمع ,

— describe some physical attributes of humans and non-humans,

— express some feelings,

— obtain information using ما , ماذا , من , متى , كيف , and لماذا ,

— introduce and specify new entities using الجملة الاسمية and جملة الصفة ,

— describe a specific entity using الاسم + الصفة and الاسم الموصول ,

— refer to entities already known or mentioned using pronouns الضمائر ,

— talk about human, non-human, male, and female groups using appropriate agreement,

— identify and describe a group of two using المثنى ,

— count and state كم ؟ using numbers through 99, ask and give price using بكم؟ ,

— ascribe association or possession using الإضافة , عند , and لـ ,

— describe spatial relationships using الجملة الاسمية with fronted predicate,

— narrate and describe in the present using المضارع ,

— narrate past events using الماضي ,

— describe past states using the verb كان ,

— relate habitual and continuous activities using verbs like كان and ما زال ,

— talk about the future using سـ , لن , إن شاء الله , أنوي أنْ , أتمنّى أنْ , أريد أنْ ,

— express wishes and hopes using verbs like أريد أن , أرغب في أن , أتمنّى أن ,

— express and report opinions using .. بالنسبة لـ , .. في رأيـ , يظنّ أنّ , and يعتبر ,

— use impersonal constructions such as يمكن , يجب , and من اللازم to express obligations and possibilities,

— make authoritative statements using من الـ ... أنْ ,

— compare and contrast using "أفعل" التفضيل ,

— give reasons and purposes using بسبب , لـ , لأنّ , and حتى ,

— deny or refute statements and assumptions and answer in the negative using لا , ليس , لم , لن , and ما ,

— report information from another source using sentence complements with أنّ and verbs such as عرف أنّ , قرأ أنّ , قال إنّ , ذكر أنّ ,

— express hypothetical events using إذا ... فـ and لو ... لـ , and

— guess the meaning of new words using context, grammatical clues, and الجذر .

You are learning to:

— read and write narrative prose, using Arabic constructions like جملة فعلية , connectors, and parallel structures,

— guess the meaning and pronunciation of new verbs using الجذر والوزن , and

— read culturally important texts with case endings, and recognize the importance of these endings to meaning and form.

ما شاء الله !

As you continue your study of Arabic, you will:

— expand your knowledge of the verb system,

— learn to distinguish between formal and informal situations and to recognize and use language forms appropriate to each,

— learn more details of the case system and sentence structure, and

— expand your vocabulary by reading and listening, both in and outside the classroom.

بالتَوفيق إن شاء الله !

تمرين ٧ اكتبوا الكلمة في شكلها المناسب :

In addition to agreement rules, you should follow case ending rules as well. Write the case endings that appear in unvowelled texts, such as تنوين الفتح and ون or ين . To do so, you must determine the function of each noun in its sentence.

١- في زيارتي ________ لفرنسا ، قابلت مجموعة من ________ ________
أخير — شاب — جزائري

________ يعملون في فرنسا وتحدثت معهم عن ________ الحياة والعمل والغربة.
الذي — مشكلة

وقد فهمت منهم أن العُمّال ________ في فرنسا ، وبشكل خاص العمال
أجنبي

________ و________ والمغاربة ، ليس أمامهم الكثير من ________ .
جزائري — تونسي — فرصة

٢- في مجلة «العربي» هذا ________ مقالة ممتعة عن العرب في البرازيل . وقد ذكر
شهر

كاتب المقالة أن معظم ________ الذين تعرف عليهم هم ________ من أصل عربي
عربي — برازيلي

جاء ________ هم و________ هم إلى البرازيل قبل ________ طويلة .
أب — جد — سنة

وذكر أيضا أنهم لا يتكلمون العربية وأن معظمهم لم ________ أي بلد من ________
زار — بلد

العربية ولا يعرفون ________ عن العالم العربي إلا التبولة والحمّص والكبة !
شيء

٣- علمت من أختي أن عدداً من ________ في مدرستها ________ ألا
طالبة — قرر

________ الصفوف غداً لأن إدارة المدرسة رفضت أن تسمح لهن بـ________
دخل — اشترك

في مباراة في الكرة الطائرة مع طلاب من مدرسة «ابن خلدون للبنين». وكان رأي

الإدارة أن هذا ________ ليس ________ .
تصرف — مناسب

٤- الحمد لله ! انتهينا من كل ــــــــــــ اللازمة لــــــــــــ نا إلى الشقة

ترتيب انتقل

ــــــــــــ وبقي فقط أن نشتري ــــــــــــ لغرفة النوم وــــــــــــ من

جديد ٢ سرير عدد

ــــــــــــ للحمام .

فوط

تمرين ٨ *مع ملك*

عندما تركنا القدس وانتقلنا إلى القاهرة عام ١٩٦٧ كان عمري ١٧ سنة وكنت في الصف الثاني ثانوي. وفي سنة ١٩٦٨ نجحت في الثانوية العامة وقرّرت الالتحاق بكلية الآداب بجامعة القاهرة لدراسة الأدب الإنجليزي . في الجامعة كوّنت صداقات مع عدد من الطلاب المصريين والعرب الذين كانوا يدرسون في نفس الكلية وبفضل هذه الصداقات بدأت أشعر بشيء من الراحة والاستقرار في حياتي الجديدة في مصر.

في سنتي الثانية في الجامعة بدأت أكتب في مجلة "Reflections" التي كان يصدرها طلاب قسم الأدب الانجليزي في الكلية ، وهناك قابلت محمد لأول مرة . كان طالبًا في السنة الرابعة . وأذكر أنني — بعد لقائنا الأول — شعرت بأنّه إنسان لطيف وذكي . علاقتنا كانت في البداية علاقة زمالة وصداقة وكنت أشعر براحة كبيرة في العمل مع محمد والحديث معه في مواضيع مختلفة . وكنت احب فيه خاصةً رغبته في مساعدة الآخرين وتشجيعهم دائمًا . ومرّة ، طلب مني أن نخرج وحدنا للغداء في مطعم نادي الزمالك . لم أعرف ماذا أقول ، فطلبت منه بعض الوقت لأفكّر في الموضوع وسألت امّي عن نصيحتها في ذلك فقالت لي إنّ المهم هو أن نخرج مع مجموعة من الزملاء وألاّ نجلس وحدنا . وبدأنا نخرج فعلاً ونتكلم عن أحلامنا وعن المستقبل وعمّا نريده من الحياة. وقال لي إنّه يفكّر في الدراسة في أمريكا، وشجعته على الفكرة . لا أذكر كيف جاء موضوع الزواج أوّل مرة ، ولكني أتذكر أننا كنا خائِفين من رفض والدي ووالده لزواجنا . ولكن والده لم يرفض ، وامي ساعدتنا على إقناع والدي بالموضوع . وتزوجنا فعلاً بعد تخرّجي من الجامعة بشهرين .

أسـئلة:

١ـ ماذا عرفتم عن شخصية ملك من هذا النص لم تعرفوه من قبل ؟

٢ـ ما هي قصة زواج ملك ومحمد ؟

٣ـ خمّنوا معنى هذه الكلمات :

أ ـ يُصدرِها ______________

ب ـ خائفين من ______________ ما هو المفرد؟ ______________

جـ ـ إقناع ______________

ما هذه الكلمة (grammatically) ؟ ______________

من أي وزن هي؟ ______________

6. Notice that ملك uses verb phrases like كانوا يدرسون and بدأت أكتب to talk about events that took place over a period of time or began in the past. Find all examples of these kinds of verb phrases that you can in the text and decide how you would translate them into English.

7. Notice that many noun and verb phrases occur in pairs. For example:

علاقتنا كانت علاقة زمالة وصداقة ...

كنت أحب فيه خاصة رغبته في مساعدة الآخرين وتشجيعهم ...

This kind of parallelism is a mark of Arabic style. Identifying parallel structures helps you to guess the meaning of words you do not know when they occur in pairs with words you do know, and it also helps you to follow the structure of longer sentences. (a) In the first example above, what do you think the word زمالة means? Using its parallel word صداقة as a model for the وزن, how would you guess to pronounce it? (b) In the second example, identify two parallel parts of the underlined phrases. (c) What other examples of parallel structures can you find in the text?

تمرين ٩ نشاط قراءة

تعلموا هذه الكلمات:

لا يزيد عن = لا يتجاوز =	is not more than
أغادِر (غادَرتُ)	أترك
لا أكاد + المضارع	I hardly ...
حَسَبَ (يحسُب)	to reckon, count
نُفَكِّر في / بـ	we think about

أسئلة:

١ـ أين الزوج والزوجة؟ ماذا يفعلان ؟

٢ـ منذ كم سنة تزوّجا ؟

٣ـ لماذا يقول الزوج " قضينا ثلاث سنوات معًا" ؟

٤ـ ماذا يريد الزوج أنْ يقول ؟ وما رأي الزوجة في كلامه ؟

٥ـ خمّنوا معنى هذه الكلمات :

أستيقظ = ________ (تذكروا : توقظ)

بِلا = ________

مائدة الإفطار = ________

أسئلة عن القواعد Find and identify:

٦ـ جملة صفة

٧ـ جملة اسمية with fronted predicate

٨ـ جملة فعلية : الفاعل والفعل

9. Follow the husband's account of how they spend the day by finding the main verbs of the narration.

10. Find all human plurals (use context, parallel listing to help) and answer :

جمع "سعيد" = ________ معنى "أحِبّاء" = ________

تساؤلات ..؟

◆ على مائدة الافطار حيث يلتقي الزوجان يوميا .

الزوج ـ أتعرفين كم من الوقت الحقيقي قضينا معا

الزوجة ـ ماهذا السؤال ـ خمسة وعشرون عاما . عمر زواجنا .

ـ أبدا يا عزيزتي إنه لايزيد كثيرا عن ثلاث سنوات .

ـ شكرا ، يبدو أنك لم تشعر بوقتك معي هذا رائع .

ـ (يضحك) لم أقصد ذلك ، ولكني حسبت الوقت الحقيقي .

بقلم : د. كافية رمضان

ـ ماذا تقول ؟

ـ تعالي نحسبها .

استيقظ في الصباح واستعد للعمل ، أقضي معك مدة لا تتجاوز عشر دقائق على مائدة الافطار أغادر الى العمل أعود في الثانية نلتقي إلى الغداء ثم أنصرف لقراءة مالم أقرأ من صحف الصباح ثم أنام قليلا . استيقظ ولا أكاد أراك لأنك اما مشغولة مع الأولاد أو لسبب آخر ، أغادر إلى العمل ، أعود مساء ، نشاهد التلفزيون لا نكاد نتحدث إلا قليلا .. وعليه لو حسبت كم من الوقت الحقيقي أقضي معك ستجدينه لا يتجاوز ساعة يوميا في أحسن الأحوال ، بمعنى (١٢) يوما في السنة .. أي ثلاث سنوات وتزيد قليلا في الخمسة والعشرين سنة الماضية .

ـ فإذا اقتطعنا ساعات النكد يا عزيزي ، كم يتبقى من لحظات السعادة ؟

ـ لقد وصلت لما أردت أن أقول : نعم كم من الوقت في عمرنا كله نقضيه سعداء ، نقضيه كما نريد ، كما يجب ؟ كم من الوقت نقضيه بلا لهاث وارهاق وعمل ؟ كم من الوقت نقضيه حقا لذواتنا ؟

ـ ولكن العمل مطلوب ، ولا أظنك تقصد حياة بلا عمل ؟

ـ لا أقول ذلك ، ولكن أقول ما يتبقى من الوقت كيف نقضيه ؟ كم من الوقت نقضيه في نزهة جميلة مع أبنائنا في الاقتراب من أحبائنا وأقاربنا وأصدقائنا ؟ كم من الوقت نستغله لنعرف كيف نعيش السعادة ؟

غادر الزوج ،

وبقيت الزوجة تفكر ..

في كلام الزوج كثير من الحقيقة ..

فلماذا لا نفكر في نمط الحياة التي نعيش ؟

ألا يمكن أن يقود التفكير إلى التغيير ؟

من مجلة "اسرتي" ١٩٨٦/١١/١

تمرين ١٠ نشاط قراءة

ماذا تعرفون عن تاريخ الشرق الأوسط؟ قبل بدء الحَرب *war* العالمية الأولى في سنة ١٩١٤ ، كانت الامبراطورية العُثمانية تحكُم مناطق كبيرة من الشرق الأوسط . ولكن ماذا حدث لهذه المناطق بعد انتهاء الحرب العالمية الأولى في سنة ١٩١٨؟ وكيف تكونت البلاد العربية التي نعرفها اليوم ؟ اقرأوا المقالة وأجيبوا عن الأسئلة .

تعلموا هذه الكلمات:

مُحافَظة	province
حَكَمَ (يَحكُم ، المصدر: الحُكم)	to rule
حُكومة	government
اِستِقلال	independence
اِنتِداب	mandate

١- أين كانت بريطانيا تحكم في الشرق الأوسط ؟

٢- أين كانت فرنسا تحكم ؟

٣- في أي سنة حصلت هذه البلاد على استقلالها ؟

السعودية ________ سوريا ________ البحرين ________

الأردن ________ الكويت ________ اليمن ________

٤- خمنوا معنى :

تَوَحَّدَت ________ مُستَقِلّ ________

5. Find and write the Arabic words for:

League of Nations ________ self-rule, autonomy ________

Baath Party ________ holy ________

Sheikhdom ________ to unite ________

كيف تكونت منطقة الشرق الاوسط

العراق : انشئ في المحافظات العثمانية: بغداد والموصل والبصرة. ووحدت بريطانيا هذه المحافظات بموجب انتداب عصبة الامم عام ١٩٢١ ثم تحولت العراق الى ملكية مستقلة تحت حكم العائلة الهاشمية الموالية لبريطانيا حتى عام ١٩٥٨. أما اليوم فيرأس صدام حسين مع حزبه البعث دولة بوليسية شديدة.

الكويت: كانت مشيخة تتمتع بالحكم الذاتي تحت السيادة العثمانية تحكمها عائلة الصباح. وفي عام ١٨٩٩ طلبت اسرة الصباح الحماية البريطانية وازدادت قوة الحضور البريطاني بعد تفكك الامبراطورية العثمانية مع ان اسرة الصباح بقيت في الحكم. ولم ينسحب البريطانيون حتى عام ١٩٦٢.

سورية: كانت محافظة دمشق العثمانية واحتلها الفرنسيون عام ١٩٢٠ بعد انهيار الامبراطورية العثمانية ومحاولة الاستقلال القصيرة الاجل تحت الاسرة الهاشمية. وحكمتها فرنسا بانتداب من عصبة الامم حتى عام ١٩٤٥. واثر ذلك تلا عهد من الاضطراب والانقلابات ثم توحدت مع مصر الى ان تولى حزب البعث السلطة عام ١٩٦٣.

الاردن: كان جزء من محافظة دمشق العثمانية لكن ضم الى فلسطين تحت انتداب بريطانيا بموجب قرار من عصبة الامم. واستقل عام ١٩٦٤. ويحكمه الآن الملك حسين وهو هاشمي.

لبنان: كان يحكمه امراء محليون تحت اشراف عثماني من عام ١٨٦١ حتى عام ١٩١٤. وخضع للانتداب الفرنسي بعد الحرب العالمية الاولى. واصبح لبنان جمهورية برلمانية خلال الحرب العالمية الثانية لكنه وقع في حالة من الفوضى في السبعينات نتيجة الحرب الاهلية.

السعودية: كانت منطقة الحجاز موطن الاماكن الاسلامية المقدسة في مكة المكرمة والمدينة المنورة تحت السيادة العثمانية ثم اصبحت تحت السيطرة السعودية في الدولة الاولى وفي عام ١٩١٦ حكم شرفاء مكة مكة بصفة مستقلة حتى عام ١٩٢٤ عندما اصبحت السيطرة للملك عبد العزيز آل سعود. وكانت الاسرة السعودية تحكم الجزيرة كلها بما فيها الخليج وجنوب العراق. وفي عام ١٩٣٢ اسس عبد العزيز آل سعود المملكة العربية السعودية. ويحكم المملكة الآن ابنه خادم الحرمين الشريفين الملك فهد بن عبد العزيز.

البحرين: كانت مشيخة تحت الحماية البريطانية من عام ١٨٢٠ حتى ١٩٧١.

قطر: كانت مشيخة تحت الحماية البريطانية من عام ١٩١٦ حتى ١٩٧١.

الامارات العربية المتحدة: كانت تعرف باسم المشيخات المتصالحة او عمان المتصالحة خلال العهد العثماني حين كانت هذه المشيخات الثماني الصغيرة تحت الحماية البريطانية. ولكن الامارات مستقلة الآن.

اليمن: كان الجزء الشمالي من البلاد تحت السيادة العثمانية حتى عام ١٩١٨ عندما اصبح مستقلا اما الجزء الجنوبي المحيط بعدن فقد احتلته بريطانيا عام ١٩٣٩ ونال استقلاله عام ١٩٦٧ الى ان توحد البلدان اخيرا.

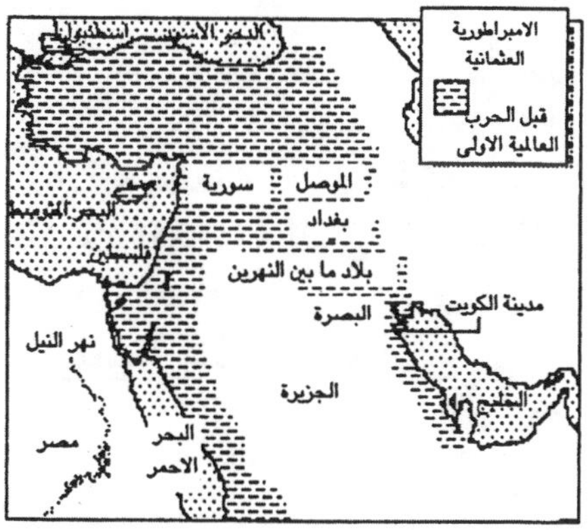

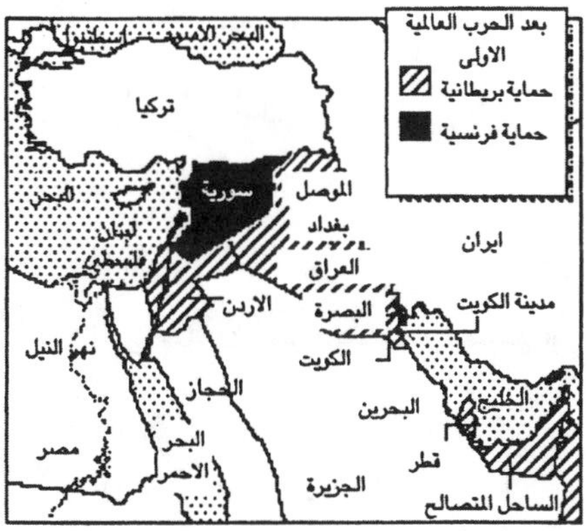

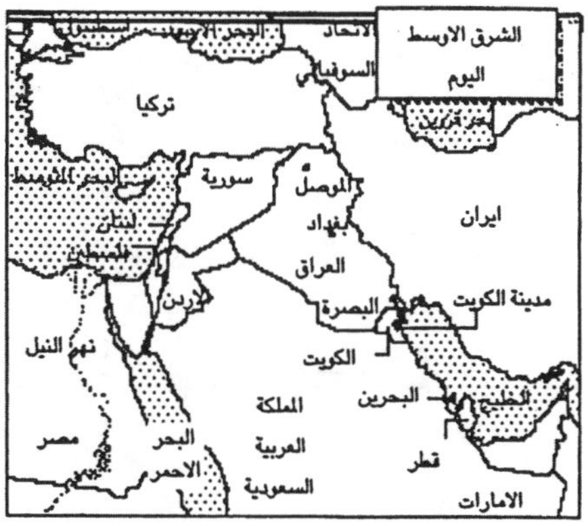

من جريدة الشرق الاوسط ١٩٩٠/٣/١٠

تمرين ١١ نشاط استماع

شاهدوا الفيديو:

١- عن أي بلد هذا البرنامج ؟

٢- ما موضوع البرنامج ؟ (Be as specific as you can.)

3. On the map, indicate the areas mentioned. Include dates where possible. In what context are these places mentioned?

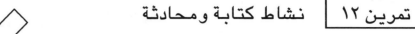

تمرين ١٢ نشاط كتابة ومحادثة

في البيت

You have been asked to give a speech as part of a panel discussion, and will be introduced to the audience by the chair of the panel. Write for the person who will introduce you an abbreviated resume of your major accomplishments and basic biography, including التواريخ .

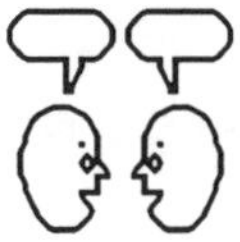

في الصف

Give your resume to a classmate, who will introduce you.

Phrases used in formal introductions:

Ladies and Gentlemen	سَيِّداتي وسادتي
it is my pleasure/honor to present	يُسْعِدُني أنْ / يُشَرِّفُني أنْ أُقَدِّم ...

تمّ بحمد الله

قاموس عربي-إنجليزي
Arabic-English Glossary

أ

أب ج. آباء	father *19*
اِبن	*see* ب - ن
تَأثَّرَ بِـ / يَتَأثَّر (التَأثُّر)	to be influenced by *19*
الآثار	antiquities, ancient monuments *11*
اِسْتَأجَرَ / يَسْتَأجِر (الاِسْتِئجار)	to rent *14*
إيجار ج. إيجارات	rent *14*
أحَد	one of *(m.)* *18*
لا أحد (مِن)	no one, none (of) *11*
إحدى	one of *(f.)* *18*
الأحَد	Sunday *6*
أحَدَ عَشَر	eleven *8*
أخَذَ / يَأخُذ (الأخْذ)	to take *12*
أُخِذَ	it was taken *(passive)* *20*
تَأخَّرَ / يَتَأخَّر (التَأخُّر)	to be late, fall behind *8*
أخيراً	finally, at last *13*
آخَر ج. آخَرون	other *(m.)* *9*
أُخْرى ج. أُخْرَيات	other *(f.)* *9*
آخِر ج. آخِرون	last *12*
مُتَأخِّر ج. مُتَأخِّرون	late *10*
أخ ج. إخْوة	brother *4*

sister ***4***	أُخْت ج. أَخَوات
literature ***1***	أَدَب ج. آداب
because, since ***13***	إذْ
if ***8***	إذا
history ***2***	التّاريخ
date *(chronological)* ***20***	تاريخ ج. تَواريخ
Jordan ***1***	الأُرْدُنّ
rice ***6***	أَرُزّ
foundation ***13***	مُؤَسَّسة ج. مُؤَسَّسات
professor *(m.)* ***U-4***	أُسْتاذ ج. أَساتِذة
professor *(f.)* ***U-4***	أُسْتاذة ج. أُسْتاذات
family ***2***	أُسْرة ج. أُسَر
Israel ***U-9***	إسرائيل
descent, origin ***5***	أَصْل ج. أُصول
of __ descent, origin ***5***	مِنْ أَصْل ...
to eat ***9***	أَكَلَ / يَأْكُل (الأَكْل)
except ***9***	إلاّ
which *(m.)* ***15***	الّذي ج. الّذينَ
which *(m., dual)* ***18***	اللّذانِ / اللّذَيْنِ
which *(f.)* ***15***	الّتي ج. اللّواتي / اللاّتي
which *(f., dual)* ***18***	اللّتانِ / اللّتَيْنِ
thousand ***20***	أَلْف ج. آلاف ، أُلوف
God *(sometimes used alone as expression of delight)* ***U-6***	اللّه
Thanks be to God ***U-7***	الحَمْدُ لِلّه
May God have mercy on her (=Rest her soul) ***7***	اللّه يَرْحَمُها
In the name of God *(said when beginning something)* ***U-6***	بِسْمِ اللّه
God willing ***U-6***	إنْ شاءَ اللّه
There is no God but God *(said when hearing bad news)* ***U-6***	لا إلهَ إلا اللّه

Whatever God intends *(said when praising someone)* ***U-6***	ما شاءَ اللّـه
to, toward **2**	إلى
mother *8*	أُمّ ج. أُمَّهات
United Nations *1*	الأُمَم المُتَّحِدة
in front of, before *(spatial)* **13**	أمامَ
as for... *9*	أمّا... فـ ...
United Arab Emirates *1*	الإمارات العَرَبِيّة المُتَّحِدة
yesterday *7*	أمْسِ
to (verb nominalizer) *8*	أنْ + المضارع المنصوب
not to **13**	ألاّ (أنْ + لا)
that *(after a verb)* **13**	أنّ
if **15**	إن
I ***U-7***	أنا
you *(m.)* ***U-7***	أنْتَ
you *(f.)* ***U-7***	أنْتِ
you *(pl.)* **2**	أنْتُم
you (dual) **15**	أنتُما
you *(f., pl.)* **19**	أنْتُنّ
feminine *1*	المُؤَنَّث
English *1*	إنْجليزي (إنكليزي) ج. إنْجليز (إنكليز)
Miss ***U-4***	آنِسة ج. آنسات
human being *(note: pl.= people)* **20**	إنْسان ج. ناس
people *(collective)* **11**	ناس
to resume *19*	اِسْتَأْنَفَ / يَسْتَأْنِف (الاِسْتِئْناف)
or *9*	أوْ
bus ***U-5***	أوتوبيس
first *(m.)* **4**	أوّل ج. أوَل / أوائِل
first *(f.)* *7*	أولى ج. أولَيات

now ***3***	الآن
verse *(of the Quran)* ***17***	آية ج. آيات
i.e. ***16***	أيْ
which...? ***6***	أيّ ...؟
any ***15***	أيّ / أيّة
Iran ***U-9***	إيران
also ***2***	أيْضاً
where? ***1***	أيْنَ ؟

ب

with, by *(things)* ***U-10***	بِـ
sea ***15***	بَحْر ج. بِحار/بُحور
Bahrain ***1***	البَحْرَيْن
to begin ***9***	بَدَأَ / يَبْدَأ (البَدْء)
primary ***4***	اِبْتِدائي
subject of a nominal clause ***2***	المُبْتَدَأ
to exchange ***11***	تَبادَلَ / يَتَبادَل (التَّبادُل)
suit ***19***	بَدلة ج. بَدَلات
fat ***18***	بَدين
it appears, seems that *(impersonal)* ***17***	يَبْدو أنَّ
see د-و-ن	بِدون
cold *(e.g.: I have a __)* ***U-7***	بَرْد
cold *(e.g.: __ weather)* ***5***	بارِد
cold *(e.g.: I feel __)* ***U-7***	بَرْدان ج. بَرْدانون
mail, post ***18***	بَريد
program ***2***	بَرْنامَج ج. بَرامِج

game, match ***10***	مُباراة ج. مُبارَيات
onions ***6***	بَصَل
ticket, card ***18***	بِطاقة ج. بِطاقات
belly, stomach ***18***	بَطن ج. بُطون
after ***8***	بَعْدَ
afternoon ***9***	بَعْدَ الظُّهْر
far, distant (from) ***U-6***	بَعيد (عن)
some of ***9***	بَعْض
to remain ***12***	بَقِيَ / يَبْقى (البَقاء)
the rest, remainder of ***17***	بَقِيّة
bachelor's degree ***2***	بَكالورْيوس
country ***2***	بَلَد ج. بِلاد/بُلدان
brown ***18***	بُنّيّ
(a pair of) pants ***19***	بَنْطَلون ج. بَنْطَلونات
purple ***18***	بَنَفْسَجِيّ
son ***3***	اِبْن ج. أَبْناء
cousin *(m., maternal)* ***3***	اِبن خال /ة ج. أَبْناء خال /ة
cousin *(m., paternal)* ***3***	اِبن عَمّ /ة ج. أَبْناء عَمّ /ة
daughter, girl ***U-8***	بِنْت ج. بَنات
cousin *(f., maternal)* ***3***	بِنْت خال /ة ج. بَنات خال /ة
cousin *(f., paternal)* ***3***	بِنْت عَمّ /ة ج. بَنات عَمّ /ة
building ***U-7***	بِنايَة ج. بِنايات
door ***U-1***	باب ج. أَبْواب
doorman ***16***	بَوّاب
house ***U-5***	بَيْت ج. بُيوت
white *(m.)* ***18***	أَبْيَض ج. بيض
white *(f.)* ***18***	بَيْضاء ج. بيضاوات
for sale ***14***	لِلْبَيْع

between ***14***	بَيْنَ

ت

commerce, trade ***6***	التِّجارة
below ***14***	تَحْتَ
museum ***12***	مَتْحَف ج. مَتاحِف
translation ***2***	تَرْجَمة
translator ***2***	مُتَرْجِم ج. مُتَرْجِمون
to leave *(something)* ***14***	تَرَكَ / يَتْرُك (التَّرْك)
Turkey ***U-9***	تُركيا
nine ***U-8***	تِسْعة
ninety ***8***	تِسْعون / تِسْعين
tired ***U-7***	تَعْبان ج. تَعْبانون
that *(demonstrative pronoun) (f.)* ***6***	تِلْكَ (مذكّر: ذٰلِك)
to be completed *(subject expressed by maSdar)* ***20***	تَمَّ / يَتِمّ + **المصدر**
everything has been arranged ***20***	تَمَّ تَرْتيبُ كُلِّ شَيْءٍ
Tunisia or *(the City of Tunis)* ***1***	تونِس

ث

culture ***U-10***	الثَّقافة
one third ***9***	ثُلْث
three ***U-8***	ثَلاثة
third ***4***	ثالِث
thirty ***8***	ثَلاثون / ثَلاثين
Tuesday ***6***	الثُّلاثاء

snow, ice *5*	ثَلْج
snowy *5*	مُثْلِج
then *9*	ثُمَّ
eight ***U-8***	ثَمانية
eighty *8*	ثَمانون / ثَمانين
two ***U-8***	اِثْنان / اِثْنَيْن
Monday *6*	الإثْنَيْن
second *4*	ثانٍ (الثّاني)
secondary *7*	ثانَويّة
Baccalaureate *7*	الثّانَويّة العامّة
the dual *7, 15, 18*	المُثَنّى
garlic *6*	ثوم

ج

grandfather *4*	جَدّ ج. جُدود / أجداد
grandmother *4*	جَدّة ج. جَدّات
very *5*	جِدّاً
new ***U-5***	جَديد ج. جُدُد
root *8*	جَذر ج. جُذور
genitive case *(nouns)* *16*	المَجْرور
experience *11*	تَجْرِبة ج. تَجارِب
newspaper *9*	جَريدة ج. جَرائِد
to run; go running *8*	جَرى / يَجْري (الجَري)
part of *18*	جُزْء ج. أجْزاء
island *14*	جَزيرة ج. جُزُر
Algeria *1*	الجَزائِر

jussive mood *(verbs)* ***13***	المَجزوم
body ***18***	جِسم ج. أجسام
magazine, journal ***13***	مَجلّة ج. مَجلاّت
traditional gown-like garment worn by both men and women ***19***	جَلاّبيّة
to sit ***9***	جَلَسَ / يَجْلِس (الجُلوس)
gathering ***10***	جَلْسة ج. جَلْسات
to convene, gather ***17***	اِجْتَمَعَ / يَجْتَمِع (الاِجْتِماع)
plural ***2***	الجَمع
Friday ***6***	الجُمْعة
together *(i.e.: altogether, all of them)* 12	جَميعًا
mosque ***10***	جامِع ج. جَوامِع
university ***1***	جامِعة ج. جامِعات
group ***15***	مَجْموعة ج. مَجْموعات
sentence ***1***	جُمْلة ج. جُمَل
beautiful ***U-8***	جَميل
south ***15***	جَنوب
next to ***14***	بِجانِب
foreign, foreigner ***13***	أجْنَبيّ ج. أجانِب
nationality ***2***	جِنْسيّة ج. جِنْسيّات
weather ***5***	جَوّ ج. أجْواء
good ***8***	جَيِّد ج. جَيِّدون / جِياد
passport ***20***	جَواز سَفَر ج. جَوازات سَفَر
vacation, leave *(of absence)* 12	إجازة ج. إجازات
prize ***19***	جائِزة ج. جَوائِز
hungry ***U-7***	جَوْعان ج. جَوْعانون
to come ***10***	جاءَ / يَجيء (المَجيء)
army ***3***	جَيْش ج. جُيوش

ح

to love *5*	أحَبّ / يُحِبّ (الحُبّ)
so as to *19*	حَتّى + **المضارع المنصوب**
until *(preposition)* *17*	حَتّى
the main pilgrimage to Mecca *7*	الحَجّ
pilgrim *(spec.: one who has done the main pilgrimage to Mecca)* *7*	الحاجّ
in need of *7*	بِحاجة إلى
to determine, set *(e.g.: __ a curfew)* *15*	حَدَّدَ / يُحَدِّد (التَّحْديد)
to happen *14*	حَدَثَ / يَحْدُث (الحُدوث)
to talk, speak about *20*	تَحَدَّثَ عَن/ يَتَحَدَّث عَن (التَحَدُّث)
accident *7*	حادِث ج. حَوادِث
Hadith *(sayings and deeds of the Prophet)* *17*	حَديث ج. أحاديث
conversation *1*	مُحادَثة
garden, park *14*	حَديقة ج. حَدائِق
(pair of) shoes *19*	حِذاء ج. أحْذِية
hot *(e.g.: __ weather)* *5*	حارّ
hot *(e.g.: I feel __)* *U-7*	"حَرّان" ج. "حَرّانين"
wife *7*	حَرَم
shame *(on you; lit.: not legal)* *12*	حَرام
freedom *15*	حُرِّيّة ج. حُرِّيّات
to calculate *20*	حَسَبَ / يَحْسُب (الحِساب)
the best... *5*	أحْسَن...
to get, obtain *6*	حَصَلَ على/ يَحْصُل (الحُصول)
to come to, attend *13*	حَضَرَ إلى/يَحْضُر (الحُضور)
you *(formal, m.)* *U-4*	حَضْرَتَك

you *(formal, f.)* ***U-4***	حَضْرِتك
lecture ***6***	مُحاضَرة ج. مُحاضَرات
to memorize ***4***	حَفِظَ / يَحْفَظ (الحِفْظ)
province ***20***	مُحافَظة ج. مُحافَظات
to rule ***20***	حَكَمَ / يَحكُم (الحُكم)
government ***20***	حُكومة ج. حُكومات
law ***3***	الحُقوق
actually ***3***	في الحَقيقة
real, actual ***18***	حَقيقِيّ
place ***18***	مَحَلّ ج. مَحَلّات
milk ***U-7***	حَليب (لَبَن)
to dream of ***20***	حَلَمَ بِـ/ يَحْلُم بِـ (الحُلم)
dream ***18***	حُلْم ج. أحْلام
how beautiful is...! ***20***	ما أحْلى...!
bathroom ***10***	حَمّام ج. حَمّامات
swimming pool ***14***	حَمّام سِباحة
red ***18***	أحْمَر (مؤنّث: حَمْراء)
carry ***20***	حَمَلَ / يَحْمِل (الحَمْل)
lawyer ***13***	مُحامٍ / المُحامي ج. مُحامون
to need, be in need of ***13***	اِحْتاجَ إلى/ يَحْتاج (الاِحْتِياج)
to win *(e.g.: __ a prize)* ***19***	حازَ على / يَحوز (الحِيازة)
social *(i.e.: marital)* status ***18***	الحالة الاِجْتِماعية
roughly, around ***9***	حَوالي
life ***12***	الحَياة
where *(not a question; also, "in which")* ***2***	حَيْثُ
sometimes ***5***	أحْيانًا

خ

news *9*	خَبَر ج. أَخْبار
predicate of a nominal clause *2*	خَبَر
experience *13*	خِبْرة ج. خِبْرات
bread *U-7*	خُبْز
shyness, abashment *11*	الخَجَل
shy, abashed *7*	خَجول
to go out *9*	خَرَجَ / يَخْرُج (الخُروج)
to graduate *6*	تَخَرَّجَ / يَتَخَرَّج (التَخَرُّج)
outside *(preposition)* *11*	خارِج
fall, autumn *5*	الخَريف
special; (its) own, private *9*	خاصّ
specializing, specialist in *2*	مُتَخَصِّص في ج. مُتَخَصِّصون
green *18*	أخضَر (مؤنث : خَضراء)
vegetables *6*	خُضار
she got engaged to *11*	خُطِبَتْ لِـ
to differ from *17*	اِخْتَلَفَ عَن/ يَخْتَلِف (الاِخْتِلاف)
behind, beyond *5*	خَلْف
caliph, successor *(note: m.)* *4*	خَليفة ج. خُلَفاء
different *(from)* *18*	مُخْتَلِف (عن)
morals *18*	أَخْلاق
five *U-8*	خَمْسة
fifty *8*	خَمْسون / خَمْسين
Thursday *6*	الخَميس
to guess *1*	خَمَّنَ / يُخَمِّن (التَّخمين)

scared *20*	خائِف ج. خائِفون
uncle *(maternal)* *2*	خال ج. أخْوال
aunt *(maternal)* *2*	خالة ج. خالات
to choose *19*	اِخْتارَ / يَخْتار (الاِخْتِيار)
well, fine *(said of people)* *17*	بِخَيْر

د

diploma *(post-B.A./B.S.)* *6*	دِبْلوم ج. دِبْلومات
chicken *(collective)* *6*	دَجاج
to enter *8*	دَخَلَ / يَدْخُل (الدُّخول)
to smoke *9*	دَخَّنَ / يُدَخِّن (التَّدْخين)
degree *(e.g.: of temperature)* *5*	دَرَجة ج. دَرَجات
to study *1*	دَرَسَ / يَدْرُس (الدِراسة)
to teach *3*	دَرَّسَ / يُدَرِّس (التَّدْريس)
lesson *U-5*	دَرْس ج. دُروس
study *(of)*, studies *3*	دِراسة ج. دِراسات
school *4*	مَدْرَسة ج. مَدارِس
copybook, notebook *U-6*	دَفْتَر ج. دَفاتِر
minute *9*	دَقيقة ج. دَقائِق
doctor *(m.)* *U-4*	دُكتور ج. دَكاتِرة
doctor *(f.)* *U-4*	دُكتورة ج. دُكتورات
Ph.D. *2*	الدُّكْتوراه
blood *18*	دَم
the world *20*	الدُّنْيا
house *14*	دار ج. دُور
Casablanca *8*	الدّار البَيْضاء

business administration ***6***	إدارة الأعْمال
director ***12***	مُدير ج. مُديرون / مُدَراء
always ***2***	دائِماً
without ***13***	بِدون
religion ***3***	دين ج. أدْيان

ذ

that *(demonstrative pronoun) (m.)* ***6***	ذٰلِك (مؤنّث: تِلْكَ)
also, likewise ***13***	كَذٰلِك
so, thus ***6***	لِذٰلِك
to recall; mention ***14***	ذَكَرَ / يَذْكُر (الذِّكْر)
to study *(i.e.: review lessons, do homework)* ***8***	ذاكَرَ / يُذاكِر (المُذاكَرة)
to remember ***1***	تَذَكَّرَ / يَتَذَكَّر (التَّذَكُّر)
masculine ***1***	المُذَكَّر
smart, intelligent ***18***	ذَكِيّ ج. أذْكِياء
to go ***6***	ذَهَبَ / يَذْهَب (الذَهاب)
gold ***18***	ذَهَبِيّ

ر

head ***18***	رَأس ج. رؤوس
president ***12***	رَئيس ج. رُؤَساء
to see ***13***	رأى / يَرى (الرُّؤْية)
opinion ***8***	رأْي ج. آراء
God, Lord ***17***	رَبّ
perhaps ***12***	رُبَّما

one quarter ***9***	رُبْع ج. أرْباع
four ***U-8***	أرْبَعة
forty ***8***	أرْبَعون / أرْبَعين
Wednesday ***6***	الأرْبِعاء
fourth ***4***	رابِع
spring ***5***	الرَّبيع
to arrange, prepare ***16***	رَتَّبَ / يُرَتِّب (التَّرْتيب)
to return ***13***	رَجَعَ / يَرْجِع (الرُّجوع)
man ***U-8***	رَجُل ج. رِجال
foot ***18***	رِجل ج. أرجُل
to hope *(that)*; please... ***16***	رَجا / يَرجو (الرَّجاء)
to welcome ***18***	رَحَّبَ بِـ/ يُرَحِّب بِـ (التَّرْحيب)
flight, trip ***10***	رِحْلة ج. رِحلات
level, phase ***19***	مَرْحَلة ج. مَراحِل
deceased ***7***	مَرْحوم ج. مَرْحومون
cheap, inexpensive ***16***	رَخيص
to correspond, exchange letters ***8***	راسَلَ / يُراسِل (المُراسَلة)
to send ***13***	أرْسَلَ / يُرْسِل (الإرْسال)
prophet, messenger ***17***	رَسول ج. رُسُل
letter ***3***	رِسالة ج. رَسائِل
to draw ***8***	رَسَمَ / يَرْسُم (الرَّسْم)
humidity ***5***	رُطوبة
to want to, have a desire to ***13***	رَغِبَ في / يَرْغَب (الرَّغْبة)
to refuse ***8***	رَفَضَ / يَرْفُض (الرَّفْض)
indicative mood *(verbs)* ***11***; nominative case *(nouns)* ***16***	المَرفوع
dancing ***8***	الرَّقْص
number ***14***	رَقْم ج. أرْقام
center ***2***	مَرْكَز ج. مَراكِز

رَماديّ	grey *18*
رَمَضان	Ramadan *(month in Islamic calendar in which Muslims fast)* ***16***
راحة	comfort, ease ***14***
أرادَ أنْ / يُريد (الإرادة)	to want to *8*
الرِّياضة	sports *8*
رِوايّة ج. رِوايات	novel *19*

ز

اِزْدِحام	*(over)* crowdedness *5*
أزْرَق (مؤنّث : زَرْقاء)	blue *18*
"زَعْلان" ج. "زَعْلانين"	upset; annoyed, angry ***U-7***
التَزَلُّج	skiing *8*
زَميل ج. زُمَلاء	classmate; colleague *(m.)* ***4***
زَميلة ج. زَميلات	classmate; colleague *(f.)* ***4***
زَهريّ	pink *18*
زَوْج ج. أزْواج	husband ***3***
زَوْجة ج. زَوْجات	wife *3*
زَيْت ج. زُيوت	oil ***6***
زادَ / يَزيد (الزِّيادة)	to increase, exceed ***20***
زارَ / يَزور (الزِّيارة)	to visit ***12***
ما زالَ / لا يَزال + المضارع المرفوع / اسم	still, continue to (*lit.*: do not cease) ***13***

س

س / سَوْف + المضارع المرفوع	*(future marker)* ***12***
سُؤال ج. أسْئِلة	question ***U-10***

because of, on account of *5*	بِسَبَب + اسم في إضافة
Saturday *6*	السَّبْت
swimming *8*	السِّباحة
swimming pool *14*	حَمّام سِباحة
week *6*	أُسْبوع ج. أسابيع
seven ***U-8***	سَبْعة
seventy *8*	سَبْعون / سَبْعين
six ***U-8***	سِتّة
sixty *8*	سِتّون/ سِتّين
mosque *11*	مَسْجِد ج. مساجِد
registration *2*	تَسْجيل
meal eaten before dawn during Ramadan *17*	السُّحور
theater *11*	مَسْرَح ج. مَسارِح
bed *11*	سَرير ج. أسِرّة
speed *19*	سُرْعة
in a hurry, quickly *10*	مُسْرِع ج. مُسْرِعون
Saudi Arabia *1*	السَّعوديّة
to help *8*	ساعَدَ / يُساعِد (المُساعَدة)
happy *13*	سَعيد ج. سُعَداء
to travel *4*	سافَرَ / يُسافِر (السَّفَر)
ambassador *12*	سَفير ج. سُفَراء
sugar ***U-7***	سُكَّر
secretary *1*	سِكْرِتيرة ج. سِكْرِتيرات
to live, reside *1*	سَكَنَ / يَسْكُن (السَّكَن)
inhabitant *14*	ساكِن ج. سُكّان
series, serial *17*	مُسَلْسَل ج. مُسَلْسَلات
salad *6*	سَلَطة ج. سَلَطات
behavior, manners, way of acting *19*	سُلوك

name, noun ***1***	اِسْم ج. أسْماء
to permit *(someone)* to do *(something)* ***15***	سَمَحَ لِـ... بِـ.../ يَسْمَح (السَّماح)
to listen to ***4***	اِستَمَعَ إلى /يَستَمِع (الاِستِماع)
dark-complexioned ***18***	أسْمَر (المؤنّث: سَمْراء) ج. سُمْر
fish *(collective)* ***6***	سَمَك
year ***1***	سَنة ج. سَنَوات
to stay up late ***10***	سَهِرَ /يَسْهَر (السَّهَر)
easy ***12***	سَهل
black *(m.)* ***18***	أسْوَد ج. سود
black *(f.)* ***18***	سَوْداء ج. سَوْداوات
Sudan ***1***	السّودان
chapter *(of the Quran)* ***17***	سورة ج. سُوَر
Syria ***1***	سوريّا
tourism ***11***	السِّياحة
hour; o'clock; clock ***9***	ساعة ج. ساعات
driver ***13***	سائِق ج. سائِقون
Mr. , sir ***U-4***	سَيِّد ج. سادة
Lady; Mrs. ***15***	سَيِّدة ج. سَيِّدات
car ***U-5***	سَيّارة ج. سَيّارات
cinema ***8***	السِّينما

ش

tea ***U-7***	شاي
young man ***18***	شابّ ج. شُبّان
youth *(abstract or collective)* ***18***	الشَّباب
window ***U-6***	شُبّاك ج. شَبابيك

winter *5*	الشِّتاء
to encourage (to), cheer (on) *13*	شَجَّع / يُشَجِّع (التَّشْجيع)
person *15*	شَخْص ج. أشْخاص
to drink *9*	شَرِبَ / يَشْرَب (الشُّرْب)
soup *6*	شوربة
tape, cassette *U-6*	شَريط ج. شَرائِط
Islamic law *17*	الشَّريعة
street *U-5*	شارِع ج. شَوارِع
to supervise *17*	أشْرَفَ على/ يُشْرِف (الإشْراف)
east *15*	شَرْق
Near East *2*	الشَّرق الأدْنى
Middle East *2*	الشَّرْق الأوْسَط
to have in common *15*	اِشْتَرَكَ في / يَشْتَرِك (الاشْتِراك)
company *7*	شَرِكة ج. شَرِكات
to buy *14*	اِشْتَرى / يَشْتَري (الشِّراء)
chess *9*	الشَّطَرَنْج
to feel *(i.e.: an emotion)* *5*	شَعَرَ بِـ/ يَشْعُر (الشُّعور)
hair *18*	شَعْر
work *2*	شُغْل
to be, become occupied with *17*	اِنْشَغَلَ بِـ/ يَنْشَغِل (الاِنْشِغال)
to preoccupy *18*	شَغَلَ / يَشْغُل (الشُّغْل)
busy with *2*	مَشْغول بِـ ج. مَشْغولون
too busy for *15*	مَشْغول عَن ج. مَشْغولون
apartment *14*	شَقّة ج. شِقَق
blond, fair-skinned *18*	أشْقَر (مؤنّث: شَقْراء) ج. شُقْر
thank you *U-10*	شُكْرًا
form, shape *18*	شَكْل ج. أشْكال
problem *12*	مُشْكِلة ج. مَشاكِل / مُشْكِلات

شَمس	sun *5*
مُشْمِس	sunny *5*
شَمال	north *15*
شاهَدَ / يُشاهِد (المُشاهَدة)	to watch *4*
شَهادة ج. شَهادات	degree, diploma *12*
شَهْر ج. أشهُر / شُهور	month *16*
مَشْهور ج. مَشْهورون	famous *16*
شَيء ج. أشْياء	thing *15*
أشْيَب	grey/white-haired *18*

ص

أصْبَحَ / يُصْبِح	to become *10*
صَباح	morning *U-4*
صِحّة	health *16*
صَحيح	true, correct *20*
صاحِب ج. أصْحاب	friend *(m.)*, boyfriend *15*
صاحِبة ج. صاحِبات	friend *(f.)*, girlfriend *15*
الصَّحابة	a Companion of the Prophet
صَحيفة ج. صُحُف	newspaper *17*
صَحا / يَصْحو (الصَّحْو)	to wake up *10*
أصدَرَ /يُصدِر (الإصدار)	to publish *20*
المَصْدَر	verbal noun *17*
صُداع	headache *U-7*
صَديق ج. أصْدِقاء	friend *(m.)* *4*
صَديقة ج. صَديقات	friend *(f.)* *4*
صَداقة ج. صَداقات	friendship *18*

action *(i.e.: way of acting)*, behavior ***19***	تَصَرُّف ج. تَصَرُّفات
hard, difficult ***U-5***	صَعْب
small ***U-5***	صَغير ج. صِغار
class, classroom ***U-6***	صَفّ ج. صُفوف
page ***U-10***	صَفْحة ج. صَفَحات
yellow ***18***	أَصْفَر (مؤنّث: صَفْراء)
to repair ***16***	أَصْلَحَ / يُصْلِح (الإصْلاح)
bald ***18***	أَصْلَعْ
prayer ***10***	صَلاة ج. صَلَوات
picture ***3***	صورة ج. صُوَر
photography ***8***	التَّصْوير
to fast, abstain ***17***	صامَ / يَصوم (الصَّوْم / الصِّيام)
summer ***5***	الصَّيْف

ض

officer ***3***	ضابِط ج. ضُبّاط
necessary ***19***	ضَروريّ
present/incomplete tense ***4***	المُضارِع
weak ***8***	ضَعيف ج. ضُعَفاء / ضِعاف
pronoun ***2, 3, 10, 15***	ضَمير ج. ضَمائر
guest ***9***	ضَيف ج. ضُيوف
iDaafa , possessive construction ***3***	الإضافة
in addition to ***12***	بِالإضافة إلى

ط

الطِّبّ	medicine ***3***
طَبَخَ / يَطْبُخ (الطَّبْخ)	to cook ***17***
مَطْبَخ ج. مَطابِخ	kitchen ***14***
طَبْعًا	of course, naturally ***12***
طابِق ج. طَوابِق	floor, story ***14***
مَطْعَم ج. مَطاعِم	restaurant ***6***
طِفل ج. أطفال	child ***19***
طُفولة	childhood ***4***
طَقْس	weather ***5***
طَلَبَ / يَطْلُب (الطَّلَب)	to ask ***19***
طالِب ج. طُلاّب	student *(m.)* ***U-6***
طالِبة ج. طالِبات	student *(f.)* ***U-6***
مَطْلوب	sought ***13***
طَماطِم	tomatoes ***6***
اِسْتَطاع / يَسْتَطيع (الاِسْتِطاعة)	to be able to ***9***
طَويل ج. طِوال	long, tall ***U-6***
طِوال	during, throughout ***8***
طاوِلة ج. طاوِلات	table ***U-6***
طَيِّب ج. طَيِّبون	delicious *(food)*; good-hearted *(people)* ***16***
طَيَران	flying ***10***
شَرِكة طَيَران	airline ***10***
مَطار ج. مَطارات	airport ***11***
طائِرة ج. طائِرات	airplane ***U-6***

ظ

to think that, consider ***13***	ظَنَّ أنَّ / يَظُنّ (الظَنّ)
afternoon ***9***	بَعْدَ الظُّهْر

ع

wool cloak, wrap ***19***	عَباءة ج. عَباءات
servant ***1***	عَبْد ج. عَبيد
to consider ***18***	اِعْتَبَرَ / يَعْتَبِر (الاِعْتِبار)
expression, idiom ***18***	عِبارة ج. عِبارات
to prepare, make ***14***	أعَدَّ / يُعِدّ (الإعْداد)
to prepare for ***16***	اِسْتَعَدَّ لِـ / يَسْتَعِدّ (الاِسْتِعْداد)
several ***11***	عِدّة + **جمع** indefinite
number ***8***	عَدَد ج. أعْداد
preparatory (__ *school = junior high*) ***7***	إعْداديّ
prepared, ready ***19***	مُسْتَعِدّ
Arab, Arabic *(pl.: collective)* ***U-5***	عَرَبِيّ ج. عَرَب
to know ***3***	عَرَفَ / يَعْرِف (المَعْرِفة)
to get to know ***11***	تَعَرَّفَ عَلى / يَتَعَرَّف (التَعَرُّف)
getting to know one other ***8***	تَعارُف
Iraq ***1***	العِراق
dear ***15***	عَزيز ج. أعِزّاء
ten ***U-8***	عَشَرة
twenty ***8***	عِشْرون / عِشْرين
dinner ***6***	عَشاء

capital *(city)* ***5***	عاصِمة ج. عَواصِم
thirsty ***U-7***	عَطْشان ج. عَطْشانون
emotional, romantic ***11***	عاطِفيّ
vacation ***12***	عُطْلة ج. عُطَل
most of ***11***	مُعْظَم
you're welcome ***U-10***	عَفْوًا
relationship *(pl.: relations)* ***11***	عَلاقة ج. عَلاقات
to learn of, find out about ***12***	عَلِمَ بِـ / يَعْلَم (العِلْم)
to learn *(e.g.: __ a language, a new word)* ***1***	تَعَلَّمَ / يَتَعَلَّم (التَعَلُّم)
science ***3***	عِلْم ج. عُلوم
anthropology ***3***	عِلْم الإنْسان
sociology ***3***	عِلم الاِجتِماع
psychology ***3***	عِلم النَّفس
political science ***3***	العُلوم السِّياسِيّة
the world ***9***	العالَم
on ***10***	عَلى
high *(m.)* ***5***	عالٍ (العالي)
high *(f.)* ***5***	عالِية
uncle *(paternal)* ***3***	عَمّ ج. أعْمام
aunt *(paternal)* ***3***	عَمّة ج. عَمّات
general, public ***7***	عامّ
colloquial or spoken Arabic ***15***	العامِّيّة
age ***2***	عُمْر ج. أعمار
to work ***1***	عَمِلَ / يَعْمَل (العَمَل)
worker ***13***	عامِل ج. عُمّال
currency ***7***	عُملة ج. عُملات
Oman ***1***	عُمان
Amman *(capital of Jordan)* ***1***	عَمّان

blind *18*	أَعْمى (مؤنّث: عَمْياء)
on, about *7*	عَنْ
on, about what... ? *7*	عَمَّ (عَنْ+ماذا) ...؟
about whom... ? *8*	عَمَّن (عَنْ+مَن) ...؟
have *(lit.:* at; see عندي) *7*	عِنْد
I have (*lit.*: at me) ***U-7***	عِنْدي
when *(not a question; e.g.: __ I was young)* ***11***	عِنْدَما + **فعل**
address *1*	عُنْوان ج. عَناوين
it means *13*	يَعْني
meaning *8*	مَعْنى
to return *9*	عادَ / يَعود (العَوْدة)
to get used to *17*	اِعْتادَ أَنْ / يَعْتاد (الاِعْتِياد)
usually *10*	عادةً
graduate fellow, teaching assistant *6*	مُعيد ج. مُعيدون
(extended) family *3*	عائِلة ج. عائِلات
year *14*	عام ج. أَعْوام
Christmas *16*	عيد الميلاد
to live, be alive *7*	عاشَ / يَعيش (العَيْش)
living *(e.g.: __ room)* *14*	مَعيشة
I was appointed *(passive)* *12*	عُيِّنْتُ
eye *9*	عَيْن ج. عُيون / أَعيُن

غ

tomorrow *12*	غَدًا
lunch *9*	الغَداء
to leave *(someone or something)* *20*	غادَرَ / يُغادِر (المُغادَرة)

west *15*	غَرْب
Morocco *1*	المَغرِب
longing for one's native land, feeling a stranger in a strange place *13*	الغُرْبَة
room *U-7*	غُرْفة ج. غُرَف
to get angry *15*	غَضِبَ / يَغْضَب (الغَضَب)
expensive *16*	غالي (غالٍ)
to be or remain absent *19*	غابَ / يَغيب (الغِياب)
to be absent from, miss *(e.g.: __ school)* *12*	تَغَيَّبَ عن / يَتَغَيَّب (التَّغَيُّب)
to change *(something or someone)* *16*	غَيَّرَ / يُغَيِّر (التَّغْيير)
cloudy, overcast *5*	غائِم

ف

thus, so *5*	فَـ...
individual *4*	فَرْد ج. أفْراد
singular *2*	المُفْرَد
furnished *16*	مَفروش
opportunity *13*	فُرْصة ج. فُرَص
(blank) space *17*	فَراغ
to be dispersed, scattered *20*	تَفَرَّقَ / يَتَفَرَّق (التَّفَرُّق)
French, French person *2*	فَرَنْسِيّ ج. فَرَنسِيّون
dress *19*	فُسْتان ج. فَساتين
to fail *13*	فَشِلَ / يَفْشَل (الفَشَل)
formal or written Arabic *15*	الفُصْحى
to dismiss, fire *(e.g.: from a job)* *13*	فَصَلَ / يَفْصِل (الفَصْل)
class, classroom *U-6* ; season *(e.g.: spring __)* *5*	فَصْل ج. فُصول
comma *(punctuation mark)*, decimal point *9*	فاصِلة ج. فَواصِل

thanks to *8*	بِفَضْل + اسم
favorite *9*	مُفَضَّل
please *(addressing a male)* ***U-10***	مِنْ فَضْلَك
please *(addressing a female)* ***U-10***	مِنْ فَضْلِك
silver *18*	فِضِّيّ
to eat breakfast *9*	فَطَرَ / يَفْطُر (الفُطور)
breakfast *9*	الفُطور
meal in evening to break Ramadan fast *17*	الإفْطار
to do *8*	فَعَلَ / يَفْعَل (الفِعل)
verb *5*	فِعل ج. أفعال
really! , indeed *2*	فِعْلاً
deceased *7*	فَقيد ج. فُقَداء
only *5*	فَقَط
to think about, ponder *20*	فَكَّرَ في، بِـ / يُفَكِّر (التَّفْكير)
idea, thought *18*	فِكْرة ج. أفْكار
fruits *6*	فَواكِه
money ***U-6***	فُلوس
Palestine *1*	فِلِسْطين
Palestinian *1*	فِلِسْطينِيّ ج. فِلِسْطينِيّون
philosophy *3*	الفَلْسَفة
hotel *11*	فُنْدُق ج. فَنادِق
to understand *10*	فَهِمَ / يَفْهَم (الفَهْم)
towel *16*	فوطة ج. فُوَط
above *14*	فَوْق
superior, outstanding *18*	مُتَفَوِّق ج. مُتَفَوِّقون
in *1*	في

ق

to meet *(in a formal setting)* ***19***	قابَلَ / يُقابِل (المُقابَلة)
to receive, welcome ***14***	اِسْتَقْبَلَ / يَسْتَقْبِل (الاِسْتِقْبال)
before ***4***	قَبْلَ
previously, before (now) ***14***	مِن قَبْل
admissions ***2***	قُبول
acceptable, passing ***8***	مَقْبول
future ***8***	المُسْتَقْبَل
particle that emphasizes that action has taken place ***17***	قَد (لَقد ، فَقد) + **الماضي**
(comprehensive) evaluation, grade ***8***	تَقْدير
Jerusalem ***20***	القُدْس
old, ancient *(for things, not for people)* ***2***	قَديم
coming, next ***12***	قادِم ج. قادِمون
advanced ***2***	مُتَقَدِّم
to decide ***12***	قَرَّرَ / يُقَرِّر (التَّقْرير)
to stabilize, become settled ***13***	اِسْتَقَرَّ / يَسْتَقِرّ (الاِسْتِقْرار)
decision ***12***	قَرار ج. قَرارات
continent ***15***	قارّة ج. قارّات
to read ***8***	قَرَأ / يَقْرَأ (القِراءة)
the Holy Quran ***17***	القُرآن الكَريم
close ***U-6***	قَريب ج. قَريبون
family relative ***3***	قَريب ج. أقارِب / أقْرِباء
comparative ***12***	المُقارَن
department ***3***	قِسْم ج. أقْسام
story ***11***	قِصّة ج. قِصَص

to mean, intend *10*	قَصَدَ / يَقْصِد (القَصْد)
economics *3*	الاقْتِصاد
short *U-6*	قَصير ج. قِصار
to spend, pass *(time)* *12*	قَضى / يَقْضي (القَضاء)
Qatar *1*	قَطَر
train *11*	قِطار ج. قِطارات
to be cut off *11*	اِنْقَطَعَ / يَنْقَطِع (الاِنْقِطاع)
grammar *1*	القَواعِد
to become independent *20*	اِستَقَلَّ / يَستَقِلّ (الاِستِقلال)
a little *9*	قَليلاً
heart *18*	قَلب ج. قُلوب
pen *U-7*	قَلَم ج. أقلام
a dessert made from apricots *17*	قَمَر الدين
dictionary *8*	قاموس ج. قَواميس
shirt *19*	قَميص ج. قُمصان
channel *9*	قَناة ج. قَنَوات
coffee *U-7*	قَهْوة
cafe *17*	مَقْهَى ج. مَقاهٍ (المَقاهي)
say *U-10*	قالَ / يَقول (القَوْل)
article *(e.g.: newspaper __)* *13*	مَقالة ج. مَقالات
to get up *17*	قامَ / يَقوم (القِيام)
to reside *10*	أقامَ / يُقيم (الإقامة)
size *19*	مَقاس ج. مَقاسات

ك

like, as *15*	كَـ + اسم
as if *19*	كَأنَّ + جملة اسمية
also, likewise *13*	كَذٰلِك
like, as *8*	كَما + فعل
important, powerful; big; old ***U-6***	كَبير ج. كِبار
to write	كَتَبَ / يَكْتُبُ (الكِتابة)
book ***U-6***	كِتاب ج. كُتُب
Quran school for young children *19*	كُتّاب ج. كَتاتيب
writer *19*	كاتِب ج. كُتّاب
office ***U-7***	مَكْتَب ج. مَكاتِب
library *9*	مَكْتَبة ج. مَكْتَبات
much, many *5*	كَثيراً
more *10*	أكْثَر
basketball *8*	كُرة السَّلّة
volleyball *8*	الكُرة الطّائِرة
soccer *8*	كُرة القَدَم
chair ***U-6***	كُرْسي ج. كَراسٍ (الكَراسي)
all *4*	كُلّ + الجمع
each, every *11*	كُل + المفرد
holiday, birthday greeting *17*	كُل عام وأنْتُم بِخَيْر
college, school *(in a university)* *3*	كُلِّيّة ج. كُلِّيّات
word ***U-10***	كَلِمة ج. كَلِمات
to speak *4*	تَكَلَّمَ / يَتَكَلَّم (الكَلام)
how many/much? *7*	كَمْ؟

how much ? *(price)* ***7***	بِكَم ؟
as ***8***	كَما
a kind of pastry ***17***	كُنافة
name formed with name of eldest son ***19***	الكُنْيـة
electrical ***13***	كَهْرَبائِيّ
to be ***4***	كانَ / يَكون
to consist of ***14***	تَكَوَّنَ مِن / يَتَكَوَّن (التَّكَوُّن)
place ***13***	مَكان ج. أماكِن
fine, good, OK ***U-7***	"كْوَيِّس" ج. "كْوَيِّسين"
Kuwait ***1***	الكُوَيْت
how? ***1***	كَيْف ؟
How are you? ***U-7***	كَيْف الحال ؟

ل

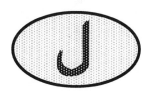

in order to ***6***	لِـ + مصدر / مضارع
because ***6***	لِأنَّ + جملة اسمية
why? ***6***	لِماذا ؟
for, belonging to) ***U-10***	لِـ + اسم / ضمير
no ***U-7***	لا
to wear; get dressed ***15***	لَبِسَ / يَلْبَس (اللُّبْس)
clothes ***19***	مَلابِس
milk ***U-7***	لَبَن (حَليب)
Lebanon ***1***	لُبْنان
to enter, join *(e.g.: school or army)* ***8***	اِلْتَحَقَ بِـ / يَلْتَحِق (الاِلْتِحاق)
meat ***6***	لَحْم ج. لُحوم
necessary ***18***	لازِم

tongue *18*	لِسان ج. ألسِنة
nice, kind, pleasant *16*	لَطيف ج. لِطاف ، لُطَفاء
to play *9*	لَعِبَ / يَلْعَب (اللَّعِب)
language *2*	لُغة ج. لُغات
to meet, encounter *9*	اِلْتَقى / يَلْتَقي (الاِلْتِقاء)
but ***U-8***	لٰكِن
past negation particle *13*	لَمْ + **المضارع المجزوم**
to hint *18*	لَمَّحَ / يُلَمِّح / (التَّلْميح)
future negation particle *12*	لَنْ + **المضارع المنصوب**
if *(hypothetical)* *13*	لَوْ
color *18*	لَوْن ج. ألْوان
Libya *1*	ليبيا
is not, are not *8*	لَيْس
night *10*	لَيْلة ج. لَيالٍ (الليالي)

م

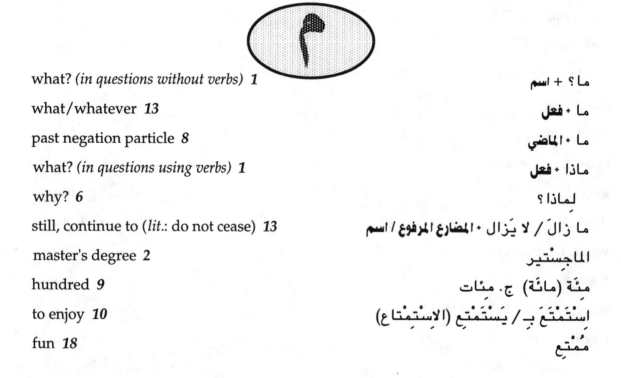

what? *(in questions without verbs)* *1*	ما ؟ + اسم
what/whatever *13*	ما + **فعل**
past negation particle *8*	ما + **الماضي**
what? *(in questions using verbs)* *1*	ماذا + **فعل**
why? *6*	لِماذا ؟
still, continue to (*lit.*: do not cease) *13*	ما زالَ / لا يَزال + **المضارع المرفوع / اسم**
master's degree *2*	الماجِسْتير
hundred *9*	مِئَة (مائَة) ج. مِئات
to enjoy *10*	اِسْتَمْتَعَ بِـ / يَسْتَمْتِع (الاِسْتِمْتاع)
fun *18*	مُمْتِع

when? ***6***	مَتى؟
like, similar to ***8***	مِثْل + **إضافة**
example ***1***	مِثال ج. أَمْثِلة
city ***1***	مَدينة ج. مُدُن
to pass, elapse *(e.g.: the time__es)* ***19***	مَرَّ / يَمُرّ (المُرور)
once, *(one)* time ***11***	مَرّة ج. مَرّات
woman *(note: def. form is also collective)* ***U-8***	اِمْرَأة (def: المَرْأة) ج. نِساء
the woman, or women *(collective)* ***U-8***	المَرْأة
sick ***U-7***	مَريض ج. مَرْضى
drill ***U-10***	تَمْرين ج. تَمارين
evening ***2***	مَساء
Egypt ***1***	مِصْر
Egyptian ***1***	مِصْرِيّ ج. مِصْرِيّون
the past tense ***8***	الماضي
rain ***5***	مَطَر ج. أَمطار
rainy, raining ***5***	مُمْطِر
with *(people)* ***7***	مَعَ
together *(i.e.: with one another)* ***11***	مَعًا
it is possible to ***10***	يُمْكِن أنْ
boring ***18***	مُمِلّ
to own, possess ***15***	مَلَكَ / يَمْلِك (المُلْك)
king ***12***	مَلِك ج. مُلوك
sheet ***16***	مِلايّة ج. مِلايّات
who?, whom; whoever ***1***	مَن؟
from ***1***	مِنْ
scholarship award, grant ***12***	مِنْحة ج. مِنَح
since; ago ***6***	مُنْذُ
to hope, wish that ***14***	تَمَنّى أنْ / يَتَمَنّى (التَّمَنّي)

work, occupation *1*	مِهْنة ج. مِهَن
to die *7*	ماتَ / يَموت (المَوْت)
Mauritania *1*	موريتانيا
music *8*	الموسيقى
water *U-7*	ماء
table *20*	مائِدة ج. موائِد
excellent *8*	مُمْتاز

ن

prophet *4*	نَبِيّ ج. أنْبِياء
to succeed, pass *8*	نَجَحَ في / يَنْجَح (النَّجاح)
thin *18*	نَحيف
we *2*	نَحْنُ
club *(e.g.: sports __)* *9*	نادٍ (النّادي) ج. نَوادٍ (النَّوادي)
to descend *9*	نَزَلَ / يَنْزِل (النُّزول)
the nisba adjective *1*	النِّسْبة
for, in relation to *5*	بِالنِّسْبة لِـ
appropriate, suitable *13*	مُناسِب
women *(for the collective meaning, use the def.: المَرْأة)*	نِساء (م. اِمْرَأة ، المَرْأة)
to forget *12*	نَسِيَ / يَنْسى (النِّسْيان)
to grow up *20*	نَشَأَ / يَنْشَأ (النُّشوء)
activity *1*	نَشاط ج. نَشاطات
text *U-10*	نَصّ ج. نُصوص
subjunctive mood *(verbs)* *10*, accusative case *(nouns)* *16*	المَنصوب
(piece of) advice *19*	نَصيحة ج. نَصائِح
half *9*	نِصْف

middle, mid-way *16*	مُنْتَصَف
area, region *1*	مِنْطَقة ج. مَناطِق
(pair of) eyeglasses *19*	نَظّارة ج. نَظارات
yes *U-7*	نَعَم
the same... *1*	نَفْس الـ...
discussion *18*	مُناقَشة
to move to *14*	اِنْتَقَلَ إلى / يَنْتَقِل (الاِنْتِقال)
daytime 2	نَهار
to finish *13*	اِنْتَهَى مِنْ / يَنْتَهي (الاِنْتِهاء)
to take, have *(a meal)* *9*	تَناوَلَ / يَتَناوَل (التَّناوُل)
to sleep, go to sleep *10*	نامَ / يَنام (النَّوْم)
to intend to *15*	نَوَى أنْ / يَنْوي (النِيّة)

هـ

thus, so, in this way, that way *7*	هٰكَذا
telephone 2	هاتِف
to emigrate *20*	هاجَرَ / يُهاجِر (الهِجْرة)
gift, present *19*	هَدِيّة ج. هَدايا
this *(m.)* *U-8*	هٰذا
this *(f.)* *U-8*	هٰذِهِ
these *(m. dual)* *18*	هٰذانِ
these *(f. dual)* *18*	هاتانِ
interrogative *(yes/no?)* particle *1*	هَل؟
crescent moon *(after new moon)* *17*	هِلال
important, momentous *18*	مُهِمّ
they 2	هُم

they *(dual)* ***15***	هُما
they *(pl., f.)* ***19***	هُنَّ
here ***12***	هُنا
there; there is/are ***7***	هُناك
Indian *(Asian or Native American)* ***14***	هِندي ج. هُنود
engineering ***3***	الهَنْدَسة
engineer ***11***	مُهَنْدِس ج. مُهَنْدِسون
he **2**	هُوَ
to fascinate, enthrall ***19***	اِسْتَهْوى / يَسْتَهْوي (الاِسْتِهْواء)
hobby ***8***	هِوايَة ج. هِوايات
she **2**	هِيَ

و

homework ***U-10***	واجِب ج. واجِبات
to be necessary to, must *(expression impersonal and fixed)* ***16***	يَجِب أنْ
to find ***13***	وَجَدَ / يَجِد (الوُجود)
one ***U-8***	واحِد
loneliness **5**	وِحْدة
only; lonely **2**	وَحيد ج. وَحيدون
piece of paper ***U-6***	وَرَقة ج. أوْراق
behind ***14***	وَراء
ministry **7**	وِزارة ج. وِزارات
pattern ***8***	وَزن ج. أوزان
intermediate **2**	مُتَوَسِّط
wide, spacious ***U-5***	واسِع
to describe ***14***	وَصَفَ / يَصِف (الوَصْف)

description *18*	وَصْف ج. أوْصاف
adjective *5*	صِفة ج. صِفات
to arrive *16*	وَصَلَ / يَصِل (الوُصول)
to contact, get in touch with *16*	اِتَّصَلَ / يَتَّصِل (الاِتِّصال)
subject *15*	مَوْضوع ج. مَوْضوعات /مواضيع
homeland *20*	وَطَن ج. أوْطان
work, position *13*	وَظيفة ج. وَظائِف
employee *(white collar; m.)* *7*	مُوَظَّف ج. مُوَظَّفون
employee *(white collar; f.)* *7*	مُوَظَّفة ج. مُوَظَّفات
appointment *10*	مَوْعِد ج. مَواعيد
death *12*	وَفاة
time *(general)* *10*	وَقْت ج. أوْقات
to stop *19*	تَوَقَّفَ / يَتَوَقَّف (التَوَقُّف)
was born *(passive)* *15*	وُلِدَ
son , boy; child *U-8*	وَلَد ج. أوْلاد
father *1*	والِد ج. والِدون
mother *1*	والِدة ج. والِدات
birth 2	ميلاد
to undertake, assume *(e.g.: __ a job)* *17*	تَوَلّى/ يَتَوَلّى (التَّولّي)
state, province 2	وِلايَة ج. وِلايات
United States of America *1*°	الوِلايات المُتَّحِدة الأمريكيَّة

ي

I wonder... *(fixed expression)* ***16***	يا تُرى... + **سؤال**
hand ***18***	يَد ج. أيادٍ (الأيادي)
left *(side)*	يَسار
to wake *(someone)* up ***9***	أيْقَظَ / يوقِظ (الإيْقاظ)
Yemen ***1***	اليَمَن
right *(side/direction)*	يَمين
day ***6***	يَوْم ج. أيّام
today ***6***	اليَوْم

قاموس إنجليزي-عربي
English-Arabic Glossary

A

abashed, shy **7**	خَجول
abashment, shyness **11**	الخَجَل
(to be) able **9**	اِسْتَطاع / يَسْتَطيع (الاِسْتِطاعة)
about, on **7**	عَنْ
about whom... ? **8**	عَمَّن (عَنْ+مَن) ...؟
about what...? **7**	عَمَّ (عن+ماذا) ... ؟
above **14**	فَوْق
(to be) absent or remain absent **19**	غابَ / يَغيب (الغِياب)
(to be) absent from, miss *(e.g.: __ school)* **12**	تَغَيَّبَ عن / يَتَغَيَّب (التَّغَيُّب)
(to) abstain, fast **17**	صامَ / يَصُوم (الصَّوْم / الصِّيام)
acceptable, passing **8**	مَقْبول
accident **7**	حادِث ج. حَوادِث
(on) account of, because of **5**	بِسَبَب + اسم
(making the mutual) acquaintance (of), getting to know (one other) **8**	تَعارُف
(to become) acquainted with, get to know **11**	تَعَرَّفَ عَلى / يَتَعَرَّف (التَّعَرُّف)
(way of) acting, manners, behavior **19**	سُلوك
activity **1**	نَشاط ج. نَشاطات
action *(i.e.: way of acting)*, behavior **19**	تَصَرُّف ج. تَصَرُّفات
actual, real **18**	حَقيقِيّ
actually **3**	في الحَقيقة
(in) addition to **12**	بالإضافة إلى

address **2**	عُنْوان ج. عَناوين
adjective **5**	صِفة ج. صِفات
admissions *(e.g.: office of __)* **2**	قُبول
advanced **2**	مُتَقَدِّم
(piece of) advice ***19***	نَصيحة ج. نَصائِح
after ***8***	بَعْدَ
afternoon ***9***	بَعْدَ الظُهْر
age **2**	عُمْر ج. أعمار
ago; since ***6***	مُنْذُ
airline ***10***	شَرِكة طَيَران
airplane ***U-6***	طائِرة ج. طائِرات
airport ***11***	مَطار ج. مَطارات
Algeria ***1***	الجَزائِر
all ***4***	كُلّ
also **2**	أيْضاً
also, likewise ***13***	كَذلِك
always **2**	دائِماً
ambassador ***12***	سَفير ج. سُفَراء
Amman *(capital of Jordan)* ***1***	عَمّان
antiquities, ancient monuments ***11***	الآثار
angry, annoyed; upset ***U-7***	"زَعْلان" ج. "زَعْلانين"
(to get) angry ***15***	غَضِبَ / يَغْضَب (الغَضَب)
anthropology ***3***	عِلْم الإنْسان
any ***15***	أيّ / أيّة
apartment ***14***	شَقّة ج. شِقَق
(it) appears, seems that *(impersonal)* ***17***	يَبْدو أنَّ
(I was) appointed *(passive)* ***12***	عُيِّنْتُ
appointment ***10***	مَوْعِد ج. مَواعيد

appropriate, suitable *13*	مُناسِب
Arab, Arabic *(pl.: collective)* ***U-5***	عَرَبِيّ ج. عَرَب
Arabic language: formal/written form *15*	الفُصْحى
Arabic language: colloquial/spoken form *15*	العامِّيّة
area, region *1*	مِنْطَقة ج. مَناطِق
army *3*	جَيْش ج. جُيوش
around, roughly *9*	حَوالي
(to) arrange, prepare *16*	رَتَّبَ / يُرَتِّب (التَّرْتيب)
(to) arrive *16*	وَصَلَ / يَصِل (الوُصول)
article *(e.g.: newspaper __)* *13*	مَقالة ج. مَقالات
as, like *8*	كَما + فعل
as, like *15*	كَـ + اسم
as for... *9*	أمّا ... فَـ ...
as if *19*	كَأَنَّ + جملة اسمية
(to) ask *19*	طَلَبَ مِن/ يَطْلُب (الطَّلَب)
(to) assume, undertake *(e.g.: __ a job)* *17*	تَوَلّى / يَتَوَلّى (التَّوَلّي)
(to) attend, come to *13*	حَضَرَ إلى /يَحْضُر (الحُضور)
aunt *(maternal)* *2*	خالة ج. خالات
aunt *(paternal)* *3*	عَمّة ج. عَمّات
(to) awaken, wake up *10*	صَحا / يَصْحو (الصَّحْو)

B

Baccalaureate *7*	الثانَوِيّة العامّة
bachelor's degree *2*	بَكالورْيوس
Bahrain *1*	البَحْرَيْن
bald *18*	أَصْلَع
basketball *8*	كُرة السَّلّة

bathroom **10**	حَمّام ج. حَمّامات
(to) be, is **4**	كانَ / يَكون
beautiful, pretty ***U-8***	جَميل
because **6**	لأنَّ + جملة اسمية
because, since **13**	إذْ
because of, on account of **5**	بِسَبَب + اسم
(to) become **10**	أصْبَحَ / يُصْبِح
bed **11**	سَرير ج. أسِرّة
before, in front of *(spatial)* **13**	أمامَ
before, prior to **4**	قَبْلَ
before *(now)*, previously **14**	مِن قَبْل
(to) begin **9**	بَدَأَ / يَبْدَأ (البَدْء)
behavior, action *(i.e.: way of acting)* **19**	تَصَرُّف ج. تَصَرُّفات
behavior, manners, way of acting **19**	سُلوك
behind **14**	وَراء
behind, beyond **5**	خَلْف
belly, stomach **18**	بَطن ج. بُطون
below **14**	تَحْت
(the) best... **5**	أحْسَن...
between **14**	بَيْنَ
big *(also: important; old)* ***U-6***	كَبير ج. كِبار
birth **2**	ميلاد
black *(m.)* **18**	أسْوَد ج. سود
black *(f.)* **18**	سَوْداء ج. سَوْداوات
blind **18**	أعْمى (مؤنّث: عَمْياء)
blond, fair-skinned **18**	أشْقَر (مؤنّث: شَقْراء) ج. شُقْر
blood **18**	دَم
blue **18**	أزْرَق (مؤنّث: زَرْقاء)

body *18*	جِسم ج. أجسام
book *U-6*	كِتاب ج. كُتُب
boring *18*	مُمِلّ
(was) born *(passive) 15*	وُلِدَ
boy, son *(also: child) U-8*	وَلَد ج. أوْلاد
bread *U-7*	خُبْز
breakfast *9*	الفُطور
(to) eat breakfast *9*	فَطَرَ / يَفْطُر (لفُطور)
brother *4*	أخ ج. إخْوة
brown *18*	بُنِّيّ
building *U-7*	بِناية ج. بِنايات
bus *U-5*	أوتوبيس
business administration *6*	إدارة الأعْمال
busy with *2*	مَشْغول بِـ ج. مَشْغولون
(too) busy for *15*	مَشْغول عَن ج. مَشغولون
but *U-8*	لٰكِن
(to) buy *14*	اِشْتَرى / يَشْتَري (الشِّراء)
by, with *(use with things) U-10*	بِـ

C

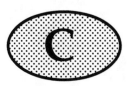

cafe *17*	مَقْهى ج. مَقاهٍ (المَقاهي)
(to) calculate *20*	حَسَبَ / يَحْسُب (الحِساب)
caliph, successor *(note: m.) 4*	خَليفة ج. خُلَفاء
capital *(city) 5*	عاصِمة ج. عَواصِم
car *U-5*	سَيّارة ج. سَيّارات
card, ticket *18*	بِطاقة ج. بِطاقات
(to) carry *20*	حَمَلَ / يَحْمِل (الحَمْل)

Casablanca *8*	الدّار البَيْضاء
center *2*	مَرْكَز ج. مراكِز
chair ***U-6***	كُرْسي ج. كَراسي (كَراسٍ)
(to) change *(something or someone)* *16*	غَيَّرَ / يُغَيِّر (التَغْيير)
channel *9*	قَناة ج. قَنَوات
chapter (of the Quran) *17*	سورة ج. سُوَر
cheap, inexpensive *16*	رَخيص
(to) cheer (on), encourage (to) *13*	شَجَّع على / يُشَجِّع (التَّشْجيع)
chess *9*	الشَّطَرَنْج
chicken *(collective)* *6*	دَجاج
child *19*	طِفل ج. أطفال
child; boy, son ***U-8***	وَلَد ج. أوْلاد
childhood *4*	طُفولة
(to) choose *19*	اِخْتارَ / يَخْتار (الاِخْتِيار)
Christmas *16*	عيد الميلاد
cinema *8*	السّينما
city *1*	مَدينة ج. مُدُن
class, classroom ***U-6*** ; season *(e.g.: spring __)* *5*	فَصْل ج. فُصول
class, classroom ***U-6***	صَفّ ج. صُفوف
classmate; colleague *(m.)* *4*	زَميل ج. زُمَلاء
classmate; colleague *(f.)* *4*	زَميلة ج. زَميلات
clock *(also: hour; o'clock)* *9*	ساعة ج. ساعات
close ***U-6***	قَريب ج. قَريبون
clothes *19*	مَلابِس
cloudy, overcast *5*	غائِم
club *(e.g.: sports __)* *9*	نادٍ (النّادي) ج. نَوادٍ (النَّوادي)
coffee ***U-7***	قَهْوة
cold *(e.g.: I feel __)* ***U-7***	بَرْدان ج. بَرْدانون

cold *(e.g.: I have a __)* ***U-7***	بَرْد
cold *(e.g.: __ weather)* ***5***	بارِد
colleague; classmate *(m.)* ***4***	زَميل ج. زُمَلاء
colleague; classmate *(f.)* ***4***	زَميلة ج. زَميلات
college, school in a university ***3***	كُلِّيّة ج. كُلِّيّات
color ***18***	لَوْن ج. أَلْوان
(to) come ***10***	جاءَ / يَجيء (المَجيء)
(to) come to, attend ***13***	حَضَرَ إلى /يَحْضُر (الحُضور)
comfort, ease ***14***	راحة
coming, next ***11***	قادِم ج. قادِمون
comma *(punctuation mark)*; decimal point ***9***	فاصِلة ج. فَواصِل
commerce, trade ***6***	التِّجارة
(to have in) common, share ***15***	اِشْتَرَكَ في / يَشْتَرِك (الاِشْتِراك)
(a) Companion of the Prophet	الصَّحابة
company ***10***	شَرِكة ج. شَرِكات
comparative ***12***	مُقارَن
(to be) completed *(subject expressed by masDar)* ***20***	تَمَّ / يَتِمّ + المصدر
(to) consider ***18***	اِعْتَبَرَ / يَعْتَبِر (الاِعْتِبار)
(to) consist of ***14***	تَكَوَّنَ مِن / يَتَكَوَّن (التَكَوُّن)
(to) contact, get in touch with ***16***	اِتَّصَلَ / يَتَّصِل (الاِتِّصال)
continent ***15***	قارّة ج. قارّات
(to) continue to, still (*lit.:* do not cease) ***13***	ما زالَ / لا يَزال + المضارع المرفوع / اسم
(to) convene, gather ***17***	اِجْتَمَعَ / يَجْتَمِع (الاِجْتِماع)
conversation ***1***	مُحادَثة
(to) convince ***20***	أَقنَعَ / يُقنِع (الإقناع)
(to) cook ***17***	طَبَخَ / يَطْبُخ (الطَّبْخ)
copybook, notebook ***U-6***	دَفْتَر ج. دَفاتِر
correct, true ***20***	صَحيح

(to) correspond, exchange letters ***8***	راسَلَ / يُراسِل (المُراسَلة)
country ***2***	بَلَد ج. بِلاد / بُلدان
(of) course, naturally ***12***	طَبْعًا
cousin *(f., maternal)* ***3***	بِنْت خال /ة ج. بَنات خال /ة
cousin *(f., paternal)* ***3***	بِنْت عَمّ /ة ج. بَنات عَمّ /ة
cousin *(m., maternal)* ***3***	اِبن خال /ة ج. أبْناء خال /ة
cousin *(m., paternal)* ***3***	اِبن عَمّ /ة ج. أبْناء عَمّ /ة
(over) crowdedness ***5***	اِزْدِحام
culture ***U-10***	الثّقافة
currency ***7***	عُملة ج. عُملات
(to be) cut off ***11***	اِنْقَطَعَ / يَنْقَطِع (الاِنْقِطاع)

D

dancing ***8***	الرَّقْص
dark-complexioned ***18***	أسْمَر (المؤنث: سَمْراء) ج. سُمْر
date *(chronological)* ***2***	تاريخ ج. تَواريخ
daughter, girl ***U-8***	بِنْت ج. بَنات
day ***6***	يَوْم ج. أيّام
daytime ***2***	نَهار
dear ***15***	عَزيز ج. أعِزّاء
death ***12***	وَفاة (مَوْت)
deceased ***7***	مَرْحوم ج. مَرْحومون (= فَقيد ج. فُقَداء)
(to) decide ***12***	قَرَّرَ / يُقَرِّر (التَّقْرير)
decimal point, comma *(punctuation mark)* ***9***	فاصِلة ج. فَواصِل
decision ***12***	قَرار ج. قَرارات
degree *(e.g. university)* ***12***	شَهادة ج. شَهادات
degree *(e.g. of temperature)* ***5***	دَرَجة ج. دَرَجات

delicious *(also: good-hearted)* ***16***	طَيِّب ج. طَيِّبون
department ***3***	قِسْم ج. أَقْسام
(to) descend ***9***	نَزَلَ / يَنْزِل (النُّزول)
descent, origin ***5***	أَصْل ج. أُصول
(to) describe ***14***	وَصَفَ / يَصِف (الوَصْف)
description ***18***	وَصْف ج. أَوْصاف
(to have a) desire to, want to ***13***	رَغِبَ في / يَرْغَب (الرَّغْبة)
(a) dessert made from apricots ***17***	قَمَر الدين
(to) determine, set *(e.g.: __ a curfew)* ***15***	حَدَّدَ / يُحَدِّد (التَّحْديد)
dictionary ***8***	قاموس ج. قَواميس
(to) die ***7***	ماتَ / يَموت (المَوْت)
(to) differ from ***17***	اِخْتَلَفَ عَن / يَخْتَلِف (الاِخْتِلاف)
different *(from)* ***18***	مُخْتَلِف (عن)
difficult, hard ***U-5***	صَعْب
dinner ***6***	عَشاء
diploma *(post-B.A./B.S.)* ***6***	دِبْلوم ج. دِبْلومات
diploma ***12***	شَهادة ج. شَهادات
director ***12***	مُدير ج. مُديرون/ مُدَراء
discussion ***18***	مُناقَشة
(to) dismiss, fire *(e.g.: from a job)* ***13***	فَصَلَ / يَفْصِل (الفَصْل)
(to be) dispersed, scattered ***20***	تَفَرَّقَ / يَتَفَرَّق (التَّفَرُّق)
(to) do ***8***	فَعَلَ / يَفْعَل (الفِعل)
doctor *(m.)* ***U-4***	دُكتور ج. دَكاتِرة
doctor *(f.)* ***U-4***	دُكتورة ج. دُكتورات
door ***U-1***	باب ج. أَبْواب
doorman ***16***	بَوّاب
(to) draw ***8***	رَسَمَ / يَرْسُم (الرَّسْم)
(to) dream of ***20***	حَلَمَ بِـ / يَحْلُم (الحُلْم)

dream *18*	حُلْم ج. أحْلام
dress *19*	فُسْتان ج. فَساتين
(to get) dressed, wear *(clothes)* *15*	لَبِسَ / يَلْبَس (اللُّبْس)
drill ***U-10***	تَمْرين ج. تَمارين
(to) drink *9*	شَرِبَ / يَشْرَب (الشُّرْب)
driver *13*	سائِق ج. سائِقون
the dual *7*	المُثَنّى
during, throughout *8*	طِوال

E

each, every *11*	كُل + المفرد
east *15*	شَرق
easy *12*	سَهل
(to) eat *6*	أكَلَ / يأكُل (الأكل)
economics *3*	الاقْتِصاد
Egypt *1*	مِصْر
Egyptian *1*	مِصْريّ ج. مِصْريّون
eight ***U- 8***	ثَمانِية
eighty *8*	ثَمانون / ثَمانين
electrical *13*	كَهْرَبائي
eleven *8*	أحَدَ عَشَر
(to) emigrate *20*	هاجَرَ / يُهاجِر (الهِجْرة)
emotional, romantic *11*	عاطِفيّ
employee *(white collar; m.)* *7*	مُوَظَّف ج. مُوَظَّفون
employee *(white collar; f.)* *7*	مُوَظَّفة ج. مُوَظَّفات
(to) encounter, meet *9*	اِلْتَقى / يَلْتَقي (الاِلْتِقاء)
(to) encourage (to), cheer (on) *13*	شَجَّع على / يُشَجِّع (التَّشْجيع)

(got) engaged to ***11***	خُطِبَت لِـ
engineer ***11***	مُهَنْدِس ج. مُهَنْدِسون
engineering ***3***	الهَنْدَسة
English ***1***	إنْجليزي (إنكليزي) ج. إنْجليز (إنكليز)
(to) enjoy ***10***	اِسْتَمْتَعَ بِـ / يَسْتَمْتِع (الاِسْتِمْتاع)
(to) enter, join *(e.g.: school or army)* ***8***	اِلْتَحَقَ بِـ / يَلْتَحِق (الاِلْتِحاق)
(to) enter ***8***	دَخَلَ / يَدْخُل (الدُّخول)
evaluation *(comprehensive)*, grade ***8***	تَقْدير
evening ***2***	مَساء
every, each ***11***	كُل + المفرد
example ***1***	مِثال ج. أمثِلة
(to) exceed ***20***	زادَ / يَزيد (الزِّيادة)
excellent ***8***	مُمْتاز
except ***9***	إلاّ
(to) exchange ***11***	تَبادَلَ / يَتَبادَل (التَّبادُل)
expensive ***16***	غالٍ (الغالي)
experience ***11***	تَجْرِبة ج. تَجارِب
experience ***13***	خِبْرة ج. خِبْرات
expression, idiom ***18***	عِبارة ج. عِبارات
eye ***9***	عَيْن ج. عُيون / أعْيُن
(pair of) eyeglasses ***19***	نَظّارة ج. نَظّارات

F

(to) fail ***13***	فَشِلَ / يَفْشَل (الفَشَل)
fair-skinned, blond ***18***	أشْقَر (مؤنّث: شَقْراء) ج. شُقْر
fall, autumn ***5***	الخَريف
(to) fall behind, be late ***8***	تَأخَّرَ / يَتَأخَّر (التَّأخُّر)

family *(i.e.: immediate __)* ***2***	أُسْرة ج. أُسَر
family *(i.e.: extended __)* ***3***	عائِلة ج. عائِلات
famous ***16***	مَشْهور ج. مَشْهورون
far, distant *(from)* ***U-6***	بَعيد (عَنْ) ج. بَعيدون
(to) fascinate, enthrall ***19***	اِسْتَهْوى / يَسْتَهْوي (الاِسْتِهْواء)
(to) fast, abstain ***17***	صامَ / يَصُوم (الصَّوْم / الصِّيام)
fat ***18***	بَدين
father *(more formal address)* ***1***	والِد ج. والِدون
father *(less formal address)* ***19***	أب ج. آباء
favorite ***9***	مُفَضَّل
(to) feel *(i.e.: an emotion)* ***5***	شَعَرَ بِـ / يَشْعُر (الشُّعور)
feminine ***1***	مؤنَّث
fifty ***8***	خَمْسون / خَمْسين
finally, at last ***13***	أخيرًا
(to) find ***13***	وَجَدَ / يَجِد (الوُجود)
(to) find out about, learn of ***12***	عَلِمَ بِـ / يَعْلَم (العِلْم)
fine, OK *(said of people or things)* ***U-7***	"كْوَيِّس" ج. "كْوَيِّسين"
fine, well *(said only of people)* ***17***	بِخَيْر
(to) finish ***13***	اِنْتَهى مِنْ / يَنْتَهي (الاِنْتِهاء)
(to) fire, dismiss *(e.g.: from a job)* ***13***	فَصَلَ / يَفْصِل (الفَصْل)
first *(f.)* ***4***	أُولى ج. أُولَيات
first *(m.)* ***7***	أوَّل ج. أُوَل
fish *(collective)* ***6***	سَمَك
five ***U-8***	خَمْسة
flight, trip ***10***	رِحْلة ج. رِحلات
floor, story ***14***	طابِق ج. طَوابِق
flying ***10***	طَيَران
for, in relation to ***5***	بِالنِّسْبة لِـ

for, belonging to; have *7*	لِـ + اسم / ضمير
foreign, foreigner *13*	أَجْنَبِيّ ج. أجانِب
(to) forget *12*	نَسِيَ / يَنْسى (النِّسْيان)
form, shape *18*	شَكْل ج. أشْكال
forty *8*	أرْبَعون / أرْبَعين
foundation *13*	مُؤَسَّسة ج. مُؤَسَّسات
four *U-8*	أرْبَعة
fourth *4*	رابِع
freedom *15*	حُرِّيّة ج. حُرِّيّات
French, French person *2*	فَرَنْسِيّ ج. فَرَنسِيّون
Friday *6*	الجُمْعة
friend *(m.)* *4*	صَديق ج. أصْدِقاء
friend *(f.)* *4*	صَديقة ج. صَديقات
friend *(m.)*, boyfriend *15*	صاحِب ج. أصْحاب
friend *(f.)*, girlfriend *15*	صاحِبة ج. صاحِبات
friendship *18*	صَداقة ج. صَداقات
from *1*	مِنْ
(in) front of, before *(spatial)* *13*	أمامَ
fruits *6*	فَواكِه
fun *18*	مُمْتِع
furnished *16*	مَفروش
future *8*	المُسْتَقْبَل

G

game, match *10*	مُباراة ج. مُبارَيات
garden, park *14*	حَديقة ج. حَدائِق
garlic *6*	ثوم

(to) gather, convene ***17***	اِجْتَمَعَ / يَجْتَمِع (الاِجْتِماع)
gathering, meeting ***10***	جَلْسة ج. جَلْسات
general, public ***7***	عامّ
(to) get, obtain ***6***	حَصَلَ على / يَحْصُل (الحُصول)
(to) get to know, become acquainted with ***11***	تَعَرَّفَ على / يَتَعَرَّف (التَعَرُّف)
getting to know *(one other)*, making the mutual acquaintance *(of)* ***8***	تَعارُف
(to) get up, rise ***17***	قامَ / يَقوم (القِيام)
(to) get used to ***17***	اِعْتادَ أنْ / يَعْتاد (الاِعْتِياد)
gift, present ***19***	هَديّة ج. هَدايا
girl, daughter ***U-8***	بِنْت ج. بَنات
(to) go ***6***	ذَهَبَ / يَذْهَب (الذَّهاب)
(to) go out ***9***	خَرَجَ / يَخْرُج (الخُروج)
God ***U-8***	اللّٰه
God, Lord ***17***	رَبّ
gold ***18***	ذَهَبيّ
good ***8***	جَيِّد ج. جَيِّدون / جِياد
good-hearted *(people; also:* delicious) ***16***	طَيِّب ج. طَيِّبون
grade, evaluation ***8***	تَقْدير
graduate fellow, teaching assistant ***6***	مُعيد ج. مُعيدون
(to) graduate ***6***	تَخَرَّجَ / يَتَخَرَّج (التَّخَرُّج)
grammar ***1***	القَواعد
grandfather ***4***	جَدّ ج. جُدود / أجداد
grandmother ***4***	جَدّة ج. جَدّات
green ***18***	أخضَر (مؤنّث خَضراء)
grey ***18***	رَماديّ
grey/white-haired ***18***	أشْيَب
group ***15***	مَجْموعة ج. مَجْموعات
(to) grow up ***20***	نَشَأَ / يَنْشَأ (النُشوء)

(to) guess ***1***	خمَّنَ / يُخَمِّن (التَّخْمين)
guest ***9***	ضَيْف ج. ضُيوف

H

Hadith *(sayings and deeds of the Prophet)* ***17***	حَديث ج. أحاديث
hair ***18***	شَعْر
half ***9***	نِصْف
hand ***18***	يَد ج. أيادٍ (الأيادي)
(to) happen ***14***	حَدَثَ / يَحْدُث (الحُدوث)
happy ***13***	سَعيد ج. سُعَداء
hard, difficult ***U-5***	صَعْب
have (*lit.:* at) ***7***	عِنْد
have (*lit.:* for, belonging to) ***7***	لـ + اسم / ضمير
(to) have, take *(a meal)* ***9***	تَناوَلَ / يَتَناوَل (التَّناوُل)
he ***2***	هُوَ
head ***18***	رَأس ج. رؤوس
headache ***U-7***	صُداع
health ***16***	صِحّة
heart ***18***	قَلب ج. قُلوب
(to) help ***8***	ساعَدَ / يُساعِد (المُساعَدة)
here ***12***	هُنا
high *(m.)* ***5***	عالٍ (العالي)
high *(f.)* ***5***	عاليَة
(to) hint ***18***	لَمَّحَ / يُلَمِّحَ (التَّلْميح)
history ***2***	التّاريخ
hobby ***8***	هِوايَة ج. هِوايات

homeland ***20***	وَطَن ج. أَوْطان
homework ***U-10***	واجِب ج. واجِبات
(to do) homework, review lessons, study ***8***	ذاكَرَ / يُذاكِر (المُذاكَرة)
(to) hope that *(e.g.: I __ you are well; also: please...)* ***16***	رَجا أنْ / يَرجو (الرَّجاء)
(to) hope, wish that ***14***	تَمَنّى أنْ / يَتَمَنّى (التَّمَنّي)
hot *(e.g.: I feel __)* ***U-7***	"حَرّان" ج. "حَرّانين"
hot *(e.g.: __ weather)* ***5***	حارّ
hotel ***11***	فُنْدُق ج. فَنادِق
hour *(also:* o'clock; clock*)* ***9***	ساعة ج. ساعات
house ***U-5***	بَيْت ج. بُيوت
how? ***1***	كَيْف؟
How are you? ***U-7***	كَيْف الحال؟
how many/much? ***7***	كَمْ؟
how much ? *(price)* ***7***	بِكَم ؟
human being *(note: pl. = people)* ***20***	إنْسان ج. ناس
humidity ***5***	رُطوبة
hundred ***8***	مِئَة (مائة) ج. مِئات
hungry ***U-7***	جَوْعان ج. جَوْعانون
(in a) hurry, quickly ***10***	مُسْرِع ج. مُسْرِعون
husband ***3***	زَوْج ج. أَزْواج

I

I ***U-7***	أنا
ice, snow ***5***	ثَلْج
i.e. ***16***	أيْ
idea, thought ***18***	فِكْرة ج. أفْكار
if ***8***	إذا ؛ إن

if *(hypothetical)* ***13***	لَوْ
important, powerful (also: big; old) ***U-6***	كَبير ج. كِبار
important, momentous ***18***	مُهِمّ
in ***1***	في
in need of ***7***	بِحاجة إلى
in order to, to ***6***	لِـ + **مصدر / مضارع**
(to) increase, exceed ***20***	زادَ / يَزيد (الزِّيادة)
(to become) independent ***20***	اِستَقَلَّ / يَستَقِلّ (الاِستِقلال)
Indian (Asian or Native American) ***14***	هِندي ج. هُنود
individual ***4***	فَرْد ج. أفْراد
(to be) influenced by ***19***	تَأَثَّرَ بِـ / يَتَأَثَّر (التَّأَثُّر)
inhabitant ***14***	ساكِن ج. سُكّان
(to) intend, mean ***10***	قَصَدَ / يَقصِد (القَصد)
(to) intend ***15***	نَوَى أنْ / يَنْوي (النِّيّة)
intermediate ***2***	مُتَوَسِّط
Iran ***U-9***	إيران
Iraq ***1***	العِراق
(to) be, is ***4***	كانَ / يَكون
is not, are not ***8***	لَيسَ
island ***14***	جَزيرة ج. جُزُر
Israel ***U-9***	إسرائيل

J

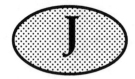

Jerusalem ***20***	القُدْس
job ***13***	وَظيفة ج. وَظائِف
(to) join, enter *(e.g.: school or army)* ***8***	اِلْتَحَقَ بِـ / يَلْتَحِق (الاِلْتِحاق)
Jordan ***1***	الأُرْدُن

journal, magazine *13*	مَجَلّة ج. مَجَلاّت

K

king *10*	مَلِك ج. مُلوك
kitchen *14*	مَطْبَخ ج. مَطابِخ
(to) know *3*	عَرَفَ / يَعْرِف (المَعْرِفة)
(to get to) know, become acquainted with *11*	تَعَرَّفَ على / يَتَعَرَّف (التَعَرُّف)
Kuwait *1*	الكُوَيْت

L

Lady; Mrs. ***U-4***	سَيِّدة ج. سَيِّدات
language *2*	لُغة ج. لُغات
last *12*	آخِر ج. آخِرون
late *10*	مُتَأَخِّر ج. مُتَأَخِّرون
(to be) late, fall behind *8*	تَأَخَّرَ / يَتَأَخَّر (التَّأَخُّر)
law *3*	الحُقوق
(Islamic) law *17*	الشَّريعة
lawyer *13*	مُحامٍ (المُحامي) ج. مُحامون
(to) learn *(e.g.: __ a language, a new word)* *1*	تَعَلَّمَ / يَتَعَلَّم (التَّعَلُّم)
(to) learn, study *1*	دَرَسَ / يَدْرُس (الدِّراسة)
(to) learn of, find out about *12*	عَلِمَ بِـ / يَعْلَم بِـ (العِلْم بِـ)
(to) leave *14*	تَرَكَ / يَتْرُك (التَّرْك)
(to) leave *20*	غادَرَ / يُغادِر (المُغادَرة)
Lebanon *1*	لُبْنان
lecture *6*	مُحاضَرة ج. مُحاضَرات
left *(side)*	يَسار
foot *18*	رِجل ج. أرجُل

lesson ***U-5***	دَرْس ج. دُروس
letter ***3***	رِسالَة ج. رَسائِل
level, phase ***19***	مَرْحَلة ج. مَراحِل
library ***9***	مَكْتَبة ج. مَكْتَبات
Libya ***1***	ليبيا
life ***12***	الحَياة
like, similar to ***8***	مِثْل + **اسم**
like, as ***15***	كَـ + **اسم**
like, as ***8***	كَما + **فعل**
likewise, also ***13***	كَذلك
(to) listen to ***4***	اِستَمَعَ إلى / يَستَمِع (الاِستِماع)
literature ***1***	أدَب ج. آداب
(a) little ***9***	قَليلاً
(to) live, be alive ***7***	عاشَ / يَعيش (العَيْش)
(to) live, reside *(e.g.: __ in Egypt)* ***1***	سَكَنَ / يَسْكُن (السَّكَن)
(to) live *(i.e.: to reside or stay ; e.g.: __ in a hotel)* ***10***	أقامَ / يُقيم (الإقامة)
living *(e.g.: __ room)* ***14***	مَعيشة
loneliness ***5***	وِحْدة
long, tall ***U-6***	طَويل ج. طِوال
longing for one's native land, feeling a stranger in a strange place ***13***	الغُرْبَة
God, Lord ***17***	رَبّ
(to) love ***5***	أحَبَّ / يُحِبّ (الحُبّ)
lunch ***6***	الغَداء

M

magazine, journal ***13***	مَجَلّة ج. مَجَلّات
mail, post ***18***	بَريد
(to) make, prepare ***14***	أعَدَّ / يُعِدّ (الإعْداد)

making the mutual acquaintance *(of)*, getting to know *(one other)* ***8***	تَعارُف
man ***U-8***	رَجُل ج. رِجال
(young) man ***18***	شابّ ج. شُبّان
many, much ***5***	كَثيرًا
masculine ***1***	مُذَكَّر
master's degree ***2***	الماجِسْتير
match, game ***10***	مُباراة ج. مُبارَيات
Mauritania ***1***	موريتانيا
maybe, perhaps ***12***	رُبَّما
(to) mean, intend ***10***	قَصَدَ / يَقْصِدِ (القَصْد)
meaning ***18***	مَعْنى
(it) means ***13***	يَعْني
meat ***6***	لَحْم ج. لُحوم
medicine ***3***	الطِّبّ
(to) meet *(in a formal setting)* ***19***	قابَلَ / يُقابِل (المُقابَلة)
(to) meet, encounter ***9***	اِلْتَقى / يَلْتَقي (الاِلْتِقاء)
(to) memorize ***4***	حَفِظَ / يَحْفَظ (الحِفْظ)
(to) mention *(also:* to recall*)* ***14***	ذَكَرَ / يَذْكُر(الذِّكْر)
Middle East ***2***	الشَّرْق الأَوْسَط
middle, mid-way ***16***	مُنْتَصَف
milk ***U-7***	حَليب (لَبَن)
ministry ***7***	وِزارة ج. وِزارات
minute ***9***	دَقيقة ج. دَقائِق
Miss ***U-4***	آنِسة ج. آنِسات
(to) miss, be absent from *(e.g.: __ school)* ***12***	تَغَيَّبَ عن / يَتَغَيَّب (التَّغَيُّب)
Monday ***6***	الاِثْنَيْن
money ***U-6***	فُلوس
month ***16***	شَهْر ج. أَشْهُر / شُهور

(ancient) monuments, antiquities ***11***	الآثار
morals ***18***	أخْلاق
more ***10***	أكْثَر
morning ***U-4***	صَباح
Morocco ***1***	المَغْرِب
mosque ***10***	جامِع ج. جَوامِع
mosque ***11***	مَسْجِد ج. مساجِد
most of ***11***	مُعْظَم
mother *(more formal address)* ***1***	والِدة ج. والِدات
mother *(less formal address)* ***8***	أمّ ج. أمَّهات
(to) move to ***14***	اِنْتَقَلَ إلى/ يَنْتَقِل (الاِنْتِقال)
Mrs.; Lady ***U-4***	سَيِّدة ج. سَيِّدات
much, many ***5***	كَثيراً
museum ***11***	مَتْحَف ج. مَتاحِف
music ***8***	الموسيقى
must ***16***	يَجِب أن

N

name, noun ***1***	اِسْم ج. أسْماء
nationality ***2***	جِنْسِيّة ج. جِنْسِيّات
naturally, of course ***12***	طَبْعاً
Near East ***2***	الشَّرْق الأدْنى
necessary ***19***	ضَروريّ
necessary ***18***	لازِم
(It is) necessary to *(expression impersonal and fixed)* ***16***	يَجِب أنْ
(to) need, be in need of ***13***	اِحْتاجَ إلى / يَحْتاج (الاِحْتِياج)
negation ***8***	النَّفي
new ***U-5***	جَديد ج. جُدُد

news *9*	خَبَر ج. أخْبار
newspaper *9*	جَريدة ج. جَرائِد
newspaper *17*	صَحيفة ج. صُحُف
next, coming *12*	قادِم ج. قادِمون
next to *14*	بِجانِب
nice, kind, pleasant *16*	لَطيف ج. لِطاف ، لُطَفاء
night *10*	لَيْلة ج. لَيالٍ (الليالي)
nine *U-8*	تِسْعة
ninety *8*	تِسْعون / تِسْعين
no *U-7*	لا
no one, none (of) *11*	لا أحد (مِن)
north *15*	شَمال
not to *13*	ألاّ (=أنْ + لا)
notebook, copybook *U-6*	دَفْتَر ج. دَفاتِر
noun, name *1*	اِسْم ج. أسْماء
novel *19*	رِواية ج. رِوايات
now *3*	الآن
number *14*	رَقْم ج. أرْقام
number *8*	عَدَد ج. أعْداد

O

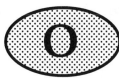

(to) obtain, get *6*	حَصَلَ على / يَحْصُل (الحُصول)
(to be, become) occupied with *17*	اِنْشَغَلَ بِـ / يَنْشَغِل (الاِنْشِغال)
o'clock (*also:* hour; clock) *9*	ساعة ج. ساعات
office *U-7*	مَكْتَب ج. مَكاتِب
officer *3*	ضابِط ج. ضُبّاط
oil *6*	زَيْت ج. زُيوت

old (*also:* big; important) ***U-6***	كَبير ج. كِبار
old, ancient *(for things, not for people)* **2**	قَديم
Oman ***1***	عُمان
on ***10***	عَلى
on, about ***7***	عَنْ
on, about what... ? ***7***	عَمَّ (عَنْ+ماذا) ...؟
once, *(one)* time ***11***	مَرّة ج. مَرّات
one of *(m.)* ***18***	أحَد
one of *(f.)* ***18***	إحدى
one ***U-8***	واحِد
onions ***6***	بَصَل
only ***5***	فَقَط
only; lonely ***2***	وَحيد ج. وَحيدون
opinion ***8***	رَأْي ج. آراء
opportunity ***13***	فُرْصة ج. فُرَص
or ***9***	أَوْ
(in) order to, to ***6***	**لـِ + مصدر / مضارع**
origin, descent ***5***	أَصْل ج. أُصول
other *(f.)* ***9***	أُخْرى ج. أُخْرَيات
other *(m.)* ***9***	آخَر ج. آخَرون
outside *(preposition)* ***11***	خارِج
outstanding, superior ***18***	مُتَفَوِّق ج. مُتَفَوِّقون
over crowdedness ***5***	اِزْدِحام
overcast, cloudy ***5***	غائِم
(its) own, private; special ***9***	خاصّ
(to) own, possess ***15***	مَلَكَ / يَمْلِك (المُلْك)

P

page ***U-10***	صَفْحة ج. صَفَحات
Palestine *1*	فِلِسْطين
Palestinian *1*	فِلِسْطينِيّ ج. فِلِسْطينِيّون
(a pair of) pants *19*	بَنْطَلون ج. بَنْطَلونات
(piece of) paper ***U-6***	وَرَقة ج. أَوْراق
park, garden *14*	حَديقة ج. حَدائِق
part of *18*	جُزْء مِن ج. أَجْزاء
(to) pass, elapse *(e.g.: the time __es)* *19*	مَرَّ / يَمُرّ (المُرور)
(to) pass, spend *(time)* *12*	قَضى / يَقْضي (القَضاء)
(to) pass, succeed *(e.g.: __ an exam)* *8*	نَجَحَ في / يَنْجَح (النَّجاح)
passport *20*	جَواز سَفَر ج. جَوازات سَفَر
past *(tense)*, past *(week, month, etc.)* *8*	الماضي
(a kind of) pastry *17*	كُنافة
pattern *8*	وَزن ج. أوزان
pen ***U-7***	قَلَم ج. أقلام
people *(note: sing. = human being)* *11*	ناس (م. إنسان)
perhaps, maybe *12*	رُبَّما
(to) permit *(someone)* to do *(something)* *10*	سَمَحَ لِـ... بِـ.../ يَسْمَح (السَّماح)
person *15*	شَخْص ج. أَشْخاص
phase, level *19*	مَرْحَلة ج. مَراحِل
Ph.D. *2*	الدُّكْتوراه
philosophy *3*	الفَلْسَفة
photography *8*	التَّصْوير
picture *3*	صورة ج. صُوَر
pilgrim *(one who has done the main pilgrimage to Mecca)* *7*	الحاجّ

(the main) pilgrimage to Mecca ***7***	الحَجّ
pink ***18***	زَهرِيّ
place ***13***	مَكان ج. أماكِن
place ***18***	مَحَلّ ج. مَحَلاّت
(to) play ***9***	لَعِبَ / يَلْعَب (اللَّعِب)
please *(addressing a male)* ***U-10***	مِنْ فَضْلَك
please *(addressing a female)* ***U-10***	مِنْ فَضْلِك
please... *(e.g.: __ inform him; also: to hope)* ***16***	رَجا / يَرجو (الرَّجاء)
plural ***2***	الجَمع
political science ***3***	العُلوم السِّياسِيّة
position, job ***13***	وَظيفة ج. وَظائِف
(it is) possible to ***10***	يُمْكِن أنْ
prayer ***10***	صَلاة ج. صَلَوات
(to) preoccupy ***18***	شَغَلَ / يَشْغُل (الشُّغْل)
preparatory *(__ school = junior high)* ***7***	إعْدادِيّ
(to) prepare *(i.e.: arrange)* ***16***	رَتَّبَ / يُرَتِّب (التَّرْتيب)
(to) prepare *(i.e.: make)* ***14***	أعَدَّ / يُعِدّ (الإعْداد)
(to) prepare for ***16***	اِسْتَعَدَّ لِـ / يَسْتَعِدّ (الاِسْتِعْداد)
prepared, ready ***19***	مُسْتَعِدّ
president ***12***	رَئيس ج. رُؤَساء
pretty, beautiful ***U-8***	جَميل
previously, before *(now)* ***14***	مِن قَبْل
primary ***4***	اِبْتِدائي
private, (its) own; special ***9***	خاصّ
prize ***19***	جائِزة ج. جَوائِز
problem ***12***	مُشْكِلة ج. مَشاكِل / مُشْكِلات
professor *(m.)* ***U-4***	أُسْتاذ ج. أساتِذة
professor *(f.)* ***U-4***	أُسْتاذة ج. أُسْتاذات

program *2*	بَرْنامَج ج. بَرامِج
pronoun *2*	ضَمير ج. ضَمائِر
prophet *4*	نَبِيّ ج. أنْبِياء
prophet, messenger *17*	رَسول ج. رُسُل
province *20*	مُحافَظة ج. مُحافَظات
Psychology *3*	عِلم النَّفس
public, general *7*	عامّ
(to) publish *20*	أصدَرَ / يُصدِر (الإصدار)
purple *18*	بَنَفْسَجِيّ

Q

Qatar *1*	قَطَر
(one) quarter *9*	رُبْع ج. أرْباع
question *U-10*	سُؤال ج. أسْئِلة
quickly, in a hurry *10*	مُسْرِع ج. مُسْرِعون
(the Holy) Quran *17*	القُرآن الكَريم

R

rain *5*	مَطَر
rainy, raining *5*	مُمْطِر
Ramadan *(month in Islamic calendar in which Muslims fast)* *16*	رَمَضان
(to) read *8*	قَرَأ / يَقْرَأ (القِراءة)
real, actual *18*	حَقيقِيّ
ready, prepared *19*	مُسْتَعِدّ
really!, indeed *2*	فِعْلاً
(to) recall *(also:* to mention*)* *14*	ذَكَرَ / يَذْكُر(الذِّكْر)
(to) receive, welcome *14*	اِسْتَقْبَلَ / يَسْتَقْبِل (الاِسْتِقْبال)
red *18*	أحْمَر (مؤنّث: حَمْراء)

(to) refuse *8*	رَفَضَ / يَرْفُض (الرَّفْض)
registration *2*	تَسْجيل
(in) relation to, for *5*	بِالنِّسْبة لِـ
relationship *(pl.: relations)* *11*	عَلاقة ج. عَلاقات
relative, family member *3*	قَريب ج. أقارِب / أقْرِباء
religion *3*	دين ج. أدْيان
(to) remain, stay *12*	بَقِيَ / يَبْقى (البَقاء)
(the) remainder, rest of *17*	بَقِيّة
(to) remember *1*	تَذَكَّرَ / يَتَذَكَّر (التَّذَكُّر)
rent *14*	إيجار ج. إيجارات
(to) rent *14*	اِسْتَأْجَرَ / يَسْتَأْجِر (الاِسْتِئْجار)
(to) repair *16*	أَصْلَحَ / يُصْلِح (الإِصْلاح)
(to) reside, live *(e.g.: where do you __ ?)* *1*	سَكَنَ / يَسْكُن (السَّكَن)
(to) reside, stay *(as opposed to live permanently)* *10*	أقامَ / يُقيم (الإقامة)
(the) rest, remainder of *17*	بَقِيّة
restaurant *6*	مَطْعَم ج. مَطاعِم
(to) resume *19*	اِسْتَأْنَفَ / يَسْتَأْنِف (الاِسْتِئْناف)
(to) return *13*	رَجَعَ / يَرْجِع (الرُّجوع)
(to) return *9*	عادَ / يَعود (العَوْدة)
(to) review (lessons; i.e.: do homework, study) *8*	ذاكَرَ / يُذاكِر (المُذاكَرة)
rice *6*	أَرُزّ
right (side)	يَمين
(to) rise, get up *17*	قامَ / يَقوم (القِيام)
romantic, emotional *11*	عاطِفِيّ
room *U-7*	غُرْفة ج. غُرَف
root *8*	جَذر ج. جُذور
roughly, around *9*	حَوالي
(to) rule *20*	حَكَمَ / يَحكُم (الحُكم)

government *20*	حُكومة ج. حُكومات
(to) run; go running *8*	جَرَى / يَجْري (الجَري)

S

salad *6*	سَلَطة ج. سَلَطات
(for) sale *14*	لِلْبَيْع
(the) same... *1*	نَفْس الـ...
Saturday *6*	السَّبْت
Saudi Arabia *1*	السَّعوديّة
(to) say	قالَ / يَقول (القَوْل)
scared *20*	خائِف ج. خائِفون
scholarship award, grant *12*	مِنْحة ج. مِنَح
school *4*	مَدْرَسة ج. مَدارِس
school, college *(in a university)* *3*	كُلِّيّة ج. كُلِّيّات
school for Quran studies for young children *19*	كُتّاب ج. كَتاتيب
science *3*	عِلْم ج. عُلوم
sea *15*	بَحْر ج. بِحار
season *(e.g.: spring __ ; also: class)* *5*	فَصْل ج. فُصول
second *(e.g.: the __ lesson)* *4*	ثانٍ (الثّاني)
secondary *(__ school = high school)* *7*	ثانَويّة
secretary *1*	سِكْرِتيرة ج. سِكْرِتيرات
(to) see *13*	رأى / يَرى (الرُّؤْية)
(it) seems, appears that *(impersonal)* *17*	يَبْدو أنَّ
(to) send *13*	أرْسَلَ / يُرْسِل (الإرْسال)
sentence *2*	جُمْلة ج. جُمَل
series, serial *17*	مُسَلْسَل ج. مُسَلْسَلات
servant *1*	عَبْد ج. عَبيد

(to) set, determine *(e.g.: __ a curfew)* ***15***	حَدَّدَ / يُحَدِّدُ (التَّحْديد)
(to become) settled, stabilize ***13***	اِسْتَقَرَّ / يَسْتَقِرّ (الاِسْتِقْرار)
seven ***U-8***	سَبْعة
seventy ***8***	سَبْعون / سَبْعين
several ***11***	عِدّة + **جمع**
shame *(on you; lit.: not legal)* ***12***	حَرام
(to) share, have in common ***15***	اِشْتَرَكَ في / يَشْتَرِك (الاِشْتِراك)
shape, form ***18***	شَكْل ج. أشْكال
she ***2***	هِيَ
sheet ***16***	مِلايّة ج. مِلايّات
shirt ***19***	قَميص ج. قُمصان
(pair of) shoes ***19***	حِذاء ج. أحْذية
short ***U-6***	قَصير ج. قِصار
shy, abashed ***7***	خَجول
shyness, abashment ***11***	الخَجَل
sick ***U-7***	مَريض ج. مَرْضى
silver ***18***	فِضّيّ
since; ago ***6***	مُنْذُ
singular ***2***	المُفرد
sister ***4***	أُخْت ج. أخَوات
(to) sit ***9***	جَلَسَ / يَجْلِس (الجُلوس)
size ***19***	مَقاس ج. مَقاسات
six ***U-8***	سِتّة
sixty ***8***	سِتّون / سِتّين
skiing ***8***	التَّزَلُّج
(to) sleep, go to sleep ***10***	نامَ / يَنام (النَّوْم)
small ***U-5***	صَغير ج. صِغار
smart, intelligent ***18***	ذَكِيّ ج. أذْكِياء

(to) smoke *9*	دَخَّنَ / يُدَخِّن (التَّدْخين)
snow, ice *5*	ثَلْج
snowy *5*	مُثْلِج
so as to *19*	حَتَّى + المضارع المنصوب
so, thus ... *5*	فَـ...
so, thus *6*	لِذٰلِك
so, thus *7*	هٰكَذا
soccer *8*	كُرة القَدَم
sociology *3*	عِلم الاِجتِماع
some of *9*	بَعْض
sometimes *5*	أَحْياناً
son *3*	اِبْن ج. أَبْناء
son, boy *(also:* child*)* ***U-8***	وَلَد ج. أَوْلاد
sought *13*	مَطْلوب
soup *6*	شوربة
south *15*	جَنوب
(blank) space *17*	فَراغ
spacious, wide ***U-5***	واسِع
(to) speak *4*	تَكَلَّمَ / يَتَكَلَّم (الكَلام)
(to) speak, talk about *20*	تَحَدَّثَ عَن / يَتَحَدَّث عَن (التَّحَدُّث)
special; (its) own, private *9*	خاصّ
specializing, specialist in *2*	مُتَخَصِّص في ج. مُتَخَصِّصون
speed *19*	سُرْعة
(to) spend, pass *(time)* *12*	قَضى / يَقْضي (القَضاء)
sports *8*	الرِّياضة
spring *5*	الرَّبيع
state, province *2*	وِلايَة ج. وِلايات
status in society *(i.e.: marital __)* *18*	الحالة الاِجْتِماعية

(to) stay, remain ***12***	بَقِيَ / يَبْقى (البَقاء)
(to) stay, reside *(as opposed to live permanently)* ***10***	أقامَ / يُقيم (الإقامة)
(to) stay up late ***10***	سَهِرَ / يَسْهَر (السَّهَر)
still, continue to *(lit.:* do not cease*)* ***13***	ما زالَ / لا يَزال + المضارع المرفوع / اسم
stomach, belly ***18***	بَطن ج. بُطون
(to) stop ***19***	تَوَقَّفَ / يَتَوَقَّف (التَّوَقُّف)
story ***11***	قِصّة ج. قِصَص
story, floor ***14***	طابِق ج. طَوابِق
(feeling a) stranger in a strange place, longing for one's native land ***13***	الغُرْبَة
street ***U-5***	شارِع ج. شَوارِع
student *(m.)* ***U-6***	طالِب ج. طُلّاب
student *(f.)* ***U-6***	طالِبة ج. طالِبات
study (of), studies ***3***	دِراسة ج. دِراسات
(to) study *(i.e.: review lessons, do homework)* ***8***	ذاكَرَ / يُذاكِر (المُذاكَرة)
(to) study, learn ***1***	دَرَسَ / يَدْرُس (الدِّراسة)
study (of), studies ***3***	دِراسة ج. دِراسات
subject ***15***	مَوْضوع ج. مَوْضوعات / مَواضيع
(to) succeed, pass ***8***	نَجَحَ في / يَنْجَح في (النَّجاح في)
Sudan ***1***	السّودان
sugar ***U-7***	سُكَّر
suit ***19***	بَدلة ج. بَدَلات
suitable, appropriate ***13***	مُناسِب
summer ***5***	الصَّيْف
sun ***5***	شَمس
Sunday ***6***	الأحَد
sunny ***5***	مُشْمِس
superior, outstanding ***18***	مُتَفَوِّق ج. مُتَفَوِّقون
(to) supervise ***17***	أشْرَفَ على / يُشْرِف (الإشْراف)

swimming *8*	السِّباحة
swimming pool *14*	حَمّام سِباحة
Syria *1*	سوريّا

T

table ***U-6***	طاوِلة ج. طاوِلات
table ***20***	مائِدة ج. مَوائِد
(to) take ***12***	أَخَذَ / يَأْخُذ (الأَخْذ)
(it was) taken *(passive)* ***20***	أُخِذَ
(to) take, have *(a meal)* ***9***	تَناوَلَ / يَتَناوَل (التَّناوُل)
(to) talk, speak about ***20***	تَحَدَّثَ عَن / يَتَحَدَّث (التَحَدُّث)
tall, long ***U-6***	طَويل ج. طِوال
tape, cassette ***U-6***	شَريط
tea ***U-7***	شاي
(to) teach 3	دَرَّسَ / يُدَرِّس (التَّدْريس)
teaching assistant, graduate fellow ***6***	مُعيد ج. مُعيدون
telephone 2	هاتِف
ten ***U-8***	عَشَرة
text ***U-10***	نَصّ ج. نُصوص
thank you ***U-10***	شُكْرًا
thanks to 8	بِفَضْل
that *(after a verb; e.g.: to hope __)* ***13***	أَنَّ
that *(demonstrative pronoun) (m.)* ***6***	ذٰلِك (مؤنّث: تِلْكَ)
that *(demonstrative pronoun) (f.)* ***6***	تِلْكَ (مذكّر: ذٰلِك)
theater ***11***	مَسْرَح ج. مَسارِح
then ***9***	ثُمَّ
there; there is/are ***7***	هُناك
they 2	هُم

they *(dual)* ***15***	هُما
they *(pl., f.)* ***19***	هُنَّ
thin ***18***	نَحيف
thing ***15***	شَيء ج. أشْياء
(to) think about, ponder ***20***	فَكَّرَ في، بِـ / يُفَكِّر (التَفْكير)
(to) think that, consider ***13***	ظَنَّ أنَّ / يَظُنّ (الظَنّ)
third *(e.g.: the __ lesson)* ***4***	ثالِث
(one) third ***9***	ثُلْث
thirsty ***U-7***	عَطْشان ج. عَطْشانون
thirty ***8***	ثَلاثون / ثَلاثين
this *(m.)* ***U-8***	هٰذا
this *(f.)* ***U-8***	هٰذِه
thought, idea ***18***	فِكْرة ج. أفْكار
thousand ***20***	أَلْف ج. آلاف / أُلوف
three ***U-8***	ثَلاثة
throughout, during ***8***	طِوال
Thursday ***6***	الخَميس
thus, so ... ***5***	فَـ...
thus, so ***6***	لِذٰلِك
thus, so ***7***	هٰكَذا
ticket, card ***18***	بِطاقة ج. بِطاقات
time *(e.g.: not much __)* ***10***	وَقْت ج. أوْقات
(one) time, once ***11***	مَرّة ج. مَرّات
tired ***U-7***	تَعْبان ج. تَعْبانون
to, in order to ***6***	لِـ + **مصدر / مضارع**
to, toward 2	إلى
today ***6***	اليَوْم
together *(e.g.: with one another)* ***11***	مَعًا

together *(e.g.: altogether, all of them)* ***12***	جَميعًا
tomatoes ***6***	طَماطِم
tomorrow ***12***	غَدًا
tongue ***18***	لِسان ج. ألسِنة
topic ***15***	مَوْضوع ج. مَوْضوعات / مواضيع
tourism ***11***	السِّياحة
towel ***16***	فوطة ج. فُوَط
toward, to ***2***	إلى
trade, commerce ***6***	التِّجارة
train ***12***	قِطار ج. قِطارات
translation ***2***	تَرْجَمة
translator ***2***	مُتَرْجِم ج. مُتَرْجِمون
(to) transmit, convey ***17***	نَقَلَ / يَنْقُل (النَّقْل)
(to) travel ***4***	سافَرَ / يُسافِر (السَّفَر)
trip, flight ***10***	رِحْلة ج. رِحلات
true, correct ***20***	صَحيح
Tuesday ***6***	الثُّلاثاء
Tunisia or Tunis ***1***	تونس
Turkey ***U-9***	تُركيّا
twenty ***8***	عِشْرون / عِشْرين
two ***U-8***	اِثْنان / اِثْنَيْن

U

uncle *(maternal)* ***2***	خال ج. أخْوال
uncle *(paternal)* ***3***	عَمّ ج. أعْمام
(to) understand ***10***	فَهِمَ / يَفْهَم (الفَهْم)
(to) undertake, assume *(e.g.: __ a job)* ***17***	تَوَلّى / يَتَولّى
United Arab Emirates ***1***	الإمارات العَرَبِيّة المُتَّحِدة

United Nations *1*	الأُمَم المُتَّحِدة
United States of America *1*	الوِلايات المُتَّحِدة الأمريكِيّة
university *3*	جامِعة ج. جامِعات
until *(preposition)* *17*	حَتّى
upset; annoyed, angry *U-7*	"زَعْلان" ج. "زَعْلانين"
usually *10*	عادةً

V

(to) vacate, clear out *16*	أخْلى / يُخْلي (الإخْلاء)
vacation, leave *(of absence)* *12*	إجازة ج. إجازات
vacation, holiday *12*	عُطْلة ج. عُطَل
vegetables *6*	خُضار
verb *5*	فِعل ج. أفعال
verbal noun *6*	المَصدَر ج. المَصادِر
verse *(of the Quran)* *20*	آية ج. آيات
very *5*	جِدّاً
(to) visit *12*	زارَ / يَزور (الزِّيارة)
volleyball *8*	الكُرة الطّائِرة

W

(to) wake up, awaken *10*	صَحا / يَصْحو (الصَحْو)
(to) wake (someone) up *9*	أيْقَظَ / يوقِظ (الإيْقاظ)
(to) want to *8*	أراد أنْ / يُريد (الإرادة)
(to) want to, have a desire to *13*	رَغِبَ في / يَرْغَب (الرَّغْبة)
(to) watch *4*	شاهَدَ / يُشاهِد (المُشاهَدة)
water *U-7*	ماء
we 2	نَحْنُ

weak ***8***	ضَعيف
(to) wear *(clothes)*, get dressed ***15***	لَبِسَ / يَلْبَس (اللُّبْس)
weather ***5***	جَوّ ج. أجْواء = (طَقْس)
Wednesday ***6***	الأَرْبِعاء
week ***6***	أُسْبوع ج. أسابيع
(to) welcome ***18***	رَحَّبَ بـِ / يُرَحِّب (التَّرْحيب)
(you're) welcome ***U-10***	عَفْوًا
well, fine *(said of people)* ***17***	بِخَيْر
west ***15***	غَرْب
what? *(in questions using verbs)* ***1***	ماذا + **فعل**
what? *(in questions without verbs)* ***1***	ما ؟
whatever ***13***	ما + **فعل**
when *(not a question)* ***11***	عِنْدَما
when? ***6***	مَتى ؟
where *(not a question; also, ≠ "in which")* ***2***	حَيْثُ
where? ***1***	أَيْن ؟
which *(m.; not a question)* ***15***	الَّذي ج. الَّذين
which *(f.; not a question)* ***15***	الَّتي ج. اللّواتي/اللاّتي
which...? ***6***	أيّ ...؟
white *(m.)* ***18***	أَبْيَض ج. بيض
white *(f.)* ***18***	بَيْضاء ج. بيضوات
white/grey-haired ***18***	أَشْيَب
who?, whom; whoever ***1***	مَن ؟
why? ***6***	لِماذا ؟
wide, spacious ***U-5***	واسِع
wife ***3***	زَوْجة ج. زَوْجات
wife ***7***	حَرَم
(to) win *(e.g.: __ a prize)* ***19***	حازَ على / يَحوز (الحِيازة)

window ***U-6***	شُبّاك ج. شَبابيك
winter ***5***	الشِّتاء
(to) wish, hope that ***14***	تَمَنّى أنْ / يَتَمَنّى (التَمَنّي)
with *(people)* ***7***	مَعَ
with, by *(things)* ***U-10***	بِـ
without ***13***	بِدون
(a) woman *(note: def. form is also collective)* ***U-8***	اِمْرَأة (def: المَرْأة) ج. نِساء
women *(for collective meaning, use the def.:* المَرْأة*)*	نِساء (م. اِمْرَأة ، المَرْأة)
(I) wonder... *(fixed expression)* ***16***	يا تُرى... + **سؤال**
word ***U-10***	كَلِمة ج. كَلِمات
work ***2***	شُغْل (العَمَل)
work, occupation ***1***	مِهْنة ج. مِهَن
work, position ***13***	وَظيفة ج. وَظائِف
(to) work ***1***	عَمِلَ / يَعْمَل (العَمَل)
worker ***13***	عامِل ج. عُمّال
(the) world ***9***	العالَم
(the) world ***20***	الدُّنْيا
(to) write	كَتَبَ / يَكْتُب (الكِتابة)
writer ***19***	كاتِب ج. كُتّاب

Y

year ***14***	عام ج. أعْوام
year ***2***	سَنة ج. سَنَوات
yellow ***18***	أصْفَر (مؤنّث: صَفْراء)
Yemen ***1***	اليَمَن
yes ***U-7***	نَعَم
yesterday ***7***	أمْس

you *(m.)* ***U-7***	أنْتَ
you *(f.)* ***U-7***	أنْتِ
you *(pl.)* **2**	أنْتُم
you *(f., pl.)* ***19***	أنْتُنّ
you *(formal, f.)* ***U-4***	حَضْرِتِك
you *(formal, m.)* ***U-4***	حَضْرِتَك
you *(pl.)* **2**	أنْتُم
you *(dual)* ***15***	أنْتُما
you *(fem. pl.)* ***19***	أنْتُنَّ
young person ***18***	شابّ ج. شُبّان
youth *(abstract or collective)* ***18***	الشَّباب

جدول الافعال في الكتاب وأوزانها

الماضي	المضارع المرفوع	المضارع المنصوب	المضارع المجزوم	المصدر
فَعَلَ	يَفْعَلُ	يَفْعَلَ	يَفْعَلْ	(varies)
بَدَأَ	يَبدَأُ	يبدأَ	يبدأْ	البَدْء
ذَهَبَ	يَذهَبُ	يذهبَ	يذهبْ	الذَّهاب
رأى	يَرى	يَرى	يَرَ	الرُّؤْية
سَمَحَ	يَسمَحُ	يسمحَ	يسمحْ	السَّماح
قَرَأَ	يَقرَأُ	يقرأَ	يقرأْ	القِراءة
نَجَحَ	يَنجَحُ	ينجحَ	ينجحْ	النَّجاح
نَشَأَ	يَنشَأُ	ينشأَ	ينشأْ	النُّشوء
نامَ	يَنامُ	ينامَ	يَنَمْ	النَّوم
فَعَلَ	يَفْعُلُ	يَفْعُلَ	يَفْعُلْ	(varies)
أخَذَ	يَأخُذُ	يأخذَ	يأخذْ	الأخْذ
أكَلَ	يَأكُلُ	يأكلَ	يأكلْ	الأكْل
بَدا	يَبدو	يبدُوَ	يَبْدُ	———
تَرَكَ	يَترُكُ	يتركَ	يتركْ	التَّرْك
حَدَثَ	يَحدُثُ	يحدثَ	يحدثْ	الحُدوث
حَسَبَ	يَحسُبُ	يحسبَ	يحسبْ	الحِساب

حَصَلَ على	يَحصُلُ على	يحصلَ على	يحصلْ على	الحُصول على
حَضَرَ	يَحضُرُ	يحضرَ	يحضرْ	الحُضور
حَكَمَ	يَحكُمُ	يحكمَ	يَحْكُمْ	الحُكْم
حَلَمَ	يَحلُمُ	يحلمَ	يحلمْ	الحُلُم
خَرَجَ	يَخرُجُ	يخرجَ	يخرجْ	الخُروج
دَخَلَ	يَدخُلُ	يدخلَ	يدخلْ	الدُّخول
دَرَسَ	يَدرُسُ	يدرسَ	يدرسْ	الدِّراسة
ذَكَرَ	يَذكُرُ	يذكرَ	يذكرْ	الذِّكْر
رَجا	يَرجو	يرجوَ	يَرْجُ	الرَّجاء
رَسَمَ	يَرسُمُ	يرسمَ	يرسمْ	الرَّسْم
رَفَضَ	يَرفُضُ	يرفضَ	يرفضْ	الرَّفْض
زارَ	يَزورُ	يَزورَ	يَزُرْ	الزِّيارة
سَكَنَ	يَسكُنُ	يسكنَ	يسكنْ	السَّكَن
شَعَرَ بِـ	يَشعُرُ بِـ	يشعرَ بِـ	يشعرْ بِـ	الشُّعور بِـ
شَغَلَ	يَشغُلُ	يشغلَ	يشغلْ	الشُّغْل
صحا	يَصحو	يَصحُوَ	يَصْحُ	الصَّحْو
صامَ	يَصومُ	يصومَ	يَصُمْ	الصَّوْم/الصِّيام
طَبَخَ	يَطبُخُ	يطبخَ	يطبخْ	الطَّبْخ
طَلَبَ	يَطلُبُ	يطلبَ	يطلبْ	الطَّلَب
عادَ	يَعودُ	يعودَ	يَعُدْ	العَوْدة
قالَ	يَقولُ	يَقولَ	يَقُلْ	القَوْل
كَتَبَ	يَكتُبُ	يكتبَ	يكتبْ	الكِتابة
كانَ	يَكونُ	يكونَ	يَكُنْ	الكَوْن
مَرَّ	يَمُرُّ	يَمُرَّ	يَمُرَّ	المُرور
ماتَ	يَموتُ	يموتَ	يَمُتْ	المَوْت

فَعَلَ	يَفْعُلُ	يَفْعِلَ	يَفْعِلْ	(varies)
تَمَّ	يَتِمُّ	يتِمَّ	يتِمَّ	التَّمام
جَرى	يَجْري	يجرِيَ	يَجْرِ	الجَرْي
جَلَسَ	يَجْلِسُ	يجلسَ	يجلسْ	الجُلوس
جاءَ	يَجيءُ	يجيءَ	يَجِىءْ	المَجيء
حَمَلَ	يَحْمِلُ	يحملَ	يحملْ	الحَمْل
رَجَعَ	يَرْجِعُ	يرجعَ	يرجعْ	الرُّجوع
عَرَفَ	يَعْرِفُ	يعرفَ	يعرفْ	المَعْرِفة
عاشَ	يَعيشُ	يعيشَ	يعِشْ	العَيْش
غابَ	يَغيبُ	يَغيبَ	يَغِبْ	الغِياب
فَصَلَ	يَفْصِلُ	يفصلَ	يفصلْ	الفَصْل
قَصَدَ	يَقصِدُ	يقصدَ	يقصدْ	القَصْد
قَضى	يَقْضي	يَقْضِيَ	يَقْضِ	القَضاء
نَزَلَ	يَنْزِلُ	ينزلَ	ينزلْ	النُّزول
نَوى	يَنْوي	يَنويَ	يَنْوِ	النِّيَّة
وَصَلَ	يَصِلُ	يصلَ	يصلْ	الوُصول

فَعِلَ	يَفْعَلُ	يَفْعَلَ	يَفْعَلْ	(varies)
بَقِيَ	يَبْقى	يبقى	يَبْقَ	البَقاء
حَفِظَ	يَحْفَظ	يحفظَ	يحفظْ	الحِفْظ
سَهِرَ	يَسْهَرُ	يسهرَ	يسهرْ	السَّهَر
شَرِبَ	يَشْرَبُ	يشربَ	يشربْ	الشُّرْب
عَلِمَ	يَعْلَمُ	يعلمَ	يعلمْ	العِلْم
عَمِلَ	يَعْمَلُ	يعملَ	يعملْ	العَمَل
غَضِبَ	يَغْضَب	يغضبَ	يغضبْ	الغَضَب

فَهِمَ	يَفْهَمُ	يفهمَ	يفهمْ	الفَهْم
لَبِسَ	يَلْبَسُ	يلبسَ	يلبسْ	اللُّبْس
لَعِبَ	يَلْعَبُ	يلعبَ	يلعبْ	اللَّعِب

فَعَّلَ	يُفَعِّلُ	يُفَعِّلَ	يُفَعِّلْ	التَّفْعيل
حَدَّدَ	يُحَدِّدُ	يحدِّدَ	يحدِّدْ	التَّحْديد
دَخَّنَ	يُدَخِّنُ	يدخِّنَ	يدخِّنْ	التَّدْخين
دَرَّس	يُدَرِّسُ	يدرِّسَ	يدرِّسْ	التَّدْريس
رَتَّبَ	يُرَتِّبُ	يرتِّبَ	يرتِّبْ	التَّرْتيب
رَحَّبَ	يُرَحِّبُ	يرحِّبَ	يرحِّبْ	التَّرْحيب
شَجَّعَ	يُشَجِّع	يشجِّعَ	يشجِّعْ	التَّشْجيع
غَيَّرَ	يُغَيِّرُ	يغيِّرَ	يغيِّرْ	التَّغْيير
فَكَّرَ	يُفَكِّرُ	يفكِّرَ	يفكِّرْ	التَّفْكير
قَرَّرَ	يُقَرِّرُ	يقرِّرَ	يقرِّرْ	التَّقْرير
لَمَّحَ	يُلَمِّحُ	يلمِّحَ	يلمِّحْ	التَّلْميح

فاعَلَ	يُفاعِلُ	يُفاعِلَ	يُفاعِلْ	المُفاعَلة
ساعَد	يُساعِدُ	يساعدَ	يساعدْ	المُساعَدة
سافَر	يُسافِرُ	يسافرَ	يسافرْ	السَّفَر*
شاهَد	يُشاهِدُ	يشاهدَ	يشاهدْ	المُشاهَدة
غادَرَ	يُغادِرُ	يغادرَ	يغادرْ	المُغادَرة
قابَلَ	يُقابِلُ	يقابلَ	يقابلْ	المُقابَلة
هاجَرَ	يُهاجِرُ	يهاجرَ	يهاجرْ	الهِجرة *

* This مصدر represents an exception to the regular وزن.

أَفْعَلَ	يُفْعِلُ	يُفْعِلَ	يُفْعِلْ	الإِفْعال
أحَبَّ	يُحِبُّ	يحبَّ	يحبَّ	الحُبّ *
أرْسَلَ	يُرْسِلُ	يرسلَ	يرسلْ	الإِرْسال
أرادَ	يُريدُ	يُريدَ	يُرِدْ	الإِرادة
أشْرَفَ	يُشْرِفُ	يشرفَ	يشرِفْ	الإِشْراف
أصْلَحَ	يصلحُ	يصلحَ	يصلحْ	الإِصْلاح
أعَدَّ	يُعِدُّ	يُعِدَّ	يُعِدَّ	الإِعْداد
أقامَ	يُقيمُ	يُقيمَ	يُقِمْ	الإِقامة
أمْكَنَ	يُمكِنُ	يمكنَ	يمكنْ	الإِمْكان

تَفَعَّلَ	يَتفعَّلُ	يَتَفَعَّلَ	يَتفعَّلْ	التَفعُّل
تَأخَّرَ	يتأخَّرُ	يتأخَّرَ	يتأخَّرْ	التَّأخُّر
تَحَدَّثَ	يتحدَّثُ	يتحدَّثَ	يتحدَّثْ	التَّحَدُّث
تَخَرَّجَ	يتخرَّجُ	يتخرَّجَ	يتخرَّجْ	التَّخَرُّج
تَذَكَّرَ	يتذكَّرُ	يتذكَّرَ	يتذكَّرْ	التَّذَكُّر
تَصَرَّفَ	يتصرَّفُ	يتصرَّفَ	يتصرَّفْ	التَّصَرُّف
تَعَرَّفَ على	يتعرَّفُ على	يتعرَّفَ على	يتعرَّفْ على	التَّعَرُّف على
تَغَيَّبَ عن	يتغيَّبُ عن	يتغيَّبَ عن	يتغيَّبْ عن	التَّغَيُّب عن
تَفَرَّقَ	يتفرَّقُ	يتفرَّقَ	يتفرَّقْ	التَّفَرُّق
تَكَلَّمَ	يتكلَّمُ	يتكلَّمَ	يتكلَّمْ	التَّكَلُّم
تَكَوَّنَ	يتكوَّنُ	يتكوَّنَ	يتكوَّنْ	التَّكَوُّن
تَمَنَّى	يتمنّى	يتمنّى	يَتَمَنَّ	التَّمَنّي
تَوَقَّفَ	يتوقَّفُ	يتوقَّفَ	يَتَوقَّفْ	التَّوَقُّف
تَوَلّى	يتولّى	يتولّى	يَتَوَلَّ	التَّوَلّي

تَفاعَلَ	**يَتَفاعَلُ**	**يَتَفاعَلَ**	**يَتَفاعَلْ**	**التَّفاعُل**
تَبادَلَ	يَتَبادَلُ	يتبادلَ	يتبادلْ	التَّبادُل
تَناوَلَ	يَتَناوَلُ	يتناولَ	يتناولْ	التَّناوُل
اِنْفَعَلَ	**يَنْفَعِلُ**	**يَنْفَعِلَ**	**يَنْفَعِلْ**	**الاِنْفِعال**
اِنْشَغَلَ	يَنْشَغِلُ	ينشغلَ	ينشغلْ	الاِنْشِغال
اِنْقَطَعَ	يَنْقَطِعُ	ينقطعَ	ينقطعْ	الاِنْقِطاع
اِفْتَعَلَ	**يَفْتَعِلُ**	**يَفْتَعِلَ**	**يَفْتَعِلْ**	**الاِفْتِعال**
اِجْتَمَعَ	يَجْتَمِعُ	يجتمعَ	يجتمعْ	الاِجْتِماع
اِحْتاجَ	يَحْتاجُ	يحتاجَ	يَحْتَجْ	الاِحْتِياج
اِخْتَلَفَ	يَخْتَلِفُ	يختلفَ	يختلفْ	الاِخْتِلاف
اِخْتارَ	يَخْتارُ	يختارَ	يَخْتَرْ	الاِخْتِيار
اِستَمَعَ الى	يَستَمِعُ الى	يَستَمِعَ الى	يَستَمِعْ الى	الاِستِماع الى
اِشْتَرَكَ	يَشْتَرِكُ	يشتركَ	يشتركْ	الاِشْتِراك
اِشْتَرى	يَشْتَري	يشتريَ	يشترِ	الشِراء *
اِعْتَبَرَ	يَعْتَبِرُ	يعتبرَ	يعتبرْ	الاِعْتِبار
اِعْتادَ	يَعْتادُ	يعتادَ	يَعْتَدْ	الاِعْتِياد
اِلْتَحَقَ بِـ	يلتحِقُ بـ	يلتحقَ بـ	يلتحقْ بـ	الاِلْتِحاق بـ
اِنْتَقَلَ	يَنْتَقِلُ	ينتقلَ	ينتقلْ	الاِنْتِقال

* This مصدر represents an exception to the regular وزن.

اسْتَفْعَلَ	يَسْتَفْعِلُ	يَسْتَفْعِلَ	يَسْتَفْعِلْ	الاسْتِفْعال
اِسْتَأْجَرَ	يَسْتَأْجِر	يستأجِرَ	يستأجِرْ	الاِسْتِئْجار
اِسْتَأْنَفَ	يَسْتَأْنِفُ	يستأنِفَ	يستأنِفْ	الاِسْتِئْناف
اِسْتَطاعَ	يَسْتَطيعُ	يستطيعَ	يَسْتَطِعْ	الاِسْتِطاعة
اِسْتَعَدَّ	يَسْتَعِدُّ	يستعِدَّ	يَستعِدَّ	الاِسْتِعْداد
اِسْتَقْبَلَ	يَسْتَقْبِلُ	يستقبِلَ	يستقبِلْ	الاِسْتِقْبال
اِسْتَقَرَّ	يَسْتَقِرُّ	يستقِرَّ	يستقِرَّ	الاِسْتِقْرار
اِسْتَمْتَعَ بِـ	يَسْتَمْتِعُ بـ	يستمتِعَ بـ	يستمتِعْ بـ	الاِسْتِمْتاع بـ

* This مصدر represents an exception to the regular وزن.

تصريف فعل "كتب"

الوزن: فَعَلَ

المصدر: الكِتابَة

الضمير	الماضي	المضارع المرفوع	المضارع المنصوب	المضارع المجزوم	الأمر
هو	كَتَبَ	يَكْتُبُ	يَكْتُبَ	يَكْتُبْ	----
هما	كَتَبا	يَكْتُبَانِ	يَكْتُبا	يَكْتُبا	----
هم	كَتَبوا	يَكْتُبُونَ	يَكْتُبوا	يَكْتُبوا	----
هي	كَتَبَتْ	تَكْتُبُ	تَكْتُبَ	تَكْتُبْ	----
هما	كَتَبَتا	تَكْتُبانِ	تَكْتُبا	تَكْتُبا	----
هُنَّ	كَتَبْنَ	يَكْتُبْنَ	يَكْتُبْنَ	يَكْتُبْنَ	----
انتَ	كَتَبْتَ	تَكْتُبُ	تَكْتُبَ	تَكْتُبْ	أُكْتُبْ
انتما	كَتَبْتُما	تَكْتُبانِ	تَكْتُبا	تَكْتُبا	أُكْتُبا
انتم	كَتَبْتُمْ	تَكْتُبونَ	تَكْتُبوا	تَكْتُبوا	أُكْتُبوا
انتِ	كَتَبْتِ	تَكْتُبينَ	تَكْتُبي	تَكْتُبي	أُكْتُبي
انتما	كَتَبْتُما	تَكْتُبانِ	تَكْتُبا	تَكْتُبا	أُكْتُبا
انتنَّ	كَتَبْتُنَّ	تَكْتُبْنَ	تَكْتُبْنَ	تَكْتُبْنَ	أُكْتُبْنَ
انا	كَتَبْتُ	أكْتُبُ	أكْتُبَ	أكْتُبْ	----
نحن	كَتَبْنا	نَكْتُبُ	نَكْتُبَ	نَكْتُبْ	----

تصريف فعل " بدأ "

الوزن: فَعَلَ

المصدر: البَدْء

الضمير	الماضي	المضارع المرفوع	المضارع المنصوب	المضارع المجزوم	الأمر
هو	بَدَأَ	يَبْدَأُ	يَبْدَأَ	يَبْدَأْ	ـــــ
هما	بَدَآ	يَبْدَآنِ	يَبْدَآ	يَبْدَآ	ـــــ
هم	بَدَأوا	يَبْدَأونَ	يَبْدَأوا	يَبْدَأوا	ـــــ
هي	بَدَأَتْ	تَبْدَأُ	تَبْدَأَ	تَبْدَأْ	ـــــ
هما	بَدَأتا	تَبْدَآنِ	تَبْدَآ	تَبْدَآ	ـــــ
هنَّ	بَدَأْنَ	يَبْدَأْنَ	يَبْدَأْنَ	يَبْدَأْنَ	ـــــ
انتَ	بَدَأْتَ	تَبْدَأُ	تَبْدَأَ	تَبْدَأْ	اِبْدَأْ
انتما	بَدَأْتُمَا	تَبْدَآنِ	تَبْدَآ	تَبْدَآ	اِبْدَآ
انتم	بَدَأْتُمْ	تَبْدَأونَ	تَبْدَأوا	تَبْدَأوا	اِبْدَأوا
انتِ	بَدَأْتِ	تَبْدَأينَ	تَبْدَأي	تَبْدَأي	اِبْدَأي
انتما	بَدَأْتُمَا	تَبْدَآنِ	تَبْدَآ	تَبْدَآ	اِبْدَآ
انتنَّ	بَدَأْتُنَّ	تَبْدَأْنَ	تَبْدَأْنَ	تَبْدَأْنَ	اِبْدَأْنَ
انا	بَدَأْتُ	أَبْدَأُ	أَبْدَأَ	أَبْدَأْ	ـــــ
نحن	بَدَأْنَا	نَبْدَأُ	نَبْدَأَ	نَبْدَأْ	ـــــ

تصريف فعل " عاد "

الوزن: فَعَلَ

المصدر: العَوْدة

الضمير	الماضي	المضارع المرفوع	المضارع المنصوب	المضارع المجزوم	الأمر
هو	عَادَ	يَعودُ	يَعودَ	يَعُدْ	----
هما	عَادا	يَعودانِ	يَعودا	يَعودا	----
هم	عَادوا	يَعودونَ	يَعودوا	يَعودوا	----
هي	عَادَتْ	تَعودُ	تَعودَ	تَعُدْ	----
هما	عادَتا	تَعودانِ	تَعودا	تَعودا	----
هُنَّ	عُدْنَ	يَعُدْنَ	يَعُدْنَ	يَعُدْنَ	----
انتَ	عُدْتَ	تَعودُ	تَعودَ	تَعُدْ	عُدْ
انتما	عُدْتُما	تَعودانِ	تَعودا	تَعودا	عودا
انتم	عُدْتُم	تَعودونَ	تَعودوا	تَعودوا	عودوا
انتِ	عُدْتِ	تَعودينَ	تَعودي	تَعودي	عودي
انتما	عُدْتُما	تَعودانِ	تَعودا	تَعودا	عودا
انْتنَّ	عُدْتُنَّ	تَعُدْنَ	تَعُدْنَ	تَعُدْنَ	عُدْنَ
انا	عُدْتُ	أعودُ	أعودَ	أعُدْ	----
نحن	عُدْنا	نَعودُ	نَعودَ	نَعُدْ	----

تصريف فعل "جاء "

الوزن: فَعَلَ

المصدر :المَجيء

الضمير	الماضي	المضارع المرفوع	المضارع المنصوب	المضارع المجزوم	الأمر
هو	جاءَ	يَجيءُ	يَجيءَ	يَجِئْ	----
هما	جاءا	يَجيئانِ	يَجيئا	يَجيئا	----
هم	جاءوا	يَجيئونَ	يَجيئوا	يَجيئوا	----
هي	جاءَتْ	تَجيءُ	تَجيءَ	تَجِئْ	----
هما	جاءَتا	تَجيئان	تَجيئا	تَجيئا	----
هنَّ	جِئْنَ	يَجِئْنَ	يَجِئْنَ	يَجِئْنَ	----
انتَ	جِئْتَ	تَجيءُ	تَجيءَ	تَجِئْ	تعالَ
انتما	جِئْتُما	تَجيئانِ	تَجيئا	تَجيئا	تَعالا
انتم	جِئْتُمْ	تَجيئونَ	تَجيئوا	تَجيئوا	تعالَوا
انتِ	جِئْتِ	تَجيئينَ	تَجيئي	تَجيئي	تعالَي
انتما	جِئْتُما	تَجيئانِ	تَجيئا	تَجيئا	تعالا
انتنَّ	جِئْتُنَّ	تَجِئْنَ	تَجِئْنَ	تَجِئْنَ	----
انا	جِئْتُ	أجيءُ	أجيءَ	أجِئْ	----
نحن	جِئْنا	نَجيءُ	نَجيءَ	نَجِئْ	----

تصريف فعل "ظنّ"

الوزن: فَعَلَ

المصدر: الظَّنّ

الضمير	الماضي	المضارع المرفوع	المضارع المنصوب	المضارع المجزوم
هو	ظَنَّ	يَظُنُّ	يَظُنَّ	يَظُنَّ
هما	ظَنّا	يَظُنّانِ	يَظُنّا	يَظُنّا
هم	ظَنّوا	يَظُنّونَ	يَظُنّوا	يَظُنّوا
هي	ظَنَّت	تَظُنُّ	تَظُنَّ	تَظُنَّ
هما	ظَنَّتا	تَظُنّانِ	تَظُنّا	تَظُنّا
هُنَّ	ظَنَنَّ	يَظْنُنَّ	يَظْنُنَّ	يَظْنُنَّ
انتَ	ظَنَنْتَ	تَظُنُّ	تَظُنَّ	تَظُنَّ
انتما	ظَنَنْتُما	تَظُنّانِ	تَظُنّا	تَظُنّا
انتم	ظَنَنْتُم	تَظُنّونَ	تَظُنّوا	تَظُنّوا
انتِ	ظَنَنْتِ	تَظُنّينَ	تَظُنّي	تَظُنّي
انتما	ظَنَنْتُما	تَظُنّانِ	تَظُنّا	تَظُنّا
انتنَّ	ظَنَنْتُنَّ	تَظْنُنَّ	تَظْنُنَّ	تَظْنُنَّ
انا	ظَنَنْتُ	أظُنُّ	أظُنَّ	أظُنَّ
نحن	ظَنَنّا	نَظُنُّ	نَظُنَّ	نَظُنَّ

تصريف فعل " غيّر "

الوزن: فَعَّلَ

المصدر: التَّغْيير

الضمير	الماضي	المضارع المرفوع	المضارع المنصوب	المضارع المجزوم	الأمر
هو	غَيَّرَ	يُغَيِّرُ	يُغَيِّرَ	يُغَيِّرْ	----
هما	غَيَّرا	يُغَيِّرانِ	يُغَيِّرا	يُغَيِّرا	----
هم	غَيَّروا	يُغَيِّرونَ	يُغَيِّروا	يُغَيِّروا	----
هي	غَيَّرَت	تُغَيِّرُ	تُغَيِّرَ	تُغَيِّرْ	----
هما	غَيَّرَتا	تُغَيِّرانِ	تُغَيِّرا	تُغَيِّرا	----
هنَّ	غَيَّرْنَ	يُغَيِّرْنَ	يُغَيِّرْنَ	يُغَيِّرْنَ	----
انتَ	غَيَّرْتَ	تُغَيِّرُ	تُغَيِّرَ	تُغَيِّرْ	غَيِّرْ
انتما	غَيَّرْتما	تُغَيِّرانِ	تُغَيِّرا	تُغَيِّرا	غَيِّرا
انتم	غَيَّرْتُم	تُغَيِّرونَ	تُغَيِّروا	تُغَيِّروا	غَيِّروا
انتِ	غَيَّرْتِ	تُغَيِّرينَ	تُغَيِّري	تُغَيِّري	غَيِّري
انتما	غَيَّرْتُما	تُغَيِّران	تُغَيِّرا	تُغَيِّرا	غَيِّرا
انْتنَّ	غَيَّرْتُنَّ	تُغَيِّرْنَ	تُغَيِّرْنَ	تُغَيِّرْنَ	غَيِّرْنَ
انا	غَيَّرْتُ	أُغَيِّرُ	أُغَيِّرَ	أُغَيِّرْ	----
نحن	غَيَّرْنا	نُغَيِّرُ	نُغَيِّرَ	نُغَيِّرْ	----

تصريف فعل " شاهد "

الوزن: فاعَلَ

المصدر: المُشاهَدة

الضمير	الماضي	المضارع المرفوع	المضارع المنصوب	المضارع المجزوم	الأمر
هو	شاهَدَ	يُشاهِدُ	يُشاهِدَ	يُشاهِدْ	----
هما	شاهَدا	يُشاهِدانِ	يُشاهِدا	يُشاهِدا	----
هم	شاهَدوا	يُشاهِدونَ	يُشاهِدوا	يُشاهِدوا	----
هي	شاهَدَت	تُشاهِدُ	تُشاهِدَ	تُشاهِدْ	----
هما	شاهَدَتا	تُشاهِدانِ	تُشاهِدا	تُشاهِدا	----
هنَّ	شاهَدْنَ	يُشاهِدْنَ	يُشاهِدْنَ	يُشاهِدْنَ	----
انتَ	شاهَدْتَ	تُشاهِدُ	تُشاهِدَ	تُشاهِدْ	شاهِدْ
انتما	شاهَدْتُما	تُشاهِدانِ	تُشاهِدا	تُشاهِدا	شاهِدا
انتم	شاهَدْتُم	تُشاهِدون	تُشاهِدوا	تُشاهِدوا	شاهِدوا
انتِ	شاهَدْتِ	تُشاهِدينَ	تُشاهِدي	تُشاهِدي	شاهِدي
انتما	شاهَدْتُما	تُشاهِدانِ	تُشاهِدا	تُشاهِدا	شاهِدا
انْتنَّ	شاهَدْتُنَّ	تُشاهِدْنَ	تُشاهِدْنَ	تُشاهِدْنَ	شاهِدْنَ
انا	شاهَدْتُ	أُشاهِدُ	أُشاهِدَ	أُشاهِدْ	----
نحن	شاهَدْنا	نُشاهِدُ	نُشاهِدَ	نُشاهِدْ	----

تصريف فعل " أرسل "

الوزن: أَفْعَلَ　　　　المصدر: الإِرْسال

الضمير	الماضي	المضارع المرفوع	المضارع المنصوب	المضارع المجزوم	الأمر
هو	أَرْسَلَ	يُرْسِلُ	يُرْسِلَ	يُرْسِلْ	----
هما	أَرْسَلا	يُرْسِلانِ	يُرْسِلا	يُرْسِلا	----
هم	أَرْسَلوا	يُرْسِلونَ	يُرْسِلوا	يُرْسِلوا	----
هي	أَرْسَلَت	تُرْسِلُ	تُرْسِلَ	تُرْسِلْ	----
هما	أَرْسَلَتا	تُرْسِلانِ	تُرْسِلا	تُرْسِلا	----
هنَّ	أَرْسَلْنَ	يُرْسِلْنَ	يُرْسِلْنَ	يُرْسِلْنَ	----
انتَ	أَرْسَلْتَ	تُرْسِلُ	تُرْسِلَ	تُرْسِلْ	أَرْسِلْ
انتما	أَرْسَلْتُما	تُرْسِلانِ	تُرْسِلا	تُرْسِلا	أَرْسِلا
انتم	أَرْسَلْتُم	تُرْسِلون	تُرْسِلوا	تُرْسِلوا	أَرْسِلوا
انتِ	أَرْسَلْتِ	تُرْسِلينَ	تُرْسِلي	تُرْسِلي	أَرْسِلي
انتما	أَرْسَلْتُما	تُرْسِلان	تُرْسِلا	تُرْسِلا	أَرْسِلا
انْتنَّ	أَرْسَلْتُنَّ	تُرْسِلْنَ	تُرْسِلْنَ	تُرْسِلْنَ	أَرْسِلْنَ
انا	أَرْسَلْتُ	أُرْسِلُ	أُرْسِلَ	أُرْسِلْ	----
نحن	أَرْسَلْنا	نُرْسِلُ	نُرْسِلَ	نُرْسِلْ	----

تصريف فعل "أراد"

الوزن: أَفْعَلَ

المصدر: الإِرادة

الضمير	الماضي	المضارع المرفوع	المضارع المنصوب	المضارع لمجزوم
هو	أرادَ	يُريدُ	يُريدَ	يُرِدْ
هما	أرادا	يُريدانِ	يُريدا	يُريدا
هم	أرادوا	يُريدونَ	يُريدوا	يُريدوا
هي	أرادَت	تُريدُ	تُريدَ	تُرِدْ
هما	أرادَتا	تُريدانِ	تُريدا	تُريدا
هُنَّ	أَرَدْنَ	يُرِدْنَ	يُرِدْنَ	يُرِدْنَ
انتَ	أَرَدْتَ	تُريدُ	تُريدَ	تُرِدْ
انتما	أَرَدْتُما	تُريدانِ	تُريدا	تُريدا
انتم	أَرَدْتُم	تُريدونَ	تُريدوا	تُريدوا
انتِ	أَرَدْتِ	تُريدينَ	تُريدي	تُريدي
انتما	أَرَدْتُما	تُريدانِ	تُريدا	تُريدا
انتنَّ	أَرَدْتُنَّ	تُرِدْنَ	تُرِدْنَ	تُرِدْنَ
انا	أَرَدْتُ	أُريدُ	أُريدَ	أُرِدْ
نحن	أَرَدْنا	نُريدُ	نُريدَ	نُرِدْ

تصريف فعل " تعلّم "

الوزن: تَفَعَّلَ

المصدر: التعلُّم

الضمير	الماضي	المضارع المرفوع	المضارع المنصوب	المضارع المجزوم	الأمر
هو	تَعَلَّمَ	يَتَعَلَّمُ	يَتَعَلَّمَ	يَتَعَلَّمْ	----
هما	تَعَلَّما	يَتَعَلَّمانِ	يَتَعَلَّما	يَتَعَلَّما	----
هم	تَعَلَّموا	يَتَعَلَّمونَ	يَتَعَلَّموا	يَتَعَلَّموا	----
هي	تَعَلَّمَت	تَتَعَلَّمُ	تَتَعَلَّمَ	تَتَعَلَّمْ	----
هما	تَعَلَّمَتا	تَتَعَلَّمانِ	تَتَعَلَّما	تَتَعَلَّما	----
هنَّ	تَعَلَّمْنَ	يَتَعَلَّمْنَ	يَتَعَلَّمْنَ	يَتَعَلَّمْنَ	----
انتَ	تَعَلَّمْتَ	تَتَعَلَّمُ	تَتَعَلَّمَ	تَتَعَلَّمْ	تَعَلَّمْ
انتما	تَعَلَّمْتُما	تَتَعَلَّمانِ	تَتَعَلَّما	تَتَعَلَّما	تَعَلَّما
انتم	تَعَلَّمْتُم	تَتَعَلَّمونَ	تَتَعَلَّموا	تَتَعَلَّموا	تَعَلَّموا
انتِ	تَعَلَّمْتِ	تَتَعَلَّمينَ	تَتَعَلَّمي	تَتَعَلَّمي	تَعَلَّمي
انتما	تَعَلَّمْتُما	تَتَعَلَّمانِ	تَتَعَلَّما	تَتَعَلَّما	تَعَلَّما
انتنَّ	تَعَلَّمْتُنَّ	تَتَعَلَّمْنَ	تَتَعَلَّمْنَ	تَتَعَلَّمْنَ	تَعَلَّمْنَ
انا	تَعَلَّمْتُ	أَتَعَلَّمُ	أَتَعَلَّمَ	أَتَعَلَّمْ	----
نحن	تَعَلَّمْنا	نَتَعَلَّمُ	نَتَعَلَّمَ	نَتَعَلَّمْ	----

تصريف فعل " تبادل "

الوزن: تَفاعَلَ

المصدر: التَّبادُل

الضمير	الماضي	المضارع المرفوع	المضارع المنصوب	المضارع لمجزوم
هو	تَبادَلَ	يَتَبادَلُ	يَتَبادَلَ	يَتَبادَلْ
هما	تَبادَلا	يَتَبادَلانِ	يَتَبادَلا	يَتَبادَلا
هم	تَبادَلوا	يَتَبادَلونَ	يَتَبادَلوا	يَتَبادَلوا
هي	تَبادَلَت	تَتَبادَلُ	تَتَبادَلَ	تَتَبادَلْ
هما	تَبادَلَتا	تَتَبادَلانِ	تَتَبادَلا	تَتَبادَلا
هُنَّ	تَبادَلْنَ	يَتَبادَلْنَ	يَتَبادَلْنَ	يَتَبادَلْنَ
انتَ	تَبادَلْتَ	تَتَبادَلُ	تَتَبادَلَ	تَتَبادَلْ
انتما	تَبادَلْتُما	تَتَبادَلانِ	تَتَبادَلا	تَتَبادَلا
انتم	تَبادَلْتُم	تَتَبادَلونَ	تَتَبادَلوا	تَتَبادَلوا
انتِ	تَبادَلْتِ	تَتَبادَلينَ	تَتَبادَلي	تَتَبادَلي
انتما	تَبادَلْتُما	تَتَبادَلانِ	تَتَبادَلا	تَتَبادَلا
انْتنَّ	تَبادَلْتُنَّ	تَتَبادَلْنَ	تَتَبادَلْنَ	تَتَبادَلْنَ
انا	تَبادَلْتُ	أتَبادَلُ	أتَبادَلَ	أتَبادَلْ
نحن	تَبادَلْنا	نَتَبادَلُ	نَتَبادَلَ	نَتَبادَلْ

تصريف فعل " انقطع "

الوزن:اِنْفَعَلَ المصدر: الانْقِطاع

الضمير	الماضي	المضارع المرفوع	المضارع المنصوب	المضارع لمجزوم
هو	اِنْقَطَعَ	يَنْقَطِعُ	يَنْقَطِعَ	يَنْقَطِعْ
هما	اِنْقَطَعا	يَنْقَطِعانِ	يَنْقَطِعا	يَنْقَطِعا
هم	اِنْقَطَعوا	يَنْقَطِعونَ	يَنْقَطِعوا	يَنْقَطِعوا
هي	اِنْقَطَعَتْ	تَنْقَطِعُ	تَنْقَطِعَ	تَنْقَطِعْ
هما	اِنْقَطَعَتا	تَنْقَطِعانِ	تَنْقَطِعا	تَنْقَطِعا
هُنَّ	اِنْقَطَعْنَ	يَنْقَطِعْنَ	يَنْقَطِعْنَ	يَنْقَطِعْنَ
انتَ	اِنْقَطَعْتَ	تَنْقَطِعُ	تَنْقَطِعَ	تَنْقَطِعْ
انتما	اِنْقَطَعْتُما	تَنْقَطِعانِ	تَنْقَطِعا	تَنْقَطِعا
انتم	اِنْقَطَعْتُم	تَنْقَطِعونَ	تَنْقَطِعوا	تَنْقَطِعوا
انتِ	اِنْقَطَعْتِ	تَنْقَطِعينَ	تَنْقَطِعي	تَنْقَطِعي
انتما	اِنْقَطَعْتُما	تَنْقَطِعانِ	تَنْقَطِعا	تَنْقَطِعا
انْتنَّ	اِنْقَطَعْتُنَّ	تَنْقَطِعْنَ	تَنْقَطِعْنَ	تَنْقَطِعْنَ
انا	اِنْقَطَعْتُ	أَنْقَطِعُ	أَنْقَطِعَ	أَنْقَطِعْ
نحن	اِنْقَطَعْنا	نَنْقَطِعُ	نَنْقَطِعَ	نَنْقَطِعْ

تصريف فعل " التحق بـ "

الـوزن: اِفْتَعَلَ　　　　المصدر: الاِلْتِحاق بِـ

الضمير	الماضي	المضارع المرفوع	المضارع المنصوب	المضارع المجزوم	الأمر
هو	اِلْتَحَقَ	يَلْتَحِقُ	يَلْتَحِقَ	يَلْتَحِقْ	----
هما	اِلْتَحَقا	يَلْتَحِقانِ	يَلْتَحِقا	يَلْتَحِقا	----
هم	اِلْتَحَقوا	يَلْتَحِقونَ	يَلْتَحِقوا	يَلْتَحِقوا	----
هي	اِلْتَحَقَت	تَلْتَحِقُ	تَلْتَحِقَ	تَلْتَحِقْ	----
هما	اِلْتَحَقَتا	تَلْتَحِقانِ	تَلْتَحِقا	تَلْتَحِقا	----
هنَّ	اِلْتَحَقْنَ	يَلْتَحِقْنَ	يَلْتَحِقْنَ	يَلْتَحِقْنَ	----
انتَ	اِلْتَحَقْتَ	تَلْتَحِقُ	تَلْتَحِقَ	تَلْتَحِقْ	اِلْتَحِقْ
انتما	اِلْتَحَقْتُما	تَلْتَحِقانِ	تَلْتَحِقا	تَلْتَحِقا	اِلْتَحِقا
انتم	اِلْتَحَقْتُم	تَلْتَحِقونَ	تَلْتَحِقوا	تَلْتَحِقوا	اِلْتَحِقوا
انتِ	اِلْتَحَقْتِ	تَلْتَحِقينَ	تَلْتَحِقي	تَلْتَحِقي	اِلْتَحِقي
انتما	اِلْتَحَقْتُما	تَلْتَحِقانِ	تَلْتَحِقا	تَلْتَحِقا	اِلْتَحِقا
انْتنَّ	اِلْتَحَقْتُنَّ	تَلْتَحِقْنَ	تَلْتَحِقْنَ	تَلْتَحِقْنَ	اِلْتَحِقْنَ
انا	اِلْتَحَقْتُ	أَلْتَحِقُ	أَلْتَحِقَ	أَلْتَحِقْ	----
نحن	اِلْتَحَقْنا	نَلْتَحِقُ	نَلْتَحِقَ	نَلْتَحِقْ	----

تصريف فعل " استقبل "

الوزن: اِسْتَفْعَلَ

المصدر: الاسْتِقْبال

الضمير	الماضي	المضارع المرفوع	المضارع المنصوب	المضارع المجزوم	الأمر
هو	اِسْتَقْبَلَ	يَسْتَقْبِلُ	يَسْتَقْبِلَ	يَسْتَقْبِلْ	----
هما	اِسْتَقْبَلا	يَسْتَقْبِلانِ	يَسْتَقْبِلا	يَسْتَقْبِلا	----
هم	اِسْتَقْبَلوا	يَسْتَقْبِلونَ	يَسْتَقْبِلوا	يَسْتَقْبِلوا	----
هي	اِسْتَقْبَلَتْ	تَسْتَقْبِلُ	تَسْتَقْبِلَ	تَسْتَقْبِلْ	----
هما	اِسْتَقْبَلَتا	تَسْتَقْبِلانِ	تَسْتَقْبِلا	تَسْتَقْبِلا	----
هنَّ	اِسْتَقْبَلْنَ	يَسْتَقْبِلْنَ	يَسْتَقْبِلْنَ	يَسْتَقْبِلْنَ	----
انتَ	اِسْتَقْبَلْتَ	تَسْتَقْبِلُ	تَسْتَقْبِلَ	تَسْتَقْبِلْ	اِسْتَقْبِلْ
انتما	اِسْتَقْبَلْتُما	تَسْتَقْبِلانِ	تَسْتَقْبِلا	تَسْتَقْبِلا	اِسْتَقْبِلا
انتم	اِسْتَقْبَلْتُم	تَسْتَقْبِلونَ	تَسْتَقْبِلوا	تَسْتَقْبِلوا	اِسْتَقْبِلوا
انتِ	اِسْتَقْبَلْتِ	تَسْتَقْبِلينَ	تَسْتَقْبِلي	تَسْتَقْبِلي	اِسْتَقْبِلي
انتما	اِسْتَقْبَلْتُما	تَسْتَقْبِلانِ	تَسْتَقْبِلا	تَسْتَقْبِلا	اِسْتَقْبِلا
انْتنَّ	اِسْتَقْبَلْتُنَّ	تَسْتَقْبِلْنَ	تَسْتَقْبِلْنَ	تَسْتَقْبِلْنَ	اِسْتَقْبِلْنَ
انا	اِسْتَقْبَلْتُ	أَسْتَقْبِلُ	أَسْتَقْبِلَ	أَسْتَقْبِلْ	----
نحن	اِسْتَقْبَلْنا	نَسْتَقْبِلُ	نَسْتَقْبِلَ	نَسْتَقْبِلْ	----

تصريف فعل " استطاع "

الوزن: اِسْتَفْعَلَ

المصدر: الاستِطاعة

الضمير	الماضي	المضارع المرفوع	المضارع المنصوب	المضارع لمجزوم
هو	اِسْتَطاعَ	يستَطيعُ	يَسْتَطيعَ	يَسْتَطِعْ
هما	اِسْتَطاعا	يَسْتَطيعانِ	يَسْتَطيعا	يَسْتَطيعا
هم	اِسْتَطاعوا	يَسْتَطيعونَ	يَسْتَطيعوا	يَسْتَطيعوا
هي	اِسْتَطاعَت	تَسْتَطيعُ	تَسْتَطيعَ	تَسْتَطِعْ
هما	اِسْتَطاعَتا	تَسْتَطيعانِ	تَسْتَطيعا	تَسْتَطيعا
هُنَّ	اِسْتَطَعْنَ	يَسْتَطِعْنَ	يَسْتَطِعْنَ	يَسْتَطِعْنَ
انتَ	اِسْتَطَعْتَ	تَسْتَطيعُ	تَسْتَطيعَ	تَسْتَطِعْ
انتما	اِسْتَطَعْتُما	تَسْتَطيعانِ	تَسْتَطيعا	تَسْتَطيعا
انتم	اِسْتَطَعْتُم	تَسْتَطيعونَ	تَسْتَطيعوا	تَسْتَطيعوا
انتِ	اِسْتَطَعْتِ	تَسْتَطيعينَ	تَسْتَطيعي	تَسْتَطيعي
انتما	اِسْتَطَعْتُما	تَسْتَطيعانِ	تَسْتَطيعا	تَسْتَطيعا
انتنَّ	اِسْتَطَعْتُنَّ	تَسْتَطِعْنَ	تَسْتَطِعْنَ	تَسْتَطِعْنَ
انا	اِسْتَطَعْتُ	أَسْتَطيعُ	أَسْتَطيعَ	أَسْتَطِعْ
نحن	اِسْتَطَعْنا	نَسْتَطيعُ	نَسْتَطيعَ	نَسْتَطِعْ

Pronouns جدول الضمائر

الضمائر المنفصلة Independent	ضمائر الملكية possessive	مع الماضي	مع المضارع	ضمائر النصب object
هُوَ	كِتابـ ـهُ	فَهِمَ	يَـ فْهَمُ	فَهِمَـ ـهُ
هُما	كِتابـ ـهُما	فَهِمـ ـا	يَـ فْهَمـ ـانِ	فَهِمَـ ـهما
هُمْ	كِتابـ ـهُم	فَهِمـ ـوا	يَـ فْهَمـ ـونَ	فَهِمَـ ـكُم
هِيَ	كِتابـ ـها	فَهِمَـ ـتْ	تَـ فْهَمُ	فَهِمَـ ـها
هُما	كِتابـ ـهُما	فَهِمـ ـَتا	تَـ فْهَمـ ـانِ	فَهِمَـ ـهُما
هُنَّ	كِتابـ ـهُنَّ	فَهِمْـ ـنَ	يَـ فْهَمْـ ـنَ	فَهِمَـ ـهُنَّ
أَنْتَ	كِتابـ ـكَ	فَهِمْـ ـتَ	تَـ فْهَمُ	فَهِمَـ ـكَ
أَنْتُما	كِتابـ ـكُما	فَهِمْـ ـتُما	تَـ فْهَمـ ـانِ	فَهِمَـ ـكُما
أَنْتُم	كِتابـ ـكُم	فَهِمْـ ـتُم	تَـ فْهَمـ ـون	فَهِمَـ ـكُم
أَنْتِ	كِتابـ ـكِ	فَهِمْـ ـتِ	تَـ فْهَمـ ـينَ	فَهِمَـ ـكِ
أَنْتُما	كِتابـ ـكُما	فَهِمْـ ـتُما	تَـ فْهَمـ ـانِ	فَهِمَـ ـكُما
أَنْتُنَّ	كِتابـ ـكُنَّ	فَهِمْـ ـتُنَّ	تَـ فْهَمْـ ـنَ	فَهِمَـ ـكُنَّ
أنا	كِتابـ ـي	فَهِمْـ ـتُ	أَ فْهَمُ	فَهِمَـ ـني
نَحْنُ	كِتابـ ـنا	فَهِمْـ ـنا	نَـ فْهَمُ	فَهِمَـ ـنا